社会调查原理与方法

（第二版）

主　编　周德民　廖益光

副主编　戴香智　李永强

中南大学出版社
www.csupress.com.cn

内容提要

本书是 2006 年国家精品课程《社会调查》教材的再版。内容包括课题提出、调查设计、调查方式、资料搜集、资料分析、调查报告等。全书结构合理、阐述深入浅出,应用性、操作性强。本书既可作为高等院校、党校、干校、成教、网络教育人文社科各专业社会调查课程教材,亦可作为行政、企事业单位从事社会调查人员的参考书和入门指导书。

图书在版编目(CIP)数据

社会调查原理与方法 / 周德民等主编. —2 版.
—长沙:中南大学出版社,2012.2(2021.3 重印)
 ISBN 978-7-5487-0467-6

Ⅰ.社… Ⅱ.周… Ⅲ.社会调查 Ⅳ.C915

中国版本图书馆 CIP 数据核字(2012)第 010396 号

社会调查原理与方法
(第二版)

周德民 廖益光 主编

□**责任编辑**	汪宜晔	
□**责任印制**	周 颖	
□**出版发行**	中南大学出版社	
	社址:长沙市麓山南路	邮编:410083
	发行科电话:0731-88876770	传真:0731-88710482
□**印　装**	长沙市宏发印刷有限公司	

□**开　本**	880 mm×1230 mm　1/32 □**印张** 15.5 　□**字数** 389 千字
□**版　次**	2012 年 2 月第 2 版 　□2021 年 3 月第 6 次印刷
□**书　号**	ISBN 978-7-5487-0467-6
□**定　价**	38.00 元

第二版前言

《社会调查原理与方法》一书自 2006 年 2 月出版以来，一直受到许多高等院校师生和其他众多读者的支持和好评，并一度成为 2006 年国家精品课程"社会调查"的使用教材，然毕竟时已 6 年，须与时俱进，有必要对原书内容进行修订。

本次修订注意保持和发挥了原书的基本特色，即体系上的合理性、撰写上的创新性、理论上的可读性、应用上的操作性。在此基础上，此次修订从结构调整、体例编排、内容扩展、形式变化、概念阐释、语言表述、论述改进、资料更新、实例增补、冗文删除诸方面入手，涉及各章各节。

具体来说，本次修订主要有如下几个大的方面：

一是结构调整。如将原书第一章的第三节的"社会调查方法的发展历程"并入第二章，将原书第二章的"统计调查的程序"与"实地研究的程序"并入第四章，将社会测量一章前移，紧随社会调查设计，将原书第四章的第五、六节内容与其他相关内容调整扩展为新的一章，即修订后的第六章，将原书第七章扩展为两章，其中一章为修订后的第八章"文献法"，另一章为修订后的第十一章"观察法"，等等。全书由十三章调整为十五章。

二是形式变化。如在每一章前引用了伟人、大师、名人有关社会调查相关章节主要内容、关键问题的名言、警语，意在引导读者对本章内容有一个基本认识，阅读、学习本章之后，再看名言、警语，深化对本章内容的理解。

三是内容扩展。如扩展了"当代社会调查方法的趋势""课题类型""根据课题选择社会调查研究的类型""社会调查实施的工具准备""社会调查实施的试验调查""计算机对问卷资料的整理""调查报告撰写的后续工作"以及网络调查的相关内容等。

四是概念阐释。在概念的阐述上，注重实例说明，深入浅出，化冗为简，通俗易懂。如对调查对象、调查内容、操作化、社会测量、访谈法等诸多概念的阐释。

五是论述改进。为便于理解，突出操作应用，从逻辑条理、语言表述、标题斟酌等方面，加强了诸多章节的论述改进。如对调查方式的实施一章中的各节、调查资料的搜集各章的论述便是如此。

六是资料更新。如更新了第六章的调查方案示例、第七章的抽样调查应用实例、第九章的问卷应用实例等。此外，还增补一些实例，如计算机统计分析应用实例、理论分析有关实例等。

本书修订后，体系更合理，内容更丰富，表述更清晰，操作更明了，特色更鲜明，知识性、可读性、实用性、应用性更强。本次修订由周德民负责，由于编著者水平有限，修订后，书中仍难免会有疏漏和错误之处，恳请专家和广大读者多提宝贵意见、批评指正，以便我们进一步修改与提高。

周德民

第一版前言

现代社会是信息的社会，要正确的认识社会、改造社会，离不开对社会信息准确及时的搜集与处理。"工欲善其事，必先利其器"。社会调查原理与方法是有效地获得社会信息、认识社会、改造社会的有力工具。从事社会工作理论研究和实践的人，都有必要掌握社会调查方法这门有用的学科。掌握社会调查方法，固然需要经验，但更需要理论的指导，正如法国著名学者雷蒙·阿隆所言："理论是通向客观必由之路"。随着社会调查在我国社会生活各个领域的广泛运用，社会调查原理与方法的课程越来越普及，为此，为适应教学的需要，我们编著了这本《社会调查原理与方法》。

本书在编写过程中力求突出如下特色：一是体系上的合理性，为帮助读者树立社会调查的整体概念，本书基本按照社会调查的选题、计划、实施、研究、总结几个阶段来编排各章节内容；二是撰写上的创新性，既注意吸收国内外专家学者学科研究的新成果和调查实践的新经验，又注重理论上的创新；三是理论上的可读性，既注重理论与实践的结合，又力求对基本原理与方法的介绍深入浅出；四是应用上的操作性，本书在反映学科理论体系同时，主要侧重于社会调查的基本方法、基本技能和基本操作规范，注重体现时代特点的实例的举证。

本书由周德民、廖益光、曾岗主编，李永强副主编。各章撰写者为（以章节为序）：周德民（第一、十一章）、刘少蕾（第二章）、张益萍、周德民（第三章）、戴香智（第四章）、廖敏（第五章)、王丽(第六章)、曾岗(第七章)、陈果(第八章)、刘欣(第九章)、黄快生、周德民(第十章)、李永强(第十二章)、廖益光(第十三章)。

本书在编写过程中,参阅了国内外大量文献资料,吸收了其中一些颇有价值的研究成果,在此,谨向原作者表示诚挚的谢意。同时,本书的出版得到了中南大学出版社的大力支持,责任编辑卓有成效的工作,在此,一并表示衷心的感谢。

本书旨在为高等院校学生提供一本实用的教材,亦为各类人员提供一本从事社会调查的实用的参考书和入门指导书。

由于编著者水平有限,加之编写时间比较仓促,书中难免存在疏漏和不妥之处,欢迎读者批评指正。

编著者

目 录

第一章 绪 论

> 没有调查就没有发言权。
>
> 不做正确的调查同样没有发言权。
>
> ——毛泽东
>
> 在探索的认识中，方法也就是工具，是主观方面的某种手段，主观方面通过这个手段和客体发生关系。 ——[德]黑格尔
>
> 怎样观察问题，这就是行为方式的问题，就是方法的问题，你们将看出，方法是最主要和最基本的东西，研究的严肃性如何，就完全依赖于方法，依赖于行动方式。一切都在于良好的方法，即使是没有多大才干的人，也能作出许多成就，如果方法不好，即使是有天才的人，也将一事无成，不能获得有价值的确切资料。 ——[俄]巴甫洛夫
>
> 马克思、恩格斯努力终生，作了许多调查研究工作，才完成了科学的共产主义。
>
> ——毛泽东

人们要改造社会，就要认识社会。只有对社会有了深入的认识，才能探寻社会现象的本质，预测社会发展的规律，从而有效地建设社会，科学地管理社会，优质地服务社会。在这一要求的推动下，社会调查作为一项认识社会的科学研究活动，在现代社会中正得到越来越广泛的实施；作为一门研究社会的方法科学，近代以来得到了长足的发展，目前已成为研究社会现象的主要方法之一。一切从事社会研究和实践的人，都有必要掌握社会调查方法这门有用的学科。

第一节　认识社会与社会调查

一、认识社会与社会调查的关系

人类社会是一个极其复杂的社会，尤其是现代社会更是瞬息万变，它正处于经济全球化、政治多极化、文化多元化、社会网络化的不断发展之中，科学技术日新月异。对这一复杂社会和人类行为的认识，既需要从微观方面给予关注，更需要从宏观角度予以把握；既需要从静态上予以考察，更需要进一步对其变化与发展加以探究。这种关注、探究与把握，不能凭借以往的经验、直观的认识、倾向性看法以及权威的意见，而必须建立在科学的认识基础之上。尽管以往经验、权威意见等也具有一定的科学成分，但它们还不就是科学认识。科学的认识有着其自身的特点：它是在已有的并且是经过检验的理论指导下形成的，它是对所要研究对象的一种本质的认识。唯其如此，才能对社会运行进行科学预测，对社会管理进行正确决策，对社会问题进行有效解决。对社会的科学认识，离不开对社会信息真实、准确、全面、及时的搜集和处理，而要做到这一点，就要加强调查研究，作好社会调查工作。

二、社会调查的学科概念

什么是社会调查呢？不同的人往往有不同的解释。有人把顺耳听到的街谈巷议叫作社会调查；也有人把学生体验社会生活视为社会调查；还有人把到下面跑跑转转、听听看看，等同于社会调查。事实上，那种事先没有明确的调查目的和调查对象与要求，看到什么算什么，听到什么算什么的无计划、无组织的行动，不是真正意义上的社会调查，至多不过是走马观花或下马观花即一般意义上的极其初步的社会观察而已。毛泽东指出："大略的调查和研究可以发现问题，提出问题，但是还不能解决问题。要解决问题，还须作系统的周密的调查工作和研究工作。"①

科学意义上的社会调查概念，学术界亦有不同的认识，至今歧义纷陈，莫衷一是。有的学者认为，社会调查是搜集社会资料的活动与过程，它与社会调查研究是有区别的，如"社会调查是指运用观察、询问等方法直接从社会生活中了解情况、收集事实和数据，它是一种感性认识活动"，而社会调查研究"包括两部分或两个阶段的内容：①社会调查；②研究"，"研究是指通过对事实资料的思维加工，由感性认识上升到理性认识"②；也有一些学者认为，社会调查是对社会现象的完整的认识过程，既包括搜集资料的活动，又包括分析研究资料的活动，如"社会调查是社会'调查'和'研究'的简称"③，是"收集有关调查对象（社会事实、现象及其规律）的信息资料，并作出描述，解释和对策等的社会认识活动"④。我们倾向于后一种看法，即社会调查是社会调查与研究的简称。它包括两个阶段的内容：一是社会调查；二是社会研究。调查需要深化为对社会的研究，研究需要以对社会的调查为基础。这里所说的社会调查包括了调查与研究这两个密不可分的实施阶段的全过程。

我们把社会调查定义为：它是在一定的理论指导下，有目的有计划有组织地运用特定的方法和手段，系统、直接地搜集有关社会现象的信息资料，进而加以分析、综合，作出描述和解释，阐明社会现象的本质及其发展规律的一种自觉的社会认识活动。这一定义有以下四层意思：

---

① 《毛泽东著作选读》（下册），人民出版社，1986 年，第 516 页。
② 袁方主编：《社会调查原理与方法》，高等教育出版社，2000 年，第 2 页。
③ 水延凯等：《社会调查教程》，中国人民大学出版社，2010 年第 5 版，第 8 页。
④ 徐经泽主编：《社会调查理论与方法》，高等教育出版社，2001 年，第 2 页。

第一，社会调查是一种自觉的系统的认识活动。它与人们日常生活中那种没有特定、明确目的的一般观察与思考有着根本性的区别。社会调查有着明确的目的，必须遵守科学研究程序，讲究调查方法与技术，从而系统地了解、分析有关社会事实。它一般要经过如下步骤：接受调查任务、确定调查课题、设计调查方案、进行资料搜集、整理分析得出研究结论。

第二，社会调查是一个统一的复杂的理性认识活动。它所包括的调查与研究的各个阶段，都不是一种纯感性认识。即使是调查资料搜集阶段，也是有目的、有计划地在一定的理论指导之下，运用特定的方法和手段进行的，否则不可能搜集到合乎设计要求的社会现象资料。

第三，社会调查是直接搜集社会现象资料的认识活动。社会现象资料既包括人口数量的变动、养老机构的增减、吸毒贩毒犯罪状况等客观存在的社会事实，也包括人们的态度、观念、意愿、偏好等主观范畴的社会事实。对社会现象资料的搜集，社会调查不仅仅是利用文献资料间接获取，更重要的是直接从社会现实生活中搜寻第一手资料。社会调查与理论研究的一个显著区别在于：是否直接从社会现实中搜集资料。

第四，社会调查是揭示现象本质，寻求改造社会途径的认识活动。社会调查作为一种认识活动，不是对社会现象简单、机械、零碎、表象的反映，而是要在对资料搜集、整理、分类、简化、汇总和统计分析的基础上进行思维加工，去粗取精、去伪存真、由此及彼、由表及里，逐步揭示出社会事物的真相和发展变化规律，进而寻求改造社会的途径和方法。

三、社会调查认识社会的主要特点

(一)活动的科学性

社会调查认识社会具有活动的科学性特点。从本质上讲社会调查属于科学研究活动，与日常观察和参观访问等社会活动不同，它有一定的理论指导，有系统的搜集资料和分析资料的方法和技术，有严密的调查研究的程序，调查研究的始终都贯穿着追求认识客观世界的目的，它对事物的认识不只停留在经验性和表象之上，而是要求通过表象认识进而对社会现象作出解释、预测和对策性的研究，掌握事物的本质和规律。

（二）行为的现实性

社会调查认识社会具有行为的现实性特点。调查课题选择来自于现实社会，调查资料搜集源于现实社会的第一手资料，调查成果应用服务于现实社会，直接解决某种现实的社会问题。与历史研究比较，社会调查的对象是现实的社会事实，而历史研究的对象是过去的社会事实；与实验研究比较，社会调查是客观环境的现实，实验研究是人为的模拟现实。

（三）对象的社会性

社会调查认识社会具有对象的社会性特点。与新闻采访、案件调查等相比较，社会调查的对象是许多人共同参与和发生的活动，是群体性的普遍现象，它着眼于认识社会中个人与个人之间，群体与群体之间的共同行为及其相互关系。而新闻采访、案件调查，是对单纯个人的特殊现象的调查，它们调查的对象虽属社会中的行为和事件，但却为个人行为、个别事件，因而不具备社会性。

（四）态度的客观性

社会调查认识社会具有态度的客观性特点。即社会调查必须遵循价值中立的原则，持客观公正的研究态度。虽然在社会科学研究中，研究者无不受到一定社会历史条件下的社会需求、社会文化、社会心理、物质条件等社会因素的影响和制约，研究者的立场、观点必然会对研究过程产生影响，社会调查也无法避免。但与社会科学理论研究比较，社会调查更强调忠实于客观的社会事实，要求遵循从客观现实中搜集资料，对客观真理加以检验的原则，而不能主观臆断，不能用想象代替事实。

（五）研究的综合性

社会调查认识社会具有研究的综合性特点。一是分析角度的综合性。社会调查研究社会现象，总是从不同角度对该现象进行较深入的多层次分析，注重从该现象与其他现象的相互关系中去把握它、认识它。二是认识方式的综合性。社会调查既包括感性认识方式和经验认识方式，也包括理性认识方式和逻辑思维方式。借助于感觉、知觉、表象等感性认识方式和观察、实验、访问等经验认识方式，社会调查得以搜集社会现象的信息和资料；借助于概念、判断、推理等理性认识方式和归纳演绎、分析综合、抽象具体等逻辑思维方式，社会调查得以分析和研究社会现象的信息和资料。三是学科运用的综合性。社会调查需要运用到哲学、政治学、社会学、社会心理学、经济学、逻辑学、统计学、写作学、计算机应用等多学科、多领域的知识。四是研究方法的综合性。社会调查资料搜集的方法种类繁多，方式有抽样调查、典型调查、个案调查之分，方法有问卷法、访谈法、观察法之别，技术有录音、摄像、电脑处理之类，它们各有所长，各有所用。社会调查往往是多种方法和手段的综合运用。

四、社会调查认识社会的基本任务

社会调查认识社会的任务是指调查者根据调查目的和要求，在调查过程中必须完成的对调查对象的认识和研究。由于社会调查的具体目的不同，其具体任务也有所侧重。

（一）及时搜集社会现象的真实资料

社会调查的首要任务是根据调查目的提出的要求，运用特定方法与手段，搜集有关社会现象的信息和资料。信息资料包括原始资料和次级资料。原始资料是调查者运用观察、访问、问卷等方法向调查对象直接搜集的、未经加工整理的第一手资料；次级资料是调查者运用文献法搜集存储于某种载体上（如报刊、书籍、音像磁带等）的经过他人初步加工、整理过的第二手资料。资料搜集的主要任务是对原始资料的搜集。只有及时搜集社会现象的系统真实资料，才有可能对所研究的社会现象进行客观描述、作出正确解释，进而进行科学预测和对策研究。

（二）客观描述社会现象的现实状况

所谓客观描述社会现象的现实状况，是指对调查搜集来的资料进行去粗取精、去伪存真的加工整理，将研究现象有关的真实情况如实地客观地反映出来和呈现出来。一些以了解国情、民情为主要目的的社会调查，如普查、民意测验、市场调查等，都是以客观地反映社会现象的现实状况为主要任务的。描述性调查要做到准确地再现对象，一是采用的调查方法必须科学，二是调查者的立场要客观。

（三）正确解释社会现象的本质属性

某些社会调查在真实地再现了调查对象之后，其任务即告一段落。而另有许多社会调查，在描述调查对象是什么的基础之上，还要进一步回答有关为什么的问题，阐明调查对象的本质属性和发展变化规律。这就须进行解释性的调查。如青少年犯罪社会原因调查、行政效率低下原因调查等，都是以解释社会现象的本质属性为主要任务的。影响解释性调查的因素有：描述性调查成果的真实与否、调查者依据的理论、采用的方法与技术手段状况、以及调查者的立场和价值取向等。其中，正确的理论指导是关键。只有运用的理论正确，才能对纷繁复杂的社会现象作出正确的解释。

（四）科学预测社会现象的发展趋势

还有一些社会调查认识社会，其任务并不满足于解释已知的社会事实，而且要求能预言新的社会事实，指明现在尚未出现、但在一定条件下可能出现的事实。这就要求调查者对调查对象内外相关的联系及其发展趋势进行科学的估计和评价。预测调查一般是与解释性调查同步进行的，其成果往往是在解释研究过程中产生的。它们的区别在于：解释性调查着重于阐述调查对象的现状，而预测性调查是在认识调查对象现状的基础上，着重探讨调查对象未来的发展趋势。科学预测，除了预测的方法应科学之外，最根本的就是用以预测的根据即对现在情况的了解必须真实可靠。

（五）中肯提出改进社会的对策方略

提出改进社会的对策和方法，是社会调查的最终目的，它是在掌握了研究对象的本质及其发展变化趋势的基础之上进行的。解释和预测性调查是对策调查研究的基础。人口问题政策研究、投资策略研究、农村问题政策研究等，都属于以提出改革社会的对策为主要任务的社会调查。对策调查研究主要包括：为政策制定和管理决策提供对策思路，为社会未来发展提供对策建议，为社会问题解决提供对策措施，为委托调查单位提供对策咨询，等等。以对策研究为主要任务的社会调查，同样需要调查者运用正确的理论和科学的方法，持有客观公正的立场，此外，还要求所提对策建议具有可行性，且与调查材料、调查结论有着必然的内在的逻辑联系。

社会调查认识社会的上述任务密切相联，后一项任务必须在前一项任务的基础上才能完成。

五、社会调查认识社会的突出功能

社会调查认识社会的功能是指社会调查活动对社会生活的作用和影响以及这种活动所产生的实际效益。其突出功能有：

（一）社会调查是了解社会现实，正确制定政策的基本途径

正确政策的制定必须以对社会现实的深刻了解、科学认识为基础、为前提。而任何科学的认识都来源于实践。社会调查则是一种以认识社会为直接目的的社会实践活动。通过社会调查，人

们可以超越自身实践经验的局限性，获得更为广阔的社会生活的知识和经验，使人们对事物的认识更符合客观实际，帮助人们透过社会现象认识社会生活的本质及其发展变化的客观规律，从而对社会现实的认识更全面、更深刻。正确政策的出台还必须有充分的理论准备。通过社会调查，可以提出决策的理论依据，进行可行性论证，最大限度地减少失误。因此，社会调查是了解社会现实，正确制定政策的基本途径。

（二）社会调查是掌握社会情况，实施科学管理的重要前提

我国的改革开放和社会主义市场经济的深入发展是一项全新的事业，要对其实施科学管理，离不开对社会情况的掌握，离不开对国情的正确认识，而掌握社会情况，了解本国、本地区的具体情况，需要获取各种社会信息，而社会调查可以帮助人们获取直接而真实的社会信息。例如，现阶段农民离土不离乡、离土又离乡外出务工的社会保障问题，如何有效解决，怎样加强管理，需要以社会调查为基础，获取信息，并以此为客观依据，制定科学方案，从而实现社会管理的高效率。另外，对社会进行科学管理，固然需要管理者具有较为丰富的社会生活和工作的经验，需要懂得现代管理知识和理论，而掌握社会调查的技能与技巧，本身就是现代管理理论的要求。

（三）社会调查是摸清社会问题，促进社会改造的有效手段

社会问题是社会关系或环境失调，致使许多人的日常生活发生障碍，影响社会正常运行，妨碍社会协调发展的社会现象。我国现阶段有不少问题需要搞清楚，需要逐步加以解决。诸如人口老龄化、贫富差距不断扩大、就业失业、城市交通拥挤、环境污染、生态平衡失调，等等。社会问题的解决需要摸清其现状、成因、趋势。对此，需要进行深入细致的社会调查，在确定的范围内，作实地考察，搜集大量资料，予以统计分析和理论分析，找到问题的症结所在，以寻找社会问题解决的办法，为决策者提供

决策的依据，制定合理的计划，实行建设性的社会改造。

（四）社会调查是深入社会实际，端正党风学风的可靠法宝

党风问题是关系到执政党生死存亡的问题。经常作调查研究，有利于改进工作作风，克服主观主义、官僚主义、形式主义。同时，经常作调查研究，还可以了解民意、体察民情，密切与人民群众的联系。因此，毛泽东指出："在全党推行调查研究的计划，是转变党的作风的基础一环。"①

学风中的问题是教条主义。以为上了书的就是对的，在一些人中至今还一定程度地存在这种心理。"我们需要'本本'，但是一定要纠正脱离实际情况的本本主义。怎样纠正这种本本主义？只有向实际情况作调查"。② 大学生经常参加社会调查，有利于认识社会，转变思想观念，端正学风。

第二节　社会调查与社会调查方法

一、社会调查活动不可或缺的主要工具是社会调查方法

前已述及，社会调查具有活动的科学性特征，从本质上讲，社会调查属于一项科学研究活动，它是运用科学方法求得科学认识的一种活动。这种活动是由社会调查主体、社会调查客体和工具三方面要素构成的。社会调查主体是社会调查行为的执行者；社会调查客体是社会调查主体在调查过程中获取信息的对象和认识、研究的对象，即所谓调查对象；社会调查工具即社会调查方法。社会调查主体是通过工具这个中介而达到对研究对象认识的目的的。联系主体与客体对象的工具是必不可少的要素。黑格尔

①　《毛泽东著作选读》，人民出版社，1986年，第479页。
②　《毛泽东农村调查文集》，人民出版社，1982年，第4页。

指出："在探索的认识中，方法也就是工具，是主观方面的某种手段，主观方面通过这个手段和客体发生关系"。① 人们总是基于一定的知识背景，在一定的理论框架之中，运用一定的认识方法进行社会调查活动。社会调查活动的工具最主要的就是社会调查方法。

二、社会调查方法是社会调查取得科学认识的重要保证

社会调查活动的成败，与其所运用的方法有着直接的联系，它是实现社会调查目的、取得科学认识的重要保证。随着社会调查活动对社会预测、社会决策、社会管理和社会发展的作用的增强，社会调查方法正在成为现代社会人们必须具有的知识。这门学科正在发挥着以下几方面重要的功能。

（一）社会调查方法是帮助人们获得科学认识的有效工具

要获得对社会的科学认识，不是一件容易的事情。不要说一个脱离社会、闭目塞听的人，不可能正确认识社会，就是一个接触社会，不愿作深入调查的人，也是难以获得对社会的科学认识的。这里，除了社会现象的错综复杂、变幻莫测和人的认识能力的历史局限性之外，关键的问题是认识方法的问题。有了科学的方法论的指导，有了正确的方法和技术，一句话，有了正确的认识方法，才有可能获得对社会比较科学的认识。马克思、恩格斯奋斗终身，完成了科学的共产主义，不仅在于对社会作了大量的调查研究工作，还在于有着科学的认识方法和研究方法。相反，认识方法不对头，就不可能取得对社会比较正确的认识，甚至导致错误的结论。因此，人们要认识社会，改造社会，不能没有科学的认识方法。而社会调查方法就是关于研究如何遵循人们认识的规律、科学认识社会的方法和技术的一门学科。研究这门学

---

① 转引自《列宁全集》，人民出版社，1972 年，第 38 卷，第 236 页

问，可以帮助人们科学的认识社会，能动的改造社会。

（二）社会调查方法是检验人们认识的科学性的重要手段

按照实践是检验真理的标准的原理，人们对社会的认识的科学与否，只有通过实践检验才能判定。问题是实践检验的基本出发点，是通过社会调查的程序、方法和手段，实现理论认识与实践的结合。凡是证明与实际符合的认识，即为科学而正确的认识；凡是不符合实际的认识，则判定为不全面甚至于错误的认识。例如，在人们应用社会调查成果时，就可以从调查设计、调查程序、调查方法选择、资料审核分析等各个方面分析社会调查成果的效果和问题；检验人们对就业这一具体问题的认识时，可运用社会调查方法的有关知识，对所搜集的有关就业问题的信息资料进行鉴别或判断。由此可见，社会调查方法是检验人们对社会认识科学与否的重要手段。

（三）社会调查方法是帮助人们提高认识效率的重要途径

在同样的条件下，对同一客观事物进行认识和了解，结果有可能基本上相同，然而所花费的时间、所付出的代价却可能相差甚远。这里就存在一个效率问题。如何提高人们对社会现象、社会规律的认识效率呢？重要的就是要有一套科学的认识方法。人脑犹如一座加工厂，来自外界的原料和本身的设备，各人虽然基本上相同，但如果指导加工的原理不同，具体指导加工的方法和技术不同，则效率也就会不同。社会调查不仅要研究认识过程的规律，同时还根据这些规律研究认识加工过程的具体环节的方法和技术，研究如何使整个认识过程和环节组织得更科学和合理，从而有利于实现对社会认识的最好的效率。因此，社会调查方法是帮助人们提高认识效率的重要途径。

三、社会调查实践是社会调查方法形成发展的必要前提

　　人们认识社会，改造社会，离不开社会调查。在大量的社会调查活动中，人们逐渐地积累起经验，这样就使得社会调查方法得以萌芽，逐步形成，特别是现代科学技术的迅猛发展，诸如哲学、社会学、心理学、数学、统计学、逻辑学、计算机技术等的发展，为社会调查方法提供了新的理论和技术，带动了社会调查方法的科学化、学科化，从而使得社会调查方法不断发展，日趋成熟，逐渐成为一门独立的应用学科。社会调查方法之所以能够成为一门学科，一是因为它在长期的实践中形成了自己的概念、范畴、理论等一套知识体系，诸如社会调查活动具体的方式、方法、程序、手段和技术；二是因为它在社会活动中有着自己特定的研究对象；三是因为它有着其社会历史实践基础，社会调查方法的历史可以追溯到古老的年代，自18世纪以来得到飞速的发展。特别是随着信息社会的到来，社会调查方法的应用已经遍及政治、经济、司法、文化等社会生活和社会科学的各个领域，诸如社会问题调查、政策性调查、市场调查、预测式调查、评估式调查、民意调查、灾害评估、物价指数编制，到处都有它的踪影。现代社会的发展向人们提出了通过科学的社会调查认识社会的客观要求，也正是大量的社会调查实践，不断地促进着其学科化程度的提高，推动着其科学化水平的提升，社会调查方法得以不断地发展和完善。

第三节　社会调查方法的学习与应用

一、要增强高度的社会责任感，激发学习动力

　　社会调查是了解社会、认识社会、参与社会的科学活动。中外著名的社会调查研究人员，都是以关心社会成员的疾苦，医治

社会问题，立志改造社会为动力的。这种以天下为己任的高度的社会责任感，是掌握社会调查方法，搞好社会调查的强大的推动力。因为具有高度的社会责任感，才会产生做好工作的强烈愿望，才会有求得科学认识的渴望；只有求得科学认识的渴望，才会产生做好社会调查，掌握好社会调查方法的强大的内驱力。如果没有强烈的求得科学认识的渴望，就不会有强烈的求知欲望，对客观事物的认识也就只会满足于浮光掠影、一知半解、浅尝辄止，更不可能花费精力学习社会调查方法。越是有着高度的社会责任感，越是渴望对社会求得深知，就越希望得到和掌握深知的方法。所以，我们要想真正掌握社会调查方法这门学问，应该不断增强自己的社会责任感，把解决社会问题，推动社会进步与发展，看成自己一种义不容辞的光荣义务和神圣责任。

二、要加强理论与实际的联系，提高应用能力

社会调查方法是一门研究如何进行社会调查活动的应用性很强的方法科学。学习和研究它的目的就是为了运用。因此，学习与掌握它就必须加强理论与实际的联系。只有结合社会调查实践活动，才能对社会调查活动的很多环节体会入微，更好地理解、掌握与应用。初学者如何参与社会调查实践呢？最好是从自己的实际情况出发，从自己比较熟悉的问题开始。比如大学生，可围绕专业学习、日常活动、就业状况等进行调查；也可就对某一事物的反映，如对是否允许大学生结婚的看法，对某一电视剧的不同看法进行调查；也可到自己熟悉的企业、村镇、街道、社区，就某项专题进行一段社会调查。从事这样的调查，有助于大学生学习与应用社会调查方法，积累社会调查经验，也有助于提高大学生观察、分析事物的能力，达到既得到锻炼，又受到基本训练的目的。

三、要坚持以科学理论为指导，培养优良作风

学习与应用社会调查方法，需要加强理论与实际的联系。由于科学的社会调查是一种认识方法，也是一种工作方法，因而必须坚持以科学理论为指导。没有科学的理论作指导，社会调查只会步入歧途。社会调查所要坚持的科学理论主要包括两个层次：一是建立在现代自然科学和社会科学成果基础上，包括马克思主义的唯物辩证法、历史唯物主义观等在内的社会调查研究方法论；二是与调查课题内容相联系的各专门学科的科学理论。它为人们实施正确的调查研究指明方向，为正确地使用具体方法与技术提供依据。

学习和应用社会调查方法，坚持以科学理论为指导，需要培养优良的作风。一是要培养艰苦的作风。从事社会调查要不怕困难，不怕挫折，不怕劳累。那种吃喝游玩，蜻蜓点水式的所谓调查，是无法获得客观的社会调查资料的。二是要培养深入的作风。调查者一定要深入社会、深入群众，深入到基层第一线。那种脱离实际，高高在上，悬在半空的所谓调查，根本不是科学意义的社会调查。三是要培养勤奋的作风。进行社会调查要求调查者一定要勤于观察、勤于思考、勤于记录、勤于研究。那种浅尝辄止，敷衍塞责的所谓调查，是不能获得对社会认识的真知灼见的。四是要培养谦虚的作风。调查者一定要有眼睛向下，甘当小学生的精神。那种下车伊始乱发议论，自以为是的所谓调查，是不可能得到被调查者的配合，无法获得对社会认识的科学的调查结论的。学习和应用社会调查方法，没有上述四种优良作风，是不可能得到社会调查方法的真谛的。

四、要丰富相关知识社会阅历，拓展研究视野

社会调查的成败，与调查者的研究视野密切相关。所谓视野，

是指一个人的思想和知识的领域。社会调查的研究视野问题是指在进行调查时从什么角度，以什么样的理论观点和什么样的方式透视和研究社会现象。同样一个问题可以从不同的角度研究它。如解决中国老年人口的养老问题，有人从中国几千年敬老爱老的传统美德出发，主张养老问题应以家庭养老为主；有人从中国老龄人口的急剧增长，家庭结构小型化的变迁出发，主张应以社会化养老为主；也有人从中国老龄化的增长速度相对经济发展的超前性、解决老年问题的国力与需求之间的尖锐矛盾出发，主张解决养老问题必须多种形式并举，"家庭养老""社区养老""机构养老"三者并行。由此说明，研究视野的宽与窄不同，对同一现象的认识也就不同。如果调查者能选择正确的研究角度，又具有广阔的研究视野，他就能在错综复杂的社会现象面前，透过事物的表面现象，把握事物的本质，获得对客观事物的正确了解与认识。可见，真正学好社会调查方法并应用于社会调查实践之中，除了要掌握社会调查方法本身之外，还要拓展研究视野。这就要求学习者要不断丰富自己的相关知识，包括所要从事调查的对象领域和相关领域的知识，同时也要求学习者要不断丰富自己的社会生活阅历。

思考练习题

1. 什么是社会调查？如何理解其概念？

2. 社会调查的基本任务是什么？其突出功能有哪些？

3. 如何理解社会调查与社会调查方法之间的关系？

4. 进行社会调查为什么要掌握社会调查方法？社会调查方法的主要功能有哪些？

5. 为什么要学习社会调查方法？怎样加强社会调查方法的学习与应用？

第二章　社会调查方法的发展与构成

無怪乎人们常说，科学是随着研究法所获得的成就而前进的，研究法每前进一步，我们就更提高一步，随之在我们面前也就开始了一个充满着种种新鲜事物的更辽阔的远景。

——[俄]巴甫洛夫

最早介绍社会调查方法的著作是1920年查平（F. S. Chapin）所著的《社会研究和实地调查》一书，……尽管时间不长，但调查方法却获得相当迅速的进步，特别是第二次世界大战后的发展，成绩是惊人的。

——[日]福武直

费博士著作中的原理和内容向我们揭示了现代中国社会学派的方法论基础是多么结实可靠。

——[英]马林诺夫斯基

任何调查都必须经历一个既要符合客观事物现象发展规律，又要符合人的认识路线的过程。

——费孝通

社会调查认识社会经历了一个漫长的发展过程，且仍在不断反复和无限延伸，正是在这一过程中，社会调查逐渐走向学科化、步入科学化，迈进专业化，逐步构建起现代社会调查的方法体系。

第一节　社会调查方法的发展历程

社会调查方法有其萌芽、产生和发展的历史，其发端虽可追溯到古老的年代，但是作为一种科学方法，一般认为却是形成于近代，兴起于现代。

一、古代社会调查方法的发端

社会调查方法是从人类的社会实践中产生出来的。其起源可以追溯到公元前数千年的埃及和中国。据古希腊历史学家希罗多德记载，大约在公元前3000年，古埃及国王为了建造金字塔，就曾经进行过人口和财产的调查。中国古代的社会调查也早在公元前21世纪就开始了。据《后汉书》记载，在大禹治水时代，古中国的人口数是13533923人，土地是2438万多顷，其中定垦者930多万顷。[①]之后，夏朝、商代和西周，都有专管人口统计的官吏。战国时代商鞅《商君书》就指出："强国知十三数：竟内仓、口之数，壮男、壮女之数，老、弱之数，官、士之数，以言说取食之数，利民之数，马、牛、刍藁之数"。[②]秦始皇统一中国后，历代王朝的官吏们，经常将调查民情的结果上奏朝廷或记入地方志。以上情况表明，古代社会统治者，为了治理国家和控制社会的需要，早已初步认识到调查统计的重要性，开始了较为系统的调查统计。但其调查多限于原始的观察、直接的访问、简单的比较、不成形的统计以及有限的文献调查，没有形成自觉的系统的科学方法，基本上属于一种经验的社会调查方法。

二、近代社会调查方法的形成

（一）影响近代社会调查方法形成的原因

社会调查真正作为一种科学方法，直到近代才逐步形成，其产生的原因多因，主要有以下几个方面：

一是早期资本主义社会大量社会问题的出现。18世纪以来，随着资本主义社会工业化和城市化的迅猛发展，西欧各国产生了

---

① 《后汉书》第十二册志（二），中华书局，1965年，第3387页。

② 《商君书》，上海人民出版社，1974年，第20页。

一系列社会问题，诸如城市人口急剧膨胀、贫富两极分化、劳资矛盾尖锐、犯罪现象层出不穷，等等。一些资产阶级的社会改革家、慈善事业家为缓解社会矛盾，开始使用社会调查方法进行研究，寻求医治社会问题的良方。犯罪调查、贫民调查、监狱调查、工业调查、家计调查等，此时得到广泛开展，其目的是进行"社会诊断"。

二是自然科学方法的渗入。当人们迫切需要解决社会问题时，就向发展得比较成熟的自然科学寻求方法。而此时数学和物理学等自然科学得到了长足的进步。社会学创始人孔德就较早地主张将数学和物理学的方法运用到社会研究中，并一度把社会学称为"社会物理学"。一些杰出的自然科学家，如哈雷、拉普拉斯、达兰贝尔等人，则直接用自然科学的方法研究社会，他们根据社会材料加以变通，创造出适应社会研究的新方法来，加速了近代社会调查方法的产生。他们也成为经验社会调查的创始人。

三是最初统计方法的产生。17世纪统计方法引进社会现象的研究，在近代社会调查方法的形成过程中起到了非常突出的作用。英国的"政治算术"、德国的"国势学"，对统计调查作了巨大的贡献，后来演化为统计学。1795年拉普拉斯用概率论研究人口问题，出版了《概率论的解析理论》，奠定了现代人口统计理论的基础。

四是人口普查的需要。统计方法的发展，导致人口普查的深入和全面开展。从1801年起，英国就开始了经常性的全国人口普查。每10年普查一次。1853年国际统计会议之后，许多国家纷纷设立统计局，从而把社会调查纳入了职业化的道路，极大地促进了近代社会调查方法的形成。

（二）影响近代社会调查方法形成的先驱

近代社会调查的内容，多集中于行政统计调查和社会问题调查。其间出现了对近代西方社会调查方法形成有影响的三位先驱人物。

第一位是英国著名的慈善家和社会改革家霍华德（1726—1790年）。他是运用访谈法进行系统社会调查的先驱。他在监狱里直接找犯人谈话，广泛收集英国和欧洲各地200座监狱的情况，将监狱中恶劣的环境和犯人患病原因及人数加以记录统计。1774年他用调查中获得的确凿事实，说服了众议院，顺利通过了监狱改革法案。1777年霍华德通过对欧洲一些国家监狱情况的比较研究，出版了《英格兰和威尔士监狱状况》一书。

第二位是法国著名的社会改革家和经济学家勒·普累（1806—1882年）。他对近代社会调查方法的形成做出了许多贡献，所采用的方法主要是问卷法。自1835年起，他用了20多年的时间对工人生活进行了大量的研究，调查范围遍及英、法、德、匈、俄、土等欧洲国家各大城市数千名工人的家庭账簿，调查内容涉及到政治、经济、宗教、教育、婚姻、生活方式等社会生活的各个方面，终于完成了六大卷的巨著《欧洲劳工》。在调查中，他发现家庭的收支状况决定家庭的生活活动，家庭消费与国家的社会政策之间存在某种固定的关系。他的问卷调查结果在1853年国际统计会议上公布时，德国统计学家恩格尔（1821—1896年）倍受启发，在大量统计调查的基础上，发现了工资与生活消费之间的比例关系，创立了著名的恩格尔法则。

第三位是英国的改良主义者、统计学家布思（1840—1916年）。他所运用的社会调查方法，主要是个案研究方法，综合使用访谈法、问卷法、观察法，以及地图、统计图、统计表等各种工具和技术。他的研究着重于伦敦东部劳工阶级的贫困问题。自1886年开始，他花费了18年的时间，从会议、问卷、报告、工会的研究中以及与福利工作人员、教师、牧师、警察等谈话，收集了极其丰富的调查资料。他根据收入多少稳定程度，把城市家庭分为8类，把伦敦分为50个区，然后根据这些不同类型的家庭在全城的分布情况，绘制成一张社会地图，揭示了资本主义社会贫富两极分化的实际状态。在此基础上，他出版了《伦敦居民的生活与劳动》，全书共 17 卷。他的调查成果引起了社会上对劳苦人民的同情，导致英国于 1908 年颁布了"老年退休金法"。布思的调查被认为是社区生活研究的典范，布思被称为社区生活调查研究的创始人。

霍华德、普累、布思三人的社会调查活动及其所运用的方法，标志着近代科学的社会调查方法的形成。但是，由于历史的局限，他们的社会调查有着共同的缺陷，即他们只描述"事实"，否认社会发展的各种客观规律，由于缺乏正确的理论指导，因而只见树木，不见森林，得出的结论往往是改良主义的结论。

三、马列主义调查方法的发展

在西方社会改良家为维护资产阶级统治而开展社会调查的同时，马克思、恩格斯为揭示资本主义制度产生、发展和灭亡的规律，以辩证唯物主义和历史唯物主义为指导思想，科学地进行了社会调查，实现了社会调查方法论上的革命性变革，对社会调查方法做出了革命性的贡献。

（一）马克思、恩格斯的社会调查实践

马克思、恩格斯强调人的社会实践性，主张任何理论都要在实践中获得检验。他们是社会调查实践的典范。马克思从青年时代就开始了社会调查。1842 年他任《莱茵报》主编时，利用采访深入到社会的各个角落，获得了德国摩塞尔沿岸地区酿造葡萄酒农民贫困状况的大量实际材料，由此发表了《摩塞尔记者的辩护》，有力地揭露了普鲁士政府压迫人民的真相，猛烈地抨击了普鲁士的社会制度。1866 年他为工人阶级状况调查提出了最初的调查提纲——《普遍的劳动统计大纲》。在此基础上，1880 年马克思为法国《社会主义评论》杂志起草了《工人调查表》，该调查表分四个部分近 100 个问题，公开载于《社会主义评论》杂志上，并印成单行本发行。马克思一生较多的是使用文献法，大量搜集反映当时各国社会经济情况的调查材料。

　　同马克思一样，恩格斯一生也十分重视社会调查。1839 年不满 19 岁的恩格斯通过他在家乡进行的实际调查，在《德意志通讯》上发表了题为《乌培河谷来信》的文章。1843 年恩格斯深入工人群众中调查，搜集了大量的有关工人的工作条件、工资收入、健康状况、教育水平、童工和女工的情况，写成了一本堪称经典性的社会调查著作——《英国工人阶级状况》。1848 年 9 月恩格斯流亡国外，先后到了比利时、法国、经过日内瓦、洛桑，再到伯尔尼，以他穿过法国中部四十天所见所闻，写下了《从巴黎到伯尔尼》的社会走访调查报告，对法国社会的政治进行了研究。

　　（二）列宁的社会调查实践

　　列宁继承和发展了马克思、恩格斯社会调查的理论和方法。1893 年列宁写成了《农民生活中新的经济变动》。1897 年列宁被流放到西伯利亚以后，通过当地两个农民朋友调查了西伯利亚的农村。同时做了其他社会经济调查，并通过 583 本书搜集文献资料，结果于 1899 年写成《俄国资本主义的发展》。该书是根据调查与统计资料对俄国社会经济制度、对俄国阶级结构所作的分析，揭示了俄国资本主义形成的一般规律。列宁社会调查方法最本质的特点是，把社会调查作为马克思主义的普遍真理同俄国革命的具体实践相结合的重要工具。列宁一生极为重视社会调查，直到十月革命胜利后，在关于社会科学社会主义学院的决议草案中，还把社会调查列为全党的一项基本工作，特别提出了一系列的社会调查任务。

　　（三）马克思主义社会调查方法的贡献

　　在社会调查方法上，马克思、恩格斯主要运用观察、访问和文献法，但他们对一些先进的分析技术也极为关注。例如，马克思在《资本论》中运用凯特勒的"平均人"的概念对产业工人进行了分析。恩格斯系统研究了自然科学的方法论问题，写出了《自然辩证法》这一著名论著。

马克思主义对社会调查方法的贡献，主要体现在其社会调查理论有重大突破，是社会调查理论的革命。他们从纷繁复杂的社会现象中找到了经济基础这一决定社会历史发展进程的关键因素，从而为人们正确认识和解释社会现象提供了一把钥匙。马克思和恩格斯创立的唯物史观和唯物辩证法为科学地研究社会奠定了基础。此外，马克思、恩格斯提出的实践的观点、透过现象认识事物本质的观点、历史的观点、阶级分析的观点、群众的观点等，为正确地进行社会调查提供了最基本的指导思想和方法论原则。

四、现代社会调查方法的兴起

20 世纪以来，随着科学技术的飞速发展，现代社会调查方法逐渐成为一门科学。形成这一趋势是在 20 世纪 20 年代。尤其是 40 年代以来，现代社会调查方法迈入了科学化阶段。

（一）现代社会调查方法兴起的原因与标志

现代社会调查方法的兴起，首先应归功于数理统计学的发展。19 世纪中叶，比利时的凯特勒把概率论引入统计学，成为数理统计学的奠基人，并进而创立了社会统计学。1877 年英国人高尔顿在研究人类遗传现象时，第一个发明了统计相关法。1990 年皮尔逊提出了卡方检验、复相关计算，并开始研究抽样理论和方法。1928 年前后，论证了 t 分布的戈塞特和论证了 F 分布的费舍，确立了抽样理论，为社会调查开辟了崭新的途径。在数理统计学获得了长足进步的同时，一些学者开始尝试将数理统计技术运用于社会调查。1912—1914 年，抽样大师鲍莱做了抽样方法的最初尝试，主持通过了英国 5 个中等城镇的比较研究，发表了

《生活和贫穷》。1936 年朗特里第二次对约克镇进行追踪调查，再次运用抽样方法并获得成功。从此抽样方法成为社会调查的一种主要方法。第二次世界大战后，美国社会学家斯托福进一步将数理方法运用于社会问题的研究之中。在研究设计、抽样方法、问卷设计、假设检验等方面都有重要发展，对现代社会调查方法产生了重大影响。

现代社会调查方法的兴起，还与现代科学技术的发展分不开。现代社会调查，其任务越来越复杂，由此要求有相应的调查方法、技术和技巧。而现代科学技术为社会调查方法的现代化和科学化提供了方便的条件，如电脑、电传、遥感、摄影机、录相机、录音机、电视、电影、通讯设施等，都使社会调查技术手段日趋现代化。1966 年美国斯坦福大学研究完成了"社会科学统计软件包"（SPSS），于 1971 年投放市场，成为社会调查统计分析的有效手段。可以说，电子计算机技术的日趋成熟，使得具有亿万数据的复杂的调查资料得以准确而迅速的处理成为可能。从而大大促进了社会调查向定性与定量分析相结合的方向上发展。

现代社会调查方法的兴起，一个显著标志是调查机构趋向专业化。随着世界各国经济、政治与军事的频繁交往和激烈竞争，面对瞬息万变的复杂局势与庞杂的资料、数据，仅凭少数人已无法进行规模性的调查和研究，在这种情况下，一些专业性的调查机构应运而生。1912 年美国塞基财团设立了以哈里逊为主任的调查机构，并于 1914 年在伊利诺斯州的春田市进行了小城市的社会状况调查。这是设立专门调查机构的早期尝试。世界上比较著名的调查机构有：美国盖洛普民意测验所、斯坦福国际咨询研究所、日本的综合研究开发机构、法国的巴黎经济社会发展研究公司等。据统计，全球注册的专业化调查机构有 7000 多家。调查机构的专业化，必然促进着现代社会调查方法的进一步发展。

现代社会调查方法的兴起，另一标志是社会调查方法逐渐成为一门专门供人研究和教授的学问。1894 年美国的芝加哥大学的查理斯·汉德逊主编出版了《社会观察问答教授法》一书，专门介绍了社会调查的具体技术。1920 年前后，F·S·查平出版了第一部系统探讨社会调查方法的教科书《实地调查与社会研究》。20 世纪 50 年代后，社会调查方法、社会统计学、社会统计软件包的使用等逐步成为高校的基础性课程，对现代社会调查方法成为一门学科起到了巨大的推动作用。

（二）美国社会调查方法的崛起

现代社会调查方法的兴起，一般认为是从美国开始，随后遍及全世界。不过，美国的社会调查比欧洲国家起步晚。直到 20 世纪初，美国的社会调查活动才开始繁荣起来。繁荣的主要动因，是民众与政府对社会问题的关注，以及社会调查方法研究的推动。1890 年美国社会学家芮斯对美国的贫民窟作了大量调查后，完成了《其他一半如何生活》一书，随后又出版了《向贫民窟开战》，反映了当时美国工人阶级生活条件的恶劣情况。1904 年施特文斯对美国七大城市公务员的腐败行为进行了长期调查，出版了《城市的耻辱》，引起社会各界的重视。1907 年为试图解决急剧增长的工业化都市化带来的社会问题，保尔·凯洛葛主持了匹茨堡调查。这次调查使用了个案调查法、区域划分法、图示描写法、实地观察法、访问法、调查表法等，从多种角度对匹茨堡城进行分析研究。西方学者公认，匹茨堡调查第一次使用了社区系统研究方法。这次调查取得的成就推动了美国各城市的社会调查。1914 年哈里逊主持了史称"春田调查"的社会调查，并出版了调查摘要《美国城市社会状况》。参加这次调查工作的有 900 多人，他们将统计与问卷、访谈等多种方法相结合，从不同角度搜集资料，倍受后人的推崇。这次调查运用的方法的最大特点是：宣传公众法。即在调查之前、之中、结束之时进行新闻发布、举办展览，以引起公众对调查的关注、配合、以及对调查结果的讨论。

20 世纪 20 年代到 40 年代是美国社会调查的极盛时期。匹茨堡调查和春田调查引起了美国各社区都运用写实方法研究生活的变化。据哈里逊《社会调查目录学》一书统计，到 1928 年美国共完成了 2755 项社会调查课题，其中一般性调查 154 项，特殊性调查研究 2621 项。这说明当时美国的社会调查正从笼统的社会调查向着专题调查发展。美国社会调查方法作为一门学问的关键时期是在 1920 年前后。在近代社会调查三大先驱之一的布思的影响下，学者们对美国的移民、贫民、种族、社区规划等问题进行了大量调查。其中，托马斯和兹纳涅茨基运用自然科学的控制观察法，同时采用了搜集波兰移民个人信件的文献法，把移居美国的波兰农民的生活同仍在家乡的波兰农民的生活进行了比较，于 1920 年写出了《在欧洲和美国的波兰农民》。这一调查被称为个案调查的经典性实例。20 年代到 30 年代，芝加哥学派带头人派克，完善和发展了城市生态学方法，形成了都市区位学。

20 世纪二三十年代，舆论调查和市场调查盛行于世。一些国家相继成立了专门的民意调查机构。其中最为著名的是盖洛普民意测验所。1936 年美国总统选举前，盖洛普使用配额抽样的方法，只抽取了 1% 的样本，就成功地预测罗斯福当选，从而使盖洛普民意测验所名声大噪。之后，盖洛普民意测验所又于 1968 年，只用 2000 人作样本，预测尼克松将获得 43% 的选票，而实际的得票率为 42.9%。这使人们清楚地看到随机抽样方法的科学性与准确性。

第二次世界大战后，美国社会调查在方法论上出现了实证主义、马克思主义和现象学等多种理论并存的状况，再加上电子计算机、电话、录像、录音等现代调查手段的使用和发展，社会调查的具体方法也呈现出丰富多彩的景象。

五、当代社会调查方法的趋势

第二次世界大战之后，特别是 20 世纪末以来，随着社会在经济、政治、文化、科技等方面的迅猛发展，当代社会调查方法已由传统走向现代，呈现出如下明显的发展趋势。

一是学科化趋势。当代社会调查已不同于以往社会调查。日本社会学家尾高邦雄认为："到 1940 年为止的社会调查都是根据一个中心人物（师傅）的个人兴趣和看法而工作的，即使带一、二名助手（徒弟）然而其方法仍有秘密传授的性质，思路缺乏正确性和可靠性，很少使用标准化的程序、方法、设备，调查经费不足等，都可以说是手工业方式的"。[①] 而今，社会调查方法与技术已取得了令人瞩目的成就，社会调查方法作为一门独立的学科，不仅有着自己的研究对象、知识体系、学科特点和丰富内容，而且社会调查方法已普遍成为高等院校诸多社科专业的专业课或专业基础课。随着社会的发展，当代社会调查方法的学科化程度将越来越高，迎来一个学科化发展的新机遇。正如华盛顿大学统计学和社会科学研究中心主任、社会学教授 Adrian E Raftery 所言：当前，我们处在一个比几十年前更加广泛学科化的学术世界，对所有的社会科学学科而言，现在是突破学科界限，共同将它们的定量方法推向前进的宝贵机会。

二是科学化趋势。其主要表现为，社会调查方法已日益程序化、规范化、数量化和精确化。正如前文所述，一批近、现代社会学的先驱人物以及当代的一些卓越社会学家为此做出了突出贡献。如法国社会学家涂尔干创立的研究假设—经验检验—理论结论的实证程序，美国社会学家斯托福关于社会统计调查及变量关

---

① 转引自福武直、松原治郎编，王康乐编译：《社会调查方法》，湖南大学出版社，1986 年，第 13—14 页。

系分析方法的研究等。现代社会调查注重与理论研究、政策研究密切结合，越来越广泛地运用先进的统计技术、抽样技术、测量技术和计算机技术，并综合、吸收了社会学、经济学、政治学、人类学、心理学、网络科学等学科的方法。在现代统计学理论和计算机技术的渗透和推动下，而今大规模抽样调查的适用范围日益扩大，复杂的统计分析方法日益普及，从抽样到数据形成的整个过程也日益规范化、科学化，态度测量法、访谈法、问卷法等的精密化程度也越来越高。随着计算机、网络、通信等技术的发展和普及，社会调查更是进入了一个新的发展阶段，整个社会调查的工作程序、组织方式、标准化和规范化程度都随之发生了深刻的变化。再加上电子计算机、计算器、电话、手机、录像、录音、电影、绘图仪、GPS定位技术等调查手段的使用和发展，使得当代社会调查方法的科学化趋势越来越明显，越来越突出。

　　三是广泛化趋势。与传统社会调查相比，当代社会调查无论在社会调查的领域、社会调查的范围、社会调查的内容，还是在社会调查的主体等方面，都在不断地拓展。首先，社会调查领域在不断扩大。古代社会调查仅限于行政方面的统计调查，近代社会调查偏重社会事业，19世纪社会调查的舆论调查与市场调查倾向较为明显，当代社会调查的领域却日益渗透到政治、经济、文化、社会、生态、科技等各个领域。其次，社会调查的范围在不断拓展。以往社会调查，全国性的、跨地区、跨部门的调查很少进行，而当代社会调查，范围从小到城市的社区、农村的乡村，大至一个地区、整个国家以至国际范围，小到一个单位、一个部门小范围内进行，大至跨单位、跨部门、跨地区的范围内都有实施。再次，社会调查的内容在日益扩展。当代社会调查的内容不仅涉及到人们生活的生老病死、衣食住行、婚丧嫁娶，涉及到社会各阶层的思想、观念、动机、愿望、看法、意见、态度、感受、评价、倾向、偏好，以及行为、状态等方面，还涉及到群体、组织、社区的结构、类型、规模、规范、行为倾向等。其四，社会调查的主体日益广泛。现代社会变幻难测，掌握瞬息万变的社会信息是做好各类工作的必要条件，正日益成为人们的共识。因此，社会调查的主体，已扩大到工农商学等各行各业、各部门各单位，扩展到政府、群体、组织，及其理论工作者和实际工作者。

四是专业化趋势。社会调查的专业化是社会调查学科化、科学化、广泛化的客观要求和必然结果。它主要表现在三个方面：一是调查人员的日益专业化。社会调查已成为一种专业，受过专业训练，专门从事社会调查职业的人越来越多。二是调查机构日益专业化。政府机关、团体组织、高等院校、科研院所、新闻单位、企业厂矿等都设置有调研处、或研究中心、或情报所、或信息中心、或商业调查部、或市场调查室，等等。三是独立的营业性调查机构日益壮大。上文提到，早在上世纪初，一些专业性的调查机构便应运而生。诸如美国盖洛普民意测验所、斯坦福国际咨询研究所、日本的综合研究开发机构、法国的巴黎经济社会发展研究公司等，有的还成为在许多国家设有分支机构的跨国公司。如今，全球注册的专业化调查机构越来越多，世界调查行业一年的营业额也以千亿美元计。

六、中国社会调查方法的演进

与欧洲相比，中国社会调查从时间上溯源要早得多，见诸文字的材料也丰富得多，但随着封建社会的衰败，当时未能形成科学系统的社会调查方法。系统的社会调查的发展，中国始自20世纪初。

（一）近现代西方社会调查方法的传入

19世纪末20世纪初，科学的社会调查方法开始在中国传播开来。它与西方的传教士和社会学者在中国实地进行的社会调查活动有关。1878年美国传教士史密斯对山东农村生活进行了调查，并著有《中国农村生活》一书。1914 年至 1915 年在美国传教士伯吉斯的指导下，北京社会实进会对 302 名黄包车夫的生活状况进行了调查，并发表了英文的调查报告。1917 年清华大学美籍教授狄德莫指导学生在北京西郊对 195 户居民的生活费用进行了调查，内容包括家庭预算、生活情形等。1918 年至 1919 年间，北京私立燕京大学社会学系主任伯吉斯与北京美籍教士甘博一起仿照美国 1914 年的"春田调查"，调查了北京的社会生活，其中包括历史、地理、政府、人口、健康、经济、娱乐、娼妓、贫穷、救济、宗教等项内容，并于 1921 年以《北京——一个社会调查》为题在美国发表。这项调查被视为我国都市社会调查的开端。此一时期的社会调查，一个遗憾就是调查报告都是用英文写的。

（二）近现代中国学者进行的社会调查

20 世纪 20 年代以后，随着社会学在中国的传播与发展，一批中国社会学人才脱颖而出。他们开创了中国社会学者自己研究中国社会的历史。当时中国在帝国主义、封建主义和官僚买办阶级的压迫下，国家非常贫穷、落后，社会问题层出不穷，需要理论界加以诊断和解释，以求救国之路。

1923 年陈达组织学生调查了清华大学附近成府村 91 个家庭、安徽省休宁县湖边村 56 个家庭的生活费用。他后来撰写了《社会调查的尝试》。1924 年至 1925 年，李景汉在北京调查了 1000 个人力车夫、200 处出赁厂、100 个车夫家庭，发表了《北京无产阶级的生活》。1926 年至 1927 年，陶孟和采用记账法在北京对 48 家手工业工人的家庭生活费进行了 6 个月的调查，对 12 家小学教员的家庭生活费进行了 1 个月的调查，从而使他成为我国现代家计调查的先驱之一。严景耀于 1927 年到 1930 年对中国犯罪问题进行了调查，他采用参与观察法，深入监狱搜集了大量第一手资料。撰写了《中国的犯罪问题与社会变迁的关系》。陈翰笙于 1929 年 7 月至 1930 年 8 月对无锡、保定、广东进行了三次大规模的农村调查，出版了《中国的地主和农民》(1930 年) 和《工业资本和中国农民》(1939 年) 二书。他试图通过对典型区域的调查而认识整个中国的社会经济情况。1930 年陶孟和调查北京居民的生活费，著有《北京生活费用之分析》一书。燕京大学社会学系在杨开道和许仕廉的主持下，组织学生在北京清河镇调查，于 1930 年正式建立了清河镇实验区。在对清河镇的人口动态、家庭、集市、村镇组织等项调查的基础上，同年北京大学出版了许仕廉撰写的《清河镇社会调查》，这是我国第一个以镇为单位的社会调查。1933 年，李景汉完成了《定县社会概况调查》，这是我国以县为单位的第一个最详细的全面调查，调查包括历史、地理、人口、家庭、婚姻、职业、宗教、地方组织、教育、娱乐、风俗习惯等项。定县调查历时 7 年之久，是社区研究的杰作。调查中他采用了实地调查与统计调查相结合的方法，使用了随机与分层抽样，设计了 314 个统计表格。李景汉还将这些调查方法与经验概括于他的社会调查方法专著《实地社会调查方法》一书中。近现代中国社会调查中还有一位有影响的人物，即著名的社会人类学家费孝通。他在自己的家乡开弦弓村做了一个多月的调查，其调查成果《江村经济》于 1939 年出版。该书被他的导师马林诺夫斯基誉为人类学实地调查和理论工作发展中的一个里程碑，并被当时许多大学的人类学课程列为必读参考书。

在这一时期，中国学术界建立了一批专门从事社会调查的机构。影响较大的有：陶孟和、李景汉主持的北京社会调查所，陈翰笙主持的南京社会科学研究所社会学组，陈达主持的清华大学国情调查所。

（三）毛泽东对社会调查方法的贡献

为了认识和解决中国革命中不断出现的新问题和新情况，指导中国革命实践的发展，以毛泽东为代表的中国共产党人，在马克思主义社会调查方法论的指导下，吸取国内外的优秀成果，并联系中国实际，进行了大量的社会调查。其中，毛泽东的社会调查实践和理论为全党树立了楷模。

早在青年时代，毛泽东就十分重视社会调查。在第一师范读书时，他就深入社会进行调查。1917 年暑假他用 1 个月的时间，步行对长沙、宁乡、安化、益阳、沅江五县的广大农村进行过实地调查。早期的调查实践，为毛泽东后来实事求是的工作方法奠定了基础。1927 年 1 月 4 日至 2 月 5 日，毛泽东用 32 天时间，步行 1400 多里，实地考察了湘潭、湘乡、衡山、醴陵、长沙 5 县，同年 3 月写成了《湖南农民运动考察报告》。这篇报告正确分析了中国社会各阶级的状况，得出了农民问题是中国革命的基本问题这一科学结论。第二次国内革命战争时期，毛泽东于 1928 年在井冈山做了永新、宁国两县的调查，提出了初期的土地法。1930 年他又到寻邬、兴国、木口村、才溪乡、长岗乡等地进行仔细的调查。撰写了《寻邬调查》、《兴国调查》、《才溪乡调查》、《长岗乡调查》。1930 年 5 月，毛泽东总结了调查研究工作，完成了他的最早的社会调查研究专论《反对本本主义》（又名《调查工作》）。抗日战争时期，毛泽东对社会调查的指导思想和方法进行了概括和总结，发表了《〈农村调查〉的序言和跋》《改造我们的学习》《关于农村调查》等文章。毛泽东长期的社会调查实践和其社会调查理论的逐步形成，影响了一大批人，并开始为全党所接受。1941 年 8 月 1 日党中央作出了《关于社会调查研究的决定》，大大地推动了党内社会调查工作的开展。其中最为著名的调查有：《绥德、米脂土地问题初步研究》《米脂县杨家沟调查》《沙滩坪调查》。中国共产党内一大批革命者进行的大量的社会调查，极大的丰富了毛泽东社会调查的理论与方法。

毛泽东对社会调查无论是在实践上还是在理论与方法上，都有其独创性，有其特殊的贡献。他所强调的社会调查的客观必然性，他所提倡的"没有调查就没有发言权""实事求是""走群众路线"的社会调查观点,他所总结的"典型调查""解剖麻雀""深入实地""开调查会"等社会调查方法,他所运用的阶级分析观点与方法,所使用的预测方法,等等,从思想上、作风上、方法上为社会调查活动提供了指导,对于推动我国社会调查的发展具有重要的意义。

（四）当代中国的社会调查

新中国成立后,政府建立了较为完善的行政统计调查机构,改变了以往在基本国情调查上的落后状况,为国家的行政管理和经济建设提供了详细、全面的数据资料。同时各个领域上的政策性研究得到广泛开展。20 世纪 50 年代以后,由于众所周知的原因,中国学术性调查的发展处于停滞状态。

20 世纪 80 年代以来,随着社会学的恢复和社会科学各学科的迅速发展,中国社会调查进入了一个崭新的发展阶段。这一时期党和政府越来越重视社会调查工作。比较重大的大型调查有:继1953 年和 1964 年两次全国人口普查以后,我国又分别于 1982 年、1990 年、2000 年、2010 年进行了第三、第四、第五和第六次全国人口普查,1981 年进行了全国农业资源调查,1993 年进行了第三产业第一次普查,1995 年进行了第三次全国工业普查,1997 年、2007年进行了每 10 年举行 1 次的全国农业普查,2009 年进行了第二次全国经济普查,1987 年、2006 年分别进行了第一、二次全国残疾人抽样调查,2000 年、2006 年进行了中国城乡老年人口状况抽样调查,2010 年进行了全国城镇住户基本情况抽样调查。

与此同时,学术性社会调查也取得了丰硕成果。例如,20 世纪 80 年代以费孝通为代表的小城镇问题调查,由丁伟志、陆学艺、何秉孟主持的《中国百县市经济社会调查》(1988—2001 年),雷洁琼主编的《改革以来中国农村婚姻家庭的新变化》(1994年),陆学艺主编的《当代中国社会阶层研究报告》(2002 年),沙莲香主持的《对北京奥运会社会期待及社会心理研究》(2008

年)等。

这一时期是中国社会结构转型和经济体制转轨的历史性转变时期，社会变革带来了一系列亟待解决的社会问题。人们对社会"热点"问题，如城市问题、农村问题、社会保障问题、失业问题、养老问题、青少年问题、独生子女问题、婚姻家庭问题、犯罪问题、腐败问题等都作了大量、有价值的应用性社会调查。

随着计算机网络的发展，自20世纪末网络调查在我国兴起，并逐渐渗透到社会生活诸多领域，在市场调查、社情民意调查等方面所显示的作用越来越大，已发展成为一种新型的调查方法。

可以说，这一时期社会调查的领域日益拓展，社会调查作为社会科学研究的有效手段日益得到人们的重视，政策性调查、学术性调查、社会问题调查、民意调查、市场调查等，已经成为人们进行科学决策、理论研究、解决社会问题、了解民意和进行市场预测必不可少的环节和方法。此一时期，社会调查越来越多地采用先进的调查方法，调查手段日益广泛，调查人员呈现专业化。

第二节   社会调查方法的体系构成

社会调查是一种科学的认识社会现象及其规律的活动。在长期的实践中，社会调查逐渐形成了一套较为严密的方法体系和科学研究的基本程序，反过来又为一定的实践服务。只有在正确的理论和方法体系的指导下，遵循科学的研究程序，人们才可能更自觉地进行社会调查，才能使社会调查成为真正的科学研究活动，才能使社会调查成为有效的科学的认识社会的工具。

一、社会调查方法体系内容

（一）社会调查方法体系构成的基本内容

社会调查研究方法是一个有着不同层次和方面的综合体系。

一般可将其划分成三个不同的层次，即方法论、基本方式和具体的方法与技术。

1. 社会调查的方法论

社会调查的方法论是社会调查方法体系的最高层次。它主要是指社会调查的理论基础和指导思想。以什么样的理论观点和指导思想透视和研究社会现象，在社会调查研究中是一个至关重要的问题。同样一个问题可以从不同的角度研究它，提出不同的解决问题的方法。社会调查所持的理论基础和指导思想，影响着人们看问题的角度和出发点，从而对同一个问题会得出不同的认识和结论。任何社会调查都必须以一定的哲学理论和方法为指导，但方法论并非是统一的。方法论是与一定的哲学观点和科学理论相联系的，不同的理论学派有不同的方法论。本书强调的社会调查方法论，由马克思主义哲学方法论、逻辑方法论和各门社会科学的学科方法论所组成。马克思主义哲学方法论，是运用马克思主义哲学理论观察和分析问题的根本方法，构成社会调查方法体系的理论基础。逻辑方法论，是一整套科学思维形式和思维方法的理论体系，它为社会调查的具体方法和具体技术提供思维方式的指导。学科方法论，是各门社会科学的专门理论，它为社会调查的各个具体环节、步骤提供理论帮助。

2. 社会调查的基本方式

社会调查的基本方式是社会调查方法体系的中间层次。它是贯穿于调查研究全过程的程序和方式，表明社会调查的主要手段和步骤。社会调查基本方式包括调查研究方式和研究设计类型两部分内容。社会调查有四种调查研究方式，一是统计调查，二是实地研究，三是实验研究，四是文献研究。研究方式涉及到对研究类型、研究程序和具体方法进行选择以及调查研究方案的制定。调查研究设计决定于研究方式。调查研究设计的类型可以从多种角度划分，从研究方式上，可分为描述性研究，解释性研究，探索性研究；从研究时间上，可分为横向研究和纵贯研究；从调查范围上，可分为普遍调查、抽样调查、典型调查和个案调查。

3. 社会调查的具体方法与技术

具体方法与技术是社会调查中所使用的各种资料搜集方法、资料分析方法以及各种特定的操作程序和技术。它处于社会调查研究方法体系的最低层次，具有专业性，技术性，可操作性的特点。社会调查的主要资料来源于：询问记录、观察记录、统计数据、文献资料等。与此相对应的搜集资料的方法是：问卷法、访问法、观察法、量表法、实验法和文献法。其中实验法和文献法虽然不是严格的实地调查方法，但它的第二手资料往往为现实统计调查提供了参考依据和信息来源。社会调查资料可以分为数据资料和文献资料。分析数据资料主要是统计分析法，分析文字资料主要是理论分析法。调查研究的具体技术包括问卷与观察表格的制作技术、调查指标的设计方法、观测仪器、实验设备、计算机的操作技术、资料审核与整理的方法技术等。

（二）社会调查方法体系构成部分的相互联系

综上所述，社会调查方法体系由社会调查的方法论、调查基本方式、各种具体方法与具体技术三个不同层次所构成。社会调查方法体系的这三个层次是相互联系和相互制约的。在整个方法体系中，方法论是基础，由于方法论是指导研究的一般思想方法和哲学的基础，不同的方法论观点不仅影响社会调查对课题的确定，决定着社会调查的方向和价值，同时更直接的影响着研究对社会调查基本方式的选择，由此在调查研究基本方式和方法论之间，逐渐形成了一种常见的模式，而一定的社会调查基本方式又规定了一套与其相适应的具体方法和技巧。另一方面，社会调查的具体实施有赖于调查研究的基本方式，以及具体方法和技术的应用，具体方法与技术的发展变化，促进着调查研究基本方式的逐步完善，同时促进着方法论的发展变化。方法论、基本方式、具体方法与技术三个层次相互联系，相互制约，从而构成了社会调查方法严密的科学体系。

二、社会调查的方法论原则

社会调查方法体系中，制约和影响社会调查研究过程的，主要是第一层次，也就是哲学和科学方法论及学科方法论。而在方法体系的第二第三层次，即在社会调查研究方式和具体的方法与技术等方面则争议不大，或基本上不存在分歧。尤其是具体方法与技术，大多数调查者都是遵循和使用相同的具体方法与技术，如计算机的技术，从社会统计调查到实验调查，从社会实地调查到文献调查，都需要用及。在现代社会，离开电子计算机搞任何调查都是难以想象的。因此，社会调查的方法论原则就成为统管社会调查全局的首要问题。我们的社会调查是以辩证唯物论和历史唯物论为指导的。根据辩证唯物论和历史唯物论的基本原理，要使社会调查获得可靠的信息，得出符合社会实际的结论，社会调查就必须遵循以下基本原则：

（一）客观性原则

所谓客观性原则，即真理性原则，是指社会调查研究必须坚持实事求是，一切从实际出发。社会是一种特殊的物质运动形式，它的发展规律是客观的，是不以个人意志为转移的。所以，要正确认识社会及其发展规律，社会调查研究者必须排除各种主观因素的干扰，从实际出发，客观的观察社会现象和社会行为，并根据社会客观事实科学地做出调查研究的结论。而要坚持客观性原则，必须做到如下几点：

第一，必须真正深入社会实际，深入社会生活的具体层面去搞社会调查。钻到书堆里，文件堆里，浮在上面蜻蜓点水式的所谓"考察"观花，是不能真正了解社会事实的，是不能完成认识社会研究对象的。

第二，必须尊重客观事实，忠实地从社会事实中，通过观察与了解，反映社会客观事实。首先，要不唯"上"，即不能迎合上级或权威人士的意图，带着已有的结论去搜集资料，或对社会事实任意取舍、裁减、歪曲。其次，要不唯"书"，即不能为书本上已有的结论或不适应社会变迁的老框框所禁锢。不尊重生动的，时刻变动的社会事实。其三，要不唯"众"，即不能随大流，不能为多数人不符合客观规律的看法所左右。其四，要不唯"己"，即不能以先入为主的思想框框去反映社会客观现实，不能用主观想象或猜测去代替客观事实，不能害怕否定自己的不符合社会事实的观点。也就是说，社会调查研究的观点和调查结论必须服从社会事实的资料。

(二) 科学性原则

科学性原则是指社会调查内在逻辑的规范性。从科学程序上说，必须建立在经验事实基础上，能够保证社会调查研究的科学性。从发展趋势上看，社会调查方法的日益科学化和精密化，不仅将大大减少主观因素的影响与干扰，而且会使科学的检验标准的建立成为可能，并日趋完善。但是，社会调查研究的结果与应用是与人的价值观念和意识形态有关的。它不仅表现在社会调查的成果可以服务于不同的道德理想或政治目的，而且还指社会调查研究本人在获取调查结论时，在研究课题和研究角度的选择上明显的含有个人价值和应用目的。价值倾向性的影响是客观存在的，不承认这种影响的存在不是唯物主义的态度。然而，坚持社会调查的科学性与价值倾向性是应该统一也是能够统一的，费孝通教授指出社会学和人类学的最终目的是改善人类的生活，社会学家有责任用社会学知识改变世界，特别是应当致力于解决本国的具体的紧迫的问题。他认为，社会系统是客观存在的，又是通过人们的头脑和行为运转的，如果能够清楚的，科学的说明这一系统，那么就能转过来影响社会系统的运转，那么在这一系统中生活的人将变得自觉。费孝通这一思想，深刻的表明社会调查研究者的主观意愿与社会调查研究的科学性相统一的关系。

（三）实践性原则

实践性原则是指，社会调查必须从实践出发，解决社会实践中的现实问题，社会调查的理论和方式必须随社会实践的发展而发展。它表现在以下几个方面：（1）社会实践向社会调查研究提出课题，社会实践中出现的大量的社会问题，呼唤社会调查去研究，提出解决问题的对策。（2）社会实践促使调查研究的结论精确化、科学化。一方面，社会调查无论是理论构建过程，还是理论检验过程，都是从观察到检验概括，从检验观察到理论检验与理论形成的过程，其联系的环节是社会实践。（3）判定社会调查中的人的思维是否符合社会客观实际，也是个实践问题。无论是理论还是实际，自身都无法判定主观思维和社会实际是否一致，社会调查对社会现实的解释正确了，在实践中得到结果，其调查的结论才是正确的。当然，社会调查强调实践性原则，并不能忽视科学理论的指导。社会调查无论是在资料搜集的过程中，还是在统计分析综合的过程中，都离不开理论的指导，调查研究者的理论知识、思想观点，始终起着支配的作用，只有理论研究的结论，才能给我们提供关于社会现象和社会过程的新的认识，从这个意义上来说，经验研究必须服务于理论研究。理论是调查研究的归宿。总之，经验研究与理论研究是统一于认识过程中的，二者统一的基础是实践。

（四）系统性原则

所谓系统，是指由互相联系，互相作用的若干要素按一定的方式组合而成并且具有特定功能的统一体。在系统中，每个要素的性质和行为既影响整体的性质和行为，同时又受到整体性质和行为的影响。因此，对于任何系统，可以根据要素的不同性质划分为不同的层次，系统层次的纵横联系形成纵横交错的系统网络。社会是一个系统，要正确认识社会，对社会系统及其各个要素进行调查研究就必须坚持系统性原则。

（五）统一性原则

社会调查应当坚持理论与实践相统一的原则、价值倾向性与科学性相统一的原则。这些前已述及。这里强调的统一性原则，是指社会调查应坚持定性研究与定量研究相统一的原则。任何事物都是质与量的统一体，因此，对事物的认识也可以从质与量两个方面入手，将定性研究与定量研究相结合。在社会调查过程中，定性研究和定量研究发挥着各自不同的作用，对于有些调查课题，最合适的方式是定量研究；而对于另外一些调查课题，最合适的方式或许是定性研究。在实际社会调查中究竟该运用那种方式，不仅取决于调查者的兴趣与专业的功底，而且取决于他所要研究的课题。由于定量研究与定性研究都有各自的优点和局限性，因此，社会调查应将两者有机地结合起来，但又各自独立地发挥作用，充分发挥两者的长处，以提高社会调查的科学性。

第三节　社会调查实施的基本程序

一、准备阶段

准备阶段是整个调查研究的起始阶段，准备工作的好坏直接影响整个社会调查的效果。准备阶段的主要任务是：选择调查课题，进行初步探索，提出研究假设；确定社会指标，设计调查方案；组织调查队伍。

选择调查课题，对于社会调查研究来说是准备阶段首要完成的任务，是一件并非十分简单的事情。从程序上看，研究课题一旦确定，整个研究活动的目标和方向也就随之确定。研究课题选择的如何，在一定程度上决定整个调查研究工作的成败，决定着研究成果的优劣。所以，社会调查的主持者，必须对选题工作高度重视。

调查方案的设计是社会调查准备阶段必须完成的第二个任务。这一任务的内容包括三个方面：调查指标的设计、调查总体方案的设计、调查方案可行性研究。

组织调查队伍是社会调查准备阶段必须完成的第三个任务。主要包括对调查课题组的成员及其所承担的任务做全盘考虑，明确分工，建立调查研究人员的管理机构与办法，对调查人员的挑选与培训，对调查纪律的制定，筹备供调查员用的各种物资等，都要做细，做周密。

总之，良好的开端是成功的一半，上述三项任务的完成，不能有一项失败，他们共同构成社会调查的基础。

二、调查阶段

调查阶段是社会调查方案的执行阶段，其主要任务是根据调查方案中确定的调查方法，以及调查设计的具体要求，进入调查现场搜集各方面的资料。这个阶段的特点是：研究者往往要深入实地，要接触被研究者；或者要设计出实验环境，实施实验刺激和测量；搜集大量的文献资料。在这一阶段中，所投入的人力最多，遇到的实际问题也最多，因此需要很好地组织与管理。在资料搜集过程中，由于社会现象的复杂性，或者由于客观条件的变化，调查者事先进行的研究设计往往会在某些方面与现实之间存在一定的距离或偏差，这就需要根据实际情况进行修正或弥补，发挥调查研究者的灵活性和主动性。在整个调查研究工作中，调查阶段是唯一的现场实施阶段，是获取第一手资料的关键阶段。在这个阶段，搜集的资料是否可靠与有效，关系到调查后两个阶段的开展，是调查研究能否成功的决定性环节，调查研究者来不得半点疏忽和大意，要严格按照调查方案逐步实施。

三、研究阶段

研究阶段即资料分析阶段。这一阶段的主要任务包括：一是审核整理资料。通过审核整理，使资料和社会信息条理化、系统化、科学化，以简明的方式反映调查对象的总体情况。二是资料的统计分析，即运用统计学的原理和方法研究社会现象之间的数量关系，揭示事物的发展水平、结构和规律，说明事物的发展方向和速度，为进一步开展理论研究提供准确系统的数据。现代社会调查需要运用电子计算机处理各种数据，以努力提高统计分析的精确和关联度。三是开展资料的理论研究，即运用各种思维方法和与调查课题有关的各专门学科的科学理论，对审核、整理后的文字资料和统计分析后的数据进行思维加工，揭示调查研究现象的内在本质，说明调查研究对象发生、变动与发展的前因后果，预测调查研究对象的发展趋势，做出调查研究者对调查研究的理论证明和话语解读。如果是应用性调查研究尤其对政府部门面临的重大社会问题的调查研究，在分析的基础上要为解决的问题提出政策性意见，以供政府部门对解决社会问题决策提供理论依据。

四、总结阶段

总结阶段是一项特定的社会调查的最后阶段。这一阶段的主要任务是：撰写调查报告，总结调查工作，评估调查结果，交流研究成果。总结阶段是社会调查的最后阶段，认真做好总结工作，对提高调查研究的能力和水平，深化对社会现象以及对社会规律的认识，以及对制定解决社会问题的政策等建议，都具有十分重要的意义。

五、社会调查程序链的循环认识过程

社会调查上述四个阶段，是相互联系，相互交错在一起的，它们按先后顺序排列，是一项社会调查研究的必经阶段，共同构成社会调查研究的完整过程，去掉其中任何一个阶段，调查研究工作都无法进行。可以说，社会调查的具体步骤与科学的逻辑过程是一致的。它们都是由一些相互连接阶段构成的循环圈。它可以通过图 2－1 的图示来说明：

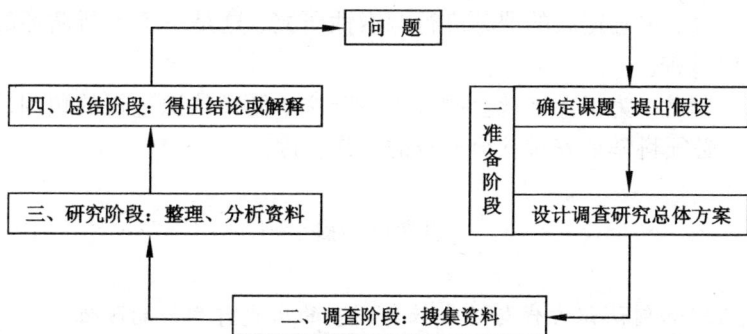

图 2－1　社会调查程序链的循环认识过程

社会调查程序链在下列几种情况下会成为循环的程序圈：

第一种情况，调研失败。当调查进入研究阶段，假设得不到证实，描述与解释缺乏充分的资料时，调查者要重新实施调查。调研者要找出调查失败的原因，然后从出错的那一个步骤开始，按照经过改进的方法进行，而不完全重复原有的方法。例如，修改假设、扩大样本、改变收集资料的方法，等等。

第二种情况，调研成功。当社会调查提出的假设得到了证实，能够利用已经占有的资料进行正确的描述与解释时，原调查

者或其他调研者，出于结论的可靠性考虑，会采用原有的社会调查程序与方法进行重复调查。如果重复调查后获得的结论相同，那么这个结论证明是可信的。[①]

第三种情况，认识的不断反复和无限发展。这是从人们宏观认识发展的过程来说的。人们对社会事物的认识，是一个循环反复一次比一次上升的过程。一般而言，人们通过对现实问题的探讨，提出与确定调查课题，明确调查任务，经过搜集资料，整理分析资料，到得出调查结论，取得研究成果，然后把调查成果运用于理论与实践，经过理论和实践应用的检验，又会发现新问题，然后再确定新的课题进行探索性研究，这是一个不断循环的认识过程。

因此，为了保证社会调查程序链这一循环认识过程的顺利进行，必须科学地安排社会调查的工作程序。

思考练习题

1. 如何认识古代与近代社会调查的历史作用与局限性？

2. 现代社会调查兴起的原因有哪些？

3. 马克思、恩格斯、列宁、毛泽东的社会调查活动有什么特点？青年时代的调查活动与他们世界观的转变有什么关系？

4. 你通过对中国社会调查发展历程的了解，有何感想？

5. 社会调查方法论体系由哪些部分构成？相互之间有什么联系？

6. 社会调查应遵循哪些方法论原则？

7. 社会调查研究的一般程序有哪几个阶段？

---

① 宋林飞：《社会调查研究方法》，上海人民出版社，1990年，第33页。

第三章　社会调查课题的提出与确定

> 提出问题往往比解决一个问题更重要，因为解决一个问题也许仅是数学上的或实验上的技能而已。而提出新的问题、新的可能性，从新的角度去看旧的问题，都需要有创造性的想象力，而且标志着科学的真正的进步。
> ——[德]爱因斯坦
>
> 系统地提出一个课题，常常比一项研究的其他工作花费更多的时间和精力。
> ——[美]B·齐斯克
>
> 社会调查的题目，从根本上说是来自于社会实践的发展。
> ——费孝通
>
> 问题就是事物的矛盾，哪里没有解决的矛盾，哪里就有问题。调查就是解决问题。
> ——毛泽东
>
> 提出正确的问题，往往等于解决了问题的大半。——[德]海森堡

社会调查，始于调查课题的确定。一般而言，确定调查课题是社会调查的起点，也是整个调查研究最重要、最关键的一步，它决定着整个调查研究的总方向。而社会调查课题的确定，需要经历提出课题，继而选择课题，最后确立课题这一过程。

第一节　课题提出与确定的意义

所谓课题，是对特定领域经过提炼和选择的所要说明和解决的问题。进行社会调查，首先要解决调查什么的问题。它的提出

与确定在整个社会调查过程中具有重要的意义。

一、课题的提出与确定决定着社会调查的总体方向

社会调查总是为着回答特定的问题，服从于一定的研究目的的。课题的提出与确定的过程，就是决定调查什么不调查什么这样一个理论思维和决断的过程，也就是明确这项社会调查的目的，明确社会调查的对象，即明确整个社会调查任务的过程。很显然，"长沙市残疾人生活状况调查"和"石门县农村最低生活保障制度调查"，两个课题不同，因而调查方向也就不同，研究目的，调查对象也就各异。前者，调查目的是了解和解决残疾人生活问题，发展残疾人事业，调查对象是长沙市残疾人；后者，调查目的是研究探讨和提供农村最低生活保障制度建立与开展的模式，推动农村最低生活保障制度事业的发展，调查对象是以县为单位的农村最低生活保障制度这一事物。如果对所要调查的目的不明确，不知向谁搜集资料，围绕什么问题搜集资料，那么面对丰富的现实世界，要么不知观察什么，要么都想了解。其结果都将无法回答特定的问题，达不到预定的调查目的。当然，调查课题与调查目的具有双向的选择性与制约性。调查课题的提出与确定要受调查目的的引导与制约，但是调查目的的最终实现，又是调查课题提出与确定的结果，二者相互影响，相互促进。

二、课题的提出与确定制约着社会调查的整个过程

调查课题一经提出与最后确定，便制约着社会调查的整个过程。课题不同，确定的调查对象、调查内容、调查规模、调查方法、调查人员的选择、调查队伍的组织、调查工作的安排、调查时间的确定、调查经费的预算也就不同。例如，"长沙市残疾人生活状况调查"和"石门县农村最低生活保障制度调查"，两个课题不同，因而设计的调查方案也就不同，进行调查的方法和研究

的过程也有很大差别。前者适合采用抽样调查，可以运用访谈法和问卷法入户调查，主要调查残疾人的经济来源、经济收入、消费支出等内容，侧重于定量分析；后者适合采用典型调查、蹲点调查，使用访谈法，主要调查低保工作的开展情况、县级财政状况、领导重视程度与群众意识情况、存在的问题等内容，调查县上情况为主，入户调查为辅，偏重定性研究。这些说明，提出与确定课题，是设计调查方案、安排调查工作进程的基础和前提，它制约着整个调查的整个过程。

三、课题的提出与确定关系着社会调查的成果价值

课题的提出与确定是否得当，关系着社会调查的成败与成果的价值。调查课题如果不明确，容易陷入松散的调查，产生出模糊的结果，也就难免不失败。调查课题如果本身不妥甚至是错误的，则不管调查方案设计得如何周密，调查工作进行得如何认真，都不可避免地要导致部分或全部地失败。调查课题只有正确、得当，才有取得成功的可能，正所谓"良好的开端是成功的一半"。调查课题是否妥当，还决定着调查成果的社会价值。调查课题如果能反映现实生活中的重要理论和实际问题，调查成果的价值就大。残疾人生活状况调查能反映现实生活中的实际问题，为有关部门制订残疾人工作的方针、政策，规划和发展残疾人事业，提供可靠的依据，因此，它具有较大的社会价值。农村最低生活保障制度调查，则具有鲜明的时代感和迫切感，因而容易受到社会和有关部门的重视。相反，一个陈旧的或脱离实际的调查课题，不会得到社会的反响，也不可能产生好的社会效益。由此说明，提出与确定调查课题，与社会调查的成败及其社会价值的大小关系是相当密切的。

四、课题的提出与确定体现着社会调查的研究水平

长期以来，人们比较重视认识问题和解决问题的能力，它为

正确认识问题和解决问题提供了前提。然而，人们却常常忽视提出问题的能力，而这关系到用已知的知识探明未知的知识的起点的选择。在社会调查中，系统的提出一个问题，往往要比调查研究的其他工作花费更多的时间和精力。爱因斯坦曾经指出："提出一个问题往往比解决一个问题更重要，因为解决一个问题也许仅是一个数字上的或实验上的技能而已。而提出新的问题，新的可能性、从新的角度去看旧的问题，都需要有创造性的想象力，而且标志着科学的真正进步。"①爱因斯坦的这一论断，对于社会调查也是完全适用的。可以这样说，提出与确定的调查课题是否得当，一定程度上反映了调查者的指导思想、社会见解、理论想象力和专业学识水平。显然，一个缺乏敏感、具有守旧思想的人，决不会去调查代表事物发展方向的新生事物；一个缺乏专业学识水平、没有学术创见的人，不大可能去调查专业性、技术性、时代感强的课题。

第二节　课题的类型

社会需要是多种多样的，因而调查课题也是多种多样的，其分类多角度或多维。这里主要介绍下述几种分类法。

一、自选课题与委托课题

按照调查课题的来源，社会调查课题可以分为自选课题与委托课题。

自选课题是指调查者根据自己的经验、能力、视野、洞察力以及兴趣、爱好和需要而发现、提出、选取的课题。这类课题有

---

① A·爱因斯坦·L 英费尔德：《物理学的进化》，上海科学技术出版社，1962年，第 66 页。

时是理论工作者为着修改和完善已有的理论，或者想通过研究建立一种新的理论而确立的课题；有时是调查者对某些社会现象或社会问题感兴趣而自觉从事应用课题调查。

委托课题是指调查者受某个机构的委派而从事研究的调查课题。委托课题目前呈现越来越多的趋势。这一方面可能是委托机构想要调查某一问题但由于缺乏调查能力，或因时间紧、任务重、人手少等原因，从而不得不将调查任务委托出去；另一方面，由于市场经济的发展，信息的作用越来越突出，人们出于各种目的为得到有价值的详尽的信息不得不求助于专业的调查机构和人员。国外的调查机构和人员经常以合同的方式从一些基金会和政府机关接受调查课题，基金会或政府机关给调查机构和人员提供经费和物质条件，调查机构和人员则在规定的时间内按要求向基金会或政府机关提供调查报告。这种情况在我国也逐渐增多。委托课题，为了顺利完成任务，无论是调查课题的委托方还是调查课题接受方，都有必要了解对方的相关情况，并提出具体要求。接受调查课题委托的机构和人员，需要向委托方了解为什么要进行这个项目的调查等问题，以明确具体的调查目的。此外，还有指令课题与招标课题。前者是上级部门下达与布置的课题，后者是有关部门或基金会向社会采取公开招标、委托研究的方式，在申请者中择优录取的课题。招标课题一般都有课题投标要求和课题申报条件，并要求提交包括课题研究的基本思路、技术路线、研究方法、研究框架、完成课题研究的条件、课题实施步骤和时间安排等在内的招标课题申请书。从性质看，指令课题和招标课题基本上都可归纳到委托课题之列。

二、承袭性课题和开创性课题

按照调查课题的创新程度，调查课题可以分为承袭性课题和开创性课题。

　　承袭性课题是在承续、沿袭他人已经取得成果的基础上而提出的课题。美国社会学家艾尔·巴比指出："可以采用他人使用过的方法或索性重复他人做过的研究。对某个研究课题的独立重复是自然科学中最常见的作法，这一点对社会科学来说也很重要，但人们常常忽略这一点。此外，可以研究这一课题中被他人忽略的方面，或采用与前人不同的方法。用不同的方法检验同一发现称为'三角测量'，是社会科学研究中一个很有价值的研究策略"。① 承袭性课题主要有两种情形：一是在他人已经取得成果的基础上提出的具有相对深度和广度的课题。此种类型课题在现实的社会调查活动中采用得较多。二是使用他人已完成且取得成果的课题，运用与他人相同的方法，对规定的同类对象在不同的时间、地点进行再调查。这种课题本身虽没有创造性，但得出的结论与他人得出的结论有比较意义。

　　开创性课题是具有开拓、创新、新颖性的课题。社会调查的目的是要解决他人虽然认识但还没有解决或没有完全解决的社会问题，认识前人没有认识或没有充分认识的社会发展规律。因此，社会调查虽也可在承袭他人已经取得成果的基础上提出课题，但它更需要具有开创性的课题。这类开创性课题一般可分为三个层次：一是开拓性课题。它提出的是无人提过的新问题，开辟无人涉及过的研究领域，具有填补空白的性质，适用于研究新情况与新问题，或长期被人忽视的问题。二是创见性课题。它是在他人曾经研究过的领域提出崭新的见解，或从新的角度、新的侧面、运用新的方法对已经研究过的问题重新加以研究而形成的新的课题。三是自创性课题。这种课题虽对社会没有多大创新价值，但对调研者自己而言却是前所未有的，有利于自我发展，对

　　① ［美］艾尔·巴比:《社会研究方法》，李银河编译，四川人民出版社，1987年，第83页。

初学者更是有意义。

三、热门课题和冷门课题

按照调查课题的关注程度，调查课题可以分为热门课题和冷门课题。

热门课题是受众多调查者关注，一经提出便被纷纷响应的课题。由于社会热点问题反映了社会大众的关心和需求，因而常常是研究问题之所在。例如"三农"问题、农民工问题、小城镇的发展问题、社会保障问题都一度成为热门研究课题。热门课题研究的人多，可供借鉴的资料也多，其研究成果容易引起他人注意，形成较大的社会影响与效益，但由于竞争性强，因而也容易相形见绌。

冷门课题是指社会调查领域门可罗雀，长期无人问津的空白带，在某一领域的基础研究、应用研究几乎是处于荒芜状态的无人区。冷门课题由于研究的人少，因而可供借鉴的文献资料也少，但缺乏竞争，从某种意义上说，相对容易出成果。热门课题和冷门课题在不同的历史时期，在特定的社会背景下，都是相应地客观地存在着的，基于社会需要，它们都应有人来研究，来探讨。由于冷门课题与热门课题是相互转化的，一些有可能转化为热门课题的冷门课题，其研究更显重要，其成果价值更显突出。

第三节 课题的提出与选择

一、课题提出的前提

调查课题在社会研究中具有非常重要的意义。那么，调查课题从何而来？我们知道，调查课题就是社会调查所要说明或解决的问题，是社会调查过程的逻辑起点。显然，课题由问题而来。什么是问题，问题从根本上说也就是矛盾。人类生活的社会，是一个复杂而庞大的系统，是一个不断变化发展着的有机体。在这个庞大而变化着的社会里，社会现象丰富多彩，社会关系盘根错节，遇到的矛盾、产生的问题，可以说层出不穷，无时不有，无处不在。旧的矛盾、问题解决了，新的矛盾、问题又出现了。社会本身就是在矛盾运动中发展的。从一定意义上说，现实社会为人们认识社会、改造社会提供了取之不尽、用之不竭的调查课题。费孝通教授指出："社会调查的题目，从根本上说是来自于社会实践的发展"。① 虽然从理论上说，社会生活的每一领域、每一侧面所遇到的矛盾、产生的问题，都有可能成为社会调查的课题，但实际上，社会中的任何问题又并非都能成为调查者的调查课题。这是因为调查者生活的社会是一个特定的社会，他所面对的问题只是社会的部分问题，调查者在实践中遇到的问题、难题很多，这些问题互相联系，互为因果，错综复杂，而每位调查者的认识能力和精力是有限的，不可能经过一次或几次社会调查解决所有的问题。正因为这样，社会调查者面对纷繁复杂的社会，就必定有一个从发现问题到提出课题的过程。

既然课题提出的前提是发现问题。那么调查者如何从纷繁复杂的现实社会中发现问题进而提出课题呢？首先，调查者必须积极投身于社会实践。因为社会中的矛盾、问题虽然是客观存在的，但调查者只有投身于社会实践，才能感受它，发现它，从中提出调查课题，否则只能是视而不见。其次，调查者要有高度的社会责任感。进行社会调查，有了报效社会的高度责任感，才能形成社会调查的强烈的内驱力，从而积极、主动地去捕捉信息，发现问题，提出课题。再次，调查者要注意培养自己敏锐的观察力，抓住思想中的火花。对于一个好的调查课题的提出，直觉、灵感、顿悟、冲动、联想等非逻辑因素有时具有重大的作用。有

---

① 费孝通：《社会调查自白》，北京，知识出版社，1985 年第 1 版，第 9 页。

时，调查者在接受某些信息刺激之后，会突然意识到某个调查课题的重要；有时某个课题的产生是出于一时的冲动与突发的联想。只有具有敏锐观察能力的人，才善于把握机遇提供的机会，获得有价值的调查课题。

调查课题的提出，应当是有价值的。由于提出社会调查的课题是否有价值和价值有多大都有相对性，因而调查者要善于运用比较方法来加以确定。一般而言，提出课题的价值标准包括科学性价值和社会性价值。作为提出调查课题的科学性价值标准，就是要以已被实践证明的科学理论作指导，不要违背其原理和理论。关于社会性价值，就是对社会进步和发展所需要解决的问题，都属于有社会性价值。按照此标准对不同课题进行比较后就可提出有一定价值的课题。

二、课题选择的原则

课题根据主客观的实际需要提出来之后，还要经历一个选择与提炼的过程。正确选择课题，一般来说，应遵循以下基本原则。

（一）必要性原则

所谓必要性原则，是指选择课题时应考虑课题的社会需要程度。凡社会需要解决的，对当前工作有现实意义的，就是必要的，有价值的；凡社会迫切需要解决的，对当前工作具有重大现实意义的，就是非常必要的，具有突出价值的。当然，对社会需要应作全面的理解。既有实际工作的需要，也有理论研究的需要。判断课题是否具备必要性，不能片面强调应用性，还要看到社会长远的需要和发展的需要。有些课题看起来现实意义不大，与现实社会没有直接联系，需要较长时间的研究才能取得结果，但是课题完成以后，将会对社会发展产生一定的积极影响，或促使一系列相关问题的解决，或有利于对科学研究有所发现、有所创新，并使学科理论发展向前推进一步。这样的课题虽然不具备立竿见影的实用价值，但理论价值较高，其潜在的应用性将在未来广泛、深刻地显现出来。

（二）可行性原则

所谓可行性原则，是指完成一项调查课题并使之取得最佳成果和预期目标所需要的现实条件是否具备。这里所说的完成一项调查课题所需要的条件包括两个方面：一是主观条件，包括调研人员的知识结构、理论水平、经验能力、心理素质、身体状况、对调查地区情况的熟悉程度，甚至还包括调研人员自身的性别、年龄、语言等。显然，一个地方口音很浓的人到另一个方言地区去进行调查，就会遇到语言上的障碍。一个不了解民政工作，缺乏有关社会工作知识的人，就不适宜选择关于民政方面的研究课题。二是客观条件，包括能够投入调查研究的财力、物力的许可范围、调查对象予以合作的态度、调查工作能够得到有关部门支持的程度、时间期限、调查区域的风俗习惯、宗教信仰等各种社会因素。例如，要调查吸毒问题，就离不开禁毒部门、戒毒机构、社区组织的支持；要调查农村婚丧情况，就必须熟悉当地的风俗习惯，否则，难以达到预期的结果。只有具备了一切必要的主客观条件的课题，才是符合可行性原则的调查课题。如果由于种种原因，进行研究的条件尚不成熟或尚不具备，此时就不要勉为其难，否则会事倍功半，甚至徒劳无益。当然，这并不是说，要在困难面前缩手缩脚，不去做本可能办到的事情。

（三）创新性原则

所谓创新性原则，是指选择的课题要有新意。也就是要尽量选择别人没有研究过或研究不多、不深以及具有独创性和实验性的课题。课题新，整个调查才容易出新意、出成果；相反，如果选择的课题，只是简单地重复别人早已解决了的问题，那就从根本上失去了进行社会调查的意义。有新意的课题，主要表现在以下几种情况：（1）近年来新出现，别人还未研究的问题。例如，代表事物发展方向的课题，需要敏锐地捕捉住。（2）曾经出现过但未引起人们注意的问题。（3）从新的角度，用新的方法对已经调查过的问题重新加以调查的课题。创造性是科学研究的灵魂。选择课题要做到创新，调查者应注意三点：一是要培养创新意识；二是要提高理论修养，开拓认识领域，增强对新鲜事物的敏感性；三是要加强信息、资料的搜集和积累，努力掌握最新的工作和学术动态。

（四）优化性原则

课题选择，应将必要、可行、创新三条原则综合起来考虑，"两利相权取其重"。由于社会生活领域十分宽广，因而同时符合上述三条原则的课题，有时比较多，此时，在众多的课题中还有个优化问题。优化原则要求在选择课题时，要对社会的需要程度、迫切程度、调查付出多大代价、可能满足多大需要、取得多大效益等方面进行综合考虑。调查者选择课题时，应当有所为有所不为，有所先为有所后为，有所急为有所缓为，应当尽量选择那些价值尽可能大而研究代价尽可能小的具有新意的课题。

三、课题选择应注意的问题

（一）单纯任务观点

调查课题中有一部分是来自于上级机关领导交办的调查任务。这类课题是领导者从领导决策和制定方针、政策的需要提出来交由下属来完成的课题。但是调查任务并不等同于调查课题。调查任务只是泛泛地笼统地说明调查研究的目的、范围和对象，而调查课题是一项社会调查所要解决的具体问题，它是调查任务的具体化、明确化，是一项社会调查的核心。因此，接受调查任务之后，还有一个课题确定的问题。抱有单纯任务观点的人，纯粹为了完成领导交办的任务搞调查，而不会去认真考虑课题的目的、意义、原则、要求。这是一种消极、被动的选题态度。一个被动地为了完成任务而去进行课题选择的人，虽然也能确定一个题目，但却很难找到一个有价值且可行的课题。克服单纯任务观点，有利于增强选题的主动性，促使人们自觉地从调查的目的、选题的意义、社会的制约因素诸方面去考虑课题，对于提高选题质量，无疑具有积极的作用。

（二）简单草率

选择课题，不能简单草率，随随便便定题目。这一则是因为调查课题选得恰当与否，对于整个社会调查的成败具有决定性意义；二则是由于课题选择是一项严肃的工作，一个得当的、符合选题原则的课题不是一蹴而就可以拿得出来的。选题简单草率，不负责任，容易陷入下面几种情况：要么人云亦云，一窝蜂似地赶时髦，挤热门，跟在别人后面做重复劳动，结果课题缺乏新意；要么不去了解调查现状，不问条件是否具备，因而确定的课题，无法开展研究，不得不半途夭折；要么课题模糊不清，以致操作时，不知要调查什么问题。因此，选题绝不能草率从事，而必须认真，慎重地对待之。选题简单草率，其根本原因在于对于选题的重要性认识不足。

（三）凭空设想

选择课题，不能凭空设想。那种闭门造车，将自己关在屋子里，既不了解现实社会，又不学习理论，凭想当然确定课题，是难以保证选好题的。因为凭空设想，脱离了客观现实社会的实际，因而也就不可能了解现实社会急需解决的、带普遍性、倾向性的问题。凭空设想的症结在于：未真正懂得选题必须立足于实际需要，着眼于现实社会。具有理论价值和应用价值的调查课题深藏于扑朔迷离的社会现象和科学知识的海洋之中，好的课题应该深入到社会生活和实际工作中去探究、搜寻、判别、提炼。

（四）贪大求全

贪大求全，是选题时常爱犯的一个通病。在主客观条件不具备的情况下，课题定得太大太泛，既容易超出调查者的经验水平和能力范围，又无足够的时间、人力、物力和财力去进行调查，到头来反而被大课题束缚了手脚，其结果，不是久攻不克，半途而废，就是用主观推论来补充甚至代替客观的调查研究，造成研究的浮浅，达不到预想的结果。选题贪大求全，一定程度上是不能正确认识课题大小与研究成果的关系。以为只有大课题，调查成果才大。其实不然，只要选题适当，小题目同样可以出大成果。不少有成就的研究者毕生致力于"小课题"的研究，而对社会作出了较大的贡献。他们总是从社会生活和工作的某一侧面着手，从而揭示了整个社会面貌和工作全貌。这就是所谓宏观和微观相结合的方法，即从大处着眼，小处着手。当然，小题能否大做，取决于小题背后有无大的理论背景，也取决于课题本身的潜力，以及调查者的挖掘能力。

第四节 课题确定的过程

课题提出与选择，还不是课题的最后确定，课题的确定还必须明确课题的具体要求。只有在明确社会调查目的的情况下，课题才能最后确定下来。即使是委托课题也是如此。如果一个调查课题的目的要求不明确，就会影响整个社会调查活动的方向、方式、方法的确定。因此，调查课题的目的要求不明确，选择的课题也不能说是最后的确定。课题确定的过程包括如下几个步骤：

一、初步研究

从提出问题到形成课题再到确定课题是一个过程。提出问题是重要的，然而是否所提出的各种问题都能确定为调查课题呢？

不然。对于提出与选择的课题，调查者一般了解不深或只有片断而零散的了解，因此，有必要进一步熟悉情况，以使自己对课题的研究更有把握，于是，便需进行初步研究。初步研究是一种对社会现象进行初步了解的摸索性的研究。它在调查者对研究课题的范围和概念不甚清楚，对课题研究的具体目的不够明确，对所选课题的价值和意义没有大把握的情况下，显得尤为重要。初步研究的途径主要有三条：

（一）查找文献

初步研究一般是从查阅文献资料开始的，其目的是使社会调查能充分建立在科学研究已有的水平上。文献查阅，主要围绕下面四个方面进行。（1）查阅已经做过的同类课题的调查文献。包括已经做过的同类课题的调查报告、调查方案、调查计划和调查工作总结等。通过查阅资料，以便了解是否有人进行过同类课题的调查。如果进行过调查，他人调查的侧重点是什么，方法如何，已经取得哪些结论，是否可靠，调查当中存在什么问题，这些问题为什么还没有解决，如果再做怎样改进，等等。（2）查阅与所选课题有关的论著、政策性文献。目的在于了解哪些理论观点可以借鉴，哪些理论观点和政策可以作为提出新理论或制订政策的依据和参考，等等。（3）查阅有关调查对象所涉及的领域的文献。以便了解该一领域、部门或地区的概况或全貌。（4）查阅与课题有关的邻近学科的文献，借以活跃思想。

（二）咨询访问

查找文献虽然重要，但文献记录的是以往的知识，且不全，也不一定完全正确，对于大量正在发生、变化着的社会事实，还没有来得及记录在文献上，因此，调查者除查阅文献资料外，还应注意实际经验的搜集与了解。咨询访问就是向一切内行的人、知情人员请教、学习。对象包括：（1）在工作上和调查课题有关系的人，包括上级机关领导和街道社区、村乡居民群众；（2）对这个问题做过专门调查研究的人；（3）理论造诣较深的专家、教授。咨询访问应注意面向具有不同背景的人，以便吸收的经验全面一些。咨询的目的在于，进一步了解所选课题的价值和意义，可行性程度，以及进行该课题调查的实际经验和可参阅的资料。

（三）实地考察

通过查找文献和咨询访问，对研究对象的了解，都还是间接的，为了获得对研究对象直接的感性知识，还应有选择的接触调查对象，深入实地进行考察。实地考察的对象和范围不宜太广，通常是以少数人、少数团体或社区为实例，在较小的范围内，作比较深入的研究。其目的不在于搜集这方面的资料，而是要从中受到启发，以寻找适合调查课题的思考方向。实地考察，要求具有较强的观察、分析能力，能够把很多看起来不大重要的琐碎事情联贯起来进行思考，所以课题调查者应亲自参加。

二、科学论证

对于一些重大的调查课题来说，科学论证是一个必经阶段。科学论证主要围绕两个方面进行：一是论证调查课题的必要性和迫切性，即该课题有没有意义、社会需要的程度有多大，迫切程度怎样；二是论证调查课题完成的可能性，即完成该课题所需的各种主客观条件是不是具备，各种必要条件的成熟程度如何，课题有没有可能圆满完成。进行课题论证，可以避免因确定的课题不当而造成的人财物的严重浪费，提高社会效益。社会生活复杂多变，有时调查课题的可能性与必要性处于对立的矛盾状态，即具有可能性的调查课题并不一定是必要的，而有必要的调查课题又不一定具有可能性。处于这种对立的矛盾状态的调查课题，当然不能予以确立。我们所要确定的理想课题，既是十分必要而又确有可能圆满完成的课题。不过，对于一些具有重大社会价值而社会又迫切需要，虽然主客观条件不完全具备，但经过努力可以实现的课题，也应予以考虑。科学论证常需组织一个论证班子，邀请有关方面人士参加，包括领导、专家、同行等。论证的有效手段是进行公开的讨论。

三、课题确定与调查设计思路的形成

调查课题从提出到确定，是一个初步研究和理论思维决断的过程。课题提出之初，对其中的很多问题的认识一般比较笼统、宽泛、粗略，经过初步研究，反复探讨与思考，重大课题再经过科学论证之后，调查课题便可逐步清晰、具体，此时课题也就最终得以确立。随着课题的确定，对情况的了解也就逐步增多，对调查研究的具体目标和要求也就逐渐明确，对问题的症结越来越清楚，研究视野、研究类型、研究内容和调查单位越来越清晰，解决问题的设想开始出现，这样整个调查研究的设计的基本思路便已大致形成。此时整个调查研究的准备阶段，便可以由提出与确定调查课题，转入下一阶段，即转入到社会调查设计的阶段。

思考练习题

1. 课题的提出与确定在社会调查中有何重要意义？
2. 调查课题类型有哪些？如何认识热门课题与冷门课题的关系？
3. 课题选择应遵循哪些原则？注意哪些问题？为什么？
4. 课题确定初步研究的目的和作用是什么？方法有哪些？
5. 为什么说课题从提出到确定是一个过程？

第四章　社会调查设想的形成与设计

> 一般研究设计过程是这样开始的：研究者首先自问对什么问题最感兴趣。……兴趣确定好之后，则应考虑解答问题所需的信息及能够提供适当信息的分析单位……回答这些问题的过程就是研究设计的过程。
> ——［美］艾尔·巴比
>
> 只要自然科学在思维着，它的发展形式就是假说。　——恩格斯
>
> 如果社会调查研究要在人类的自我认识和对人类社会的指导方面发挥重要作用，就始终必须将"理论（理论假设）"作为不可或缺的核心目标。
> ——［澳］马科姆·沃特斯
>
> 科学是一个"探索"的事业。任何探索都有多种途径。
> ——［美］艾尔·巴比
>
> 在经验研究的过程中，澄清概念的方式就是为所讨论的变量确定指标。
> ——［美］罗伯特·K·默顿

调查课题的确定，还只是为整个调查研究工作提出了一个预期的宏观目标，要实现这一目标，通常要针对调查课题提出假定性设想，即研究假设，虽然并非任何调查研究事先都要建立研究假设，但一般而言初步设想还是要的。明确了调查课题，形成了研究设想之后，便要着手进行调查研究的设计。社会调查设计，需要根据所确定的课题，选择研究类型，提出研究假设，明确调查单位，确定调查内容，解释调查课题中所涉及的主要概念，并对课题中的概念进行观测和度量。在此基础上，制定社会调查的总体方案，并做好社会调查组织管理等各项准备工作。对此，将

从本章起分三章予以系统阐述。

第一节　根据课题选择社会调查研究类型

一、选择调查研究类型的意义

（一）研究类型的确定有利于形成初步设想，进一步明确研究方向

科学的社会调查研究，要求通过对现象或事件的考察，分析揭示其中的规律，以指导实践。而各种不同的调查课题，其要求是不相同的，如有些调查，要求发挥科学想象力，大胆提出假设，有些研究类型则无需事先提出假设。因此，事先选择、确定研究类型，可以较好地确保研究过程围绕课题朝着预期目标的方向发展。

（二）研究类型的确定制约着研究方案的设计和调查研究的全过程

不同的研究类型对调查的内容、对象范围的确定、调查方法及技术手段的选择、调查人员的挑选、调查队伍的组建、整个调查研究的进程安排、以及经费预算、时间考虑等都有不同的要求。例如，描述性研究一般只要求将现象的基本状况描述出来即可，而解释性研究则还需要去探寻现象之间的联系，故各自对调查研究方案设计上的具体要求、调查程序实施均有所不同，对调查研究者的能力要求、分析方法及调研工具等方面也有诸多不同。

（三）研究类型的确定决定着社会调查具体方法的选择

社会调查研究具体方法是指在整个调研过程中的各具体阶段或环节所使用的具体方式、技术及手段等。与研究类型相比而言，调查研究的具体方法只是在调研过程中的某一特定阶段、环节、方面或特定环境下起作用，对于调研活动只有特定意义，而未必有综合的指导意义和作用，更不具备普遍的代表性，在整个

调研方法体系中是属于基础层次的。当然，社会调查具体方法是多种多样的。比如，按照整个调研的一般进程来说，可分为资料搜集的具体方法、资料整理与分析的具体方法等；并且，对于各阶段的具体方法还可以进一步细分，如资料搜集方法可分为问卷法、访谈法、观察法等。相比而言，各种不同的具体方法，各有其优劣，各自适合于不同的研究类型。如问卷法标准化程度较高，比较适用于统计调查；而非结构式访谈法则能获取比较详细的个性资料及大量的非语言信息，比较适用于实地研究，等等。因此，研究类型的选择便于对具体调查研究方法的确定。

二、应用性研究与理论性研究

（一）应用性研究

应用性研究旨在发现和解答社会现实中存在的具体问题。它是为着解决现实问题而去查明事物的现象，分析其产生的原因，寻求其内在联系和发展趋势，从而提出解决问题的具体方案或对策措施。应用性研究注重实用性，调查的时效性要求较高，它要求运用社会理论对社会调查发现的新现象和新问题作出及时的、科学的说明和解释，其研究成果往往能较为迅速地应用于社会实际，解决社会发展过程中出现的现实问题。正因为这样，20 世纪以来，应用性研究越来越受到政府部门和企事业单位的重视。由于应用性研究具有为急待解决的问题作出诊断，并提供方案和咨询的特征，因而应用性研究更多地是用于对社会问题的调查与诊断。它既可以调查、诊断较长时期内普遍存在的社会问题，如老龄问题、环境保护问题，流浪乞讨问题，又可以在调查研究一定时期内或某种特定情况下存在的紧迫问题方面发挥作用，如大学生就业问题、看病难的问题等。

（二）理论性研究

理论性研究旨在通过对社会现实问题的调查来检验、发展和丰富社会理论。理论性研究也许将来会被实际应用，但其主要目的在于解答社会科学领域和各个实践领域中的理论问题，揭示某种社会现象的本质及其发展规律，而不是为着解决某个现实存在的具体社会问题。当要证明某一假设或理论是否正确，就需要从事理论性研究对该假设或理论进行验证；若对某一理论产生怀疑，也需要进行理论性研究，对此加以证实。例如，20世纪80年代初当独生子女大量出现时，有人认为独生子女成长存在诸多不利条件，诸如过分宠爱、缺少同龄群、过多照顾、多头关心、过高期望等，这些不利条件均与适应现代社会的要求相悖，于是推测独生子女从家庭走向社会后，适应社会生活的能力比非独生子女要差；而另一些人则认为，独生子女成长有着许多有利条件，诸如独生子女能获得较多的智力激励以促进智力的发展、独生子女和成人接触机会多，知识面较广等，因而会加速独生子女社会化的过程，于是预测独生子女比非独生子女从家庭走向社会后，适应社会生活的能力会更强。以上两种推测都是作为理论假设而提出来的。无论哪种假设成立，都会对人们关于独生子女的观念和教育产生影响。有关独生子女长大后适应社会生活能力的研究就是理论性研究。

理论性研究与应用性研究，虽然根据调查研究的性质可以加以划分，但它们又不是相互排斥，而是相互促进、相互补充的。应用性研究能够为理论性研究提供大量的感性材料，而理论性研究的成果又有助于应用性研究的开展，为之提供问题诊断的理论。任何调查都必须有理论的指导，都要以解答社会现实问题为目的，二者之间没有绝对分明的界限，其区分只不过是调查研究的侧重点不同罢了。

三、描述性研究与解释性研究

（一）描述性研究

许多社会调查的主要目的在于了解某些特定现象或事件的客观实际情况。描述性研究便是研究者通过借助各种调查方法与手段收集资料，系统地了解某一社会现象的状况及其发展过程，把握反映其主要特征和一般规律的属性，以实现对其现状和历史做出准确描述的研究方式。简言之，描述性研究所关注的焦点是现象"是什么"或"如何发展"的问题，而不是"为什么会发生"的问题。其作为一种调查研究方式，描述性研究日益广泛地运用于实践。它不仅适用于民意测验、市场调查等应用性研究课题，而且还可以用于理论性的研究课题，但描述性研究必须注意描述的准确性和概括性。例如，全国人口普查是描述性研究的最好范例之一，其目的就是要准确而系统地描述全国及各省市地区人口的数量、年龄、性别以及文化程度等基本特征，为有关部门的决策提供依据；如市场调查的目的则是对购买或将要购买某种产品的倾向进行描述等。

（二）解释性研究

按照科学的认识规律，人们在对于事物和现象的认识的基础上，往往还期望得出一种适用于较大范围内的一般性理解。解释性研究指的是以说明引起社会现象的原因、探讨社会现象之间因果联系、揭示现象发生或变化的内在规律等为目的，回答各种"为什么"的社会研究方式。例如，现实生活中要探讨青少年犯罪的原因、人们购买行为的影响因素等，其目标就是要回答解释原因，因而其理论色彩明显强于描述性研究，一般要求有明确的研究假设、具体的操作程序。其一般逻辑思路是：从建立理论假设出发，经过深入实践，搜集资料，并在对资料的整理分析的基础上，来检验研究假设，最后以实现对课题所涉现象或事件进行理论解释。

当然，上述分类并不是绝对的。在实践中，往往是描述和解释两种兼而有之，只是各自的侧重点不同，具体的研究类型在对具体研究课题的探索中的作用与地位不同。即使是解释性研究，一般也离不开对现象的描述，在一定程度上甚至可以认为对现象或事件的解释是建立在对其基本状况进行描述的基础之上的。

四、横向研究与纵向研究

（一）横向研究

横向研究，亦称横剖研究，指的是在某个时间点上围绕研究课题，搜集有关资料，并描述研究对象在该时间点的基本性状或探讨有关不同变量之间的关系。所谓"某个时间点"，并不是指具体的时刻，而是相对比较短的一段连续的时间，比如说一个星期、一个月或事物发展的某个阶段，等等。在实践中，横向研究是最为常见的一种研究方式，人口普查、民意测验等描述性研究大多采用横向研究的方式。横向研究的主要特点是调查时间点统一、调查面较广、指标体系统一、调查研究的标准化程度高，因而可用于各种不同类型的研究对象的描述和对比分析。但是由于所涉时间跨度较短，故调查指标不宜太多，且调查内容的广度和深度也受到一定程度的限制，从而难以对社会现象的发生、发展过程等进行具体分析。

（二）纵向研究

纵向研究，亦称纵贯研究，是一种跨时段的研究，即在不同时间点或较长的时期内观察社会现象，搜集资料，从而了解社会现象在较长时期内发展变化的情况，以及解释不同现象前后之间联系的研究方式。纵向研究主要有以下三种不同类型。

1. 趋势研究

趋势研究即指对一般研究总体随着时间推移而发生的变化等

进行比较，以揭示其变化趋势及其规律的研究方式。比如，新中国成立以来，我国先后进行了六次全国人口普查，若通过六次普查结果的比较，来分析我国人口发展变化的规律、预测将来的发展趋势，这就是典型的趋势研究。

2. 同期群研究

同期群研究，亦称人口特征组研究，即指对某一特定时期的同一类型的人群随着时间推移而发生的各种变化的研究。同期群研究对于样本的关注是看其在时间方面是否属于某一类型，而并非要求每次研究的具体对象都要完全一样。比如，农村改革后，将 1990 年从外省到广东省务工的农民作为一个特殊群体，分别研究他们在 2000 年、2010 年的情况，以了解和分析这一特殊人群在我国改革发展过程中的变化。

3. 追踪研究

追踪研究，亦称定组研究或同组研究，即指在不同时间点来对同一研究对象进行观测，以分析其所发生的变化。它与同期群研究相似，两者的区别在于，追踪研究每次进行研究时，所选取的样本必须是相同的。不过，追踪研究难以确保每次都能找到与首次研究完全相同的样本，时间间隔越长，困难越大。

五、传统调查与网络调查

按照社会调查是否在网上发布调查信息，社会调查研究可以分为传统调查与网络调查。传统调查经历了一个长时期发展过程，已经构建起一个由方法论、基本方法和具体方法与技术三个不同层次组成的方法体系，并日益走向学科化、科学化、专业化，步入现代化。之所以称之为传统，在这里，只是相对于网络调查而言。网络调查是随着网络的发展和普及而产生与发展的。它是一种在网上发布调查信息，并在互联网上收集、记录、整理、分析和公布网民反馈信息的一种新的调研方法。

与传统调查相比较，网络调查具有其一些突出的特点与优势。一是方便。在网络调查中，被调查者可单独地、全天候地、自由地选择在最方便的时间回答调查者所询问的问题，而传统调查必须在调查者和被调查者都感到方便的时间才能开展调查。二是快速。网络调查，调查周期短，往往只需要几天时间就可以得出调查结论，而传统调查，一般调查周期较长，从调查开始到得出结论一般需要几个月，甚至几年时间。三是费低。网络调查，一切通过网络实施，因而调研成本低，而传统调查要进行方案的设计和印制调查工具，聘请和组织调查人员进行调查，还要较多的人力进行资料的回收、审核、录入等工作，因而其调研费用高。四是匿名。网络调查一般都是匿名调查，因而适于调查各类问题，特别是敏感性、隐私性、威胁性问题，而传统调查，特别是面对面的直接调查，不宜调查敏感性、隐私性、威胁性问题。五是范广。网络调查由于不受调查时间、空间、人手、成本等方面条件的限制，因而从理论上说，其调查范围可扩展到全国乃至全世界一切有网络的地方，而传统调查由于受多方面条件的制约，其调查范围要受到较大的影响，相对比较狭窄。

但网络调查也有其局限性：一是调查内容受到限制。网络调查由于对客观情况方面的调查内容无法进行查证和核实，因而其主要适用于有关主观态度、意愿、感受等方面的内容，而传统调查，调查内容非常广泛，既可调查客观的历史、现状和行为，又可询问有关主观态度和感受。二是调查对象受到限制。网络调查的调查对象是全体网民，且是网民中对调研主题感兴趣、处于主动状态的、自觉自愿的回答者，而传统调查的调查对象包括绝大多数人，既包括网民，也包括非网民，既包括能够理解和回答问题的正常人，也包括有交流障碍者，如某些残疾人。三是受到网络环境限制。诸如网络调查只能从虚拟的网络获得反馈信息，而不可能了解到真实、生动、具体的社会情况，调查对象参与者的背景不明晰、代表性不充分，等等。[①]

严格地说，网络调查只是传统调查在网络上的应用和发展，只能说是传统调查中的一种独特形式。没有传统调查的理论与方法的发展，网络调查也就无法开展与运用。

六、统计调查与实地研究

（一）统计调查

统计调查是指利用事先设计好的表格、问卷或量表等标准化工具，调查较大样本，并对资料进行统计分析的调查研究方式。无论是研究程序，还是资料搜集工具、记录格式、处理分析方法等，统计调查都要求是标准化的，其关注的是社会现象之间的数量关系，故常常被称作"定量研究"。统计调查主要特点体现在三个方面：首先，它是以实证主义方法论为指导的一种研究方式；其次，它是利用结构化或标准化程度较高的调查方法来搜集资料的；第三，搜集到的资料便于进行定量分析处理。这样，统计调查获取的资料比较精确，不仅适用于描述调查总体的一般性状，也适用于解释现象之间的因果关系或检验各种研究假设。因此，统计调查使用范围广泛，不仅可以用于对个人、群体、单位的调查，也可用于国家有关部门的大范围调查，如人口普查、国情调查等。统计调查也具有一定的局限性。首先，一般都是对较大样本的某些少数特征进行调查，在一定程度上难以获取深入、详尽的资料；其次，由于统计调查一般都是借助于事先设计好的标准化工具来搜集资料，研究者一般都不在现场，因此难以深入了解现场情况；第三，统计调查从事前的工具设计，到资料的搜集记录、整理分析过程，试图尽量便于量化处理，无疑会影响到资料

---

① 水延凯等：《社会调查教程》，北京，中国人民大学出版社，2010 年第 5 版，第 281—297 页。

的全面性、准确性。

（二）实地研究

实地研究，亦称实地调查，是一种不带研究假设深入到研究对象的生活现场中，以观察、非结构式访问、座谈等方法搜集资料，然后，依据研究者对所获资料的理解，运用定性分析来得出一般结论的研究方式。依据不同的着眼点，实地研究常常被区分为参与观察、个案研究、蹲点调查、社区研究等。实地研究根本特征在于其强调"实地"，即研究人员必须亲临第一现场，通过观察、感受等方式来判断和解释研究现象。实地研究由于只对少数个案作长期、深入、细致的调查，因而其具有统计调查不具备的优势：首先，调查内容深入具体，调查资料效度较高；其次，能对具体的现象或事件进行全面的了解，能从感性上把握其状况；其三，调查活动灵活，形式多样。当然，实地研究也有其局限性，主要在于其调查研究过程标准化程度比较低，调查资料无法汇总统计，且其研究结论是依据调查者主观的、洞察性的定性分析得出的，因而容易受到调查研究者主观因素的影响，从而在一定程度上会影响到其研究结论的概括性和可靠性。不过，由于它适用于对少数有代表性或独特性的研究对象进行详细深入的研究，特别是对那些必须亲临现场方可很好理解的事件或现象进行研究，故 20 世纪以来，实地研究已经逐步成为社会研究的主要方法之一。

七、根据选择的研究类型确定社会调查的具体程序

前已述及，任何一项社会调查的工作程序都包括准备、调查、研究、总结四个相互联系的阶段，缺一不可。但这并不是说，所有社会调查在各个阶段的具体环节、步骤上完全一样。社会调查存在着不同的研究类型，研究类型不同，具体的研究程序也会不一样。因而，进行社会调查，在确定了调查任务和课题之后，

需要根据选择的调查研究类型确定社会调查的具体程序。统计调查和实地研究是社会调查中两种最主要的研究方式。它们的不同之处不仅体现在调查目的、作用、方法、资料性质和调查范围上，而且反映在具体的研究程序上。下面以此为例加以说明。

（一）统计调查的程序

统计调查的具体程序，相对于实地研究而言，有几个值得注意的关键步骤：一是研究构架的建立；二是调查指标的确定；三是调查问卷的设计；四是调查样本的抽取；五是资料的汇总与统计。这些，本书将在后续章节逐一加以详细介绍。值得注意的是，上述五个关键步骤的前四个都是在社会调查的准备阶段进行的。这表明，统计调查的成功在很大程度上取决于社会调查准备阶段的精心设计，如果设计和准备工作不充分，社会调查就有可能失败。问卷调查是统计调查的一种主要方式，图4-1说明的就是问卷调查的具体程序。

图4-1是对目前问卷调查的一般过程的主要特征的概括，但这并不是说，所有的问卷调查都必须遵守这一程序，它们可能会在某些环节、步骤上存在着一些差异。

（二）实地研究的程序

实地研究的具体程序，与统计调查相比，具有如下几个突出特点：一是调查者一般不带研究假设直接进入现场，而是从现实社会生活和社会过程中发现问题，搜集资料；二是准备阶段的最主要任务是选择调查单位，而不需要作精心的理论准备和严密的设计，准备阶段时间短，调查阶段时间长；三是调查阶段与研究阶段紧密结合，研究者一般在调查阶段就已开始运用主观理解和定性分析的方法，从观察、访问、座谈中抽象出理性的认识，在研究阶段也主要是运用主观理解和经验洞察的方法对大量资料进行抽象、概括。实地研究在具体程序上的这些特点表明，实地研究的成败不是取决于事先的周密设计，而是取决于现场调查的方

接受调查任务

| 课题选择 | 初步研究 科学论证 确定课题 酝酿研究思路 | 查阅文献 实地考察 专家咨询 |

准备阶段

研究设计	建立研究设想 课题的具体化 概念与概念的操作化 确定研究程序 方案的制订与实施计划	提出研究设想 确定分析单位
		确定调查指标
		设计调查问卷 制定抽样方案 制定时间进度计划 组织调查员培训

| 问卷修改定稿 | 试调查 |

调查阶段	进入调查地区 正式实施调查 问卷回收与检查 搜集其他资料	发放调查问卷
		填写调查表格
		搜集文献 统计资料

研究阶段	资料审核与整理 统计分析 理论分析	审核、简化、汇总、分类
		统计描述、推论
		理论概括、综合、抽象

总结阶段	撰写调查报告 总结调查工作 评估调查成果	提出结论、建议
		总结经验教训
		评估调查成果
	应用研究成果	解答所需解决的问题

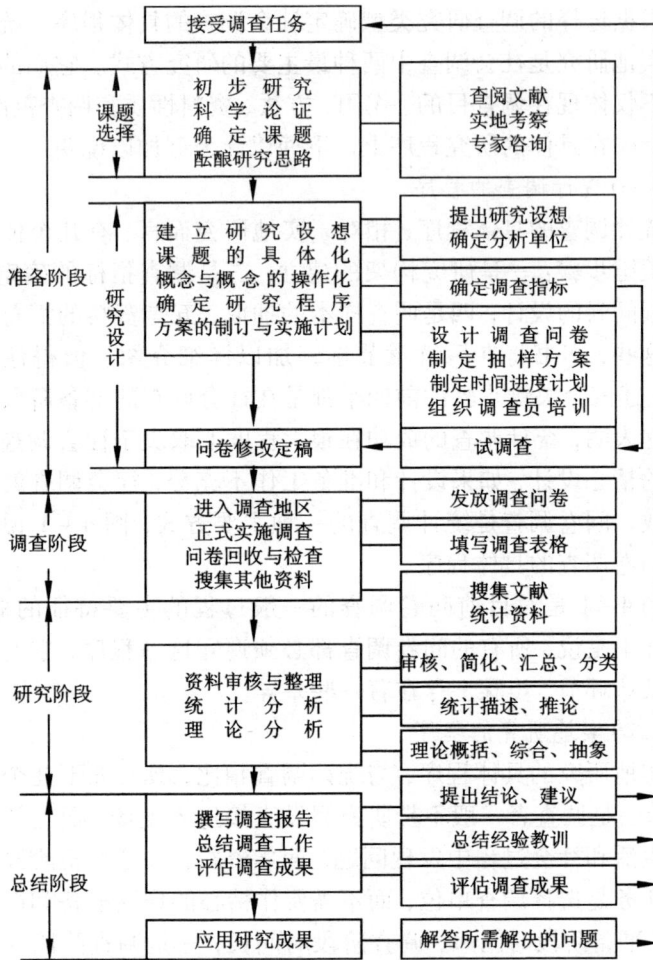

图 4—1   问卷调查的具体程序

式方法运用是否得当，现场调查是否有效。实地研究包括参与观察、蹲点调查、个案研究等类型。其具体程序如图 4-2 所示。

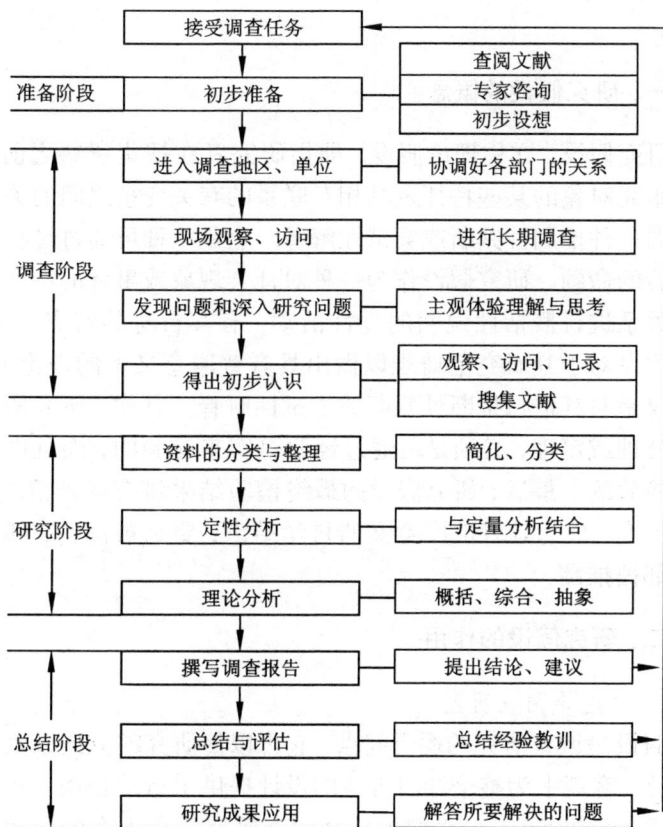

图 4 - 2 实地研究的具体程序

第二节 提出研究假设

科学研究的一般逻辑思路，针对研究课题提出具体的研究假设，在一定的理论和方法论的指导下，依靠科学的程序和方法来搜集资料，检验假设，并力图说明现象之间的普遍逻辑联系，从而解答课题所要研究的问题。社会调查的逻辑过程基本上也是如此。

一、研究假设的概念

研究假设，亦称理论假设，即指研究者在搜集资料之前，对反映研究对象的某些特征及其相互联系的有关变量之间的关系所作出的一种推测性判断或尝试性解释。它是一种可通过经验事实来检验的命题。研究假设作为一种对社会现象或事件的特征及其相互关系进行概括性说明的理性活动，有其自身的特点：首先，研究假设对于其研究范畴难以做出具有普遍意义上的理论解释，而仅仅是对其进行推断性判断或尝试性解释。其次，研究假设不同于公理或定理，必须是可通过经验事实来检验的，而且也是能够被检验的。最后，研究假设的最终检验结果将有两种情况，要么被证实，成为具有推广意义的科学结论；要么被证伪，部分或者全部被推翻。

二、研究假设的作用

（一）指导调查研究

假设是调查研究的逻辑起点，它可以使研究的方向及其重点明确化，客观上为整个调研方案的设计提供了行动指南。正如马尔科姆·沃特斯所言："如果社会调查研究要在人类的自我认识和对人类社会的指导方面发挥重要作用，就始终必须将'理论（理论假设）'作为不可或缺的核心目标"。[①] 实践中，对于同一现象或事件，当研究者用不同的假设作指导时，所搜集到的资料是不同的。比如说，研究企业的竞争力，有研究者假设衡量企业核心竞争力的唯一标准是员工素质，那么其研究过程中，主要是设计

---

① ［澳］马尔科姆·沃特斯：《现代社会学理论》，北京，华夏出版社，2000 版，第 1 页。

有关员工素质的调查指标，且具体调查内容也主要是与员工的状态、行为、意向性有关；有的研究者则认为，既要包括员工素质方面的指标，又要包括有关生产、经营状况方面的指标，如此等等。因此，有了研究假设，可使研究任务具体化、步骤程序化，围绕什么问题搜集资料、搜集什么资料、怎样搜集资料等都有了具体的依据，这样就可以避免资料搜集的盲目性和片面性，从而提高资料的信度和效度。

（二）逻辑推演的作用

恩格斯指出："只要自然科学在思维着，它的发展形式就是假设"。[①] 人们对事物的理性认识活动往往是运用相对抽象的概念或变量来概括说明同类事物或现象，而研究假设就是对于这些概念或变量之间关系所作的尝试性解释。可见，研究假设是联系抽象概念与具体经验事实之间的纽带，实践中往往将其作为中介，通过逻辑推演，把理论与实践、抽象概念与经验事实联系起来。例如，"通讯工具的运用导致人们之间的直接互动减少"这一假设，可以推论出"由于通讯工具在城市的运用情况要比农村广泛，因此，城市居民之间的直接互动要比农村居民少。"后一假设说明了现象之间的关系，可据此设计具体的指标，分别在城乡居民中选取对象进行调查，然后再根据经验事实来检验假设。

（三）促进修正原理论、发现探索新解释

通过调查研究，假设若被证实，则能支持其所依据的一般理论或发展新的理论；若被证伪，则说明原有理论需要修改、补充和完善。这一过程说明了，在探索客观真理的过程中，假设是一种不可或缺的工具；检验假设、修改假设和完善假设的过程，实质上就是不断探索和发展真理的过程。

综上所述，研究假设在调查研究方案的设计、调查资料的搜

---

① 《马克思恩格斯选集》第三卷，北京，人民出版社，1972 年，第 561 页。

集及新知识的探索等方面，都有十分重要的作用。但应当指出，并非所有的社会调查都必须事先建立研究假设。一般而言，描述性研究和相当部分的应用性研究的主要目的是了解客观情况，描述客观事实，因此，并非一定要事先提出明确的研究假设，如全国人口普查、国情调查等。而在解释性研究和理论研究中，则必须有明确的研究假设来指导研究，因为其研究目的就是要探究现象之间的关系，发现社会现象的一般规律。

三、研究假设的形成途径

（一）根据以往理论演绎得出假设

理论本身通常就包含着许多抽象的命题，用以概括性地解释各类具体的现象，当遇到需要解释的具体现象或事件的时候，往往只需在现有理论的基础上经过合适的逻辑演绎推理，从一般到特殊，经过适当的操作化，就能推演出可供探讨变量之间关系的经验假设。例如，在研究社会问题时可根据"社会问题的产生与社会整合程度的高低有密切关系"的社会整合理论，推演出"自杀的原因在于社会整合程度的不同，社会整合程度过高或过低都容易引起自杀"的研究假设。迪尔凯姆在《自杀论》一书中，就是运用这一逻辑过程推演出其研究假设，并到现实中去观察、搜集资料，最后检验了其假设，认为只有适度的社会整合才是有利于社会生活的。

（二）由经验概括而得出假设

与理论演绎相对的是归纳推理。归纳推理的过程则是从特殊到一般，即根据以往的实践经验或实地初步观察的结果推导出具有一般性意义的研究假设。例如，在了解"影响青少年性格的因素"时，研究者根据其生活经验以及有关信息提出研究假设："父母性格越开朗，其子女性格越开朗""家庭环境越和睦，子女性格越开朗""父母管教孩子的方式越专制，子女的逆反情绪越强"

等。因此，归纳推理，通过对大量经验事实的观察来较系统地提出问题，概括归纳出带规律性的结论，无疑是构建研究假设的一个重要途径。

（三）由类推而得出假设

如果研究课题所涉现象完全是陌生的，甚至没有任何经验可以借鉴，很难运用现有理论做出直接解释，就可以将其与熟悉的现象或事件等与之类比，提出一些猜测性设想。例如，互联网宽带服务广泛进入居民家庭的影响，这是一个比较新的研究范畴，但我们可以参照以往电视的普及对居民家庭闲暇生活的影响等提出相应的假设。如，互联网进入家庭影响到家庭成员的情感沟通，等等。

另外，研究假设还常常来源于研究者的生活常识、个人的预感或猜测等，当然，常识也是来自于人们对生活现象的经验积淀，至于预感或猜测也不是凭空瞎猜，也是在一定依据的基础上，凭借其长期积累的推理、归纳概括等能力而做出的。因此，仍然也可以归入到上述三个方面。

四、研究假设的陈述形式

假设是由相对具体的变量构成，其目的是构建可以通过经验检验的变量关系。一般而言，假设有以下三种陈述形式：

（一）条件式陈述

其表达通式是"若 A ，则 B "，即 A 是 B 的先决条件， B 是 A 引起的结果。它主要说明变量之间的因果关系，但有时说明相关关系。例如，"在某阶段，社会变迁的速度越快，文化各部分失调或文化堕距的现象越突出""接受全日制教育年限越长，首次生育年龄越大"等。

（二）差异式陈述

其表达通式是" A 与 B 在某一变量（ Y ）上有（或无）明显差

异"。即表示按照研究对象的某种属性或性状的 X 变量划分为 A 与 B 不同类别，再来探究 A 与 B 在某一变量(Y)上有(或无)明显差异。例如，"城乡居民在消费水平上有显著差异""男女大学应届毕业生在关注将来职业的稳定性方面有明显差异""工人与农民在对子女的管教方式方面无明显差异"等。差异式陈述主要是说明 X 与 Y 两个变量之间是否存在相关关系。若 A 与 B 在变量 Y 上有显著性差异，则表明其所在的变量 X 与另一变量 Y 有相关关系；反之，则无相关关系。

（三）函数式陈述

其表达通式是"$A = f(B)$"，即 A 是 B 的函数。这种陈述形式由于在构建数学模型过程中，往往需要全面、精确地度量变量之间的数量关系，而对于社会现象或事件的衡量很难完全数字化，故在社会研究中很少用函数式的陈述形式。

五、课题具体化的其他途径

所谓调查课题的具体化，是指在研究方案设计之前，通过对研究课题进行某种界定，将模糊的命题或设想转化成明确的陈述，将宽泛、笼统研究范围或领域变成特定的现象或问题。这是社会调查进程中的一个重要环节，通过具体化，可以增强研究的针对性、有效性。课题具体化的途径是多样的，一般而言，可以先从研究课题出发，提出有关研究假设，然后再按照严格的程序对假设进行操作化，最后，在此基础上搜集资料，以此检验假设。统计调查便是如此。但是，并非所有的调查研究都必须事先建立研究假设。例如，实地研究是对现象的一般状态和主要特征进行描述和概括，因而它一般是从观察入手，而不是从理论或假设入手，但这并不等于实地研究不需要对调查课题进行具体化，在进行实际调查之前一般也需要有一个初步研究框架的设想。

调查大纲便是实地研究之前的一种初步设想，它是调查课题的具体化、纲目化。它主要包括以下几个方面的设想：说明调查课题的意义及要达到的调查研究目标；明确主要研究对象并概述研究对象的状况及一般特点；确定调查范围和描述的时间范围；提出所要调查的纲目等。在展开具体调查之前，拟定出一个比较清楚可操作的调查大纲，便于研究者把握调查的目的性和方向性，明确调查的重点和主要内容，如此，调查工作才有切实可行的参照体系，调查研究工作才能得以顺利进行。

第三节　明确调查对象和调查内容

在确定调查课题和提出研究假设之后，紧接着就要着手进行研究方案的设计工作。而在设计方案时，研究者必须首先明确调查对象和调查内容。

一、调查对象

（一）调查对象的类型

调查对象，亦称分析单位，它是社会事实发生与发展的承担者，研究者所要调查和描述的对象。社会调查中的调查对象主要有以下几类：

1. 个人

个人是社会调查中最为常用的分析单位。社会调查鉴于其自身的学科特征，以个人作为分析单位并不像生物学、医学等学科那样去调查分析人类的一般共性，而是以不同社会角色的个性特征为调查分析单位，来解释与说明各种社会现象。如个人在具体的调查中各不相同，或是学生、工人、农民，或是顾客、服务员，等等。当然，社会调查不仅仅是停留在个人层次上，而是通过对个人特征的描述，并将其汇总处理，以便描述或解释由个人或其行为组合而成的社会现象或事件。

2. 群体

群体是指具有某些共同特征的人群。如家庭、团伙、青少年、老年人、工人、农民、民营企业家、网民、球迷，等等，它们可以作为调查对象，以此为分析单位来搜集资料，描述其特征，解释其联系。群体特征既不同于个人特征，又与个人特征有关。如团伙的规模、形式等团伙特征，团伙中的个人就不具备。但有些群体特征又可以由个人特征汇集或抽象归纳出来，例如家庭经济收入由每个家庭成员的收入所决定，家庭的社会地位取决于家长的职业和声望。群体特征也可以用群体成员特征的平均值来描述，如学生的平均成绩，老年人的平均养老金，等等。

3. 组织

组织是指为实现某种共同目标，彼此协调与联合，有着明确分工的人群所形成的社会团体。例如，企业、学校、政党等。组织特征包括组织规模、组织方式、组织规范、管理模式等。许多社会现象是在组织内部以及组织之间产生的，把组织作为调查对象，可以通过对组织的特征进行分析来解释和说明某些社会现象或事件。例如，要调查研究不同企业对社会效益的关注程度不同，可通过对其规模、年利润、管理模式、管理者及普通员工的素质等方面的特征来比较分析。

4. 社区

社区是按一定的社会制度和社会关系组织起来的，具有共同人口特征的地域生活共同体。如农村小乡村、小城镇、城市街区等。社区内的居民往往依地缘、业缘等关系结合为各种群体和组织，它们是社区生活的载体。正因为如此，社区内居民在社会、政治、经济等方面的活动，特别是文化规范和价值观等方面具有较强的趋同性。把社区作为调查对象，通常是描述社区居民的生活状况、文化交往活动、行为规范及社区的发展沿革等。搜集社区资料，既可用来描述每个社区的具体特征，又可进行社区之间的比较研究，还可以把较小范围的不同社区的性状汇集起来，放到更大范围内进行研究。这样，由社区研究可进一步延伸到对整个社会的研究，从而上升到宏观层次。

5. 社会产物

调查对象还可以是社会人为事实，即各种类型的社会活动、社会关系、社会制度等人类行为及其产物。例如，以历史和现代的各次经济危机为分析单位，可描述它们的共同特征，或分析不同时期不同国家或地区的政治制度、经济制度、主流文化、国际关系、区域关系等。在把犯罪、离婚等行为作为分析单位时，不仅是把其行为主体作为研究对象，而且侧重于描述各个行为本身的特征，例如分析不同历史时期的离婚现象的主要原因、影响、社会认可度等。人类行为的产物或社会产品，诸如建筑物、书籍、图画、服装、电影、歌曲及食谱等，也可以作为独立的研究对象。例如，研究者可以分析不同时代不同国家歌曲的歌词、旋律、影响力等特征；也可分析不同时代或不同国家的中小学教材的内容、价格、所含图片的数量、发行量、使用率等。

(二) 明确调查对象应注意的问题

调查对象(分析单位)的确定在很大程度上决定着调查方案和抽样方案的制定。选择时应注意如下问题。

1. 分析单位一般等同于抽样单位，但有时也可能不一致

例如，要描述大学应届毕业生的择业倾向可以抽取一个个学生作为分析单位，要了解高校新生入学率则可以抽取不同的学校作为分析单位。但是，分析单位并非一定与抽样单位一致。例如，调查分析独生子女家庭家长对子女的关爱状况时，分析单位是家长个人，而抽样单位则可能是"户"或"社区"等。另外，研究结论中的解释单位未必就一定与分析单位一致，例如，对当前城乡居民的生活水平的调查，分析单位是具体的个体，但做结论时则将城市居民与农村居民这两个群体加以比较分析。

2. 一项课题可以使用一种分析单位，也可以采用多种分析单位

在具体的社会调查中，研究者可根据社会现象的复杂程度和研究目的来选择与确定分析单位。一般而言，研究者只需要选用一两种主要的分析单位即可，但对于复杂现象的研究也可以选用多种分析单位，以便从不同角度、不同层次去获取更真实、更完整、更详尽的信息。

3. 搜集的资料不能满足研究需要时，可增加或改变分析单位

若以某一分析单位进行调查，搜集到的资料不能满足课题研究需要时，可以增加或改变分析单位。如，解释"学习风气"问题，若以个人为单位不能满足需要，则可考虑以班级或学校等为分析单位。

二、调查内容

（一）调查内容的类型

调查内容是指调查对象的属性和特征，是一项调查研究所要了解的调查项目。调查对象的属性和特征包含诸多方面，社会调查一般将其分为三大类：状态、意向性与行为。

1. 状态

状态是指调查对象反映的基本特征。如个人的状态包括性别、年龄、文化程度、婚姻状态等；群体、组织与社区的状态包括规模、结构、地点等方面；社会产品则可根据其大小、重量、颜色、形式等进行描述；若以社会行动作为调查对象，则可根据事件发生的时间、地点以及相关的人或群体等进行描述。

2. 意向性

意向性是指调查对象表现的内在属性。当调查对象为个人时，常需考察个人的取向，如人格、心理、态度、观念、信仰、个性特征、偏见、偏好等；当调查对象为群体、组织或社区时，其意

向性也可以表述为其目的、政策、规范、关系结构、利益关系、内部凝聚力、行为过程及其成员的整体取向等。另外，以社会行动或社会事件作为调查对象，其意向性也可以做出类似表述，比如，可以把上访行为分为有政治动机的和无政治动机的。类似的现象或事件还有商业谈判、工作会议、购物、宴会、舞会、郊游等，都可根据其组织者的目的或期望做出类似区分。

3. 行为

行为是指调查对象属性或特征的外显状态。如选举、入党、辍学、聚会、旅游、就业等都是分析单位的行为。群体、组织和社区等分析单位也有其特定的行为。从不同的角度可以对社会行为加以区分，诸如政治行为与经济行为、长期性行为与短期性行为、功利性行为与非功利性行为等。在社会调查中，社会行为往往是研究者所要予以解释的，它受到分析单位的状态和意向性影响，不同的行为之间也存在着相互影响，一个人的某种行为会导致其他人某种行为的发生，或影响其自身其他行为的发生。另外，对行为有影响的因素还包括社会结构、社会关系、时代背景、历史文化传统、风俗习惯等，它们是较高层次的调研对象所具有的属性或特征。

（二）调查内容选择的影响因素

如果说，调查课题的确定与假设的提出为研究指明了大致的范围和基本方向，那么，调查内容则是对研究目的的具体分解和细化。但是，任何一项社会调查不可能将调查对象的所有属性或特征都描述或解释清楚，因此，研究者必须确定究竟要研究哪些具体内容。调查内容的选择不仅取决于研究课题和假设，而且受制于研究者的方法论倾向。此外，研究者在选择调查内容时，还应从以下几个方面考虑。

1. 研究类型

不同的研究类型对调查内容的确定有重要的影响。例如，描述性研究所关注的是说明社会现象或事件"是什么"的问题，故一般只需要那些能反映其有关状况等方面的资料；而解释性研究则还需在描述现象基本状况的基础上对其关系做出解答，那么在了解有关状态与行为等外显性客观变量之外，还需要获取有关意向性方面的信息。另外，普查与非全面调查等也对调查内容的选择有不同的影响。例如，普查涉及对调查总体中的所有对象进行调查，很难确保调查内容的全面性、详尽性与精确性等，特别是有关意向性方面的资料更是难以保证；而若是抽样调查或典型调查等非全面调查类型，由于其调查对象数量少，则为深入研究提供了可能；这样，研究者在选择研究内容时，也就可以从更全面、更精确、更深入的角度去考虑获取资料。

2. 研究层次

调查对象通常可以从结构层次方面将其分为宏观层次、中观层次与微观层次等。以国家、社会制度、阶级、政党等作为分析单位的研究一般是侧重于宏观层次，调查内容一般是期望通过社会结构、社会环境、意识形态、文化传统等方面来进行描述，说明其特征；而以个人或小群体作为分析单位的研究则侧重于微观层次，主要是以有关个体特征为调查内容；介于两者之间的调查对象则属于中观层次，比如群体、组织等。

3. 解释方式

调查研究的目的很大程度上在于对社会现象或事件做出解释。解释一般有个性解释与共性解释两种具体方式。个性解释即指对某一现象或事件的特殊性或独特性做出的解释，它需要详尽地考察具体个案的各种属性和特征。因此，其调查内容相当广泛。而共性解释则以大量样本的共同特征来说明其一般模式或规律，它试图以最少的原因变量去最大限度地解释因果关系等，因此，一般只需要考虑其中的主要因素。

调查内容的选择除受到上述几个方面的影响外，还受到具体

的调查方式、方法与技术手段、调查的主客观条件等因素的
影响。

第四节　澄清与度量调查研究课题使用概念

在社会调查中，调查课题及其假设一般都是由抽象概念关联
而成一定的命题来说明现象及其关系的。调查者要实现调查课题
的研究目的，检验研究假设，需要通过一定的概念搜集社会现象
的有关信息，为此，必须先澄清与度量课题中所使用的概念。概
念澄清与度量是一个十分重要的过程，直接关系到资料的可信性
和有效性，它是调查课题操作化的重要手段，是调查研究设计的
重要任务之一。

一、概念与变量

社会调查的目的是通过经验观察，获取有关信息，并在对资
料分析的基础上得出普遍性的解释。任何课题及其研究假设都是
以一定的概念或变量作为其构建基础的。由此，需要了解概念与
变量的涵义。

（一）概念

概念即人们抽象思维的产物和基本单位，是综合概括同一类
事物或现象的抽象范畴。例如，"风俗"是一个抽象的概念，当说
到衣着、饮食、待人接物、婚丧嫁娶、节日庆典等方式时，则是具
体的。"风俗"便是对它们的一种综合概括，虽然不同的时空范围
内人们在这些方面的表现并不一样，但它们却都是人们在日常生
活中自发形成并持续相传的某方面的行为规范。

概念都是通过概括和抽象得来的，但是各种概念的抽象程度
是不同的。有抽象程度低的具体概念和抽象程度高的综合概念。
前者指可直接观察到的、抽象层次较低的物体、事物或现象，如

电脑、老人、集会、游行等；后者则无法直接观察，抽象层次较高，如社会关系、文化、同情心、责任感等。概念的抽象层次越高，其内涵越大，所包含的社会现象就越多，外延特征也就越模糊；相反，若一个概念的抽象层次越低，其涵盖面就越小，特征也就越明确。社会调查涉及到的相当部分概念是抽象层次比较高的，因此，必须对其明确界定。

社会调查研究中，并不孤立地使用一个个概念，而是在概念的某些关系中去度量和分析社会实际情况。虽然单概念命题在社会研究中有一定的意义，如"改革开放是必要的"，但社会调查研究应用最为广泛的是双概念命题，如"家庭教育不当导致青少年犯罪"。概念之间的关系主要有三种类型：相关关系、因果关系、虚无关系。相关关系是两个及以上的概念按一定方向相应变化的关系。如"A 越大，B 越大"，说明是正相关关系，"C 越大，D 越小"表示是负相关关系。因果关系则说明一个社会现象的变化必然引起另一个社会现象的变化。因果关系必须符合三个条件：一是两者之间有关系，二是两者之间的关系不是由于其他因素形成的，三是 A 的变化先于 B 的变化。虚无关系表明的是有些概念初看是一种相关关系，但实际上是一种虚假的联系。如食量的多少与学习成绩之间就是一种虚无关系。

社会生活中人们对客观事物及其关系的理论认识总是借助于概念而进行的。在社会调查中，概念是构成各种命题、假设及理论的最基本元素，它对社会调查研究的实施有着十分重要的作用与意义。

（二）变量

变量是指具有二个以上不同取值的概念。例如，"年龄"这一概念，包括 18、19 岁等不同的年龄值，因此年龄是一个变量；老人对国家某一项老年政策所持的"态度"，可以分为"赞成、无所谓、反对"等情况，因而"态度"这一概念在这里也是变量。变量与概念存在多种关系：第一种关系，变量反映概念的全部内容；第二种关系，变量反映概念的大部分内容；第三种关系，变量反映概念的小部分内容；第四种关系，变量反映概念的一小部分内容，同时又反映另一概念的一小部分内容；第五种关系，变量不反映概念的任何内容。由此可看出，变量和概念的关系并非完全同一，变量能够反映概念，也不一定反映概念。社会调查应当选择那种不仅能反映概念，而且能较好地反映概念的变量。

在社会研究中，人们常把变量看作是通过对概念的具体化而转化来的。它反映了概念所指的现象在类别、规模、数量、程度等具体状态或属性方面的变动性。例如"性别"这一变量就表明了"男性"与"女性"两种不同状态；"职业"则包括了工人、农民、教师、医生等多种具体形式；"社会行为规范"则有法律、道德、风俗习惯等。可见，社会研究需要精确描述事物和现象的状态、探究现象之间的相互关系，而变量较之于概念而言，具有明确性和可观测性，因此，只有使用变量的语言，即从变量之间的相互关系来分析事物产生的因果，才能进行有效的经验研究。

变量具有不同的类型。从变量之间的相互关系，可以把变量分为自变量与因变量。在一组变量中，通常把那种能够引起其他变量变化，而又不受其他变量影响的变量叫做自变量，一般用 x 来表示；而把那种由于其他变量的变化而导致自身发生变化，且不能影响其他变量的变量叫做因变量，一般用 y 来表示。在因果关系中，原因是自变量，结果是因变量。例如，改革开放促进经济发展，"改革开放"是自变量，"经济发展"则是因变量。在社会调查研究中，自变量大多数是有关状态属性方面的变量，如性别、年龄、文化程度、收入等；而因变量则多为有关行为或意向性方面的变量，如罢工、上访、态度、动机等。值得注意的是，实践中常常还会出现这样的情况：同一变量在不同的变量关系中，既可以自变量的形式出现，又可以因变量的形式出现。例如，在

"减轻农民负担可导致农民收入增加"这一关系中,"农民收入增加"是"减轻农民负担"的因变量;但在"农民收入增加导致农民生活水平提高"这一关系中,"农民收入增加"则又成为"农民生活水平提高"的自变量了。因此,若要确定一个变量究竟是自变量还是因变量,则需要根据调查研究的理论框架来决定。这里是从理论的角度对变量的相关关系和因果关系性质进行讨论,至于它们之间的量的考察,将在资料的统计分析一章中详细介绍。

二、概念的操作化

在调查研究中,任何研究课题或假设都会涉及到一些概念,有些概念是比较明确具体的,有些概念则比较抽象,难以把握。对于那些含义不清楚或比较模糊的概念,如"生活方式"、"闲暇时间"、"传统道德"、"业务能力"等,在展开具体调查之前,必须对其做出明确的界定,只有这样,才能进行具体操作;否则,将难以有效地对社会现象或事件进行观测、度量。而明确概念的确切含义,需要对概念加以界定与澄清,为此,首先需弄清概念的抽象定义,继而对其进行操作化,选择与设计调查指标。

（一）确定所要研究的概念

概念的操作化,首先需要确定所要研究的概念,即明确调查课题、研究假设中所使用的概念。例如,调查课题"农民消费观念趋向城市化",研究假设"工业化导致家庭规模缩小"中的农民消费观念、城市化与工业化、家庭规模分别是各自课题所要研究的概念。社会调查研究一旦课题确定之后,就要开始把课题逐步同社会实际联系起来,把课题中所使用的概念转换成变量形式,建立观测指标,使之变成可以进行测量的概念,即进行概念的操作化,然后通过已经过操作化过程的概念去搜集社会事物的有关信息。显然,概念的操作化,是课题操作化、假设操作化的重要手段。

（二）明确概念的抽象定义

概念的抽象定义是对概念的明确界定。概念反映了对象的特有属性或本质属性，同时也就反映了具有这些特有属性或本质属性的对象，因而概念有其自身的内容和确定的范围。这两方面就构成了概念的两个基本逻辑特征，即内涵和外延。因此，所谓概念的抽象定义（又称文义性定义），是指用精练的语句来概括地说明一个概念的内涵与外延，从而将概念所指的某类现象与其他现象区分开来的过程。例如，"社会改革"的抽象定义是："在社会制度、体制、机构、文化、思想等方面的人为改变"。这一定义说明了概念内涵的本质属性在于"人为改变"，而不同于"自然变化"，从而将"社会改革"与"社会变迁"区分开来。另一方面，它还说明了概念的外延，即社会改革包括哪些方面或不包括哪些方面。实践中，只有经过明确界定了的概念，才能为科学研究所用，否则，就可能造成混乱、误解和认识的模糊不清。例如，人们常说的"某人有文化"，这里的"文化"就是一个相当模糊的范畴，既可理解为"知识"，也可理解为"文化程度"等。

怎样给概念以明确的定义呢？在实际思维中，最为常用的给出概念定义的一种方法，就是通过揭示邻近的属和种差来进行，通称为"属加种差定义"。而这，必须掌握有关的科学知识，了解概念所反映的对象的共同属性。

明确概念或概念的抽象定义仅仅是在抽象层次对概念的界定与澄清，而没有说明与概念相对应的各种具体现象。因此，对于经验研究而言，若想具体度量某一概念，则必须在经验层次上对概念进行操作化，即给概念下操作定义过程，使其转化为能够具体观测的事物。

（三）给出概念的操作定义

所谓操作化即指通过对那些反映有关社会结构、制度、以及人们行为、思想和特征等方面内在事实的抽象概念的定义来选择

（或制定）调查指标，从而将其转化为具体的可以观测的变量，将研究假设转化为具体的假设，以便对社会现象的内在事实性状及其相互联系进行描述和解释。简言之，操作化就是将抽象的概念具体化为可观测的指标的过程，是对那些抽象层次较高的概念进行具体测量的程序、步骤、方法及手段等的详细说明。例如，"企业规模"是一个抽象概念，它的操作定义是"企业在员工数目，固定资产，总产值，利润等方面的状况"；"学生的学业成绩"即可用其在具体各门功课上的考试分数来评价；在研究"未成年人的迷恋网络游戏问题"中的"未成年人"是一个较宽泛的范畴，若研究者将其研究界定在"2011 年年龄在 12～16 周岁的在校学生"，则大大缩小范围，明确了研究对象；"破裂家庭"可以用父母存亡，父母关系，父子（女）关系，母子（女）关系等方面的指标来衡量。通过操作定义，概念就转换为变量形式。在科学研究中，必须要使用变量语言来描述和说明具体现象。变量是可以观测的，它能反映现象和事物在规模、程度、性质、种类上的具体差异。由此可看出，操作定义在社会调查中的重要作用。

（四）选择或设计调查指标

调查指标是衡量变量的标准和尺度，是概念内涵中某一方面内容的指示标志。例如，收入是说明富裕这一概念的变量，而月均工资、隐性收入分别是测定收入的尺度，进而说明富裕程度某一方面内容的指标；又如，雇工经营是反映劳动这一概念的变量，雇工人数则是衡量雇工经营状况的尺度，说明雇工经营状况某一方面内容的指标。调查指标（或调查项目）与操作定义是相联系的。对于经验研究而言，下操作定义是将有关概念的抽象定义转化为能具体观测的事物，寻找与之相对应的经验指标。在社会调查研究方案设计中，对于有些概念而言，为其建立测量指标是比较简单的，比如说，人们的"文化程度"、"婚姻状况"等；但对于比较复杂、抽象的概念来说，建立适当的指标并非易事。鉴于科学研究的连贯性与延续性，研究者在编制测量指标时，可以寻找和利用前人已有的指标，特别是对于那些比较成型的、系统的测量指标，可供借鉴。同时，知识来自于实践，研究者在编制指标过程中采用实地观察或无结构式访问方式，先行进行一些探索性研究，这样可帮助研究者从被研究对象的角度感知现象，了解调查对象的想法及其看问题的方式等，对研究者建立测量指标也是大有裨益的。建立观测指标的具体方法，一般有如下几种类型。

第一，通过确定具体事物边界的方法来建立具体操作指标。例如，在有关在校大学生生活状况调查中，研究者可以将调查对象按照每月生活费多少分为"低消费水平群体""中等消费水平群体"和"高消费水平群体"等，并分别用"每人平均每月生活费"这一客观存在的具体事物来给这三种学生群体设计操作定义，如规定每人每月生活费 500 元以下的属于"低消费水平群体"，500～1000 元的属于"中等消费水平群体"，1000 元以上的属于"高消费水平群体"。

第二，选用可以直接感知或度量的社会事实来编制操作指标。例如，对于在校大学生的"纪律性"这样的问题，也可用出勤率、迟到早退的次数、旷课的次数及其他违反纪律的次数和后果等可感知的现象来作为观测指标。

第三，建立综合指标。简单的变量用一个指标就够了，但不少变量是复杂的，范围比较宽。如对于一个领导干部能力的测量，就需要从组织管理、科学决策、协调服务、调查研究、思想工作、写作、演讲等方面能力的指标来测量。在实践中，各项有关指标可以分别研究，但有时则需要将各项指标综合起来，以提高测量的有效性。一般可以采用类型法和指数法来建立综合性较强的测量指标。所谓类型法，即指把各个具体指标进行交互分类，然后建立新的类型，以形成新的观测指标的方法。例如，在衡量员工素质时，可以从德、能、绩、效等方面分别考虑，也可以将它们分别结合起来设置新指标；如把"德"与"才"结合起来，将其分为"有德有才""有德无才""无德有才""无德无才"等相对综合指标。所谓指数法，即指通过用比较简单、明了、合理的公式来综合各个具体指标，从而形成新指标的方法。例如，养老保险参加率＝参保人数／（参保人数＋未参保人数）×100%，这样，养老保险参加率这个指数较之于参保人数与未参保人数就是新构建的一个指标。

给概念设计操作定义，还有一种方法，即列举概念的维度。如前文所言，许多比较抽象的概念往往具有若干个不同的维度，或者说，一个抽象概念不仅仅是一个单纯的可直接观测的现象，而往往可能对应于现实生活中的某一个现象集。例如，"一个社会的现代化，不仅是结构、文化、经济、科学技术及城市化的发展。社会由无数社会成员构成的，没有个人，也就没有社会，在任何社会的变迁中，人都是一个基本的因素"。[①] 如此，美国著名社会心理学家 A·英克尔斯在 20 世纪 60 年代，针对世界上不同地区的 6 个国家进行了一次有关人的现代性的大规模调查，把人的现代性这个概念分成了积极参与公共事物、消费态度、公民权等 24 项不同的维度。

操作定义虽然较之于抽象定义要具体、明确，但实践中，操作定义也常常会遇到种种困难。例如，要了解调查对象的年龄，而年龄常用的表述方式就有虚岁、实岁与标准岁之分，又如，经济收入除了工资外，还可能包括奖金、津贴及各种隐性收入等，且不同的对象其经济收入的具体测算指标也未必相同。因此，对于同一个概念可以用不同的指标来衡量，这就需要研究者根据需要，按照方便与适当的原则来进行指标的设计与选择。由于不同的研究者的经历及对概念的把握程度等方面存在差异，由此也会

---

① 郑杭生：《社会学概论新修》，中国人民大学出版社，1998 年，第 419 页。

有不同指标的选择，因此，不同的研究者对于同一概念的操作定义也可能有所不同。

此外，还需值得注意的是，对于同一概念的操作化结果往往不是唯一的，且设计出的不同指标对于现象观测的信度与效度也会存在差别，因此，绝对准确、完善的操作化指标是不存在的，关键是研究者如何尽量地根据调查研究需要找到方便、适当的指标。

三、假设的操作化

研究假设是对调查课题的尝试性解释，它往往是用抽象概念来陈述现象之间的关系。例如，"员工生产积极性越高，企业的生产效益就越好""现代化程度的提高伴随着人们直接交往的减少"等。这种假设往往是无法直接搜集资料而对其进行检验的，它必须通过假设的操作化来转化为具体的研究假设。所谓假设的操作化过程，简言之，就是将抽象假设转化为具体假设的过程。这一过程运用的是经验演绎法。前文提到了假设是由概念构成的，因此，假设的操作化实质上是在概念的操作化的基础上进行的经验演绎，也就是要把构成研究假设的抽象概念推演到经验指标，从研究假设推演出具体假设的过程。下面举例说明：

例如，进行有关"为什么近年来邻里关系越来越淡漠"问题的研究，其中一个假设就是"现代化的发展导致邻里关系的淡漠"。对于"现代化"这个概念的度量有多种，涉及到社会结构、文化、经济、科学技术、城市化等方面。如"工业生产总值""社会分工""现代科技""人均收入""居住条件""生活观念""社会防范意识"等。对于"邻里关系"也可用多项指标来衡量，如"参加社区活动的多少""邻里之间窜门的次数""邻里之间互助行为的多少""邻里之间的交往次数"等。如果所列举出的这些指标能够反映概念的本质属性和一般属性，那么，在研究假设中所说明的概念之间的关系也就必然可以从这些指标中去探究。这样就可以对研究假设进行操作化了。如下所示：

　　研究假设：现代化发展程度越高，邻里关系越淡漠。

　　　　　　　　↓

　　抽象概念：现代化　邻里关系

　　　　　　↓

　　变　　量：工业生产总值、社会分工、居住条件……

　　　　　　　邻里参与社区活动次数、邻里之间窜门次数……

　　　↓

　　具体假设：工业生产总值越高，每年邻里共同参与社区活动

　　　　　　　的次数越少；

　　　　　　　社会分工越细，邻里之间窜门的可能性越少；

　　　　　　　现代科技越发达，邻里之间直接互动越少；

　　　　　　　居住条件越好，邻里互助行为越少；

　　　　　　　人们越注重隐私权，邻里之间的交往越少；

　　　　　　　……

　　由于一个概念可用多个指标来衡量，因此，研究者能够从一个抽象的研究假设推演出多个具体假设。在此基础上，为了增强其可操作性，可继续将具体假设细化，推演出一系列的可以直接观测的指标。例如，在"现代科技对邻里之间直接互动行为的影响"方面，又可以将"现代科技的影响"分为诸如闲暇生活、沟通方式等方面的影响，即可从人们主要选择的闲暇方式（如电视、网络游戏、邻里之间窜门聊天等）及其所占闲暇时间的比例来观察其影响；在过去，邻里之间直接窜门是一种主要的沟通交流方式，现在则多为打电话、发短信、上网等，这样，又可从打电话、发短信、上网等方式在联络邻里感情中的作用及其使用频率等方面来观测现代科技对邻里之间直接互动行为的影响。

　　这样，经过操作化，抽象的理论假设也就被一层一层地转化成了可以直接观测的调查指标了。如果这些具体假设被经验材料

证实了，那就证明了研究假设，由此也就可以解答研究课题所提出的问题了。

正如没有理论假设的定性研究就没有进一步定量分析的基础一样，若没有操作化手段也就无法完成定性研究向定量分析的转化。因此，研究假设及其操作化都是社会调查研究的前导，它是决定整个调查研究是否确有价值的基础。另外值得注意的是，检验具体假设往往是以抽样数据来验证假设的，它需要调查大量样本，否则，样本容量太少，就难以保证结论的科学性，甚至容易犯以偏概全的错误。同时，由于指标并不能完全反映概念的本质，甚至有失偏颇，因此，具体假设被证实，也未必一定能证明研究假设就是真的，同样，具体假设被推翻了，也并不能完全否定研究假设。要证明研究假设的真伪，需要对多个具体假设检验。

四、对课题中使用概念的观测与度量

测量是社会调查研究不可分割的组成部分。当对概念给予明确的定义之后，还需要对所要研究的事物的状况变化和关系进行测量，以便精确地观测和度量所要研究的概念。而如果不了解测量的基本知识，则无法有效地选择适当的调查方法或测量手段，也很难有效地制定调查指标。调查指标必须通过其物质载体——调查工具表现出来，因此，不了解测量的基本知识，也就无法设计反映调查指标的调查提纲、调查表格、调查问卷以及各种量表和卡片。由于社会测量的内容较多且复杂，故在此从略，专辟第五章加以叙述。至于调查工具的设计与制作，将在后续章节讲到相关问题时陆续涉及。

思考练习题

1. 选择社会调查研究类型有何意义？

2. 试简述描述性研究与解释性研究的区别与联系。

3. 何谓统计调查与实地研究，其各自研究程序的关键是什么？

4. 什么是纵向研究，举例说明纵向研究的常见类型。

5. 什么是研究假设，联系实际说明研究假设的具体作用。

6. 怎样才能形成科学的研究假设？

7. 什么是概念的操作化？如何操作化？

8. 什么是研究假设的操作化，为什么要对其进行操作化？

9. 试对"再就业服务""责任感""同情心""择业意向"和"青少年网络诚信"等进行操作化。

第五章　社会调查现象的测量与指标

> 一种科学只有在成功地运用了数学时，才达到了真正完善的地步。
> 　　　　　　　　　　　　　　　　　　　　——马克思
>
> 一般而言，测量是按照法则给事物指派数字。
> 　　　　　　　　　　　　　　——[美]肯尼思·D·贝利
>
> 社会指标既是代理物又是测度物。作为代理物，社会指标并非自行成立，而是将抽象的或不可测度的社会概念转化成能对此概念进行考察和分析的可操作的术语。
> 　　　　　　　　　　　　　　　　　　——迈克尔·卡利
>
> 社会指标是观察资料，通常是定量的观察资料构成的产物，它表明我们所关心的社会生活中正在变化的某些情况。
> ——联合国经济和社会事务部统计处：《社会和人口统计体系》
> (1975 年)
>
> 社会指标运动是试图将社会学理论付诸实践的几次最大规模的社会活动之一。
> 　　　　　　　　　　　　　　　——[美]J·唐纳德·莱特

　　在社会调查过程中，一般都会涉及到对被调查的社会现象进行测量的问题。如果不了解测量的基本知识，不仅很难有效地制定调查指标，设计调查表格，选择适当的调查方法或测量手段，而且在了解和搜集社会事实时不可能进行科学的度量，势必直接影响到社会调查最终成果的价值。本章讨论的测量问题，与调查课题的操作化过程有着密切的联系。

第一节　社会测量的概念

一、社会测量的含义

社会测量，是指根据一定的法则用一组数字或符号将研究对象所具有的属性和特征表示出来的过程或方法。这一概念表明，任何一种测量都包含四个不可缺少的条件或要素：测量对象、属性和特征、法则、数字或符号。例如对基层社会工作者的工作业绩进行测量：测量对象是基层社会工作者；属性和特征指工作业绩；法则可描述为："依据基层社会工作者工作业绩表现的好差分派 1～5 的数字，某人业绩非常好，分派数字 5 给他，某人业绩非常差，分派数字 1 给他，介于两者之间，则分派中间的数字 2～4"。某位基层社会工作工作业绩表现较好，分派的数字为 4 人。

社会测量与自然科学的测量有所不同。自然科学的测量，往往是指用仪器仪表或用某种标准尺度对具体事物进行长度、大小、重量、压力等指标的度量，且往往能得到较为精确的测量结果。而社会调查是从广义上来讨论测量的。社会测量的对象是人以及与人紧密相联系的社会现象，人与人之间在很多方面是有差异的，不但在民族、肤色、语言、职业，而且在智力、年龄、收入、家庭人口，在对事物的认识、看法，在情感、意向、倾向、评论、判断、态度等方面都存在着或性质差别或数量差别，对这种人与人之间的性质差别和数量差别进行度量，称为社会测量。社会测量还可视为对社会现象进行精确的、有意识的观察，旨在准确地描述事物的类型、性质、状态、并对事物之间的差异进行精确度量和比较。

二、社会测量的要素

（一）测量客体

测量客体，即测量的对象。它是现实社会中所存在的事物或现象，是我们要用数字或符号来表示的对象。测量的客体可以是个人，也可以是由若干个人所组成的社会群体、社会组织、社区，以及事物、事件或现象等。在测量的四个要素中，测量客体对应"测量谁"的问题。

（二）测量内容

测量内容，即测量客体的某种属性或特征。比如，当测量的客体是个人，测量的内容则可以是个人的年龄、性别、婚姻状况、文化程度、职业、收入、态度、价值观念、行为和社会背景等；当测量的客体是群体和组织，测量的内容则可以是群体和组织的规模、结构、关系、功能和管理模式等。这些属性和特征有些是外显的，如性别、职业、行为等；有些是内隐的，如态度、价值、观念等。在测量的四个要素中，测量内容对应的是"测量什么"的问题。

（三）测量法则

测量法则，即用数字和符号表达事物各种属性或特征的操作规则。例如，要测量某班级的英语平均成绩，则"该班级所有参考学生的英语成绩之和除以总的参考人数"就是一种测量法则；若要测量人们对某一事物的态度的规则，常常是用某些数字符号来代表各种不同的态度。如用 1 代表"非常赞成"，用 2 代表"赞成"，用 3 代表"无所谓"，用 4 代表"不赞成"，用 5 代表"非常不赞成"等。这些数字仅仅是一种抽象的代表符号，并无实际的数学意义。需要注意的是，测量规则的制定与运用必须正确，也就是所使用的符号或数字应正确地代表所要反映的事物，事物本身与符号、数字之间的关系一致，才能得到符合实际的结果。在测量的四个要素中，测量法则对应的是"怎么测"的问题。

（四）测量工具

测量工具，即反映测量客体属性或特征的各种数字和符号，它是用来表示测量结果的工具。在社会调查的测量结果中，有些是用数字来表示的，如：被测者的年龄、收入、家庭人口数等。

另一些是用文字来表示的，如：被测者的性别、文化程度、婚姻状况等。尽管许多用文字表示的测量结果在统计分析时都转化成了数字，但这些数字仅是一种抽象的代表符号，并无实际的数学意义。由于社会现象的复杂性，对社会现象的测量单靠某个测量指标是远远不够的，还需要一系列相关的指标。这就要借助于测量表来科学安排这些指标，调查表、问卷表、量表等都是这种测量表的具体形式，是社会调查中所使用的十分有用的测量工具。在测量的四个要素中，测量工具对应的是"如何表示"的问题。

三、社会测量的特点

测量在自然科学中的应用和发展已经达到专门化、精确化和普遍化的程度。随着科学的发展和人类认识的进步，测量逐步被引入社会科学领域并得到了广泛的应用，只是相对于自然科学中的测量，社会测量有其特殊性。

（一）社会测量的标准化和精确化程度较低

由于社会生活纷繁复杂，人的行为表现各种各样，这就使得对社会现象、人类行为的测量具有相当的难度。例如，对人们的主观感受、价值观念、组织凝聚力、社会规范，等等，都难以进行十分精确的测量。社会规律的不确定性，使得广大的社会科学家们还没能（或根本不可能）建立起某种公认的、适合于多种不同情况的测量单位和测量标准，以及与之相应的测量工具和测量方法。

（二）社会测量受人为因素的影响较大

在社会测量中，无论是作为测量主体的人，还是作为测量客体的人，都具有主观意识、思想感情、思维能力和价值观念，都会对测量的过程和方式作出种种反应，这就使得社会测量与自然科学的测量在性质上具有一种基本的差别，即社会测量很难在真正客观的条件下进行，它受人为因素的影响较大。对同一社会现象、人类行为进行测量，测量者的认识水平、价值取向、思维方式、测量经验不同，测量结果也会因此出现一定的差异，且不同的测量者对测量结果的解释也不尽相同。

尽管如此，社会测量对于社会调查来说仍然有着重要的价值和意义。马克思说过："一门科学只有在成功地运用了数学时，才算达到了真正完善的地步"。[1] 进行有效的社会测量和科学的数量分析，是使社会调查走向真正科学的完备形态的标志。没有社会测量，就没有对社会现象的定量分析，也就没有现代意义上的社会调查。

第二节　社会测量的尺度

由于社会调查中所涉及的现象具有各种不同的属性和特征，因而对它们的测量也就具有不同的层次和标准。史蒂文斯 1951 年创立了被广泛采用的测量层次分类法，他将测量层次分为如下四种：

一、定类尺度

定类测量尺度，是对测量对象的属性或特征的类别加以鉴别的一种测量方法。它实质上是一种分类体系，其数学特征主要是等于与不等于（或者属于与不属于）。例如，对人们的性别、职业、婚姻状况等的测量，都是常见的定类尺度的测量。它们分别将测量对象划分为"男性与女性""工人、农民、教师、商人……"或者"未婚、已婚、离婚、丧偶"等各种不同的群体或类别，而每一个测量对象则分别属于或者不属于其中某一种类型。定类尺度是社会测量的最低层次。它既不能类比大小，又不能按顺序排

---

[1]　保尔·拉法格：《回忆马克思恩格斯》，人民出版社，1957 年，第 73 页。

列，更不能进行加减、乘除运算。定类测量必须遵循以下原则：第一，类型之间必须相互排斥，且没有大小、高低和优劣之分。如对性别进行分类时，被测者非男即女，不可能同属于两类，也不能说男和女谁高谁低谁优谁劣。第二，所分的类别要具有穷尽性，对各种可能的情况应包罗无遗，即被测者都有一个合适的类型，不能没有归属。

定类测量尺度适用的统计方法有：比例、百分比、众数、异众比率、χ^2检验和列联相关系数等。

二、定序尺度

定序测量尺度，是指对测量对象的属性和特征的类别进行鉴别并能比较类别大小的一种测量方法。这种方法不仅能像定类测量一样，将不同的事物区分为不同的类型，而且还能反映类别之间在高低、大小、先后、强弱、优劣、好坏等序列上的差异。但是，由于各个类别之间没有确切的度量单位，因而不能进行代数运算，故尚不能确定各个类别之间大小、高低或优劣的具体数值。例如，测量人们的生活水平，可以将其分为贫困、温饱、小康、富裕，这是一种由低到高的等级排列；测量城市规模，可以将其分为特大城市、大城市、中等城市、小城市，这是一种由大到小的排列。但这些变量值之间究竟高多少低多少，大多少小多少，其具体数值是难以确定的，比如不能说"富裕－小康＝温饱"。

在测量的精确度上，定序测量比定类测量要高一个层次。适合于定序测量的统计方法主要有中位数、四分位差、等级相关和非参数检验等。

三、定距尺度

定距测量尺度，是一种能够测定事物的属性和特征的差别程度的测量方法。它不仅能够确定变量值的类别以及变量值之间的顺序，还能进一步计算各变量值之间相差的实际数值。它的数学特征是能够进行加减运算，但不能进行乘除运算。例如，测量人的智商，若测得张三的智商为120分，李四的智商为100分，可以说张三比李四的智商高20分，但两者不能进行乘除运算，说张三的智商是李四智商的1.2倍(120分/100分=1.2)。因为定距测量的值虽可以为零，但这个零并不具备数学中零的含义，即此时的零并不是绝对的"无"，它是人们主观认定和选取的。如智商为0并不意味着某人没有智商，只能说明某人智商低。

适用于定距测量的统计方法有算术平均数、平均差、方差、积差相关、复相关、参数检验等。

四、定比尺度

定比测量尺度，是一种能够测定事物间的比例、倍数关系的测量尺度。这种测量尺度除了具有上述三种测量尺度的全部性质之外，还具有一个绝对零点(实际意义的零点)。所以，它测量所得的数据既能进行加减运算，又能进行乘除运算。例如，对人们的身高、年龄、收入等进行的测量都属于定比测量尺度。如测得张三的月收入为2800元，李四的月收入为1400元，那么张三与李四的月收入相减，可以说张三的月收入比李四的月收入多1400元，张三与李四的月收入相除，可以说张三的月收入是李四月收入的两倍。是否有绝对零点的存在，是定比测量与定距测量的唯一区别。它是四种测量尺度中测量层次最高的一种，各种统计方法均可以使用。

五、测量尺度的使用问题

（一）社会测量四种尺度具有累进叠加的数学特性

社会测量四种尺度之间存在着密不可分的关系：从定类→定序→定距→定比尺度，测量层次依次上升，每一较高层次的测量尺度，都是以较低层次的测量尺度为基础，且形成了一个累积尺度，即每一高层次的测量尺度，除自己的特性外，还包含着低层次测量的全部特征。如表5－1所示。

表5－1　四种测量尺度的特性比较

特性 ＼ 尺度	定类测量	定序测量	定距测量	定比测量
类别区分(＝ 、≠)	√	√	√	√
次序区分(＜ 、＞)		√	√	√
距离区分(＋ 、－)			√	√
比率区分(× 、÷)				√

从表5－1可看出，后一种测量都包含着前一种测量的反映功能和运算功能，前一种测量却没有后一种测量的反映功能和运算功能。

（二）测量尺度取决于调查对象自身属性和调查目的

在具体的社会调查中究竟采用何种测量层次？这取决于调查对象的自身属性，以及调查目的和要求。如调查农民工的性别、婚姻状况，就只能使用定类尺度进行测量。如果调查乡镇企业的产值，可供选择的测量尺度有定类、定序、定距、定比四种测量尺度，到底使用哪一种，取决于调查目的。这是因为高测量层次虽然比低测量层次要精确，但并非任何情况下都需要精确。值得注意的是，精确与正确是两个不同的概念。

（三）社会调查对变量的测量应考虑"就高不就低"

社会调查对于同一变量，研究者根据实际需要，可以对其作不同层次的测量。如对变量"老年人的养老金"进行测量，可对其做有和无的定类测量，也可做养老金的高、中、低的定序测量，还可做养老金分别为 1500 元、1800 元、2900 元的定距和定比测量。社会测量的这一特性，意味着在对测量对象进行测量时虽可以采用低测量层次测量，但分析资料时会失去一些信息。例如，知道张三的养老金 3600 元，李四的养老金 2400 元，如果采用定序测量，只知道养老金谁高谁低这一事实，具体高多少呢？无从知道。由此实际上丢失了张三与李四养老金差值为 1200 元这一信息。由于测量层次越高，获得的信息越多，测量越精确，数学特质越丰富，因此，社会调查对变量的测量应"就高不就低"，即尽量作较高层次的测量。当然，最终还是要根据社会调查的目的、实际可能和需要来处理。

第三节　社会测量的指标

社会调查对社会现象进行测量，需要借助于一定的测量工具，社会指标就是测量社会现象属性和特征的有力工具。调查指标与社会指标存在着密切的联系，它的设计是社会调查设计阶段一项必不可少的重要工作。

一、社会测量两种指标的联系

社会测量，必须要设计、制定调查指标。没有调查指标这一测量工具，对社会调查现象的测量便无从谈起。而调查指标与社会指标既有密切的联系，又有明显的区别。因此设计调查指标，应当了解两者的关系，继而了解社会调查的有关知识，在此基础上掌握调查指标的设计原则和设计方法。

调查指标与社会指标存在着密切的联系。调查指标是在具体社会调查中所使用的、籍以衡量或反映社会现象的类别、状态、规模、水平等特性的项目及其测量标准。社会指标则是对社会过程和调查研究成果的某种概括和总结，它是研究社会发展各要素的现状、发展趋势和发现社会问题的一种量化手段。社会指标通过调查指标而发展和完善，反过来，社会指标也为系统、科学地进行社会调查提供了一定的指南，调查指标的制定必须以社会指标为依据，社会指标只有具体化为调查指标才能便于实际调查。在具体的社会调查中，人们可以从现有的社会指标体系中选择某些指标作为调查指标。

调查指标与社会指标的区别在于：社会指标是通过系统的调查研究和理论研究而制定出来的，其测量规则的标准化程度较高，它主要用于衡量、监测宏观社会现象；而调查指标是调查人员在某项调查中选择和制定出来的，其标准化和精确化程度较低，它主要用于对微观社会现象的测量。

二、社会指标的含义与特点

（一）社会指标的含义

社会指标，是指反映社会现象的数量、质量、类别、状态、等级、程度等客观特性或社会成员的心理动机、态度感受、主观愿望、价值观念、评价倾向等主观状态的具有数量特征的综合范畴，是衡量、监测社会发展的数量关系，研究社会发展各要素的现状、相互关系和发展趋势的手段。例如，国民生产总值、人口自然增长率、人均地方财政收入、工业废水处理率、每万人口犯罪人数、职业满意度、社会安全感，等等，都是社会指标。

（二）社会指标的特点

1. 具体性

社会指标是具体的，可直接被感知的项目，它的本质就在于给社会现象以明确的规定性。社会理论、计划、方针、政策、目标等，当它们尚未转化为相应的社会指标时，常常是不具体的；而一旦当它们用社会指标表现时，就必须落到实处。例如"中等发达国家水平"是个笼统的概念，当我们把这样一个宏伟目标落实为社会指标时，则必须将其转化为关于中等发达国家生活水平的营养、健康、住房、闲暇、安全、环境等具体标准，以及关于中等发达国家和高度发达国家的区分。

2. 计量性

社会指标是可以计量的，它是可用数字、符号进行量度的项目。在大量的社会现象中，有些比较容易用数字来表示，如人口、收入、消费、产值等，而有些则不容易计量，如态度、愿望、感受、倾向、评价等。对于后一种社会现象，在应用社会指标时，同样必须设计出相应的测量方法，把这些社会现象转变为数字。当然，量化的尺度是多样的：可以是定类、定序尺度，也可以是定距、定比尺度。

3. 综合性

社会指标反映的是社会或社会某一方面的总体状况，而不是单个的个体现象。如失业率、就业率、人均教育经费等。社会指标要反映社会发展状况，对社会活动的内在联系即规律作出解释和说明，只有凭借综合性的数据才有可能，描述单个现象的个体指标，如个人的生活、收入情况等，是不可能说明社会现象总体带规律性的问题。

4. 时间性

社会指标是对社会现象某一时期或某一时点状况的反映。随着时间的推移，社会指标反映的各种数据会失去其效用。例如，"人口总数"这一指标，有年初数、年中数和年末数，而这三个时点的人口数是不一样的，随着时间的推移，年初、年中人口数反映的人口数量状况便会相继失去其效用。因而，要想长期、全面地反映社会现实情况，必须不断地获得新的社会指标。

三、社会指标的类型与作用

（一）社会指标的类型

1. 客观指标和主观指标

客观指标是指反映客观社会现象的指标。如人口总数、人均居住面积、义务教育普及率等。主观指标是指反映人们对客观社会现象的主观感受、愿望、态度、评价等心理状态的指标。如对生活质量的满意程度、对住房制度改革的期望、对经济体制改革的评价等。一般而言，客观指标主要反映民情，主观指标主要反映民意。社会调查中客观指标往往多于主观指标。这是因为民情决定民意。但这并非主观指标可有可无。因为人是社会的主体，人的感受、愿望、评价、态度等心理态度，往往对社会发展产生巨大的反作用，而且，民意与民情并不总是一致的。在现实生活中往往有这样的情况：人们的收入增加了，生活改善了，而人们的生活满意度和社会安全感却下降了。这说明，只有将客观指标和主观指标结合起来进行调查，既了解民情又了解民意，才能更全面、更真实地了解社会情况。

2. 经济指标和非经济指标

经济指标是指反映社会经济生活情况的指标。如国民收入、资金利税率等。非经济指标是指反映经济领域之外的社会生活情况的指标。如婴儿死亡率、人均居住面积等。由于社会指标一开始是作为不同于经济指标而提出来的，因此，有人认为社会指标是非经济指标，这种观点是不妥的。因为社会指标是相对于自然指标而言的，它应该包括社会生活各个领域情况的指标，而不应该把经济指标排除在外。另外，有些指标很难区分它是经济指标还是非经济指标。如人均教育经费、农民人均纯收入等，它们有时可作为经济指标使用，有时也可作为非经济指标使用。

3.描述性指标和评价性指标

描述性指标是指反映社会现象实际情况的指标。如城镇人口数、财政收入总额等。评价性指标是指反映社会发展、社会效果在某些方面利弊得失的指标。如城镇人口占总人口的比重、人均财政收入等。描述性指标一般是独立存在的，一个指标反映一种情况，它们是对社会现象的客观描述，单凭一个描述性指标很难作出好坏得失的评价。评价性指标则不同，它通常是以某种理论为指导，为说明某种社会问题而将两种或两种以上社会现象作比较或进行计算而得出的结果。例如，"城镇人口占总人口的比重"，是根据人口城镇化理论，为说明人口城镇化程度而将城镇人口和总人口这两种人数进行计算而求得的。这说明，评价性指标对社会现象的反映，已不仅仅是简单的客观描述，而具有分析、诊断、评论的性质。

4.肯定指标、否定指标和中性指标

肯定指标也称正指标，是指反映社会进步或发展的社会现象的指标。如人均国民生产总值、第三产业比重、城镇人口比重等。否定指标也称逆指标或问题性指标，它是指反映阻碍社会进步或发展的社会现象的指标。如物价上涨率、每万人口犯罪人数、城镇人口失业率等。中性指标是指反映与社会进步或发展没有直接联系的社会现象的指标。如国土面积、人口总数、人口的民族构成等。一般说来，肯定指标和否定指标比较容易区分。但是，有些指标的定性却取决于各国的具体国情和人们的价值取向。如人口增长率在人口过多的国家一般被当作否定指标，而在人口偏少的国家则被看作是非常重要的肯定指标。对于这种两可的指标，通常是作为中性指标来看待的。

5.投入指标、活动量指标和产出指标

投入指标是指反映投向某一社会过程的人力、财力、物力等资源的指标。如投向教育过程的教育经费、教师人数和教学仪器数，投向公关工作的活动经费、工作人员和器材数等。活动量指标是指反映社会过程的工作量、活动频率、承担次数等状况的指标。如每一教师负担的学生人数、授课课时数、开展公关活动的次数、周期等。产出指标是指反映社会过程的结果的指标。如义务教育普及率、每万人口中的大学生人数、人均公共绿化地面积等。任何社会过程，都是投入—活动—产出的过程。其中，投入是基础，活动是前提，产出是结果，它们都是统一社会过程中不可缺少的环节。但是，对于了解一项社会事业、评价一项社会政策和监督一项社会计划来说，产出指标具有特殊重要的意义。这是因为，只有产出指标所反映的社会现象才是社会进步和发展的标志。但由于社会过程是多种多样、相互联系的，因此有的指标在这一社会过程中是产出指标，在另一社会过程中则成为投入指标。例如，每万人口中的大学生数，从教育过程看是产出指标，从经济建设来看则是投入指标。这说明，投入指标和产出指标的区分只具有相对的意义，它主要取决于该指标在一定的社会过程中的地位和作用。

（二）社会指标的作用

1. 反映社会现象

反映社会现象是社会指标的基本功能。与一般社会意识对社会存在的反映不同，社会指标对社会现象的反映总是以一定研究假设为指导，而且具有较强的选择性，即选择那些最重要、最具有代表性的侧面来反映社会现象，力求把复杂的社会现象浓缩在有限的社会指标之内。

2. 监测社会过程

社会指标对社会过程的监测可分为两种情况：一是社会自身运行情况的监测。如农村剩余劳动力的增减、物价指数的升降等。二是社会政策、社会计划执行情况的监测。如普及义务教育政策的执行情况。前者是对社会"自然状态"的监测，后者则是对有组织、有目的社会目标的监测。

3.比较社会事物

社会指标具有明确的规定性，这就使得社会事物之间的比较成为可能。通过比较，可以对社会运行与发展、社会计划与政策进行评价，分析利弊得失，得出正确结论。比较有横向和纵向之分。横向比较指时间序列上同一时期内或同一时点上的社会指标的比较。小至个人、群体之间，大至国家、社会制度之间的比较。横向比较可以揭示现象之间的差异程度。纵向比较是指对社会不同发展时期的历史比较，用以反映社会现象在时间上发展变化的方向和变化程度。

4.评价社会状态

社会指标能对社会状态作出评判，能对社会发展规划、社会政策、措施等产生的社会效果和社会影响进行评价，分析利弊得失，作出必要的判断。社会指标的评价功能是其反映功能、监测功能和比较功能的深化和发展。只有对反映、监测、比较的结果作出评价，才算对社会现象做出了说明和解释。从这个意义上说，反映、监测、比较功能是社会指标的基础功能，评价功能是社会指标的核心功能。

5.预测社会未来

预测社会未来是指根据已占有的材料，在对过去、现在分析的基础上，推论社会未来的可能性。它主要包含两个方面：一是预测未来发展，如根据国民经济增长情况预测社会保障费用增长率；二是预测未来问题，即提早发现那些将给人们或社会带来危害的问题。例如，在对本时期环境状况和环保工作作出评价的基础上，预测下一时期环境污染恶化问题。

6.制定社会计划

社会指标的制定社会计划功能，是社会未来预测功能的延伸，人们正是在对未来预测的基础上制定出社会计划和社会政策。社会指标既可以制定、描述出社会计划的全部内容，也可以检验社会计划的完成情况。

四、社会指标体系

社会指标是反映社会发展状况及其特征的统计指标。单一指标只能从某一个侧面或某一个方面反映社会情况，因而，要全面分析说明某种社会现象时，不能只单一地使用某一社会指标，而必须综合使用各种社会指标来反映社会发展状况。这种为综合反映与说明社会或社会某方面状况而设计的一组具有内在联系的社会指标，称为社会指标体系。

社会指标体系具有几个基本特点：一是目的性。社会指标体系是为一定的社会需要服务的，其建立均有一定的目的。二是理论性。社会指标体系的建立均有一定的理论作指导，理论观点与指导思想上的差异，必然导致指标体系具体指标上的区别。三是科学性。社会指标体系建立在对客观事物科学认识的基础上，具体指标的选取必须符合客观实际，符合科学原理。四是系统性。社会指标体系应具有内在的联系，是一个完整的系统，应能根据系统结构分出层次，使指标体系结构清晰，便于使用。五是可行性。社会指标体系在具体指标的设置上不宜过于复杂，数据的测取最好是可以获得连续的、具有较高权威性的统计数据。

社会指标体系研究于20世纪60年代首先从美国兴起，之后世界上很多国家和研究人员都致力于建立适合各国国情和不同领域要求的社会指标体系。到20世纪80年代，便有80多个国家建立了社会指标体系，现在则遍及世界各国。各国在工业化、现代化进程中曾把经济增长作为核心，片面追求经济效益，由此出现了一系列的社会问题，产生了不协调，反过来制约了经济的发展，使人们深刻地认识到经济与社会必须协调发展，因而反映协调发展的社会指标体系越来越受到重视。从目前情况看，社会指标体系的建立主要有三种方式：一是规划性的社会指标体系，它通常是政府利用公共机构的相应分类而建立起来的，如与政府的能源、交通、邮电、教育、文化、司法等机关相对应而建立的指标体系；二是根据社会目标建立的社会指标体系，它是从一个总的或一系列社会目标出发，逐级发展子目标，最终确定各项社会指标；三是以某种理论为基础而建立的社会指标体系，它是研究人员、学者根据其所提出的理论和假设，将社会现象编制成的社会指标体系。目前，具有代表性的社会指标体系有：由联合国开发计划署专家经过六年研究而提出的成果，即人文发展指数，从1990年起，每年出版一次。该指数用平均预期寿命、成人识字率和实际人均GDP三个指标合成为一个复合指数；由世界经济论坛和瑞士洛桑国际管理研究院建立的国际竞争力指标体系，该指标体系由十大构成要素300多个指标综合而成，从1980年起每年公布一次；由世界银行根据可持续发展模式，用人力资源、自然资源、生产资本和社会资本四方面综合计算出人均国家财富量的国家财富新标准指标体系；由美国社会学家埃斯特斯研究的用44个指标组成的社会进步指数，等等。①

　　我国在建立社会指标体系方面起步较晚。20世纪80年代在总结国外经验的基础上，结合中国国情，进行了一些开创性、基础性的研究。为适应社会发展的需要，进入21世纪以来，一批研究人员在社会管理型的社会指标体系、学术研究型的社会指标体系、实际应用型的社会指标体系、综合型社会指标体系、专题型社会指标体系等方面进行了大量研究，取得了丰硕成果。例如，由国务院发展研究中心发展战略和区域经济研究部研制的全面建设小康社会指标体系就是其中重要的研究成果。该指标体系根据

---

①　http：//www.cas.cn/zt/jzt/ltzt/wgxqxdhyjxlc/xdhllyj 小康社会及现代化指标体系评价方法

全面建设小康社会的内涵及其目标确定的原则，借鉴国际经验，以及体现综合性、简洁性和可操作性的要求而设计，共包括经济、社会、环境和制度四个方面的 16 项指标。其中，经济主题方面有人均 GDP、非农产业就业比重、恩格尔系数、城乡居民收入4 项指标；社会主题方面，有基尼系数、社会基本保险覆盖率、平均受教育年限、出生时预期寿命、文教体卫增加值比重、犯罪率、日均消费性支出小于 5 元的人口比重 7 项指标；环境主题方面有能源利用效率、使用经改善水源人口比重、环境污染综合指数 3项指标；制度主题方面有廉政建设、政府管理能力 2 项指标。[①]目前，国家计委、国家统计局、人力资源与社会保障部、民政部等都建立了社会指标体系，各地区也都根据各自需要建立了各种社会指标体系。自中央提出全面建设小康社会以来，有些地区建立了小康社会指标体系，经济较发达地区建立了现代化社会指标体系，有的地区还建立了社会稳定预警指标体系和就业预警指标体系。甚至一些大中型企事业单位也基于各自业务需要，根据本单位的指导思想和实际需求研制出了实际应用型的社会指标体系。目前，我国社会指标体系的研究与应用都向着深度和广度发展。

五、调查指标的设计

调查指标与社会指标一样，都是测量社会现象的工具。如同自然科学中测量重量的秤磅、测量长度的卷尺一样，指标是测量变量的计量工具。在社会调查中，变量实际上就是调查的内容和项目。变量必须加以度量，既要量度，就有用以量度的尺度问题，也就是用什么去量度它的问题，由此就需要设计调查指标。

---

① 国务院发展研究中心发展战略和区域经济研究部"十一·五"计划基本思路研究课题组

从变量到指标，是测量中的重要环节，只有处理好这一环节，才能成功地完成测量。

（一）调查指标设计的方法

调查指标可以从现有的社会指标体系中选择，也可以根据调查课题来具体制定。前文提到，调查指标与社会指标存在着密切的联系。调查指标的制定必须以社会指标为依据，在具体的社会调查中，可以从现有的社会指标体系中选择某些指标作为调查指标。这可以说是一个从研究假设→社会指标体系→社会指标→调查指标的分解过程。任何社会指标、社会指标体系都是基于一定的目的与需求，基于某种假设，通过系统研究而制定出来的，而调查指标从现有的社会指标体系中加以选择，也需根据课题目的、研究假设加以选择，因此并不矛盾。

调查指标也可以根据调查课题来具体制定，其方法主要有两种：第一种是建立在经验分析基础之上的"经验策略"，这种方法不强调解概念的含义，只是通过对概念的粗略理解，然后从丰富多彩、错综复杂的社会现象中归纳概括出一些基本的分类事项和度量标准，由此建立指标，用以表示社会现象。第二种是建立在理论分析基础之上的"理性策略"，即运用演绎推理方法，根据理论分析提出命题，由命题演绎出概念，从理论文献中找出特定概念的一切意义，再由概念演绎出变量，并以各种类型的指标予以指示，从而形成一套指标体系。

例如，根据理论分析可以提出"经济水平提高后居民的消费结构发生了变化，而消费结构的变化引起了生活方式的变化"这一命题，根据此命题可得到"生活方式、经济水平、消费结构"三个概念，再由每一个概念可以演绎出若干个变量，如"生活方式"这一概念可演绎出"消费状况、娱乐生活、时间安排、工作学习"四个变量，每一变量均以一种指标予以指示。但是，当概念分解成变量时，还不具备操作性。如上述"消费状况"便是如此，此时还要用"家庭衣食费用的支出、家庭耐用消费品的支出、家庭文化教育费用的支出和家庭节余情况"等具体事物来下操作定义。

由于一个课题可以演绎出多个命题(假设),一个命题可以演绎出多个概念,一个概念可以分成多种层面,每个层面可以引申出若干变量,同一层面的某一变量,又可以构成一个或若干指标,由此,便形成了一套展现调查课题目的,反映社会现象的社会调查指标体系。如图 5 – 1 所示。

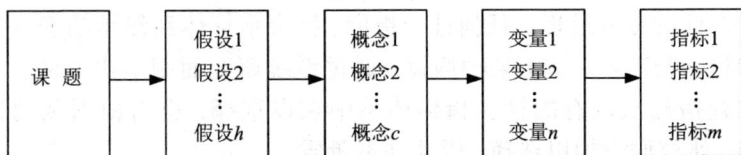

图 5 – 1 调查指标体系设计示例简图

依据变量设置调查指标,应当以社会指标为依据,为指南,也可以直接从社会指标体系中加以选择。这是因为社会指标是通过系统的调查研究和理论研究而制定出来的,其测量规则的标准化程度较高。建立观测指标有多种方法,也就是第五章在概念的操作化中所提到的:选用可以直接感知和度量的社会事实、确定具体事物的边界、建立综合指标等方法来设置调查指标。

调查指标设置好之后,还有必要对其设计明确的抽象定义和操作定义。如工资是测量收入这一变量,反映贫富这一概念的指标,对其理解,不同的人有很大的不同,因而需要对其作出明确的抽象定义和操作定义。这里仍应注意,要以社会指标中的工资作为设计的依据。

(二)调查指标设计的原则

1.客观性原则

所谓客观性原则,是指设计的调查指标必须符合社会客观实际，具有科学根据。例如，进行社会救助人口状况调查，改革开放前后，救助对象发生了较大的变化，因此，在设计调查指标时就必须适应新情况，反映和体现社会救助对象的新内容，否则，所设计的社会调查指标，就不符合客观实际，自然也就不是科学的。

2. 完整性原则

所谓完整性原则，是指设计的调查指标应当全面、正确地反映调查对象的整体状况。为此，设计的调查指标在逻辑上必须穷尽所有可能性并互相排斥。例如，残疾人残疾状况调查，如果只列出智残、视残、听残、肢残四个项目，就没有穷尽所有可能性，因为残疾人残疾状况还有精神残疾和综合残疾两种情况。又如，"您的职业是什么"这一调查项目，如果设计成教师、公务员、教育工作者等，就属于非互斥性设计。因为教师也是教育工作者。

3. 准确性原则

所谓准确性原则，是指设计的调查指标应当有明确的定义和统一的计算方法。例如，晚婚率一般按性别分开计算，就有两种计算方法。又如劳动生产率是产量与消耗的劳动时间之比，而消耗的劳动时间可按不同的人员范围计算，劳动生产率还可按人、企业、部门等计算，如此劳动生产率便有着不同的意义。因此，设计调查指标时，应明确定义和统一的计算方法，如此，才能做到调查指标的准确无误。

4. 可能性原则

所谓可能性原则，是指设计的调查指标必须充分考虑实际调查的可能性。这里的"可能性"包括被调查者是否准确知道所要调查的情况，以及是否愿意回答所要调查的问题。对于被调查者难以准确回答或根本不愿回答的问题，设计调查指标时不要列入。

5. 简明性原则

所谓简明性原则，是指设计的调查指标要力求简单、明了。社会调查中设计的调查指标不是越多越好，应当简单明了，力求删除可有可无的调查指标，以能说明问题为宜，因为多一个指标就多一个变量，统计分析的工作量会随之大量地增加。

第四节　社会测量的信度和效度

信度与效度是优良的测量工具所必备的条件，如果对测量工具的信度和效度一无所知，则无法判断其获得的资料的可信性与有效程度。"工欲善其事，必先利其器"，在社会调查中要认真检查所使用的测量工具，考验其信度与效度，这样才能期望获得可靠与正确的资料。

一、社会测量的信度

社会测量的信度，是指采取同样的方法对同一对象重复进行测量时，其所得结果相一致的程度。例如，用同一台磅秤去称某一物体的重量，如果称了几次都得到相同的结果，则可以说这台磅秤的信度很高；如果几次测量的结果互不相同，则可以说它的信度很低，或者说这一测量工具是不可信的。同样道理，用同一份问卷测量一个小团体的凝聚力程度，如果前后几次的结果相同，就可以说明它的信度高，相反地，如果紧连着几次测出的结果都不相同，就说明它的信度低。由于测量误差变异来源不同，各种信度系数的实际意义也不同。因而要从不同的方面来检查和评估调查资料的信度。实际应用时，信度测量主要有以下几种基本类型：

（一）复查信度

复查信度是对同一群受试者在不同的时间点采用同一种测量

工具先后测量两次，根据两次测量的结果计算出相关系数，这一相关系数就叫做再测信度。例如，调查某地农村低保对象应保人数比例，结果为56%，半年之后复查，结果为58%，两次调查结果相差2%，2%便是复查信度。使用这种方法时，两次测量所采用的方法、所使用的工具是完全一样的。复查信度的缺点是容易受到时间因素的影响，即在前后两次测量之间的某些事件、活动的影响，会导致后一次测量的结果客观上发生改变，使两次结果的相关系数不能很好地反映两次测量的实际情况。

（二）复本信度

复本信度是将同一套测量工具设计成两个（或两个以上）等价的复本，用这两个复本同时对同一研究对象进行测量，然后计算出其所得两个结果之间的相关系数，此相关系数即为复本信度。比如，学校考试出的 A、B 卷，就是这种复本的一个近似的例子。同样在社会调查中，研究者可以设计两份调查问卷，每份使用不同的项目，但都用来测量同一个概念或事物，对同一群对象同时用这两份问卷进行测量，然后根据两份问卷所得的分数计算其复本信度。复本信度可以避免上述复查信度的缺点，但是，它所使用的复本二者之间在形式、内容、数量、难度等方面都应该完全一致，然而，这在实际操作中是非常困难的事情。

（三）折半信度

折半信度是将研究对象在一次测量中所得的结果，按测量项目的单双号分为两组，计算这两组分数之间的相关系数，这种相关系数就叫折半信度。例如，一个态度测量包括30个项目，若采用折半法技术来了解其内在的一致性，则可以将这30个项目分为相等的两部分，再求其相关系数。通常，研究者为了用折半信度来检验测量的一致性，需要在他的测量表中，增加一倍的测量项目。不然，调查项目的长度减少会降低信度。这种方法与复本信度的情况类似，它要求前后两部分的项目的确是在测量同一事物或概念。一旦二者所测量的并不是同一事物或概念，那么，研究者就无法用它来评价测量的信度了。

二、社会测量的效度

社会测量的效度，是指测量工具或测量手段能够准确测出所要测量的变量的程度。也可以说，效度指的是测量的有效性。当一项测量所测的正是它所希望测量的事物时，我们就说这一测量具有效度。反之，则测量不具有效度。例如，测量某个样本中的大学生的智商分布情况。如果采用一份英文智商测验量表，其测量是不具有效度的。因为此时我们所测量的并不是大学生们的智商，而是他们的英文水平。此时测量应该采用一份标准的中文智商测验量表对他们进行测验，并用每个人在测验中所得的分数来表示各自的智商。效度是个多层面的概念，可以从三个角度去看，因此也就可以将效度分为以下三种类型：

（一）内容效度

内容效度，也称逻辑效度。它指的是测量内容或测量指标与测量目标之间的适合性和逻辑相符性。例如，测量大学生的人际交往状况，所选的问题就必须是与人际交往有关的，如果所提的问题大都是关于学习方面的，那这一测量就不具有内容效度。所以，评价一种测量是否具有内容效度，首先必须知道所测量的概念是如何定义的，其次需要知道这种测量所收集的信息是否和该概念密切相关，然后评价者才能尽其判断能力之所及，作出这一测量是否具有内容效度的结论。

（二）准则效度

准则效度，也称为实用效度。它指的是用几种不同的测量方式或不同的指标对同一事物或变量进行测量时，将其中的一种方式或指标作为准则进行比较。如果其他的方式或指标与准则的方式或指标具有相同的效果，则其他的方式或指标就具有准则效度。例如，评价汽车驾校笔试成绩的效度，要看考生毕业后的实际驾车技术(如事故发生率)，这里，考生的实际驾车技术就是评价其笔试成绩效度的标准。

（三）结构效度

结构效度，也称为构造效度。它是指通过对某种理论概念或特质的测量结果的考察，来验证测量对理论概念的衡量程度。例如，假定我们设计了一种测量方法来测量人们的"婚姻满意程度"。为了评价这种测量方法的效度，需要用到与婚姻满意程度有关的理论命题或假设中的其他变量。假定我们有下列假设：婚姻满意程度与主动做家务的行为有关，婚姻满意程度越高，越是主动承担家务。那么，如果在婚姻满意程度与承担家务方面的测量结果具有一致性，则称此种测量具有结构效度，如果婚姻满意程度不同的对象在承担家务方面的行为都是一样的，那么测量的结构效度就面临挑战。

最后需要注意的是，测量的信度和效度都是一种相对量，而不是一种绝对量，即它们都是一种"程度事物"。对于同一种对象，人们常常会采取各种不同的测量方法，常常会采用各种不同的测量指标。也许这些方法和指标都没有错，但它们相互之间一定会在信度和效度方面存在程度上的差别。我们对它们进行评价和选择的标准是：越是在准确性和一致性上程度更高的方法和指标，就越是好的测量方法，就越是高质量的测量指标。

三、社会测量信度与效度的相互关系

（一）社会测量信度与效度的关系类型

信度与效度是既相互联系又相互制约的关系。一般来说，效度是以信度为基础的，缺乏信度的测量肯定也是无效度的测量。但是，具有很高信度的测量并不意味着同时也具有高效度。即信度高只是测量所要达到的必要条件，而不是其充分条件。具体来说，社会测量信度与效度的关系，存在如下几种情况：

1. 信度低，效度必然低

这是指缺乏信度的测量肯定也是无效度的测量。例如，我们用同一问卷测量某一群体的消费水平，如果接连几次的测量结果都不相同，那么用这一问卷测量的结果是不可信任的。因为没有信度，也就更谈不上测量结果是否有效的问题。只有当测量的结果基本保持一致时，即具有一定的信度时，才谈得上进一步考察其效度的问题。

2. 信度高，效度未必高

这是指具有很高信度的测量并不意味着同时也具有高效度。例如，我们用同一问卷测量某一群体的消费水平，如果前后几次测量结果一致，这说明它的信度高。但是，如果这份问卷中所设计的问题都是与测量该群体消费水平不相干的问题，那么，即使测量的信度再高，其测量结果也不会有用。

3. 效度低，信度未必低

这是指效度低的测量，调查结果不能有效说明调查所要说明的问题，但对于反映调查对象的实际情况来说，信度可能低，也可能高。例如，用同一问卷测量某一群体的消费水平，如果这一问卷所设计的问题都是与测量该群体消费水平不相干的问题，则用其测量必然效度低，但效度低并不见得信度低，如果前后几次测量结果一致，则说明它的信度高。

4. 效度高，信度必然高

这是指效度高的测量，必能有效说明调查所要说明的问题，那么，它所反映的调查对象的实际情况必然是可信的。例如，用同一问卷测量某一群体的消费水平，如果根据这一问卷测量能有效地说明该群体的实际消费水平，则所反映的调查对象实际消费水平也是可信的。

（二）社会测量信度和效度统一的意义

信度和效度既相互联系又相互制约。信度是效度的基础，是效度的必要条件；效度是信度的目的和归宿，没有效度，信度便失去了其本来的意义。一个优良的测量指标必须同时具备信度与效度，是信度和效度的有机统一。任何社会调查，不仅应该有较高的信度，而且要有较高的效度，只有做到信度和效度的统一，才能保证调查来的资料是可靠的和有用的，这种调查才能被称为真正科学的社会调查。

四、社会测量信度和效度的影响因素

（一）各种主客观因素对信度和效度的影响

一是调查者自身的问题。包括调查者的理论水平、调查经验、研究态度、工作作风、思维定势、调查方法与技巧等。例如调查者缺乏实事求是的科学态度，在实地调查时，当所选定的被调查者不在现场而让人替代；或调查者缺乏访谈经验，无意识地给予被调查者一定的诱导启发。从而影响测量的信度和效度。二是被调查者的问题。包括被调查者的身体状况、文化程度、动机、态度、情绪、注意力、持久力、配合程度、从众心理等各种影响。例如，被调查者的文化程度较低，理解能力较差，无法正确按要求填写问卷，从而影响测量的信度等。三是测量工具。如调查问卷中表述问题的语言不清晰，令被调查者感到模棱两可；调查问题提得笼统，答案设计没有遵循互斥性原则；调查内容不能准确反映调查目的；等等。特别要注意的是，调查指标的设计，对调查的信度特别是调查的效度往往具有决定性的意义。四是样本选取不当。由此造成较大的误差。抽取的样本未能遵守随机原则，样本缺乏代表性，或研究总体的异质性较高，而样本量较小等，都势必影响到社会测量的信度和效度。五是环境及其他因素。调查时是否有他人在场、是否有外界因素的干扰、环境是否

安静嘈杂、资料编码、登录、汇总、计算机输入时的环境状况，都有可能影响到社会测量的信度和效度。

（二）各种调查方法对信度和效度的影响

1. 实地研究资料的信度不如统计调查

实地研究依靠个人感官，由于每个人观察问题的角度和眼光不同，对问题的理解也不同，因此任何两个观察者都不可能得到完全一致的经验资料。而统计调查正是依靠结构化的问卷和表格，观察者只需按照事先的分类将观察内容记录到适当的项目中就可以了。这种资料的客观性和可靠性程度较高，因为不同的调查员都会记录下比较一致的事实（被调查对象的年龄、职业，一周要看几次电视，是否赞成收入纳税标准提高等）。他们不会把个人的理解和价值判断掺入到资料中。此外，这种资料的真实性也可以重复验证。

2. 统计调查资料的效度不如实地研究

如衡量一个大学的教育管理制度，统计调查只是通过一些表面化的指标，如教师代表大会一年开过几次，校长、系主任等各级领导一学期几次邀请教授、专家到他办公室征求教学管理的建议，学生代表一年内由系领导主持召集几次会，采纳教职工的合理化建议的数量等，但这些指标是否有效衡量大学教学管理制度是否科学与民主化是成问题的。而实地研究可以到某几个大学，一个大学的某几个系，一个系的某几个专业去"蹲点"调查，可以提供许多有效的事实资料来证明各大学在教学管理制度上的差异。统计调查往往把时间和精力花费在搜集越来越多的数据资料上，并设计了越来越复杂的分析资料的方法，却忽略了资料有效性问题。假如资料是琐碎的，非主流的，则不管它的数量有多大，分析技术有多精密，也仍然不能有效地证明事物的主要特征和本质属性。

3. 实验法受"干扰"因素较大

社会实验通常是在人为控制的环境中而不是在自然状态中观察或者询问，因此它的"干扰"效应往往会比其他调查方法更大。而且，实验的范围较小，调查的样本较少，因此实验结论的普遍化程度也较低。

4. 文献法虽不存在"干扰"，但对资料的信度和效度要加考虑

文献法虽不存在"干扰"问题，但对资料的来源和可靠的程度要做出检查和判断。如"大跃进"时期的统计数据或农村报表，20世纪90年代有些县、市等地方干部为了突出自己的政绩，多报自己所管地区的经济收入，这些都使资料掺有很大的水分。此外，研究者在搜集和筛选文献资料时往往受个人主观因素的影响，有可能只找出对自己有利的历史资料，而对其资料弃之。

思考练习题

1. 什么是社会测量？它有哪些特点？包含哪些基本要素？

2. 社会测量的尺度有哪几种类型？它们各有什么特点？

3. 什么是社会指标？社会指标有怎样的功能？

4. 调查指标与社会指标的联系与区别何在？如何评价社会指标体系？

5. 什么是社会测量的信度与效度？它们之间存在怎样的关系？

6. 设计调查指标方法有哪些？试结合实际说明。

7. 利用课后时间，对你周围社区的生活环境进行调查，设计一套反映我国优美的社区生活环境的指标体系，并对各项具体指标进行测量尺度的判断。

第六章　社会调查方案的制定与准备

> "凡事预则立，不预则废"，没有事先的计划和准备，就不能获得战争的胜利。
> ——毛泽东
>
> 研究设计包括研究的目的、方法及研究内容。研究设计的基本考虑有三点：兴趣、能力，以及能够利用的资源。　——[美]艾尔·巴比
>
> 所谓"调查纲目"，要有大纲，还要有细目，如"商业"是个大纲，"布匹"，"粮食"，"杂货"，"药材"都是细目，布匹下再分"洋布"，"土布"，"绸缎"各项细目。
> ——毛泽东
>
> 当今的调查已从单个人进行的调查转变为依靠多数调查研究人员和合作者作为小组而进行的调查。正因为如此，调查员之间关于调查计划的共同理解就变得十分必要。
> ——[日]福武直

社会调查研究设计，在提出研究假设和研究设想，明确调查单位，确定调查内容，澄清与度量课题中使用概念后，最后一项任务便是需要对调查研究的程序和实施过程中的各种问题进行详细、全面的考虑，制定出切实可行的调查方案，并作好调查之前的各项准备工作。

第一节　社会调查实施方案的制定

在整个设计与准备阶段，除了研究课题的确定、研究假设的选择及操作化等策略性工作外，还包括相对具体的方面，比如

说，对整个研究工作的步骤、手段、对象、时间、人力、物力、财力等方面进行规划、选择和安排，并形成一份完整的研究方案。所谓调查研究方案，即指通过对一项调查研究的程序和实施过程中的各种问题进行详细、周密的考虑，制定出的总体计划。它是整个调查研究过程的行动指南，对保证调查研究工作的顺利进行具有重要的指导作用。

一、社会调查方案的制定内容

调查研究方案是对研究过程的总的统筹规划，因此，设计时应把调查研究的各个阶段、各个环节联系起来统筹考虑，既要注意到各阶段工作的前后衔接，又要考虑到各阶段的目的、任务等都必须紧紧围绕着并服从于整个调查研究的目的。一般而言，一项调查研究的具体方案应包括以下几个方面的内容。

（一）阐明调查课题及其研究的目的与意义

任何一项社会调查，都有其目的和意义，那么这次为什么要进行该项调查，从事这项调查理论或实践方面的意义是什么。然后要说明本次调查是要探讨分析什么问题及其期望达到何种程度，其结果将用于做什么，是作学术探讨，还是用于提出政策性建议或影响大众舆论。接着是要说明所要描述或解释的是哪些社会现象，是对其进行一般性的状况描述，还是要深入了解或探究现象之间的因果联系，若是探寻因果关系，则还需说明研究假设及其操作化等环节。

（二）确定调查范围和调查单位

调查需明确在什么地区进行调查、调查对象是谁，调查单位是个人还是组织或群体，调查对象的范围有多大，是普查，还是抽样调查或典型调查等。一般而言，围绕研究的需要，根据调查研究工作的主、客观条件，应事先确定一个恰当的调查范围。

（三）确定研究类型和研究方法

即主要说明是描述性研究还是解释性研究，是横向研究还是纵向研究，是统计调查还是实地研究，等等。不同的研究类型将带来其不同的具体研究方法。调查研究方法很多，主要涉及到资料搜集方法与资料分析方法。同一调查课题往往可以采取不同的调查研究方法，同一调查研究方法也可以适用于不同的调查课题。调查研究方法的选择应该根据课题的需要与研究类型的要求来决定。

（四）制定抽样方案，确定抽样方法

根据调查课题的研究需要和目的，可以采用不同的调查方式。如果采用抽样调查，则要制定抽样方案，确定抽样方法。在抽样方案的设计中，需要具体说明：（1）研究总体与调查总体分别是什么，也就是要明确界定实际抽取调查样本的个体的集合体；（2）说明采用什么样的抽样方法和程序抽样，即是以某一种抽样方法抽样，还是实施多阶段抽取，抽样的具体步骤又是如何，等等；（3）说明样本的容量及样本准确性、可靠性程度的要求等。若决定采用普查方式，则需说明如何才能保证对每一个调查单位都进行调查。若采用典型调查，则要说明如何选择典型，根据何种原则选择。若为个案调查，需要说明个案确定的方法，确定的是什么个案。

（五）确定调查内容，编制调查表格或提纲

调查课题的确定为研究者指出了所研究现象的大致范围或基本方向，但还需要先将宽泛的问题转化为范围较窄的问题、或者只选择其中的某个方面进行研究。例如，有关"未成年人问题研究"，则可转化为诸如"未成年人越轨行为状况的研究""未成年人社会越轨的原因研究""未成年人的闲暇生活研究""未成年人心理健康状况研究"等比较具体的研究问题。然后，通过对所选问题所涉概念进行界定，明确调查研究的变量及其具体指标，据此，就可以具体设计调查问卷、观察表格或访问提纲等。

（六）确定调查的场所、时间与进度安排

调查场所是指实施调查的具体地点，如问卷调查是进入各家各户进行调查，还是在单位、机构集中填写，或是在街道、商场等公共场所进行询问。

调查时间的确定有三层含义：一是调查资料所属的时间（时期或时点），即调查哪一确定时间的社会情况；二是调查工作的起讫时间，即调查何时开始、何时结束；三是在什么时间调查为好，不同的调查课题有不同的最佳调查时间，如企业调查就要避开年终结算阶段，农村调查则要避开农忙阶段。

进度安排是对整个社会调查过程包括准备、调查、研究、总结各个阶段，以及各个具体步骤所需的时间所作的一个统筹安排。进度安排应详细地列出完成每一阶段、每一步骤所需的天数和起止时间，尽量做到安排合理，总体时间把握上既要有紧张的节奏和合理的交叉，又要留有余地以应付可能的意外。

（七）研究经费和物质手段的计划与安排

在设计调查方案时，需要对研究经费做出具体的开支预算及具体使用规划，比如说研究人员的差旅费、课题资料费、调查表格制作费等各种开支及其具体数额与比例。物质手段主要指调查工具、设备以及资料处理分析的手段，如录音录像设备、实验设备、计算机及其有关统计分析软件等。

（八）调查人员的选择、培训与组织

现代社会调查，往往需要许多人的共同努力才能完成，因此，必须对调查课题的有关人选及其职责通盘考虑、明确分工，制定切实可行的组织管理办法，并且还要对调查人员进行有目的的挑选和培训，以期从人选上保证调查研究目标的实现。

二、社会调查方案的制定原则

（一）实用性原则

实用性原则要求调查方案的设计必须从课题的实际需要出发，充分考虑到具体调查过程的主、客观因素，来选择测量指标、确定调查范围、对象、时间进度安排和调查过程中将可能遇到的问题及其解决预案等。简言之，就是编制的方案可以使得整个调查研究过程的各阶段、环节都有具体的参照，而不仅仅是一个抽象范畴。

（二）时效性原则

时效性原则要求调查方案的编制要充分考虑到时间效果，特别是一些应用性很强的调查课题，更要注意其时效性。例如，市场需求变化调查、近期物价变动调查及一些政策性很强的调查等都是时效性很强的调查，如不及时拿出结果来，也将使得调查失去了其本来的意义。

（三）经济性原则

经济性原则指在设计调查研究方案时，充分注意到成本与效益的关系，考虑到人力、物力、财力、时间等方面的节约，力争用最少的投入，取得最好的调查效果。

（四）弹性原则

任何调查研究方案都是一种事前的设想和安排，它与客观现实之间总会存在一定的差距。在实际调查过程中，又常常可能会遇到一些难以预料的新情况、新问题。因此，在设计研究方案时，一定要留有一定余地，保持一定的弹性。只有这样，才能是真正实用的调查研究方案。

三、不同类型的调查方案示例

（一）普查方案示例

《第六次全国人口普查方案》。请阅第七章第一节普查实例。

（二）抽样调查方案示例

武汉市未成年人成长环境调查方案[1]

1. 调查课题：武汉市未成年人成长环境调查

2. 研究目的：全面、准确地收集与未成年人成长状况及其成长环境有关的各类数据，系统了解影响未成年人成长的个体与环境因素，探索其内在联系，进而建构监测评估未成年人健康成长与成长环境的指标体系，将监督评估标准和预警机制定量化、操作化，期望营造有利于未成年人健康成长的环境，促进未成年人成长；期望通过本研究，使政府相关部门和社会各界能对未成年人健康成长和成长环境状况有进一步了解，从而促使人们更加关心未成年人健康成长和成长环境建设，制定出有针对性的政策措施。

3. 研究假设：成长环境对未成年人成长具有巨大的影响作用。

具体假设1：家庭环境好坏与未成年人成长呈正相关关系。家庭环境越好，越有利于未成年人健康成长；家庭环境越差，对未成年人健康成长负面影响越大。

具体假设2：学校环境好坏与未成年人成长呈正相关关系。学校环境越好，越有利于未成年人健康成长；学校环境越差，对未成年人健康成长负面影响越大。

具体假设3：社区环境好坏与未成年人成长呈正相关关系。社区环境越好，越有利于未成年人健康成长；社区环境越差，对未成年人健康成长负面影响越大。

具体假设4：友群环境好坏与未成年人成长呈正相关关系。

① 水延凯主编：《社会调查案例教程》，中国人民大学出版社，2008年，第159—233页。编者综合而成。

友群环境越好，越有利于未成年人健康成长；友群环境越差，对未成年人健康成长负面影响越大。

4. 研究类型：解释性研究、横剖研究、抽样调查

调查方式：统计调查

调查方法：问卷法

资料分析方法：统计分析，结合理论分析。统计分析运用SPSS 软件进行单变量描述统计和双变量交互分类统计，进行相关分析的显著性检验。单变量描述统计，包括未成年人个体特征描述和未成年人成长环境描述；双变量交互分析统计，重在未成年人成长环境功能分析。

5. 调查范围：湖北省武汉市市区。

调查对象：武汉市区年龄在 7～18 周岁（不含 18 周岁，下同）的未成年人以及他们的父母；武汉市区 14～18 周岁少管所未成年劳教人员、工读学校学生。

分析单位：个人。

抽样单位：个人。

6. 抽样方案：依据下列抽样步骤与方法进行。

研究总体：武汉市区所有年龄在 7～18 周岁的未成年人。

调查总体：所有年龄在 7～18 周岁，拥有武汉市户籍、在市内学校有正式学籍并且在校就读的学生，以及达到法定入学年龄、不在学、无职业的未成年人。

样本容量：根据以往经验和统计分析要求，设定本研究的样本量为武汉市区所有年龄在 7～18 周岁之间未成年人的 5‰。

抽样方法：在武汉市 7 个城区中采取简单随机抽样方法各自随机抽取 3 个社区，共 21 个社区。在每个被抽中的社区中，采取配额抽样方法抽取 100 名未成年人和他们的一位家长为调查对象。配额比例：小学生 20%，初中生 40%，高中生 40%，然后，每个社区按照配额，从各年龄段未成年人中按随机方法抽取调查

对象。在抽样过程中，考虑到不同社区和不同年龄段未成年人的数量不同，因而采取概率比例抽样来修正和分配样本。

样本构成：依据上述抽样步骤与方法，在21个社区一共抽取2100名未成年人构成本次调查的样本。

对比样本：在武汉市少管所随机抽取300名年龄在14～18周岁之间的未成年人作为比较调查对象。

备选样本：为应对各种特殊情况，适当抽取一定数量的备选样本。

7.调查内容：调查的主要内容为未成年人的健康成长状况（即未成年人的个体特征）、未成年人成长环境状况和各种环境对未成年人成长的具体作用。调查内容的选择依据研究假设、课题建构理论、研究类型和解释方式等方面考虑。

8.课题设计：

（1）通过主要概念的操作化，明确界定研究主题

本研究的主题是未成年人的成长环境，它包含两方面内容，即未成年人健康成长状况和未成年人成长环境状况。根据"健康"的概念和人的社会化理论，初步界定未成年人健康成长的基本内涵是，未成年人在基本社会化过程中与成长有关的一切活动，均应在生理、心理和社会适应诸方面处于完好的健康状态。根据个人社会化理论，影响未成年人成长的社会环境主要是家庭环境、学校环境、社区环境和友群环境。

（2）建构未成年人成长环境研究的理论基础

①社会化理论。人的社会化是在人与环境相互作用中开始、实现和完成的。个人生理条件是成长的基础，环境是个人成长的外在条件，两者共同决定未成年人的成长状况。

②功能理论。依据功能理论，作为影响未成年人成长的家庭、学校、社区、友群环境，在未成年人成长过程中都具有一定的功能。各种环境对未成年人的影响包含三个因素：硬环境、软

环境、人际环境。影响未成年人的环境因素有两大功能：一是使个体获得参与社会生活的资格，成为被社会接受的人；二是逐渐形成、发展和完善个体的个性。社会环境也具有一定的负功能，即不良的社会环境不利于未成年人健康成长。

③社会控制理论。社会控制理论是解释未成年人健康成长的重要范式。环境控制有广、狭义之分，本课题一般运用广义的环境控制理论分析未成年人的健康成长现象。

（3）建立未成年人成长环境指标体系

本研究以明确的研究假设为设计调查指标的向导。指标设计原则为：科学性原则、有效性原则、可操作性原则和可比性原则。确定未成年人成长环境指标，先对课题研究的主要概念进行操作化。本研究的两个主要概念是"未成年人的健康成长"和"未成年人的成长环境"。"未成年人健康成长"这一概念分解为生理健康、心理健康和行为健康；"未成年人的成长环境"分解为家庭环境、学校环境、社区环境、友群环境。再采取指标分级设计：一级指标是环境指标和个体指标；二级指标，环境指标之下是家庭环境、学校环境、社区环境和友群环境，个体指标之下是未成年人个体特征、自我评价、个体行为；三级指标是二级指标的子指标，是具有操作性的评价指标。未成年人成长环境指标框架详见表 6－1。

指标的建立，通过查阅与未成年人成长环境有关的文章、书籍和调研报告，批判性地借鉴已有的理论、方法与指标，从中筛选出对构建未成年人成长环境指标有参考价值的资料，用于设计问卷。为了更好地计算未成年人健康成长指数和成长环境健康指数，在设计三级指标的同时对各指标进行赋值。赋值以 100 分为满分，按照健康、亚健康、障碍、病态四等分别赋分为 100 分、75 分、50 分和 25 分。

表6-1 未成年人成长环境指标框架

一级指标	二级指标		三级指标
I 个体 指标	I -1 个体特征		年龄、性别、学历、生理状况、心理状态、消费方式、角色能力
	I -2 自我评价		家庭中的亲子形象、学校中的学生形象、社会区中的居民形象、友群中的伙伴形象
	I -3 个体 行为	学习 行为	学习信心、学习成绩、学习动力、学习主动性、课外学习时间、读书偏好
		娱玩 行为	光顾娱玩场所状况、上网状况、看电视状况、影片偏好、传媒使用类型、传媒接触频率、传媒利用内容
		失当 行为	不良嗜好、早恋行为、违纪行为、违法行为、犯罪行为、自我行为评价
II 环境 指标	II -1 家庭环境		父母学历、父母关系、亲子关系、亲子模式、居住方式、教养方式、经济类型、家庭结构、文化类型
	II -2 学校环境		师生模式、学校管理民主程度、学校管理开发程度、培养方式、学校类型、周边环境、同学关系、同学模式
	II -3 社区环境		社区类型、邻里品质、邻里关系、小区管理、流动人口、娱玩场所类型、娱玩场所数量、文化市场管理
	II -4 友群环境		友群数量、友群类型、交往密度、友群活动、友群关系、友群影响

(4)调查问卷：根据设计的未成年人成长环境指标框架的指标设计制作调查问卷。为使调查指标操作化、定量化，便于测量和评估，需对调查指标确立"量度变项"，具体的量度变项，如：

消费方式(智力型、爱好型、娱玩型、吃喝型、购物型),学习动力(很大、一般、很小、无)等。调查问卷分为未成年人卷和父母卷,两份问卷询问的问题基本一致。统计分析时,对每一指标只选取未成年人卷和父母卷回答一致的问题。

辅导纲要:按照《调查方案》的统一要求,为统一调查表的填写内容和填写方法,对调查问卷表中的填写项目作出辅导说明。

9.组织管理:武汉市团市委统一组织领导。

调查员:由武汉市团市委在每个抽样社区抽调5名少儿工作干部作为入户调查的调查员,21个社区共105人;在少管所抽调共青团员干警作为调查员,抽调10人。调查员合计115人。

调查员培训:所有调查员集中培训一天,包括调查员之间的模拟调查训练,由团市委主持。承办单位负责具体培训。

10.承办单位:本研究承办单位为武汉大学社会学研究所。

承办职责:武汉大学社会学所负责课题设计、调查方案的制定,为每个调查社区、少管所选派一名专业指导工作人员,负责调查对象的抽取、调查问卷的回收、检查和核实,并在调查过程中为调查员提供技术指导,负责解决相关疑难问题等。

11.调查时间:2004年7月14日至7月30日。

调查场所:直接进入家庭调查,调查员当场填写,当场回收。

12.调查经费和物质手段:(略)

(三)个案调查方案示例

越轨行为研究[1]

1.调查课题:吸食大麻者的研究

---

[1] 本案例选自美国著名社会学家 H·贝克尔20世纪60年代所作的一项调查研究。参见袁方主编:《社会研究方法教程》,北京大学出版社,1997年,第162—163页。

研究目的：通过对吸食大麻者的观察和访问建立一种"如何成为大麻吸食者"的过程理论。这一研究对了解吸毒者的情况，制定措施来解决这一社会问题有现实意义，且对于认识越轨行为的产生过程有普遍意义。

研究设想：心理学者常以个人心理特征来解释越轨行为。但本研究的理论假设是：越轨的产生是一系列社会经历连续作用的结果。人在这些社会经历中逐渐形成了一定的观念、认知和情景判断，它们导致了一定的行为动机或行为倾向。因此，应当以个人的社会经历来解释越轨行为。

2. 研究设计类型：描述性研究、纵向研究、个案调查等。

调查方法：实地研究，即通过非结构式访问和观察法来收集资料。

资料分析方法：定性分析法和主观理解法。

3. 分析单位：个人。

抽样单位：个人。

4. 研究内容：了解吸食大麻者的吸毒经历，走上吸毒之路的原因，吸毒量的变化，是否戒过毒等，并据此编制出访问提纲。

5. 抽样方案：采用滚雪球式的非概率抽样方法选取 50 个人组成调查样本。

6. 调查场所与时间：由被访问者选择其认为合适的时间、地点接受访谈。

时间计划：在第一次访问之后间隔几个月或半年再进行访问，共访问两三次。调查时间约一年半。

7. 研究经费和物质手段：略。

贝克尔进行的这项越轨行为研究，搜集了 50 个个案资料，对其共同特征进行了归纳，他在调查研究报告中概括出，成为吸毒者必须经过三个阶段：首先，学习吸食大麻的方法；其次，学会体验吸食大麻的效果；最后，享受吸食大麻的效果。贝克尔由此抽象出三个相互联系的理论概念：接触→体验→享受。这三个概念可描述许多越轨行为的产生过程，并且可以建立一种"社会习得"理论，以此来反驳某些心理学家用"个性"理论或"先天倾向"理论对越轨行为所作的解释。

　　贝克尔的研究是从观察入手，事先没有提出研究假设，但他是依据一定的理论设想去调查，然后归纳、概括和抽象提出一种理论假说。

第二节　社会调查实施的工具准备

　　进行社会调查，需要准备好调查工具，包括调查提纲、调查问卷、调查表格和观察提纲、观察表格、观察卡片等，它们是调查指标（或调查项目）的物质载体。研究类型不同，调查方式方法有别，所需准备的调查工具也就有所不同。根据对概念的操作定义确定好所要调查的指标和项目后，便可以相应地设计和准备特定调查所需的调查提纲、调查问卷、调查表格或观察提纲、观察表格、观察卡片。

一、准备调查提纲

　　典型调查和个案调查，事先都需设计和准备调查提纲。调查员依据调查提纲，采用非结构式的个别访谈、集体访谈、电话、电信、邮寄调查访谈提纲的方式对调查对象进行调查，以获取有关调查资料。拟定调查提纲，要根据规定的调查指标和调查项目，编制谈话访问的大纲、提纲和细目，列出访谈的主题及其主要的问题。在调查过程中，调查提纲列出的主题和具体问题，规定着访谈的方向和顺序，引导着提问，标示着访谈的进程。

　　马克思于1880年为了解法国工人阶级状况，应法国社会党人之约，草拟了一份向工人阶级调查的详细的调查提纲——《工人调查表》。[①] 这份调查提纲包含四个部分，共 100 个具体问题。第一部分是了解工人的职业和工作情况的问题，共 29 个具体问题。如你在哪一个部门工作？你工作的企业属于谁，属于私人资本家，还是属于股份公司？等。第二部分是了解工人工作条件和工作时间情况的问题，共 16 个问题。如请说明工作日一般有多长，一星期一般有几个工作日？在一个工作日内有哪些休息时间？等。第三部分是了解工人工资待遇和生活费用情况的问题，共 36 个问题。如你的工资是怎么计算的？是计时，还是计件？工资是由"老板"直接发给，还是经过中间人或"包工头"？等。第四部分是了解工人与资本家斗争情况的问题，共 19 个问题。如你在你的行业中有没有工会？等。

调查提纲也可只列出大纲，只列出访谈主题，不列出细目，不开列具体问题，具体问题由调查员在调查过程中根据主题或大纲提出。如果以邮寄提纲方式调查，还应有一个前言或介绍词，说明调查目的、调查者身份、地址，请求合作等情况。

持调查提纲调查，可以没有固定的程序和方式，调查员可以围绕访谈主题灵活机动地掌握具体问题的提法以及提问次序，也可以追加提问，来接近主题，若调查提纲只列有大纲，则访谈过程更加自由，更有弹性。

二、准备调查问卷与调查表格

（一）调查问卷

进行全面调查和抽样调查，需要事先设计和准备调查问卷。调查员根据统一制定的问卷，采用结构式调查方式进行调查，向全面调查总体中的全部个体或抽样调查样本中的全部个体调查同一方面的情况，询问同样的问题，测量同样的调查变量和调查指

---

① 《马克思恩格斯全集》第三卷，人民出版社，第 250—258 页。

标，其测量统一化、规范化、标准化。采用问卷调查的结果，一般是统计结果，是对大量的个体资料进行综合的结果。问卷便具有这样的作用，它是社会调查中最常用的调查工具，其内容标准化，它将调查目的和要求具体化为一系列有机联系的问题或可测指标，适合于进行大规模、大样本调查，其资料易于整理和进行计算机处理，有利于进行定量分析。问卷的设计、制作是一个较为复杂的过程，详细说明将在第九章述及。

（二）调查表格

采用全面调查、抽样调查、重点调查方式时，有的也需要事先设计与编制调查表格。所谓调查表是根据调查目的所确定的具体调查项目，按照一定的顺序排列用框格形式表现的一种表格。调查表的内容一般由表头、表体和表脚三个部分组成。表头用来表明调查表的名称、调查单位的名称、性质和隶属关系等；表体是调查表的主体部分，包括需要调查的各个项目、指标名称、计量单位等；表脚主要包括调查人或填表人的签名和调查日期等。调查表的形式一般有单一表和一览表两种。单一表是指每个调查单位填写一份的调查表，它可以容纳较多的项目，一览表是在一张表格上可以填写许多调查单位的调查表，它主要适用于调查项目不多的情况。表 6-2 是家庭户就业情况调查的单一表。

表 6-2   2010 年末职工家庭就业人口调查表

姓 名	与户主关系	性别	年龄	工作单位	职业	职务职称	备注

调查表与问卷不同：问卷是"问题表格"，而调查表是由调查项目排列而成的框格形式表格，是非问题表格；问卷多用来对个人的状态、行为、态度进行测量，调查表并不偏重这一方面，宽

泛一些。在社会调查中，人口调查、经济调查、城镇住房调查、全国残疾人抽样调查、城乡老年人口状况调查等，一般需要使用调查表，但社会调查更多的是采用问卷搜集调查资料。

三、准备观察提纲、观察表格或观察卡片

运用结构式观察法搜集资料，需准备观察提纲。所谓观察提纲，简单地说，是一份观察项目的清单。如调查农村贫富情况的观察项目清单，其内容包括：住房类型、住房间数、住房面积、家庭电器、大型家具、摩托车、电动车、汽车数、食物衣着等。此外，观察提纲还应包括观察日期、观察起讫时间、观察地点和观察对象等附属项目。如果观察项目较多，则被分为一些观察表格、观察卡片。设计观察提纲，还应附带一个观察指南。其作用在于：指导观察者正确理解、利用和填写观察提纲或观察表格、观察卡片，指导观察者如何观察被观察对象以及如何填写观察结果等。当聘请观察员进行观察时，观察指南尤为必要。

结构式观察的基本特点是使用标准化手段。标准化手段还包括观察表格和观察卡片。因此，实地观察前需做好准备。观察表是将观察项目以表格的形式排列。观察卡片则往往列出某一类或涉及一个变量方面的问题。它们均要依据观察指标进行设计。有关观察表和观察卡片的设计及示例请参阅第十一章观察法的内容。设计和制作统一的观察表格和观察卡片，不仅是为了提高观察、记录的质量和速度，而且是为了便于分类整理，对观察结果做定量分析和对比研究。

四、准备其他各种相关工具

社会调查需准备的其他各种相关工具，主要是指根据某项调查研究所需的技术装备用品。包括两类：一是调查研究中所使用的物质手段，主要是一些器具性的工具，如电话、相机、摄影机、

录音机、绘图仪、计算机和计算器等。这些器具是现代社会调查常用的工具。二是文书类的工具,诸如纸笔等文化用品。

第三节 社会调查实施的组织管理

一、组织管理的意义

(一)有效的组织管理是整合调查研究团队的必要条件

社会调查研究,特别是大型的调查研究,往往需要若干人通过分工与合作来共同完成,因此,只有通过有效的组织管理,才能凝聚团队精神,充分整合团队资源。

(二)有效的组织管理是确保调查顺利进行的需要

调查研究是十分复杂的过程,随时都可能出现新情况、新问题,这都需要调查人员去直接面对面把握。若不加强科学、规范的行动管理,将不利于调查目标的实现,甚至调查工作都难以开展。

(三)有效的组织管理能够为调查研究提供可靠的物质保障

调查研究不仅需要相当的人力,而且离不开必要财力、物力等物质支持,否则将难以顺利进行。而有效的组织管理可为调查研究经费筹集、物质支持、物质工具等的准备及其合理、高效地运用提供保证。

二、组织管理的内容

调查研究组织管理活动的内容牵涉到方方面面,包括:(1)成立调查专门机构。调查机构应确定调查项目负责人、进行调查成员的合理分工,明确其职责。(2)选择和培训调查人员。调查人员的素质是影响调查质量的关键,因而应注重对调查人员的选择和培训。(3)联系调查单位。其途径有:一是跟与调查内容有关的单位直接联系，如调查农村最低生活保障问题，找民政部门等；二是通过主管部门贯彻调查任务；三是恰当地利用私人关系进行联系。(4)筹集调查经费、准备物质工具。(5)解决矛盾，协调关系。包括处理调查者内部以及调查者与被调查者之间出现的各种矛盾和问题，协调调查者之间以及调查者与被调查者之间的关系、寻求有关方面的合作与支持，等等。

三、调查人员的选择

一个综合素质较高的调查人员，不仅可以提高调查研究的质量，而且还可以节约调查的成本，反之则不然。因此，慎重选择调查人员组建成一支能顺利完成调查研究任务的队伍是十分必要的。对于调查人员的素质要求，具体来说，主要有以下几方面：(1)诚实、客观、严谨的科学态度；(2)勤俭负责、吃苦耐劳的工作精神；(3)谦虚谨慎、甘当小学生的工作作风；(4)具备一定的专业知识和调查研究技能。

四、调查人员的培训

调查人员的素质是社会调查质量的保证，因而，调查人员选定之后，还要对他们进行培训。培训的方式有多种：其一，授课。即请有经验的研究人员或专家系统地讲授社会调查的基本知识、调查事项等。其二，示范。即调查组织者通过现场模拟进行示范讲解。其三，讨论。即让调查人员自由交流对涉及调查的各类问题的理解和有关想法。其四，实习。即进行模拟实习，由调查员进行调查者与被调查者的角色扮演，对调查过程进行实际操练。培训的内容主要有：一是调查组织者向全体调查人员介绍该项调查的目的、内容、方法、范围、地点、时间进程、对象特征等有关情况，以便调查人员对该项工作有个整体性的认识；二是组织调查人员学习和讨论调查研究方案、调查问卷、调查提纲、调查人员工作守则、纪律要求以及调查对象背景材料等；三是组织模拟调查或试调查，以便发现和解决在实际调查中将可能出现的问题，熟悉调查内容和过程、步骤；四是结合试调查，研究人员与调查人员再次就有关问题及在试调查中出现的新情况、新问题展开讨论解决，并强调在今后实际工作中应该注意的问题。

第四节　社会调查实施的试验调查

一、调查方案可行性研究的几种方法

调查研究方案编制出来之后，还需要对其进行可行性研究，特别是对于某些重大、复杂的调查课题来说，往往需要设计几套不同的调查方案，经过对比分析，再从中筛选出最佳方案具体实施。对调查方案进行可行性研究的方法主要有如下三种：

（一）逻辑分析法

这是运用逻辑推演方法论证调查研究方案的可行性。如调查流动人口，若设计的调查指标是"农民工"和"非流动人口"，这样调查出来的数据是不能说明问题的。因为"流动人口"与"农民工"是两个不同的概念，"流动人口"并非仅仅指"农民工"，它们的内涵和外延有很大的差别。因此，这样的设计违背了逻辑学上的同一律，对于调查所要说明的问题是无效的。

（二）经验判断法

即运用研究者以往的实践经验或借鉴他人研究经验来判断调查研究方案的可行性。例如，根据经验，就调查地点的设计而言，当人力财力不足时，选点不宜分散、过远；就调查时间设计而言，应把握最佳时间，若要进行人口调查，应选择人口流动最少的时间；在资料搜集方法设计上，若调查对象文化程度很低，则不宜采用自填问卷，等等。

（三）试调查法

即通过小规模的实地调查来检验方案的可行性，并根据试调查结果修改和完善原设计方案。试调查的目的既不是具体搜集资料，也不是具体解答调查课题所提出的问题，而是对所编制的研究方案本身进行可行性研究。

二、试验调查的作用与目的

从上述可行性研究的三种方法的特点来看，试验调查有着其特殊的作用。逻辑分析和经验判断这两种方法虽然简便、易行，且有实效，但它们有着很大的局限性。逻辑分析方法一般只适用于对调查指标进行可行性研究，即使有些操作定义设计在逻辑上是正确的，但在实际调查却往往行不通；而经验判断的局限性则更为明显，因为每个人的实践经验等方面的差异，可能会导致其判断的不同，再者，对新事物、新情况、新问题很难单凭过去的经验作出判断。因此，仅仅使用逻辑分析和经验判断这两种方法，还不能最终说明研究设计的可行性。而试验调查的作用是逻辑分析和经验判断所没有的，如果试验调查发现了原先的设计有了问题，采取补救措施也为时不迟。如果不进行试验调查，在全面收集资料工作已经进行，才发现原来的设计的问题而把工作停下来，那么就会给调查研究工作带来较大的损失。当然，在实施过程中也可能对原来的方案作部分修改，不过这不具有可行性研究的性质。

由此可见，试验调查的根本目的是对编制的研究方案本身进行可行性研究，是对研究设计与方案进行可行性研究的最基本、最重要的方法。试验调查有不同的具体目的。有的是检验原来拟定的调查目标是否恰当，有的是检验设计的调查指标是否正确，有的是检验调查人员是否适应，有的是检验调查安排是否合理。还有一种是专门研讨调查问卷、调查表设计的试验调查，这种调查是预先把近似于调查对象的对象做极少数选择性试验，通过试用调查问卷、调查表研讨其结果，使调查问卷、调查表更加完备、切合实际。在全面调查开始之后，再修改调查问卷、调查表则是相当困难的。也有的试验调查在于发现和解决网络问卷设计、程序设计等方面存在的缺陷。试验调查对个案调查也显得必要。通过试验调查也可以检验调查对象是否适应所研究的课题，调查中能否合作，调查时间是否恰当，调查者和调查对象的条件是否具备等，由此，可在试验调查中及时发现问题，作出调整。

三、试验调查具体实施问题

试验调查的具体实施，一般说来，应注意如下几个问题：

（一）要选择适当的调查对象

试验调查对象的选择要力求范围较小，数量较少，类型较多，代表性较强，要努力保持试点单位的自然状态，否则就会失去试验调查的意义。

（二）要组建高效的调查队伍

为了尽快地打开工作局面，及时发现和解决调查设计中的问题，积累和总结经验，调查研究的组织者和设计者应亲自参加；同时要选派若干有经验的调查人员做试验调查的骨干；此外，还应吸收少量缺乏经验的调查人员参加，以便发现他们在调查中可能发生的种种问题，为培训调查人员做好必要的准备。

（三）要使用灵活的调查方法

试验调查既然是"试验"，只要用什么方法能达到调查目的，就采用什么方法。例如，书面问卷不适合，就可改为访问问卷调查；集体访谈不成功，就改为个别访问；调查指标设计不合用，就按实际情况进行修改；调查日程安排不合理，就根据实际需要进行调整，等等。

（四）要实施多样的多点对比

多点对比调查就是在多个点上进行对比试验。对于比较复杂的调查课题，进行多点对比试验调查更显必要。多点对比，可以是同方案的多点对比，或重复对比；也可以是不同方案的多点对比；还可以是不同方案的先后对比或交叉对比，等等。

（五）要进行认真的试验总结

试验调查结束后，应做好总结，认真分析试验调查的结果，找出成败得失的主客观原因，认真修改和完善原先的设计，使其真正成为切实可行的行动纲领，并且将试验调查的经验成果作为培训材料以转换成全体调查人员的共同经验和财富。

思考练习题

1.社会调查方案应包括哪些内容？其设计应遵循哪些原则？

2.社会调查正式实施之前需准备哪些调查工具？

3.社会调查实施的组织管理有何意义？其管理内容包括哪些方面？

4.为什么要对调查人员进行选择和培训？调查人员应具备什么基本条件？

5.社会调查方案的可行性研究有哪些方法？各有何特点？

6.试验调查应注意什么问题？

7.联系实际，运用相关知识，选择一个合适的调查课题，设计调查研究方案。

第七章　调查方式的实施

> 我再一次提醒你们，全俄普查乃是一件非常重要的国家大事。
>
> ——列　宁
>
> 抽样调查几乎是与统计学本身同时发展起来的，而且它的应用正在日益扩大。
>
> 某些调查历来总是抽样的，并且仍可能一直要使用抽样调查。
>
> ——联合国统计局：《抽样调查理论基础》(1976 年)
>
> 从研究典型着手是最切实的办法。
>
> ——1941 年 8 月 1 日《中共中央关于调查研究的决定》
>
> 怎样找调查的典型？调查的典型可以分为三种：一、先进的；二、中间的；三、落后的。如果能依据这种分类，每类调查两三个，即可知一般的情形了。　　　　　　　　　　　——毛泽东
>
> 个案调查法或个案研究法是社会调查的一种类型，是和统计调查法相对应而成立的。　　　　　　　　　　——[日]福武直

　　任何社会调查，都有特定的研究目的，目的不同，其涉及的调查研究类型也不同。社会调查的基本类型有：普遍调查、抽样调查、典型调查和个案调查。其划分标准虽然是所涉及的调查范围和调查单位的选取方式，但它们最终也表现在资料搜集的实地操作上不同、资料整理和分析方法上亦有所不同。社会调查，一般经过选题，研究设计，做好必要的准备工作之后，就进入调查研究实施阶段。这一阶段的主要任务就是按照调查研究方案选定的社会调查类型和具体方法进行资料搜集工作。

第一节　普遍调查

一、普查的定义与特点

（一）普查的定义

普查即普遍调查，又称全面调查。它是指为了全面准确地掌握较大范围的地区或部门的总体状况，对所有被研究对象毫无遗漏地逐个进行调查的一种调查方法。如我国的第六次人口普查，就是对全国 13 亿多人口进行逐个调查；全国工业普查，就是对全国所有工业企业进行逐个调查。普查，就调查总体范围而言，有层次之分，它可以是全国性的、全省性的、全市性的，或者全行业、全部门性的，一般范围较广，规模较大，而若一个街道、一个村庄、一个企业范围内的全面调查，只能视其为典型调查中的一个典型，或抽样调查中的一个样本。

（二）普查的特点

1. 调查范围广，调查对象多

普查所涉及的范围往往遍及全国或整个地区或整个行业，被调查的对象往往涉及每一个特定的单位或社会成员。

2. 资料全面、准确，调查项目有限

普查是对全部调查对象逐个进行的调查，因此，与其他类型的调查比较，其搜集的资料无疑是最全面的。又由于普查项目和指标是统一规定的，并按统一要求填写，因此资料的准确性、标准化程度高。也正由于普查涉及面广，对象多，调查项目和指标就不宜过多过于复杂。否则，不仅会增加调查工作的难度，难于进行准确的调查，而且也难于进行准确的数字统计和分析。所以普查的项目和指标一般比较简明，主要调查一些基本的必不可少的项目和指标。

3. 工作量大，调查成本高

由于普查的范围广、对象多，便使得普查的组织工作复杂，工作量大，由此需要投入的人力、资金比其他调查类型多。普查的成本高，一方面决定了普查只能由政府组织专门人力才能完成，一般个人和单位无力实施；另一方面也使普查不能频繁进行，只能按一定周期进行。如我国人口普查定为每十年举行一次，十年间的空白则用定期举行的抽样调查来补充。

4. 调查周期长，资料深入难

普查由于工作量特别大，因而不可能经常进行，间隔的周期长。周期长带来的问题之一便是不能客观地反映事物当前最新的动态情况，调查资料明显滞后。普查工作量大，带来的又一个问题是，它不可能对每一个调查单位都进行深入调查，往往只能限于对现象最一般、最基本的描述，无法表现深层的变化、细微的差别，难以了解本质原因，因此，普查资料必须与其他调查方法获得的资料结合，才能使认识点面结合，比较深入。

二、普查的应用与局限

（一）普查的作用与适用范围

普查的主要作用在于：一是普查能对社会的一般状况作出全面、准确的描述。由于普查对研究对象总体中的每一个单位都要逐一地进行调查，因此，占有的资料准确性较高，得出的结论普遍性强，故能够较准确地反映调查总体的一般特征。二是普查可以取得有关国情的最基本的数字资料，把握社会总体的全貌。例如，我国六次人口普查取得了不同时期的人口总数、性别比例、年龄构成、职业构成、生育率、死亡率等重要资料，使各级政府掌握了我国人口发展状况这一最基本的国情资料。三是普查可以取得为制定经济和社会发展计划以及某一方面的政策所需要的专门性资料。如我国于 2005 年、2009 年开展的全国第一、第二次经济普查,便是如此。目前,普查已发展到工业、农业、商业、土地、库存、人口等诸方面。

正是由于普查具有上述重要作用,因而普查是了解国情、省情、市情、县情和某一行业全面情况的最重要的方法。

(二)普查应用的局限性

普查受到时间和空间条件的限制,所需人力、物力、财力较大,组织工作复杂,调查周期长,因而普查的应有范围较窄,它只适于对有关全局性的基本情况进行调查,不适合深入细致过程研究,由于费用过高,不可能经常开展,因而只能作为经常性统计调查和抽样调查的一种辅助性的调查方式。此外,普查多由政府统计部门以及统计部门以外的政府部门主持。如国家统计部门的人口普查和统计报表,工业部门主持的工业调查,农业部门主持的农业资源普查,物资部门主持的库存普查、公安部门主持的户口登记等。

三、普查的一般程序

(一)准备阶段

具体步骤主要有:(1)选择和确定普查课题;(2)建立统一的普查工作领导机构;(3)制定和颁布普查方案,确定普查对象、普查项目、普查时间;(4)配备和训练普查人员;(5)物质条件的准备工作,包括印制普查文件、设计和印制普查表格等;(6)进行普查试点,修订普查方案、登记表、工作细则;(7)进行社会宣传动员,使被调查者有思想准备,以利于登记时配合。

(二)调查登记阶段

具体做法是:(1)普查登记;(2)复查核实;(3)普查质量的抽样检查。

(三)汇总资料并公布阶段

具体步骤主要有:(1)快速汇总主要数字;(2)编码,将普查表上所列项目按编码规定注上数字代码，为计算机汇总作准备；（3）将普查表集中到普查资料库；（4）最后汇总资料并公布结果。

四、普查应注意的问题

一是普查要有周密的全盘考虑和计划。如果考虑不周，就会影响调查的质量，造成巨大的损失。所以普查必须事前有周密的考虑。二是普查要有严密的组织和高质量的普查人员队伍一次成功的普查工作，除依靠普查机关的工作人员外，还需要及时抽调和训练大批普查工作人员。普查工作人员的数量应根据普查工作的性质和任务确定。普查前要对工作人员进行必要的培训，帮助工作人员了解普查目的和要求，掌握登记统计的基本技能等。训练合格者才能参加普查工作。三是普查要有统一的调查项目和指标，一经规定不得任意改变。普查的目的在于了解基本国情，把握社会总体全貌，而它又是在全面范围内举行，因此，为了取得准确的数据，就必须规定统一的调查项目和指标，采用统一的统计报表或调查表格，并按统一要求填写，不能各行其是。普查项目和指标一经统一规定，不得任意改变，因为随意更改调查项目和指标，会影响汇总综合，降低资料质量，也不便普查资料对比。同一种普查，每次调查项目也应尽量一致，以便对比分析。四是普查要规定统一的调查标准时间。调查时间是指调查资料所属时间。为了使普查所搜集到的资料全面准确，避免因重复或遗漏而造成误差，因此，必须科学地规定统一的调查标准时间。如我国第六次人口普查规定的人口登记的标准时间是 2010 年 11 月 1 日零时，由于人口现象总是处于不断地变动之中，不同时间点的人口数完全不一样，若不规定统一的人口普查标准时间，调查得到的数据就必然会出现重复和遗漏，其结论就会受到影响。所以，规定统一的调查标准时间，是保证普查结果准确性的客观基础。五是普查要应尽可能按一定的周期进行。其目的在于对历史资料进行动态对比,研究调查对象的发展变化规律。如联合国多次建议各国在逢"0"或接近"0"的年份进行人口普查,就是为了掌握全世界同一时期内的人口状况,便于国际性的人口资料汇总与对比分析。

五、普查实例

第六次全国人口普查方案(摘要)①

为科学有效地组织实施第六次全国人口普查,根据《全国人口普查条例》,制定本方案。

一、总则

(一)第六次全国人口普查的目的是查清 2000 年以来我国人口数量、结构、分布和居住环境等方面的变化情况,为科学制定国民经济和社会发展规划,统筹安排人民的物质和文化生活,实现可持续发展战略,构建社会主义和谐社会,提供真实准确、完整及时的人口统计信息支持。

(二)人口普查工作,按照"全国统一领导、部门分工协作、地方分级负责、各方共同参与"的原则组织实施。

……

(三)人口普查所需经费,由国务院和地方各级人民政府共同负担,并列入相应年度的财政预算,按时拨付,确保足额到位。

人口普查经费应当统一管理、专款专用,从严控制支出。

(四)各级宣传部门和人口普查机构应采取多种方式,积极做好人口普查的宣传工作,为人口普查工作的开展营造良好的社会氛围。

(五)人口普查实行严格的质量控制制度。地方各级人口普

---

① http://www.shaanxi.gov.cn/0/1/6/17/965/969/86436.htm。

查机构主要负责人对本行政区域人口普查数据质量负总责，确保人口普查数据真实、准确、完整、及时。

二、人口普查的标准时点、对象和内容

（六）人口普查的标准时点是 2010 年 11 月 1 日零时。

（七）人口普查对象是指普查标准时点在中华人民共和国境内的自然人以及在中华人民共和国境外但未定居的中国公民，不包括在中华人民共和国境内短期停留的境外人员。

（八）人口普查采用按现住地登记的原则。每个人必须在现住地进行登记。普查对象不在户口登记地居住的，户口登记地要登记相应信息。

（九）人口普查以户为单位进行登记，户分为家庭户和集体户。

……

（十）人口普查登记的主要内容包括：姓名、性别、年龄、民族、国籍、受教育程度、行业、职业、迁移流动、社会保障、婚姻、生育、死亡、住房情况等。

（十一）人口普查表分为《第六次全国人口普查表短表》和《第六次全国人口普查表长表》。普查表长表抽取 10% 的户填报；普查表短表由其余的户填报。

……

（十二）2009 年 11 月 1 日至 2010 年 10 月 31 日期间有死亡人口的户，同时填报《第六次全国人口普查死亡人口调查表》。

（十三）人口普查表由国务院第六次全国人口普查领导小组办公室（以下简称国务院人口普查办公室）和国家统计局统一制定，各省、自治区、直辖市人口普查办公室负责印发。

（十四）中国人民解放军现役军人及军队管理的离退休人员，由军队领导机关统一进行普查、汇总。

……

（十五）中国人民武装警察部队，由武警机关负责普查登记，普查表移交当地人民政府指定的人口普查机构。

……

（十六）驻外外交机构人员、驻港澳机构人员、其他各驻外机构人员以及派往境外的专家、职工、劳务人员、留学生、实习生、进修人员等，由其出国前居住的家庭户或者集体户申报登记。

（十七）依法被判处徒刑、劳动教养的人员，由当地公安机关和监狱、劳教机关进行普查，普查表移交县、市人口普查办公室。

三、人口普查的宣传工作（略）

四、普查指导员、普查员的借调、招聘和培训

（二十一）每个普查小区至少配备1名普查员，每个普查区至少配备1名普查指导员，原则上4至5个普查小区配备1名普查指导员。

普查员负责人口普查的入户登记等工作，普查指导员负责安排、指导、督促和检查普查员的工作，也可以直接进行入户登记。

（二十二）普查指导员和普查员应当由具有初中以上文化水平、身体健康、认真负责、能够胜任人口普查工作的人员担任。

（二十三）普查指导员和普查员可以从党政机关、社会团体、企业事业单位借调，也可以从村民委员会、居民委员会或者社会招聘。借调和招聘工作由县级人民政府负责。

借调的普查指导员和普查员在普查任务完成以前，不得随意更换。

（二十四）借调的普查指导员和普查员的工资由原单位支付，其福利待遇保持不变，并保留其原有的工作岗位。

……

（二十五）普查指导员和普查员的借调和招聘工作应于2010年8月底前完成。

（二十六）普查指导员和普查员的培训工作由县级人口普查

机构统一组织进行。普查指导员和普查员经过培训并考核合格后，由县级以上人口普查机构颁发全国统一的证件。培训工作应于 2010 年 10 月 15 日前完成。

……

五、人口普查登记前的现场准备工作

（二十七）人口普查按照划分的普查区域进行。普查区域的划分要坚持地域原则，做到不重不漏，完整覆盖全国。

（二十八）普查区划分以村民委员会和居民委员会所辖区域为基础。每个普查区按照一个普查员所能承担的工作量，划分成若干个普查小区。

普查小区划分工作应于 2010 年 8 月底前完成。

（二十九）在人口普查机构统一领导下，公安部门应按照《中华人民共和国户口登记条例》和《第六次全国人口普查户口整顿工作方案》的要求进行户口整顿。户口整顿应当按照普查区域的范围，摸清常住人口、流动人口、无户口和应销未销户口等情况。户口整顿有关资料应当提交同级人口普查机构，供普查登记时参考。

户口整顿工作应于 2010 年 8 月底前完成。

（三十）人口普查登记前，普查员要做好摸底工作，明确普查小区的地域范围、绘制普查小区图、摸清人口和居住情况、编制普查小区各户户主姓名底册。

摸底工作应于 2010 年 10 月底前完成。

六、人口普查的登记和复查工作

（三十一）人口普查的登记工作，从 2010 年 11 月 1 日开始到 11 月 10 日结束。

（三十二）人口普查登记，采用普查员入户查点询问、当场填报的方式进行。普查员应当按照普查表列出的项目逐户逐人询问清楚，逐项进行填写，做到不重不漏、准确无误。

......

（三十三）普查登记时，申报人应当依法履行普查义务，如实回答普查员的询问，不得谎报、瞒报、拒报。

（三十四）普查登记结束后，普查指导员应当组织普查员按照规定的方法进行全面复查，发现差错，应重新入户核对，经确认后予以更正。

复查工作应于2010年11月15日前完成。

（三十五）复查工作完成后，国务院人口普查办公室统一组织事后质量抽查。

事后质量抽查工作应于2010年11月底前完成。

（三十六）人口普查对象提供的资料，应当依法予以保密。

......

七、人口普查数据的汇总、发布和管理

（三十七）人口普查表经复查后，按照统一规定的标准进行编码。

编码后的普查表经复核、检查验收合格后，方可交付录入。

（三十八）《第六次全国人口普查表短表》、《第六次全国人口普查表长表》，以普查小区为单位分别装入不同的包装袋。《死亡人口调查表》以普查区为单位装入相应的包装袋。

......

（三十九）人口普查数据由人口普查机构负责进行数据处理。录入采用光电录入的方式，数据录入、编辑、审核、汇总程序由国务院人口普查办公室统一下发。

（四十）人口普查机构对普查登记的主要数据，先进行快速汇总。国家统计局和国务院人口普查办公室对数据进行审核后发布主要数据公报。各省、自治区、直辖市的主要数据应于国家公报发布之后发布。

（四十一）国务院人口普查办公室应于2011年12月31日前

完成人口普查全部数据的汇总工作。

（四十二）人口普查数据处理工作结束后，原始普查表按国务院人口普查办公室的统一规定销毁。

（四十三）数据处理形成的单个普查对象的资料，由国务院人口普查办公室和各省、自治区、直辖市人口普查办公室负责管理。

（四十四）国务院人口普查办公室和各省、自治区、直辖市人口普查办公室应编制普查报告书，分别向国务院和各省、自治区、直辖市人民政府报告工作。

（四十五）各级人口普查机构应做好人口普查资料的开发和应用，为社会公众提供查询、咨询等服务。

八、人口普查的质量控制（略）

九、其他（略）

第二节　抽样调查

抽样调查虽然是一种非全面调查，但是，在实际应用中，与普查相比，抽样调查能以较少的人力物力财力获得全局性的基本资料，因而它比普查拥有更广阔的应用空间。据国外统计，在社会调查中，抽样调查方式的采用已占到70%以上。随着社会的发展，在我国，抽样调查的作用也越来越显著。

一、抽样调查的定义与特点

（一）抽样调查的定义

所谓抽样调查，就是从全体被研究对象中，按照一定的方法抽取一部分调查单位作为样本进行调查，并以样本资料推论总体状况的一种调查方式。广义的抽样调查包括随机抽样与非随机抽样两大类。本书采用广义的抽样调查概念，因随机抽样在社会生活中应用更普遍、更广泛，故着重介绍随机抽样方式，同时兼顾非随机抽样方法。随机抽样调查中被研究的全部单位总和，称为总体。样本是指从总体所包含的全部单位中，按随机原则抽取出来进行调查的部分单位构成的整体。

（二）抽样调查的特点

1.按随机原则抽样

所谓随机原则，又称机会均等原则，指在抽取调查单位时，要使总体的每一个单位都有同等的机会被抽中，抽中或未被抽中完全不受调查者主观意识的影响。在这一点上，抽样调查与其他调查方式有着根本的区别。典型调查是根据调查研究目的和调查对象的特点，通过调查者的主观判断来确定调查单位。个案调查的个案的确定，是调查者根据调查目的以及调查者的需要与条件主观上加以确定的，或是调查者因案主主动立案而确立的。而抽样调查是按照随机原则抽取的。

2.样本推论总体

抽样调查的对象不是总体的全部单位，而只是作为样本的一部分单位所组成的样本整体来代表和说明总体。这一点与普查和典型调查都不同。普查是对总体所有单位一个不漏进行调查，典型调查是用个别典型单位来代表总体状况。抽样调查依据的则是概率论原理以及大数定律，即在总体中被抽作样本的个别单位虽然各有差异，但当抽取的样本单位数足够多时，能够通过样本的指标数值来推断总体指标数值，从而达到认识研究对象总体的目的。

3.抽样误差可以控制

抽样调查以样本统计值推断总体数量特征，是会存在一定的误差的。但这种误差可以事先计算出来，并可以通过调整样本容量和组织形式来控制误差大小，以保证抽样推断的结果达到一定的可靠程度，因而在推及总体时，也就可以知道总体数据是在怎样的精度、怎样的可信程度范围之内。这一点是其他非全面调查所不具备的。

4. 节省人力财力和时间

与普查相比，抽样调查只要按照一定的抽样方法从总体中抽取部分单位组成样本进行调查即可，通常，抽样调查单位数量在总体中所占的比重，最大不超过三分之一，有时只有百分之几，甚至千分之几，因此在人力、物力、财力方面要节省很多，组织工作也更简单，而且由于工作量小，在调查和整理资料的时效性方面也更节约时间。

二、抽样调查的应用与局限

（一）抽样调查的作用与适用范围

抽样调查的目的与作用，不在于说明样本本身的情况，而是要从数量上推断总体，说明总体。虽然用样本来概括和说明总体时总有误差，但由于以样本推算总体的误差可以事先计算并加以控制，调查成本又不高，因此，抽样调查被公认为非全面调查方法中用来推算总体的最完善、最有科学依据的调查方法，它虽然不是一种全面调查，但却可以起到全面调查的作用。因而在现代社会调查中被广泛应用。一般说来，抽样调查比较适合以下几种主要情况：

一是有些现象不可能进行全面调查，但又需要了解全面情况时，可采用抽样调查。这种情况常见于产品质量检查中。如检查灭火器的合格率，不可能把每个灭火器都试用一下，因为灭火器被试用后就使原产品受到了损失，此时只能采用抽样的方法进行检测。

二是有些现象可以但没有必要进行全面调查时，可采用抽样调查。事实上，大量社会现象是不必要采用全面调查的，而且采用全面调查，效果也并不一定就好。例如，有关我国青少年进行网络游戏的社会调查，便不需要对全国的青少年进行全面调查，只要抽取其中一部分人调查即可，再通过推论就可得到接近实际的全面情况。

三是需要对普查统计资料的质量进行检验或修正时，可采用抽样调查。由于普查的范围广，对象多，以及调查过程中种种因素的干扰，故普查结果难免有误差。普查误差在总体规模很大的情况下很难确知，通常只能用抽样调查测定，并据以补充、修正全面调查的资料，从而保证全面调查资料的准确性。

（二）抽样调查应用的局限性

抽样调查的局限性表现在：首先，抽样调查适用定量调查，不大适用定性调查。其次，由于抽样调查主要适合大范围的定量调查，所以其深度和广度有限，难以深入细致研究。第三，抽样需要较多的数学知识，特别是概率论和数理统计方面的知识，专业性比较强，对调查者的要求比较高。

三、如何抽取样本

抽样调查的关键在于如何抽取一个对总体具有代表性的样本。若无法从理论上和技术上实际抽出这样的样本，那么样本推论总体就没有意义。如何抽取样本呢？一要明确抽多少，即样本的大小，并遵循抽样的程序；二是如何抽，即选择何种适当的抽样方法。

（一）抽样程序

1. 界定调查总体

所谓界定总体，就是根据调查课题的要求，把所要调查的对象的范围加以确定。界定总体，首先要界定研究总体，即从理论上明确定义的所有调查单位的集合体。如对某地区残疾人进行抽样调查，若不对残疾人加以界定，那么残疾人只是一个模糊的概念，构不成研究总体。只有对残疾人界定为"由于生理上或心理上的缺陷，造成生产、工作、生活、学习等方面的障碍者"后，方能成为用于调查的研究总体。但在实际操作过程中，仅从理论上界定很难操作，难以使符合定义的所有调查单位都有机会被入选，或者不符合定义的单位却被选入样本。因而，需要在研究总体的基础上，对调查对象范围进一步加以界定，即界定调查总体。调查总体的范围有时与研究总体的范围是一致的，更多情况下则要小于研究总体的范围。实际抽取样本时，样本是从调查总体而不是从研究总体中抽出来的，因此，一般说来样本只能推论调查总体而非研究总体。

2. 选择抽样方法

抽样方法分为两大类：随机抽样和非随机抽样。调查者可根据研究目的和要求，结合所要研究的总体的具体情况，以及各种随机抽样和非随机抽样的特点、适用情形，选取不同的抽样方法。具体抽样方法，将在下一个问题中加以介绍。

3. 编制抽样框

从总体中抽取样本，必须编制抽样框。所谓抽样框是根据调查总体的界定去抽取样本的所有抽样单位的名单，或者说是抽样单位一览表。抽样单位，则是调查总体中的每一个最基本的抽样对象。抽样单位的确定有时非常明显，如居民住宅抽样调查，抽样单位是户；但有时抽样单位需要加以选择，如居民生活水平抽样调查，抽样单位可以是个人，也可以是家庭。在一次特定的抽样中，抽样框的数目与抽样单位的层次是相对应的。如在某市随机抽取若干个国有企业，然后再由这些企业组成的样本中抽取一定数量的下岗职工，此时就有两个抽样框，即该市全部国有企业的名单，以及企业样本中所有下岗职工的名单。为遵循抽样的随机原则，必须保证抽样框的充分性，即总体中的个体不能被重复列入抽样框，也不能漏掉未登。

4. 确定样本规模

(1) 确定样本规模的意义

样本规模又称样本大小或样本容量，是指样本中含有个体数量的多少。确定样本规模是抽样调查的一个重要步骤。样本规模不仅影响样本代表性，还直接影响到调查的费用和人力花费，太大的样本规模费事费力，有时很难完成，太小的样本规模又会影响代表性，在推论总体时有较大偏差。因此，确定适当的样本规模是非常重要的。

（2）影响样本规模的因素

样本规模的确定受到多种因素的影响：第一，调查总体规模的大小。总体规模越大，所需调查的样本规模就越大。第二，调查总体的内部差异程度。差异程度越大，所需样本规模就越大。第三，调查要求的可信度和精确度。所要求的可信度和精确度越高，允许抽样误差越小，所需样本规模就越大。第四，抽样方法。抽样方法不同，所需样本规模也不同。每一种抽样方法都有自己计算样本规模的公式。一般来说，随机抽样比非随机抽样所需的样本规模要大。第五，调查者拥有的人力、物力和时间。这些条件越充足，可抽取的样本规模就越大。

（3）确定样本规模的方法

样本规模可以用公式计算。例如，在重复抽样（指从总体中随机抽取一个单位之后，又把它放回总体之中，再从总体中抽取单位的方法）条件下，简单随机抽样测定总体平均数时所需样本的计算公式为：

$$n_{\bar{x}} = \frac{t^2 \sigma^2}{\Delta_{\bar{x}}^2}$$

式中，概率度 t 和允许误差是调查者根据研究要求而确定的，而总体标准差 σ 通常是未知的，解决办法有二：一是用过去同类调查数据代替；二是组织一次试调查以取得所需数据。

例：在一个30万职工的城市进行职工收入状况调查。现用简单随机重复抽样方法抽取样本，要求测定的总体人均月收入的允许误差不超过20元，可信度达95%，以往同类资料表明，总体标准差为240元，问在全市范围内应当抽取多少名职工？

解：根据规定的可信度95%，查书末正态分布概率表，得概率度 t 为1.96，且已知 $\sigma = 240$ 元，$\Delta = 20$ 元，因此

$$n_{\bar{x}} = \frac{t^2 \sigma^2}{\Delta_{\bar{x}}^2} = \frac{1.96^2 \times 240^2}{20^2} = 554（人）$$

即采用简单随机重复抽样，在全市范围内需要抽取554名职工进行调查，才能满足题给要求。

5. 抽取样本

完成上述工作后，调查者便可根据选择的抽样方法和确定的样本规模，从抽样框中抽取需要的样本容量，组成调查样本。

（二）抽样方法

抽样方法，或者说抽样的类型，有两大类，即随机抽样和非随机抽样。

1. 随机抽样

随机抽样又叫概率抽样，它是依据科学的概率论原理进行的抽样调查，其所得资料经过分析后，可被用来作统计推论总体。正因为随机抽样具有这一特点，所以实际生活中大部分抽样调查都是采用概率抽样方法获取样本的。常见的随机抽样的方式主要有简单随机抽样、分层抽样、等距抽样、整群抽样和多阶段抽样等。

（1）简单随机抽样

简单随机抽样又称纯随机抽样，它是按随机的原则，直接从含有 N 个单位的总体中，抽出 n 个单位作为样本进行调查，总体中所有个体均有同等被选中的机会。简单随机抽样是概率抽样的最基本类型。简单随机抽样主要有抽签法、随机数表法两种形式。

抽签法是将总体中每个单位的名称或号码，逐个填写在卡片或签条上，将卡片或签条放在一容器中，打乱次序，进行搅拌，然后从中任意抽出所需要数目的调查样本。

社会调查中通常采用随机数表法。随机数字表是由数字0～9组成的表，由电子计算机编制而成（见本书附表1）。下面举例

说明利用随机数字表进行简单随机抽样的方法。假设我们要在一所学生总数为2000人的学校中随机抽取100人进行调查。那么，首先需要弄到一份全体学生的名单，并将它们编号，即建立抽样框。然后依据总体的规模确定选取随机数字表的位数。在本例中，总体的规模为2000人，是个四位数。因此我们可以选择随机数字表中任意相邻的四列数字开始查找。决定取舍的标准是：将表中的位数与总体规模即2000相比较，若大于2000，这个数字就不要，继续往下找，若表中的位数小于或等于2000，则将此号码记下，若出现两个相同的四位数，则只要记一个，当表中四列数字查到最下端后，再换到另外四列上端接着查，直到查满100个符合要求的号码为止。

简单随机抽样是最基本也是最简单的抽样方法，是其他抽样方法的基础。它一般适用于规模较小、总体单位之间差异程度较小的情况。

（2）等距抽样

等距抽样又称机械抽样或系统抽样。其核心是从抽样框中每隔一定的距离抽取一个个体。具体做法是：第一，把总体中的全部调查单位按一定顺序排列起来编号。第二，计算抽样距离。抽样距离（K）由总体规模（N）和样本规模（n）决定，公式为：$K = N/n$。第三，决定抽样起点，即在第一个K个个体中，用简单随机抽样方式抽出一个个体k。第四，从k开始，每隔K个个体抽一个个体，即陆续抽取k，$k+K$，$k+2K$，$k+3K$，…，$k+(n-1)K$，组成样本。例如，用等距抽样从2000人的学校中抽取100人进行调查。第一步，先把这2000个学生排列编号。第二步，算出抽样距离为$K = N/n = 2000/100 = 20$。第三步，在编号前20位的学生中，用简单随机抽样方式抽出一个个体，假设抽到第5号学生，则5号便为抽样起点。第四步，从5号开始，每隔20人抽1个人，依次抽5、25、45……1985。这样共100个学生组成调查样本。

　　等距抽样是以总体的随机排列为前提的，如果总体的排列出现有规律的分布，就会使等距抽样产生很大误差。例如，学校的名单很多时候是按入学成绩排列的，入学成绩第一名的排在第1号，入学成绩最差的排在最后1号，如果每个班是40人，抽样距离是20，第一个简单随机抽样抽的是1号，那么每隔20人抽出的学生都是每个班上成绩最好和中等的学生，没有成绩差的学生，失去了代表性。因此，在使用等距抽样时一定要认真考察总体的排列情形和抽样距离，多了解总体的情况，如果原来的排列次序可能导致抽样失去代表性，就应打乱原来的排列次序或改用其他抽样方法。

　　等距抽样的样本在总体中的分布较均匀，故而抽样误差小于或等于简单随机抽样。它一般适用于同质性强、类别之间所含单位的数目不很悬殊的总体。

　　（3）分层抽样

　　分层抽样又叫类型抽样或分类抽样，它是把调查总体按一定的标准分为若干类型或层次，然后从每一类或层中采用简单随机抽样或等距抽样方法相同的抽取子样本，最后将各个子样本组成总样本。例如，采用分层抽样法从总体为2000名学生的学校抽取120名学生进行调查时，可以先把总体分为男生和女生两大类（或两个层次），然后，采用简单随机抽样或等距抽样的方法分别从男生总体中抽取60名学生，从女生总体中抽60名学生，这样，由这120名学生构成的就是由分层抽样获得的样本。当然，我们也可以按照研究目的的不同，采取按年级分层、按学生来源分层等进行抽样。例如，从全校四个年级中分别抽取30个学生；从来源于农村和城市的学生中分别抽取60名学生，等等。

　　在分层抽样时使样本中各层所占比例与总体中各层所占比例相同，称为按比例分层抽样。例如，某学校2000名学生中男生占了60%，女生占40%。按比例分层抽样抽取120名学生，就需要分别抽取72名男生和48名女生。用按比例分层抽样的方法能得到更有代表性的样本。但有些情况下，按比例分层抽样又很难达到目的。因此有时要采用不按比例分层抽样方法。例如，要了解某行业中高、中、低三个层次职工工资收入的差距时，首先将所有职工分为高层管理人员、中层管理人员和一般员工三个层次，显然这三个层次的员工比例相差很大，现在我们的目的是要比较三个层次人员的平均收入差距，如果采用按比例分层抽样，高层管理人员的人数就太少，依靠这一点人数往往难以进行有意义的比较。为了避免这种情况，就可以在各层次抽取相等的样本量，比如各抽取50人组成调查样本，这样就便于对三者的平均收入情况进行比较。

　　分层抽样的主要目的在于把总体分成一个个同质性较强的层次或类型，这样，在同一层或类中由于同质性程度较高，采用简单随机抽样或等距抽样时误差就会很小。同时，分层抽样在整体上又兼顾到了总体的各部分各层次，因而抽到的样本对总体结构的反映有更好效果。一般情况下，对同一总体、同样大小的样本规模来说，分层抽样的精确程度往往高于简单随机抽样或等距抽样；而对于同一总体、同一信度来说，分层抽样所需的样本规模往往小于简单随机抽样或等距抽样。因而分层抽样在实际抽样调查中的应用十分广泛。

　　（4）整群抽样

　　上述几种抽样方法中，最终的抽样单位都是个体。我们有时也可以利用现成的群体，随机地一群一群地抽取一些集体单位加以研究，由此推断总体的情况，这种抽样方式称为整群抽样。还是用上面学校的例子。现在要用整群抽样法从共有2000名学生的学校抽取200名学生进行调查。假设这个学校有50个班级，每班40个学生，总共2000名学生。现在要抽200名学生，我们不是直接去一个个抽学生，而是先将全校50个班级编号，采取简单随机抽样(或等距、分层抽样)等方法抽出5个班级,这5个班级的学生就构成我们调查的样本。

　　整群抽样和简单随机抽样、等距抽样相比要更简便易行、节省费用。例如,简单随机抽样和等距抽样都要求有一份抽样单位的总体名单,用于编制抽样框。但在实际调查中,特别是要调查规模很大的总体时,这样全面的清单往往难以获得。有时即使获得,运用起来也非常麻烦。整群抽样则可以省去这些麻烦,使抽样变得简单易行。如要在100万人口的城市中抽取2000个家庭进行家计调查,要获得全市家庭的全体名单是十分困难的,因此很难用简单随机抽样和等距抽样进行抽样。但采用整群抽样法则可做到,例如先找出全市所有社区的名单,假设有2000个社区,每个社区大概有500个家庭,那么只要用简单随机抽样法抽取四个社区,然后将这四个抽中社区的所有家庭户作为调查样本就可以了。

　　整群抽样和分层抽样也有很大区别。整群抽样抽取若干子群体并将所抽中的子群体中的全部个体都作为样本,而分层抽样则是在所有的子群体中抽取部分个体作为样本。在实际应用中,整群抽样适合于内部差异性大的子群体,分层抽样则适合于内部差异小的子群体。

　　(5)多阶段抽样

　　多阶段抽样又称多段抽样或多级抽样。当总体规模很大,特别是总体的分布范围很广时,往往难以弄到总体成员名单。因此要把抽取样本单位的过程分为两个或两个以上的阶段进行,在不同的抽样阶段中,抽样单位与抽样框都是不同的。例如,2005年全国1%人口抽样调查就采用了多阶段抽样方法。首先是全国1%人口抽样调查办公室按全国人口数的1%确定全国总样本及各省、自治区、直辖市调查样本量。接下去就采用多阶段抽样法。多数省市采取三阶段抽样方法,首先,由全国1%人口抽样调查办公室在各省市抽取乡、镇、街道。其次,由各省1%人口抽样调查办公室在抽中的乡、镇、街道再抽取居委会、村委会。最后，由各省1%人口抽样调查办公室在抽中的居委会、村委会中抽取调查小区。

在运用多阶段抽样时，有两点要注意：一是在抽样的各个阶段究竟采用哪种具体的抽样方法，主要依抽样框的性质及方便与否来决定。另一点是要在多抽类别少抽个体和与少抽类别多抽个体之间保持平衡，如果总体差异比较大，则适合多抽类别，少抽每个类别中的个体。如果总体差异较小，则适合少抽类别，多抽每个类型中的个体。

2. 非随机抽样

非随机抽样又叫非概率抽样，它是根据研究者个人的方便，以人的主观经验、设想来有选择地抽取样本并进行调查的。随机抽样虽然可由样本推论总体，然而在有些情况下，总体很难确定，严格的随机抽样往往很难进行；在另一些情况下，研究者的主要目的只是想初步了解一下调查对象的有关情况，以便为建立研究假设或进行大规模的正式调查做些探索性工作。此时人们往往放弃虽然科学却比较麻烦的各种随机抽样方法，而采用不能推论总体，但却简单方便的非随机抽样。非随机抽样方式主要有判断抽样、偶遇抽样、定额抽样和滚雪球抽样等。

（1）偶遇抽样

偶遇抽样又称任意抽样。即指调查者根据自己方便与否，任意抽取偶然遇到的人或仅选择那些离得较近的、最容易找到的人作为调查样本的方法。如"街头拦人法"，即在街头路口、车站码头等行人多的地方随意拦住愿意接受调查的人进行调查。偶遇抽样的优点是方便省力，但样本的代表性差，有很大的偶然性。

（2）判断抽样

判断抽样又称立意抽样或主观抽样。即由调查者根据主观判断或根据调查的目的有意选取样本的方法。这种样本的代表性取决于研究者对总体的了解程度和判断能力。如要了解某个村村民对选举的看法，根据研究者的判断选择村干部、小组长、贫困户、富裕户、外来户等有一定代表性的家庭进行调查。判断抽样的主要优点是可以充分发挥研究人员的主观能动作用，特别是当研究者对所研究的总体情况比较熟悉，判断能力比较强时，采用这种方法往往比较方便。但由于判断抽样仍然属于非概率抽样，因此样本的代表性和抽样误差往往难以判断。这种抽样方法在实际中多用于总体规模较小，或调查时间、人力等条件有限而难以进行大规模随机抽样的情况。

（3）定额抽样

定额抽样又称配额抽样。研究者首先依据那些有可能影响研究变量的各种因素来对总体进行分类或分层，并找出具有各类（层）成员在总体中占的比例，然后按总体比例在不同的类（层）分配样本量，最后由调查者根据自己的方便或判断在各类（层）中抽取样本。定额抽样和分层抽样的区别在于分层抽样中各层样本是按科学方法随机抽取的，而定额抽样中各层样本是根据研究者自己的方便或判断非随机抽取的。

例如，某系有 2000 名学生，其中男生占 60%，女生占 40%；一年级学生占 30%，二年级、三年级、四年级学生分别占 30%、20% 和 20%。需要用定额抽样方法依上述两个变项抽取一个规模为 100 人的样本。

第一步，根据总体的构成和样本规模，可以得到表 7-1。

表 7-1　定额抽样样本单位定额分配表

男生（60 人）				女生（40 人）			
年级	一	二	三	四	一	二	三	四
人数	18	18	12	12	12	12	8	8

第二步，研究人员依据表中的分配比例，采用方便或判断抽样等方法自己决定具体选择哪些学生作为被调查对象。比如必须调查一年级的 18 个男生，但具体调查哪几个男生可以依研究人员的方便选择，可以调查同班的 18 个一年级男生，也可以调查正在一起打篮球的不同班的一年级男生。

定额抽样必须事先对总体的性质有充分的了解，对类型的划分比较合理，同时要知道各类型如不同性别、年龄、收入水平的人在总体中各占多少比例，然后按此比例分配应抽的定额。在实施过程中这样做有很大难度，划分类型的依据很难考虑全面，并且总体总是处于变化中，最新信息不容易得到，因此配额的合理很难保证。这些都会影响定额抽样的样本代表性。

（4）滚雪球抽样

这种方法是先找出少数符合条件的调查对象，然后通过这些人找到更多的调查对象，这样一步步扩大样本范围。在社会调查中，当我们遇到无法了解总体状况的情形时，可以采取这种方法。比如要对素食主义者进行一项调查，研究者一开始因缺乏信息无法抽样，这时可通过各种途径，如通过朋友介绍，或到素菜馆找到一两个素食主义者调查，再让他们提供所认识的素食主义者的联系方式，然后再去找那些素食主义者进行调查，并请他们提供自己认识的素食主义者……依此类推，像滚雪球一样，由小变大。但是这种方法也有很大偏误，因为总有一些合适的成员无法找到，即雪球不能滚到每一个角落。在使用这种方法时应估计到这种情况。

四、抽样调查的一般程序

（一）设计方案

抽样调查方案设计，就是对包括调查总体、抽样方法、样本规模等在内的有关问题进行具体的可操作的方案设计。只有从调查课题的客观需要、调查对象和调研者的实际可能出发,设计出科学、合理的抽样调查方案,才能保证抽样调查顺利进行。

(二)确定总体

确定总体就是根据调查课题要求,把所要调查的对象的范围确定下来,从而取得抽取样本的对象和依据样本作出推断的范围。

(三)抽取样本

这一步是要根据确定的样本规模,选择的抽样方法,按照抽样程序,将样本单位抽出来,组合成调查样本。

(四)评估样本

抽取样本之后,调查者还要对样本进行评估,即对样本和总体进行比较,找出样本对于总体的代表性、准确性程度,以免产生太大的误差。对于偏差太大的样本,需加以剔除,然后重新抽样。样本评估分为两个阶段:一是调查前的评估,二是调查后的评估。正式调查前的评估,可以采用实地调查与比较相结合的方法,如收集若干容易得到的资料将样本与总体进行比较,以评估样本的代表性。一般而言,比较的变量越多,评估的结论越可靠。调查结束后的评估主要是计算抽样误差,并由样本统计值推论总体参数值。

(五)搜集资料

这一步的任务是按照事先设计好的问卷、调查提纲,运用问卷法、访谈法等调查方法对各个样本单位进行实际调查,调查过程中要尽量减少和避免登记性误差。

(六)样本统计

即对搜集来的样本资料进行汇总整理后,计算样本统计值。

(七)推断总体

抽样调查的目的不是说明样本本身的情况,而是要通过样本推断和说明总体。故这一步的任务,要用样本指标值推论总体。推论方法主要有参数估计和假设检验。

抽样调查上述步骤的顺序是不能颠倒的,只有依次做好这几个方面工作，才能达到抽样调查的目的。

五、抽样调查应注意的问题

抽样调查旨在用样本推断总体，而总体推断是否准确，需要注意许多问题，但就基本要求来说，应当遵循以下几个方面。

（一）抽取样本应当遵循随机原则

抽样调查的目的是由样本准确地推断总体。总体结论的准确与否是建立在样本的代表性的基础之上的。而要抽出一个代表性较高的样本，必须做到随机，因为严格地遵循随机原则，才能避免调查研究者的主观倾向和人为因素造成的抽样误差，才能使得样本对总体具有必要的和充分的代表性，不致出现倾向性误差，并能够计算样本误差的大小及其可信程度。当然，在调查对象总体的内涵和外延无法具体确定或者不需要准确推断总体的情况下，也可以按照非随机原则抽取样本。

（二）抽取样本不能忽略总体特征

严格遵循随机原则，可以抽出一个代表性较高的样本，但是这是建立在对总体的精确了解上，若忽略总体特征，样本抽取尽管随机，抽样调查仍旧可能失败。一个典型的例子是 1936 年美国总统大选预测。当时美国的《文学文摘》杂志将所有选民作为研究总体，以电话薄和汽车注册薄上的选民作为调查总体编制抽样框（这家杂志在 1916 年至 1932 年的每一次总统选举中都作出了正确的预测），根据随机原则从中抽取 200 万人进行调查，调查结果预测兰登将在总统选举中获胜，罗斯福落选。而事实恰好相反，选举结果是罗斯福当选总统。这次调查失败的原因就在于它对总体的错误分析上，样本在质上与总体特征不相吻合。《文学文摘》杂志以电话薄和汽车注册薄上的选民作为调查总体，忽略了没有家庭电话和私人汽车的选民。虽然前几次总统选举预测准确，那是因为那时下层阶级大多数不参加投票，这些选民大部分没有汽车和电话，因此，用电话薄和汽车注册薄上的选民作为调查总体没有太大问题。而1936年正是美国经济大萧条过后的一年，之前的经济危机将大量人口抛入下层阶级，许多人没有汽车，甚至没有电话，这时选民成分改变了，研究总体发生了变化，另一方面，经济萧条时劳动阶层的选民希望选一个民主党人为总统，于是很多人都出来参加投票，这样，有汽车或电话的选民仅代表了美国选民中的某个特定阶层，对于参加投票的选民总体来说不具备代表性，由此便导致调查的失败。与此同时，盖洛普民意调查也作了总统大选调查，只发了4000份问卷，便成功预测罗斯福当选总统。后来，盖洛普嘲笑《文学文摘》杂志，"用两匹马来拉的车，用50匹马来拉是无用的。"这个例子说明，对总体的全面了解，准确地界定总体是何等重要。

（三）抽取样本应重视抽样框的编制

抽样框是抽样的基础。科学的抽样应是建立在良好的抽样框的基础之上，即必须以实事求是的抽样框为前提。若忽视抽样框编制的重要性，就有可能使抽样调查出现许多系统性的抽样误差。为此，应注意：第一，总体中的个体不能被重复列入抽样框，也不能漏掉未登。第二，不能为了图方便，随意将单位职工登记表、居委会户口册等一些现成的表册作为抽样框。因为将现成的表册作为抽样框，与依据调查课题抽取样本的要求，可能存在诸多问题。例如，在一些单位职工登记表上，名单包括内部退养、长期病休职工、单位外聘人员、外借人员、停薪留职、停薪求学人员，以及合同工、临时工等各种用工人员等，这些人员是否根据课题要求应全部进入抽样框，或哪些人应进入抽样框，哪些人应排除抽样框，都应加以考虑，否则，违反随机原则造成的系统性误差是不可避免的。

（四）抽样推断应能判断误差大小

抽样调查的关键，一是怎样才能抽到一个具有代表性的样本，这个问题前已述及；二是如何判断样本误差的大小，此一问题不解决，便无法保证样本推论总体的可靠性。要判断误差的大小，必须了解样本误差的来源。影响样本代表性的误差分为两类：第一类是随机误差，第二类是系统误差。系统误差主要是由于抽样方法不科学所致，因此，如果采用严格的随机抽样就可以消除样本的系统误差。随机误差包括抽样误差，它是遵循随机原则抽样时由于样本范围与总体范围的不同产生的误差。抽样误差是在抽样调查中随机产生且本身固有的一种误差。随机误差还有可能是在调查过程中违反抽样规则产生的，如调查员对被抽中的人进行调查当未找到人时转而调查另一人，等等。这种误差可以通过遵循调查规则，改进措施而得到相当的控制。因此，如果在抽样过程中、在调查过程中严格遵守操作规则，就能大大减少样本误差，这时误差的主要来源就是抽样误差。而抽样理论表明，遵循随机原则的概率抽样能够计算样本的抽样误差的大小及其可信程度。抽样误差的计算在本书第十三章"调查资料的统计分析"的第五节推论统计中有所说明，更多的内容需要参阅有关书本。

六、抽样调查实例

应用实例

2010 年全国城镇住户基本情况抽样调查（摘要）[①]

（一）调查目的和作用

1. 了解我国城镇居民家庭的收入、消费等基本情况，为党和政府制定政策进行宏观调控提供科学准确的信息支持，为"十二

---

① 　引自《2010 年全国城镇住户基本情况抽样调查制度》第一部分"说明"。Docin. com 豆丁网。

五"规划的制订提供基础资料。

2. 为常规城镇住户调查提供基础样本框和分层信息,提高常规住户调查样本的科学性和代表性。

3. 监测城乡统筹发展现状,为推进城乡住户调查一体化工作提供基础数据和参考资料。

(二)调查对象与范围

2010 年城镇住户基本情况抽样调查对象为居住在城镇区域范围内的常住户,不包括军营、学生公寓等非传统住宅中的人群。城镇是指《统计上划分城乡的规定》中的城区和镇区,城区包括主城区和城乡结合区,镇区包括镇中心区、镇乡结合区和特殊区域。常住户是指已经居住或打算居住六个月以上的住户。

调查抽样框使用国家统计局设计管理司颁布的"统计用区划代码和城乡划分代码库"(以下简称为"村级目录一览表"),从中抽选居委会、村委会、类似居委会、类似村委会(以下统称为"社区/居委会")进行调查。最终抽样单元为住宅。填报单元为住户。

(三)调查实施单位及规模

参加全国城镇住户调查数据汇总的调查市、县要求组织实施本次调查。进行全国城乡住户调查一体化试点工作的地区可在国家统计局的指导下,结合实际对本地的调查样本规模、抽样方法及样本分配等进行适当调整。

各调查市、县设计样本量应为参加全国汇总的常规调查样本量的 6~10 倍。常规调查样本量小于等于 100 户的,建议样本量为常规样本量的 10 倍以上;大于 100 户小于等于 300 户的,建议样本量为 8 倍以上;大于 300 户的,建议样本量为 6 倍以上。

考虑调查中存在拒绝访问、空户等现象,各地要根据估计回答率调整样本量,确保足够的有效样本。调整方法如下:

调整后的样本量 = 设计样本量 ÷ 本区域估计回答率

（四）抽样方法及样本分配

调查市、县采用分层、二阶段、与大小成比例（PPS方法）的随机等距法选取调查样本。

对于设区的调查市，以区为单位进行分层。在每一层内按《统计上划分城乡的规定》中的城乡分类代码再分为三个子层。样本抽选工作在每一子层内独立进行。第一阶段，在每个子层内按照PPS方法抽选调查社区/居委会；第二阶段，对抽中的调查社区/居委会画住宅分布图，统计住宅总数，用随机等距方法抽选调查住宅。样本量在各区（层）之间按照人口比例进行分配，在各子层之间按照固定比例进行分配。

对于不设区的调查市以及调查县不分层。不设区的市的城区和调查县的城关镇（简称市、县城关镇，下同）是必须要调查的区域，另外按照规定方法选取1个非城关镇参加调查。样本抽选工作在市、县城关镇和抽中的非城关镇内独立进行。第一阶段，在市、县城关镇中心区内按照PPS方法抽选调查社区/居委会，在其他外围区域按照随机原则抽选调查社区/居委会；第二阶段，对抽中的调查社区/居委会画住宅分布图，统计住宅总数，用随机等距方法抽选调查住宅。样本量在市、县城关镇及非城关镇之间按照规定要求进行分配。

对于调查区域内社区/居委会数量偏小，或者一些社区/居委会内住户数量偏大等情况，可以按照特殊方法处理。

（五）调查内容

1.住户基本情况，包括城镇居民家庭的人口、住房、收支情况；

2.住户成员基本情况，包括城镇居民家庭成员的基本情况，如性别、年龄、职业、行业等。

（六）数据采集与上报

1.数据采集

本次调查采用访问员入户访问形式搜集资料。入户访问时间是 2010 年 7～8 月。调查数据的报告期是 2010 年上半年和 2010 年 6 月。

问卷中有关家庭部分问题应选择家庭主要经济支撑者回答。对于不成功访问户，要直接或间接搜集其基本信息（问卷中用"☆"标识）填入调查问卷，不能用其他户来代替。最终访问户数应等于调整后的样本量，成功访问户应与设计样本量相近。

调查中如遇到一宅多户的情况时，可从中随机抽选一户进行访问。遇到一户多宅的情况时，如果抽中的本住宅是常住地，则继续进行调查；如果本住宅是偶然居住，则放弃调查，作为空户处理。

2. 数据处理及上报

数据处理软件由国家统计局组织编写，数据录入工作由承担调查任务的单位完成。

各调查市、县应将检查无误的数据于 2010 年 8 月 25 日前上报各调查总队；各调查总队对调查数据和抽样框进行审核、验收、把关，于 2010 年 9 月 5 日前，按规定文件名上报国家统计局城市司。

抽样框资料的电子文档在调查数据报送后一个月内上报。

（七）估计方法

1. 调查市、县总体估计

对于设区的市：总体估计值 $Y = \sum \sum \sum_{ijk} \times X_{ijk}$，其中：

i、j、k 分别为层、子层和调查户编码。

W_{ijk} 为第 i 层第 j 子层第 k 个调查户的权数（即入样概率的倒数）。

X_{ijk} 为第 i 层第 j 子层第 k 个调查户调查值。

对不设区的调查市、县：总体估计值 $Y = \sum \sum W_{jk} \times X_{jk}$，其

中：

j 为市、县城关镇中心区，非城关镇中心区，市、县城关镇外围区域、非城关镇外围区域四个区域编码。

k 为调查户编码。

W_{jk} 为第 j 区域第 k 个调查户的权数(即入样概率的倒数)。

X_{jk} 为第 j 区域第 k 个调查户调查值。

2. 省(区、市)总体估计

总体估计值 $Z = \sum W_s \times \sum Y_s$，其中：$W_s$、$Y_s$ 分别为第 s 调查市、县在本省的权数及其总体估计值。

3. 全国总体估计

总体估计值 $T = \sum Z_s$，其中：Z_s 为第 s 省(区、市)总体估计值。

(八)调查工作细则

访问员入户访问时，应严格遵守访户规定。

入户调查必须根据国家统计局制定的《2010 年全国城镇住户基本情况抽样调查方案》的要求执行。各指标的含义、口径、计算方法和计量单位必须同问卷规定一致。

访问员入户前要做好充足准备，入户访问时要讲究方法和技巧。访问员应按抽样时所确定的地址进行调查，对每户的访问情况应详细记录在调查问卷封面上。

(九)工作职责与进度安排

1. 工作职责(略)

2. 进度安排

5 月 20 日—6 月 15 日 开展全国、省、地(市、区)、县(镇)多级培训。各省(区、市)做好调查准备工作。

6 月 16 日—7 月 5 日 市、县调查队编制抽样框，绘制小区住宅图，抽选调查社区/居委会和调查户，完成入户调查前的各项准备工作。

7月6日—8月10日　入户调查访问。

8月11日—8月25日　市、县调查队进行质量抽查，录入调查表及抽样框，对数据进行审核，将审核无误的数据传输至各调查总队。

8月26日—9月5日　各调查总队按要求把关审核调查结果，将审核无误的数据上报国家统计局城市司。

9月6日—10月底　汇总、评估调查结果，开展分析研究工作，建立数据库。市、县调查队抽选常规调查样本及轮换样本组。

11月—12月　市、县调查队对新抽中的常规调查户进行试调查。国家对调查先进单位和个人进行表彰。

(十)质量检查与控制

为确保调查质量，最大限度减少调查误差，各地应建立和执行好全面质量检查制度，做到：

1. 现场调查中，在每户访问结束后，访问员都要对填写的内容进行全面检查，如有疑问应重新询问核实，如有错误应立即改正。但访问员不得主观臆造，弄虚作假。

……

2. 数据录入过程中，除录入程序进行控制外，若发现错误，应按有关要求改正。

3. 调查结束后，市、县要根据入户情况记录表，采取随机等距的方法抽选5%的样本，采用电话和入户回访的方式进行核实，检查调查资料的逻辑性、真实性，编码、录入的准确性等，并将回访结果如实向调查总队汇报。

……

第三节　典型调查

一、典型调查的定义与特点

（一）典型调查的定义

典型调查是指在对调查对象进行初步分析的基础上，根据调查目的和要求，有意识地选取若干具有代表性的对象作典型，进行全面、系统、周密细致的调查，借以认识同类社会现象的本质及其发展规律的方法。毛泽东同志讲的"解剖麻雀"的调查方法就属于典型调查。

典型调查是认识客观事物的一种重要的科学方法。从理论上看，它以事物的个性和共性、个别和一般对立统一关系的原理为基础。唯物辩证法认为，客观事物处于普遍联系之中，任何事物都是个性和共性、个别与一般的统一。共性存在于个性之中，一般存在于个别之中。没有个别就没有一般，个别总是包含着一般，没有不包含一般的个别。人们不可能通过认识现实的同类事物中的所有具体事物再去概括它们的共同本质，实际上，只要仔细解剖一只麻雀的生理结构，就可以认识所有麻雀的共同生理结构。因此人们只要对某一类事物中的一个或几个有代表性的事物进行调查研究，通过科学的分析抽象，就能认识事物的共同本质。

（二）典型调查的特点

1. 典型调查有意识地选择调查单位

典型调查是根据调查者的主观判断，有意识地选择少数具有代表性的单位进行的调查。当然，有意识地选择调查单位并不是由调查者按照自己的意志任意取舍，而是调查者者事先根据调查目的和要求，对所调查的总体及其对象进行一些分析研究，然后选择少数有代表性的对象作为要调查的典型。

2. 典型调查属于定性研究深度调查

典型调查主要依靠调查者对调查典型进行系统深入细致调查和剖析，取得第一手资料，探求事物的本质及其发展变化趋势和规律，以此来认识它所代表的同类事物和现象。典型调查由于调查单位少，因而调查内容能够全面、深入、细致，它属于一种定性研究、深度调查。虽然典型调查有时也做一些粗略的定量分析，但这仅仅是作为定性分析的辅助工作。典型调查由于其选择的调查单位在研究特性上具有一定的代表性，而抽取的概率无法确定，因而，典型调查虽可以大体上估计总体，但不能严格推断总体。

3. 典型调查是一种面对面的直接调查

典型调查主要依靠调查者深入基层进行长时间的调查，对调查对象面对面的直接接触和剖析，通过开座谈会、个别访问等方式搜集现象的内部结构和变化资料。因而典型调查能够获得比较真实可靠的第一手资料。

4. 典型调查方便灵活，成本低廉

典型调查由于只对总体中的少数单位进行调查，因而可以节省人力、物力、财力。典型调查，在调查内容上可以随时发现问题，解决问题，在调查时间上可以自由掌握，在调查方法上除采用蹲点调查外，还有开座谈会、个别访问、观察等具体途径和方法可供选择，所以典型调查方便灵活。

二、典型调查的应用与局限

（一）典型调查的作用与适用范围

典型调查的上述特点，决定了它的用途及适用范围：一是典型调查可用来研究新生事物。通过调查分析新生事物，及时反映各种新情况，新问题，从中看出事物发展的方向，形成科学的预见。二是可用来研究事物变化发展的规律。通过对研究对象作全面、具体、深入地分析，了解事物的发生、发展的过程以及与各个方面的联系，弄清事物变化发展的规律，从而提出解决各种矛盾、问题的方法。三是可用来深入研究事物的不同类型。如研究先进事物，以总结经验，并加以推广和传播；分析后进事物，以总结教训和存在的问题，提出改进措施；剖析中间事物，以提供一般动态。四是能克服其他调查方法"深入性差的缺陷"①。全面调查或抽样调查取得的资料，只能反映或推断社会经济现象的一般情况或总体一般水平，而不能对现象进行深入的分析，取得现象发展变化的原因和生动、具体的材料，而典型调查通过深入、细致的调查，能搜集到比较真实可靠的第一手资料，掌握生动具体的活的情况，且成本低廉，因此典型调查是其他调查方法所不能替代的。

(二)典型调查应用的局限性

典型调查由于有着自身的局限性，也就影响到它的作用的发挥。这些局限性主要表现在：其一，典型调查之前对总体情况的了解只是大略的，典型的选定受到调查者主观意志的影响，很难完全避免主观随意性，因而典型的代表性程度如何，无法完全测定。其二，从典型类推到整体，难以做到完全准确。典型调查的对象，只是个别或少数，典型总是有自己的特殊性、不完备性和局限性，它很难完全代表面上的总体情况。典型调查的结论，哪些具有普遍意义，哪些只有特殊意义，适用范围如何，都很难用科学手段准确测定。其三，典型调查主要是一种定性调查，它很难对调查对象的总体进行定量测定。正是由于存在这些不足，因此，典型调查无法代替普遍调查和抽样调查。另外，典型调查比较适合于对同质性较强的社会现象的调查研究，而当代社会变迁速度加快，社会异质性增大，加上统计技术的发展，也就使得典

① 费孝通：《社会调查自白》，北京，知识出版社，1985 年 8 月版，第 11 页。

型调查的运用范围受到限制。但由于典型调查具有一定的科学依据，具有定性研究等方面的优点，因而典型调查仍不失为一种重要的社会调查类型。

三、如何选择典型

（一）选择典型的一般方法

1.了解全局

为使所选的典型单位在总体中具有一定的代表性，必须在选典之前，对被研究对象的全局情况有一个初步了解。了解全局，可以收集一些统计资料、背景资料，广泛听取领导、专家、群众的意见。只有全局在胸，经过反复的比较研究，才能从纷繁复杂的社会现象中找出具有代表性的典型。

2.具体选典

（1）根据调研目的选典。任何典型都有其特定的内涵，必须明确是什么样的典型，然后才能去选择。任何一个单位或个人都具有一定的特征或属性，从某方面看，有可能是典型，从另一方面看，又不一定具有典型性。因此，离开一定的调查目的和研究主题是无从选择典型的。典型常有如下几种类型：全面典型、新型典型、先进典型、一般典型、后进典型、定点典型。

（2）通过比较筛选典型。选典一般不要一次选好，最好先选出一批，然后通过对待选单位进行各方面比较，再确定典型，这样选出的典型比较可靠。

（3）选典数目视情况而定。典型数目的确定，取决于总体单位之间的差异程度。一般地说，在总体各单位发展较平衡的情况下，选取一个或几个有代表性的单位即可；而当总体各单位发展不平衡，彼此差异较大时，选择几个单位不能满足研究的要求，此时需要将总体按照一定的标准划分为几个类型，然后在各类型中选取少数有代表性的典型单位。这就是"划类选典"的方法。

（4）选典的具体形式。第一种是依靠有关组织选典，即调查者直接按照有关组织的意见确定典型。它适用于调查时间不长，而调查者又不了解该地区的情况下采用。其优点是省时省力，但所选典型的代表性完全依赖于有关组织或某些接待人。第二种是有关组织与调查者协商选典。它适用于调查者对调查内容和对象有一定了解时采用。优点是可避免由有关组织单方面选典带来的偏差。第三种是调查者选典。它在调查者对被调查对象已比较熟悉时采用。

（二）与重点调查在选取调查单位上的区别

典型调查与重点调查在选取调查单位上有着明显的区别。重点调查是一种在整个调查总体中有意识地只选择一部分重点单位进行调查的非全面调查。所谓重点单位是那些在全部调查单位中只占小部分比重，而它们的标志量在标志总量中却占绝大比重的单位。通过对这些重点单位进行调查就能够对所研究对象总体的基本情况有所认识和了解。例如，当某地区发生灾情时，有意识地选择少数灾情重、缺粮面大的重灾区和户进行调查，就能及时了解到全部灾情的基本情况。重点调查由于调查单位少，因此比全面调查省事、省力、能用较少的代价及时搜集到总体的基本情况。但重点调查选取的重点单位与一般未入选的单位的差别较大，故通常不能用重点调查的结果来推算整个调查总体的指标。一般说来，当调查任务只要求掌握基本情况，而部分重点单位又能够比较集中地反映被研究总体情况时，采用重点调查比较适合。典型调查与重点调查选取调查单位的要求完全不一样。重点调查强调选取的重点单位与未选取的单位的差距，其差距越大越好；典型调查则强调选取的典型单位与未选取的单位的同质性，代表性、同质性越强越好。

（三）选择典型应注意的问题

首先，应重视选典之前的一般调查。有些人在选择调查典型时往往陷入盲目性，对通盘情况缺乏了解，而只凭一次开会讨论就确定了典型。这样的"典型"常常不是真正的典型。其次，要正确理解和把握典型的内涵。典型应是同类事物中最具有代表性的事物，那些认为越奇特越典型的看法是不正确的，因为越奇特的事物，代表性就越差，典型性也就越弱。其三，要有实事求是的科学精神。选典不能凭主观好恶去挑选，或者先有结论，再去找"合适"的典型，把典型调查变成论证自己观点的主观主义的方法。其四，应根据事物发展变化情况选择。选典不可僵化，总停留在老典型上思考问题，搞"终身制"典型。

四、典型调查的一般程序

（一）对调查总体作初步研究

典型调查首先要根据调查目的和任务，对总体情况有一个初步了解，通过查找资料，实地观察以及听取各类人员的意见，对被研究的事物进行粗略分析，以便做到"心中有数"，为下一步选择典型作准备。

（二）拟定详尽的调查提纲

为了明确调查的重点和主要内容，做到有计划地进行调查，在对调查总体进行全面初步研究的基础上，典型调查实施前，必须根据调查目的设计详尽的调查提纲或调查表。

（三）选择具有代表性的典型

典型调查是通过对若干具有代表性的典型单位进行深入系统的研究，借以认识同类社会现象的本质及其发展规律的一种调查方法，因而选择具有代表性的典型是典型调查的关键，而要正确地选择典型，需要在前一阶段科学分析的基础上，根据调查目的加以选择，切忌从主观愿望出发，任意抽取个别事例加以研究。

（四）实地调查占有第一手资料

在调查实施过程中，调查者根据事先设计的一些访谈提纲或简单的调查表，采用访问、座谈、观察等具体方法全面深入地搜集第一手资料。为保证搜集的资料真实、准确、全面，要求调查者把典型作为调查点，下定决心，扑下身子，深入基层作较长时间的调查了解。

（五）整理分析资料，作出推论

典型调查获得的资料往往十分丰富，却又十分庞杂。这就需要对搜集到的资料进行细致的整理加工，通过去粗取精、去伪存真，然后由表及里，由浅入深地分析资料，最后得出研究结论。在总结调查研究成果时，应该特别慎重地对待调查结论。一般而言，典型调查得出的结论只能大致推论典型所能代表的同类事物和现象。

五、典型调查应注意的问题

（一）要准确地把握好典型

正确选择典型是典型调查的关键，典型选得好，看到的是代表全局的真实现象，但选偏了或选上不具备代表性的单位，也容易以偏概全，被假象所蒙蔽。典型选择得好不好，直接关系到典型调查的成败。实践证明，典型调查的误差，主要在于选点的误差。因此，典型调查必须准确地把握好典型。

（二）要定性与定量分析相结合

典型调查属于一种深度调查，具有资料分析全面系统、深入细致的优点，但难以对调查的个别单位与总体之间进行定量分析，其认识往往不完整、不准确。因而在调查过程中，要尽量搜集各种数据资料，从量上对调查对象的各方面进行分析，以提高分析的科学性和准确性。定性分析和定量分析相结合已成为典型调查法发展的一种趋势，现代调查技术又使这种结合成为可能。

（三）要有深入实际的调查作风

典型调查是一种直接的面对面的调查，调查者要有深入实际、吃苦耐劳、深入细致的调查作风，要下定决心，付出艰苦的劳动，作较长时期的持续性的调查，切忌蜻蜓点水，浮光掠影，浅尝辄止的做法。如调查贫困地区的情况，不能只到乡政府、村委会，为干部所包围，而必须深入到贫困户当中去。只有这样，才能搜集到各种有价值的第一手资料，使调查内容全面、系统、详尽、生动。

（四）要慎重对待调查结论的适用范围

典型调查要慎重对待调查结论。因为典型虽然是同类事物中有代表性的事物，但它毕竟是一般中的个别、普遍中的特殊。因此要严格区分哪些是代表同类事物的具有普遍意义的东西，哪些是由典型本身的特殊条件、特殊环境和特殊因素决定的，只是具有特殊意义的东西。对这两部分结论的适用范围要作出科学的说明，切不可把典型调查的结论与全局情况等同起来，将典型调查的全部结论到处乱搬乱套。

六、典型调查实例

当代中国农村社会转型研究
——劣势级转型社区王佑镇的典型调查①

第一步，提出课题，进行面上的初步研究

改革以来，农村在总体上已经从以传统农业为重心的单一农村经济进入了以现代农业为基础、非农产业全面发展的阶段，开始走上富裕之路。农村的发展变迁和从传统向现代社会转型已经成为一个重要的研究课题。事实表明，尽管农村社会变迁具有普遍性，但中国农村社会从传统向现代的转型在地域上是不均衡

---

① 郑杭生主编，《当代中国农村社会转型研究》，中国人民大学出版社，1996年9月，第151—183页。

的。比如，一些沿海省份和大城市郊区的农民人均收入大大提高，但西部贫困地区的农民收入却仍然很低。这就要求我们深入考察农村转型的条件与动力，以及转型过程的速度、深度、广度和所面临的问题各方面存在的差异，并采用典型调查法，分别选取四个村庄作为劣势级转型社区、中势级转型社区、中高势级转型社区和优势级转型社区的典型代表做全面深入研究。篇幅所限，这里只介绍劣势级转型社区王佑镇的典型调查。

第二步，选择有代表性的典型

王佑镇地处贵州省惠水县，1991 年的人均耕地 532.8 平方米，人均农业收入仅 231 元，非农产业极不发达，全镇乡镇企业从业人员仅 137 人，基本就属于发展缓慢的贫困地区。因此选择了王佑镇作为劣势级转型社区的典型代表。

第三步，深入调查，获取第一手资料

1992 年 7 月对王佑镇展开实地调查。调查主要围绕以下几个问题展开：劣势地区社会转型的现状；如何突破劣势的局限；转型过程中的社会秩序问题和社会成员价值观念分化的趋势。

调查过程中利用问卷法和个案访谈法结合搜集资料。

第四步，分析资料，作出推论

根据研究的主要问题和资料收集情况，撰写了调查报告。主要内容如下：

1. 王佑镇社会转型之现状。(1)初到王佑镇的印象，介绍了王佑镇的基本情况。(2)王佑镇社会经济水平和职业结构变迁。王佑镇主要以农业为主，还面临耕地日益短缺危机，村民的经济行为倾向还着眼于"力农致富"。职业分化不明显，种田是主要职业，收入水平分化也不明显。(3)居民文化素质及对社会环境的意识水平。王佑镇居民中不识字或识字很少的有 4484 人，占总人口 49.6%，小学文化 3392 人，占总人口 37.5%，初中文化的有 995 人，占总人口 11%，高中及中专文化的有 153 人，占总人口 1.7%，大专以上文化水平的只有 16 人，占总人口 0.2%。全镇居民总体文化程度指数仅 4.2 年，不足小学毕业水平。对教育不重视，重男轻女，中途辍学的可能性很大。教育观念上，一般认为要么考上大学，要么回家种田，读初中、高中是根本用不着，白费钱。文化水平低不利于居民掌握高的生产技能和接受新的观念，最终导致封闭保守，不利于发展。王佑镇居民除参军和上学外，无其他机会外出。

2. 加速王佑镇社会转型的思考。(1)传统思路的局限性，陷入低收入—低积累(低投入)—低产出—低收入的恶性循环。要加速这种社区的转型一般要靠国家的力量，一是"输血"，另一是"造血"。(2)对王佑镇"推广烤烟"工作的微观分析。政府要农民交出部分土地给种烟大户种植烤烟，补偿是每公顷地补助 2250 公斤玉米，农民考虑收益、风险和技术问题，不愿意执行。政府的财力和能力都有待提高。(3)农民有劳务输出愿望，政府应该创造条件。这也是加速转型的一条途径。

3. 社会转型的秩序问题。王佑镇虽然是一个高度封闭落后社区，但也发生了一定程度的社会转型。(1)传统秩序的危机。王佑镇大多居民是布依族，多数村寨是同姓聚居，70 年代以前"族老""寨老"地位举足轻重。但 90 年代由于政府、传媒、学校等的侵入，使"族老""寨老"地位削弱。(2)现代秩序的基础。从法制秩序的"硬件"和"软件"两方面来看，王佑镇的基础还相当薄弱，距离法制社会还非常遥远，目前处于转型期。(3)社会转型期的秩序问题。主要有三类：经济秩序，从计划经济向市场商品经济转型；政治秩序，从行政命令单向控制向协商对话合作转型；社会秩序，从身份的封闭分层向职业的开放分层转型。社会转型在王佑镇是一个漫长过程，需要媒体宣传、学校教育、制度建设等多方面的努力。

4. 社会转型中的人。成员素质直接影响社会转型的各方面，主要通过分析自我评价、成就动机和对子女的期望，揭示王佑镇社会转型的深层心理机制，以展望未来趋势，确定社会转型的方向。

第四节　个案调查

一、个案调查的定义与特点

（一）个案调查的定义

所谓个案调查，也叫个别调查，它是对特定的个别研究对象进行详尽的、深入细致的调查研究的一种调查方法。法国的经济学家黎伯勒最早将个案法应用于社会研究，英国的斯宾塞则被公认为第一个推广个案法的社会学家。个案调查常被用作研究过程的第一步。在国外社会学家调查研究中，个案调查的应用相当广泛，调查人员从工人、农民、老人、儿童、少数民族、家庭、街道、村庄、企业等单位中选取一个或几个调查对象作为个案，详细、深入地了解每一调查对象的社会活动、生活方式、行为模式、价值观念等。在对个案的研究中，还发展了社会调查的具体方法和手段，如参与观察、深度访谈、重点访谈、生活史研究、个别文献分析、社会研究等。

个案调查有各种不同类型，主要有以下三种：一是对社会生活中的个人或按一定标准分类的人群所作的个案调查。如对老年人、残疾人等的调查。对各种个人或人群进行个案调查，可以了解有关现象的真相，认识各类人员的生活、心理特征和社会需要等问题，以利于有的放矢地做好工作，解决社会问题。二是对社会生活中按不同标准区分的各种组织和共同体的调查。如学校、企业、村庄等的个案调查。通过对这些起着不同作用的社会团体的个案调查，可以把握各类群体的组织状况和发展趋势，使其更好地发展。三是对人们的正常生活造成障碍或有较大影响的现象和事件所作的个案调查。如有关离婚、青少年犯罪、毒品等个案的调查，可以认识有关问题的性质、作用范围、发展趋向等，有利于减少各种不利因素的影响，促进社会的稳定和发展。

（二）个案调查的特点

1. 个案调查对特定对象的研究比典型调查更为具体，更深入细致

这一特点主要表现在对调查对象的纵向分析上。个案调查要对调查对象作历史的研究，进行较详细的过程分析，以弄清其来龙去脉，具体而深入地把握个案的全貌。它从大量的调查材料中找出其内部的和外部的各种因素之间的联系，分析问题的特点和性质。因此个案调查具有质的深刻性，它是一种定性分析的调查。人们研究各种现象，往往是从个案调查开始，在获得对个别事物的深刻认识后，再扩展到对现象的普遍联系的认识。

2. 个案调查的目的在于认识个案本身，并不要求推及同类事物

个案调查是为了解决具体问题进行调查，侧重对个案本身进行分析。个案研究一般不存在是否要考虑它有没有代表性的问题，所得出的结论一般也不能用来推论有关总体。只有通过各个个案的综合研究，才能从中推导出总体性结论。

3. 个案调查方法灵活多样，在调查时间和活动安排上有一定弹性

个案调查可采取的方法灵活多样，不拘一格，可以运用当面访谈、参与观察、开座谈会等直接调查方法，也可以运用阅读文献、查找资料、邮寄问卷等间接调查方法等多种形式。此外，在调查内容、时间和活动安排上，个案调查有一定的弹性。

二、个案调查的应用与局限

（一）个案调查的作用与适用范围

个案调查是一种行之有效的研究方式。运用这种方法，可以较为详尽彻底地了解个案的特殊情况及其与其他社会方面错综复杂的关系和影响，从而提出社会问题治疗的依据。因此，它对社会现象的考察具有很强的深度和扎实性，同时，个案探讨的范围虽然狭窄，但由于它调查得较深刻透彻，加上得到的资料也较为丰富，因此，还常用来弥补量化研究的不足。个案调查正是由于具有上述特点，它在社会调查研究中应用较广，尤其适用于：第一，广泛应用于社会经济活动的个案研究。常见的社会经济活动个案调查有：城市建设个案、农村社区个案、企业个案、学校个案等。第二，应用于对社会福利工作有关的专门机构的个案调查。诸如应用于社会福利、社会救助、劳动教养等管理机构。这类调查常见的个案有：老年个案、青少年个案、妇女个案、伤残人员个案、医疗个案等。第三，应用于对社会生活中的各种专门问题的个案研究。对给人们正常生活造成障碍，或对人们的社会生活产生较大影响的问题，诸如离婚问题、犯罪问题、交通问题、吸毒问题、自杀问题等进行个案调查，有助于把握有关问题的性质、现状、特点和发展变化趋势，由此提出综合治理的方案，消除社会变革进程中的障碍，促进社会协调发展。第四，应用于了解某一调查对象的生活史或发展过程。个案调查注重生活史的分析和过程分析，它通过深入访谈来了解每一个个案的生活经历及生活史中的重大事件，以便发现哪些事件会影响个体的行为和观念。

（二）个案调查应用的局限性

与其他几种调查类型比较，个案调查的局限性表现在：一是分析方法难以标准化，容易作出主观的、不精确的结论。由于个案调查涉及到对整个实际情况的详细描述，要想设计出一种正式的观察和记录方法是很不容易的。非正式方式很容易变成主观的东西，造成调查者只能发现他所希望的现象。二是无法保证个案的代表性，因此难以从个案调查中导出普遍规律。三是可以通过个案揭示总体的某些类型，但无法揭示它的结构，也就是说，个案调查基本上是定性的，而不是定量的，得出的结论缺乏很强的说服力。四是时间花费较多。为了弄清个案的来龙去脉，特别是要搞清一些细枝末节，往往要耗费大量的调查时间。正因为此，个案调查法在社会调查中，常作为其他方法的辅助方法来使用。

三、如何确定个案

（一）个案确定的形式

个案的确定有两种形式：一种是无选择的，一种是有选择的。无选择的是调查者应前来请求帮助的个案的要求立案。它常用于个案工作中。有选择的是，研究者根据调查的课题与目的以及调查者的需要与条件选择个案。例如，研究青少年网瘾问题，调查者要找一些对网络上瘾的青少年及其家人朋友进行调查，选择个案的时候可以考虑找就近比较方便接触的个案，也可以考虑找网瘾特别严重的个案，这就要视调查者的目的及能够具备什么研究条件而定了。有选择的确定个案，既用于个案工作中，又用于理论研究中。

（二）个案调查与其他调查确定调查单位的区别

个案调查与典型调查、抽样调查的一个重要区别是调查单位确定的方法不同。

个案调查的个案与抽样调查的样本单位的确定有着明显区别。抽样单位是根据随机原则抽出来的，抽中或未被抽中完全不受调查者主观意识的影响。而个案调查的个案（有选择的）受调查者主观意识的影响。

　　个案调查个案的确定与典型调查典型的确定也有着明显区别。典型调查强调被选对象在调查的一类事物中具有代表性、典型性，而个案调查则不强调这一点。因此，典型调查选择典型之前必须要求对总体进行比较全面的研究，以从中选择合适的典型，而个案调查确定个案并不要求事先对总体研究，只要研究者对这个个案本身感兴趣就可以了。另外，有些个案调查的个案是无选择的，是应案主主动要求而立案的，而典型调查的典型则全部是有意识地选择的。

四、个案调查的一般程序

（一）确定个案

　　确定个案又称立案，前已述及，它有两种形式：无选择的立案和有选择的立案。立案时，调查者要为每个案主（被调查者）建立单独的档案，所需工作包括登记、编号、制作摘录卡片等。在所建立的每个案主档案的首页上，要写明要求立案的个人或组织、立案的时间和理由、有待调查的问题或事件等。

　　（二）访问案主

　　对案主的访问是为了详细了解案主的基本情况和背景材料。例如老年个案调查，需详细了解案主的家庭背景、主要经历、生活习惯、兴趣爱好、社交活动、价值观念等方面的情况。

　　访问案主是否顺利，谈话的内容是否符合需要，所得资料是否正确可靠，与整个调查的成败有密切的关系。第一次访问尤其重要，因为有了良好的开端，就可以为以后的访问打好基础。

　　访问除了要掌握一般的访问技巧外，还应特别注意以下几点：首先要打消被调查者的顾虑。为此，调查员要热情亲切，要从一般的人之常情的话题谈起，不要急于提出实质性的和敏感的话题。第二，访问员要耐心、仔细地听取谈话人的谈话，在自由式的访谈过程中，要尽可能不在案主面前作记录和录音，而应在访谈后通过追忆做追记。第三，要引导谈话人畅所欲言。例如对有网瘾的青少年进行访谈，刚开始对方可能不愿意谈话，这就要求调查者有能力与对方建立信任关系，采用真诚和技巧引导对方说出心里话。第四，要注意谈话人在谈话中暴露的新线索，抓住时机，顺藤摸瓜。

访问案主，不仅要与案主本人访谈，还要与案主的亲属、朋友、同事、领导访谈。访谈前要有所准备，必须拟出访谈提纲。

（三）搜集资料

根据与案主及相关人员的访谈，调查者会从中理出一些需要通过文字材料验证和补充说明的问题。这样就要搜集一切可能搜集到的资料和证据。个案调查的资料包括"实地源"和"文献源"。调查者可以采取参与观察、问卷调查、个别访谈、开座谈会等方法搜集有关案主的资料。个案调查还可以进行文献查阅，其个案搜集的资料包括自传、回忆录、著作、日记、信函、报刊、会议记录、司法记录、档案、地方志、录音、照片等各种口头的和书面的、直接的和间接的材料。总之，一切与个案有关的零星事项，只要能用来说明被调查者情况的心理和行为资料都要搜集。搜集资料要求深入细致，掌握尽可能多的历史资料。它们通常可用来与访谈资料相印证，证实案情的真假性。

（四）分析诊断

在取得调查资料的基础上，需要对所搜集的资料和证据进行核实、整理、分析和研究，找出问题的症结所在，作出客观的社会诊断。分析诊断要根据调查目的作出不同的处理。调查目的是为了解决实际问题，就要根据存在的问题，提出治理的建议或方案，进行社会治疗。调查目的是为了进行理论研究，则要在达到相当数量的个案的积累基础上，概括和抽象出一些共性的理论。

五、个案调查应注意的问题

（一）作好知识准备

调查者除了需具备渊博的知识、丰富的阅历、敏锐的洞察力和较强的应变能力外，还需具备个案涉及领域方面的知识，因此，调查者应事先作好相关知识准备，以便于与案主交流，使调查顺利进行。

（二）取得案主信任

调查者要注意尊重案主，平等待人，取得案主的信任和合作，注意双方感情的沟通，气氛的融洽，打消案主的顾虑，使之畅所欲言。特别是第一次访问应受到充分重视。

（三）多种方法并用

个案调查，由于涉及到案主的历史和现实，主体（案主本身）和案体（案主周围环境或背景），等等，因此，个案调查需要多种方法并用，除了访问谈话以外，调查者还可以采取阅读文献、参与观察、问卷调查、开座谈会等方法搜集有关案主及其相关资料。

（四）撰写好个案史

个案调查写个案史是一个重要内容。个案史的写作要求如下：（1）内容包括案主情况和个案调查的过程。案主情况，既要写案主过去情况，也要写案主现在情况。（2）所写内容按时间顺序编排，注明年月日。（3）适时进行个案调查的整理、分类。（4）文字简练，条理清楚。

（五）兼顾深度广度

个案调查资料搜集，不论是围绕案主需求的问题，还是围绕调查者确定的主题进行，都应兼顾深度和广度两个方面。深度是指搜集的资料要紧紧围绕立案的问题，并且确实能够说明这些问题；广度是指资料应是多方位多层次的，能全面地解决问题。

（六）尊重案主隐私

在资料搜集过程中，有时会涉及一些不宜公开的事件和个人隐私，调查者要充分尊重案主的隐私权，替案主保密。

（七）区别个案工作

个案调查和个案工作二者之间，既有联系又有区别。在西方，个案工作中经常使用个案调查，它不仅应用于医院、救济福利机构、工厂、学校、政府信访部门等工作中，还用于婚姻、家庭、民族、宗教、犯罪的功能研究中。但两者有明显区别。从性质看，个案调查是社会调查的一种方法，而个案工作是一种解决实际问题的社会工作方法；从步骤看，个案工作全过程的前部分，即了解情况、分析问题、作出社会诊断等与个案调查是基本一致的，但诊断确定后，个案调查就算结束了，而个案工作还需继续进行治疗实施；从目的看，个案调查在搜集大量的个案材料后，进行分析推理，抽象出一般原理或规律；个案工作则着重根据社会诊断，解决实际问题，进行社会治疗；从对象看，个案工作的对象一般是个人，而个案调查的对象除个人外，还可能是一个家庭、一个组织等。

六、个案调查实例

民办非企业单位研究
——重庆江津市向阳儿童发展中心个案①

第一步，确立个案

改革开放以来，随着我国经济和各项社会事业的发展，各种类型的民办非企业单位不断增多，涉及的范围不断扩大。据估计，目前我国民办非企业单位大约有 70 万，主要分布在教育、科研、文化、卫生、体育、新闻出版、交通、信息咨询、知识产权、

---

① 邓国胜、王名：清华大学公共政策与管理学院 NGO 研究所资料，2001 年 3 月

法律服务、社会福利事业以及经济监督事业等领域。如：民办学校、民办医院、民办图书馆、民办科研院、民办敬老院、民办社区服务中心和民办法律援助中心等。可见，我国的民办非企业单位具有广泛的社会性，已影响到社会的方方面面。显然，作为我国非营利部门的重要组成部分，对民办非企业单位的研究具有重要的学术与实践价值。然而，由于民办非企业单位的特殊性，这一问题一直没有引起人们足够的重视，相关研究也极为薄弱。

本研究选择重庆江津市向阳儿童发展中心为研究个案，主要原因在于：第一，它是业界公认比较成功的弱智儿童教育中心。虽然它不具有代表性，但其成功的经验可以用来为一般情况服务；第二，本文的目的之一在于总结民办非企业单位的发展过程与组织管理模式，因此对这种极端个案的揭示可能比一个典型个案更好；第三，向阳儿童发展中心自1996年3月成立以来已有近五年的历史，符合个案研究的基本条件。

第二步，搜集资料，分析个案

主要从四个方面去分析研究：

1.向阳儿童发展中心的建立与发展。1996年3月1日正式成立，法人代表是江津市一位热心特殊教育的退休教师吴清秀，得到了两位台湾同胞方武和李宝珍夫妇的大力支持。方武和李宝珍夫妇在台湾从事弱智儿童教育工作已经20多年，并创办了"双溪启智文教基金会"，主要开展弱智儿童教育和相关师资培训。向阳儿童发展中心几年来的发展情况看，大致可以将中心的发展划分为三个阶段：第一阶段：筹备阶段（1995年—1996年3月），第一年只有5个老师8个学生。第二阶段：初具规模阶段（1996年3月—1999年3月），共招了20多个孩子，老师也增加到8人。在北京、重庆、武汉、上海、南京、泉州、大连等地与当地同行积极开办了弱智教育短期培训班；为一些特殊教育中心、科研单位提供特殊教育图书资料；支持重庆师范学院儿童智能发展研究中心创立弱智儿童实验班；邀请大陆学者赴台考察特殊教育。第三阶段：开拓发展阶段(1999年3月-)三周年之际，2000年4月8日成立弱智儿童玩具图书馆；创设弱智成人的福利农场，临峰山的就业安置基地已启动；开发弱智成人的日间活动中心，天街的家庭休闲中心已创办。它试图解决弱智儿童的学习资源、成年后就业与休闲活动等长期性的问题。

2. 向阳儿童发展中心管理模式。包括非营利奉献的教育理念、小型化的组织定位、系统化的战略规划、透明节约的财务管理、家庭式的管理模式、多元化的筹资渠道(以方武和李宝珍的台湾筹集为主，家长、社区、政府捐助为辅)以及科学的质量评估。

3. 主要项目和运作机制。主要是弱智儿童教育项目，另外还有弱智儿童玩具图书馆，临峰山的就业安置基地，天街的家庭休闲中心。目前中心有三个班，一班是14~17岁的孩子，共8个学生；二班是7~13岁的孩子，共4个学生；三班是学龄前的孩子，共7个学生。这19个孩子都是中、重度弱智儿童。第一阶段是发展性课程。内容分为感官知觉、粗动作、细动作、生活自理、沟通、认知与社会技能等七大领域。第二阶段是功能性课程。对于年纪稍长(约10岁以上)的学生，逐渐转入功能性课程，重视直接有益生活的实用性目标。第三阶段是职业教育课程。是学生即将步入社会之前，应当为其规划以工作为导向的课程内容，包括工作能力、休闲能力及独立生活技能等的加强训练。

4. 向阳儿童发展中心的公共关系。包括与政府、其他非营利机构、家长、社区、媒体的关系。

第三步，总结经验，发现问题，提出建议

向阳儿童发展中心在项目定位、教育理念与服务宗旨、财务管理、人力资源管理与评估机制等方面都有许多值得其他民间机构学习与借鉴的地方。但这个案也反映出一些问题：

1. 生源问题。当前中心遇到的一个主要问题就是不清楚当地到底有多少中、重度弱智儿童，不清楚他们的分布与实际需求，其结果是中心有时找不到合适的生源。即使有时发现了一个弱智儿童，也往往因为年龄太大，教育的效果不佳。解决这一问题的办法之一是建立弱智儿童档案。最好是由民政部门与医院密切配合，当医院发现弱智儿童时由民政部门颁发证件，而弱智儿童则可以凭医院的鉴定和民政部门的有效证件享受各种优惠待遇。

2. 家长的观念问题。中心所遇到的另一个问题是一些弱智儿童的家长思想观念保守，有"家丑不可外扬"的心态，不愿让弱智儿童走出家门。这不仅影响到中心的生源和玩具图书馆使用效率的低下，实际上也耽误了对弱智儿童的教育。这些问题仅仅依靠中心的力量是无法解决的，而应该充分发挥政府和媒体的作用，通过不断的宣传教育逐步改变人们落后的观念与意识。

3. 政府和民办非企业的关系问题。政府为残疾儿童提供的服务远远满足不了实际的需求。因此政府适时进行了社会福利体制的改革，提出了社会福利社会化的口号，鼓励民间力量举办儿童福利事业，并给与减免税的优惠。这一社会政策的实施对于缓解儿童福利供需矛盾起到了积极的作用。但又走向另一个极端，从地方政府对向阳儿童发展中心的管理情况看，目前地方政府对民办非企业单位基本采取一种"无为政策"的取向。政府应该建立第三方的评估机制、推动行业自律和公众舆论的监督等方式进行宏观的、间接性的管理。

4. 政策设计问题。我国《民办非企业单位登记管理暂行条例》第十一条规定，在同一行政区域内已有业务范围相同或者相似的民办非企业单位，登记管理机关可以不予登记。这实际上极不利于民办非企业单位之间的竞争和互律，其结果是一些民办非企业单位效率低下、公益性不足，其健康发展缺乏制度上的保证，而类似于向阳儿童发展中心这样绩效好、公信度高的非营利机构太少。为此，建议有关部门对《民办非企业单位登记管理暂行条例》第十一条规定作进一步的论证，甚至可以在个别城市进行相关的试点。

思考练习题

1.普查的特点是什么？应注意那些问题？

2.什么是随机抽样？它有哪些类型？请举例说明。

3.在重复抽样条件下，如何计算简单随机抽样所需的样本？

4.样本规模的确定受哪些因素的影响？

5.运用典型调查应注意什么问题？

6.试比较普查、抽样调查、典型调查和个案调查各自的优缺点及适用范围。

7.如何抽取样本？如何选择典型？如何确定个案？

8.试比较抽样调查、典型调查、个案调查在确定调查单位的异同。

9.试简要说明抽样调查、典型调查、个案调查的一般实施步骤。

第八章　调查资料的搜集 I：文献法

> 研究必须充分地占有材料……只有这项工作完成以后，现实的运动才能适当地叙述出来。
> ——马克思
>
> 毋庸置疑，实地调查的资料具有很高利用价值，文献资料也具有不可忽视的作用。
> ——[日]福武直
>
> 一切真知都是从直接经验发源的。但人不能事事直接经验，事实上多数的知识都是间接经验的东西。
> ——毛泽东
>
> （马克思写《资本论》——引者）要不是有那么美国和俄国的材料（单是俄国统计学方面的书籍就有两个多立方米），第二卷早就印出来了。这样详细的研究工作使第二卷的进展耽误了许多年。他向来这样，总是要把直到最后一天的所有材料都搜集齐全。　——恩格斯

社会调查搜集资料的方法很多，主要有文献法、问卷法、访谈法和观察法，本章至第十章分别加以介绍。这些方法都是科学的，实践证明也是行之有效的，但各自都有其适用范围和局限，因此，如果用得不当则是"徒有其法"。在某一具体调查中，到底采取何种方法，这要根据调查目的及其对象的特点，并随客观情况和调查条件的变化而适当加以选用，同时还要注意各种方法的结合运用。本章介绍的文献法，虽是间接调查的方法，但几乎任何研究都离不开它。

第一节　文献法的特点与应用

一、文献法的定义

文献法，是根据一定的调查目的来搜集和分析文献，以此获得所需资料的方法。所谓文献，《现代汉语辞典》释义为：有历史价值或参考价值的图书资料。随着社会的发展，科学的进步，文献的内涵和外延逐步扩大，人们把用文字、图像、符号、声频、视频等方式记录人类知识的物资形态，都称为文献。因此，社会调查中所指的文献，其包含的内容比一般意义的文献内容要宽泛得多。20 世纪以来，在科学技术高速发展的推动下，世界范围内的文献出现了一些新的发展趋势。主要表现在：数量急剧增加；种类日益繁多。文献是人类知识的结晶。从认识论的角度说，"一切真知都是从直接经验发源的，但人不能事事直接经验，事实上多数的知识都是间接经验的东西"[1]，这些间接经验的东西主要是通过各种文献获得的。文献使人们超越了时间和空间的限制，它是人们认识社会的重要途径。

二、文献法的特点

文献法通过"文献"中介进行调查，因而它属于一种间接调查方法。相对于其他搜集资料方法，文献法具有如下比较突出的特点。

第一，时空性。运用文献法，可超越时空条件的限制。研究那些不可能亲自接近的调查对象。既可研究现代的社会现象，亦可研究几十年、几百年甚至几千年前的历史现象；既可研究本国

---

[1] 《毛泽东著作选读》（上册），北京：人民出版社，1986 年，第 126 页。

的社会状况，也可研究任何国家或地区的社会状况。

第二，间接性。运用文献法，调查的对象是记载了有关调查研究对象情况的文献，不直接接触被调查者，在调查过程中不存在与被调查者的人际关系问题，不会受到被调查者反应性心理或行为的干扰。同时，文献始终是一种稳定的存在物，不会因研究者的不同或研究者主观倾向而改变。

第三，效率高，花费少。运用文献法，可以走不少捷径。文献一般存放在图书馆、档案馆、研究所等处，因此查阅、摘录都较为方便，可以用较少的人力、经费、时间，获得比其他调查方法更多的信息。

三、文献法的局限

其一，文献资料缺乏生动直观性。文献调查所获得的主要是书面信息，第二手资料。即使文献的内容全部是真实可靠的，它仍然缺乏具体性、直观性和生动性。"纸上得来终觉浅"，这是文献调查的最大局限性。

其二，文献资料并非能随意获得。因为许多文献都不是公开的，特别是历史文献，经历的年代久远，留传下来的大部分是官方或名人的东西，普通百姓的资料少之又少，且常常是支离破碎的，很多情况下见到的仅是某些片断的描述。所以调查者很难将需要的文献查找齐全。

其三，文献资料的非真实成分难以鉴别。由于文献中包含着撰写者个人倾向性内容，尤其是加工过后的文献，若作者带有较明显的感情倾向，就无法辨别原事物的真相，因为任何文献的内容，都受到一定时代，一定社会条件的局限，受到撰写者个人素质的制约，因此，文献资料并不都是可靠的。

其四，文献资料总是落后客观现实。通过文献调查所获得的信息与客观真实情况之间，总会存在着一定的距离。因为任何文献都是对过去社会现象的记载，而社会生活是不断发展变化的。一般说来，文献调查所获取的资料总会落后于客观现实。

基于上述局限性，文献法所搜集的资料不能作为社会调查结论的现实依据，它常需与其他资料搜集方法结合起来，才能使其局限性得以弥补，获得更好的调查效果。

三、文献法的应用

（一）文献法运用贯穿于社会调查的全过程

文献法是选择调查课题、提出研究假设、确定社会指标、设计调查方案的必要前提。凡调查者判断所选课题的意义和价值，要有的放矢地确定调查内容，需要在调查准备阶段作理论假设或理论构架设计的都会要运用文献法。即使在调查研究阶段进行深入地理论探讨，在总结阶段撰写调查报告、评估调研成果，也都离不开文献法。

（二）文献法适用于历史性调研课题

从适用的调查研究课题来说，文献法最适用于专门的历史性和系统的比较性调查研究课题。例如：马克思写《资本论》，在40年中共查阅了1500多种书刊，列宁写《帝国主义是资本主义的最高阶段》一书，也查阅156本外文书和232篇国外文章。这两本经典著作都属于专门的历史性研究课题的成果。

（三）文献法具有深度回顾功能

文献研究的这种功能可以帮助调查者了解、研究那些难以或者不可能接触的研究对象和问题。例如：进行地名普查，需要多方面、多角度地去了解村庄、街道、山川、河流名称的历史沿革、含义、掌故、变化等情况，这时便可以运用文献法，获得宝贵的地名资料，更好地做好地名的管理工作。

第二节　文献资料的类型

一、传统文献类型

传统文献类型，有不同的划分标准，这里列举几种常见的分类方法。

（一）按照编辑出版的不同形式分类

按此分类，文献可以分为图书、期刊、报纸、科研报告、会议文件、学位论文、政府出版物、档案、统计资料、内部资料等。

（二）按照文献资料的形式分类

按此分类，文献可分为文字文献、数字文献、图像文献和有声文献四类。文字文献是指用文字记载的文字资料。它是最广泛的文献形式，包括出版物，如报刊杂志、书籍等；档案，如会议记录、备忘录、人事档案等；个人文献，如日记、信件、笔记等。数字文献是指用数据、表格等形式记载的资料，如统计报表、统计年鉴等。图像文献是指用图像反映社会现象的文献，包括电影、电视、录像、照片、图片等。有声文献是指用声音反映社会现象的文献，包括唱片、录音磁带等。

（三）按照对文献内容的加工程度分类

按此分类，文献可以分为零次文献、一次文献、二次文献、三次文献。零次文献是指交谈和会议上交流和传递的有用信息，是未经发表付印的书信、手稿、草稿和各种原始记录；一次文献亦称未经加工的原始文献，一般是指作者根据本人的生产或调查研究为依据而撰写的文献；二次文献又称检索性文献，是指对一次文献加工整理并使之有序化和浓缩化的文献，如目录、文摘、索引、题录等；三次文献又称参考性文献，是指在一、二次文献基础上，经过分析、综合而编写的文献，如综述、叙评、年鉴、手册、辞典等。文献的级次越高，则文献的直接性越小、间接性越大。文献搜集，一般是从二次、三次文献入手，然后再逐渐追溯到一次文献之中。

（四）按照文献载体形式和记录手段分类

按此分类，文献可分为手工型、印刷型、微缩型、机读型、声像型等。手工型文献是指用手工刻、铸、写成的文献，如在甲骨、青铜器、竹片、锦帛等载体上刻写的文献，在纸张上写下的手稿、信件、日记、原始资料等；印刷型文献是指将资料内容印刷在以纸为主要载体之上的文献，记录的手段包括石印、油印、胶印、铅印、复印等；微缩型文献是指以感光材料为载体，利用光学技术作为记录手段的文献；机读型文献就是以磁带、磁盘为载体，以磁性贮存技术为记录手段的文献；声像型文献是一种运用录音、录像和摄影技术直接记录声音和图像的文献形式。以上这些类型、最普遍、最基本、最常用的是印刷型文献。

此外，文献还可按学科领域划分为社会科学文献、自然科学文献、综合型文献；按密级划分为公开文献、内部文献和秘密文献，等等。

二、网络信息类型

随着现代社会计算机、网络等技术的发展，网络信息越来越丰富，其作用也越来越显著。因此，网络信息查找是文献资料搜集不可缺少的内容。依据不同的标准，网络信息可以分为不同的类型。

（一）按信息交流方式分

按此方式，可分为非正式出版信息、半正式出版信息和正式出版信息。非正式出版信息，如 E－mail、BBS 新闻等；半正式出版信息，如内部工作报告、会议记录、学位论文等；正式出版信息，如电子图书、电子报刊等。

（二）按信息存取方式分

按此方式，可分为邮件型、电话型、广播型、书目型、图书馆型和揭示板型。邮件型如电子邮件和电子邮件群体服务；电话型，如会话（talk）和交互网中继对话；广播型，是在网络上向特定多数利用者即时提供图像和声音的信息传播方式；书目型，如查询 FTP 文档的 Archie 和 WAIS 等；图书馆型，即通过信息系统提供一次性文献的信息传播方式；揭示板型，如网络新闻等。

（三）按信息内容范围分

按此方式，可分为文化信息、教育信息、学术信息、政府信息。文化信息，如购物、旅游、气候信息等；教育信息，如院校介绍、专业教学计划、教学成果等；学术信息，如电子期刊、专题论坛等；政府信息，如政府向公众提供的有关最新动态、法律法规、相关政策等。

此外，还可按时效性分为网上出版物、动态信息、联机馆藏书目数据库、国际联机数据库；按网络信息层次分为指示信息、信息单元、文献、信息资源、信息系统，等等。

第三节　文献资料的搜集

一、文献搜集要求

（一）文献资料搜集应紧密围绕调查课题

文献资料浩如烟海，若漫无目的地查阅，会花费大量的时间而收效甚微。因此搜集的内容一定要有针对性。在调查课题尚未最后确定的探索性研究过程中，可以较宽泛地涉猎有关文献资料，一旦调查课题确定之后，就应紧紧围绕调查课题搜集文献资料，以提高搜集的效率。

（二）文献资料搜集应尽可能丰富和全面

调查课题确定之后，搜集文献资料要不遗余力，尽量运用各种方法将课题所需的文献资料全部搜集到手。从形式上说，既要查阅图书，其他文献资料也不可忽视；既要查阅正式的资料，也应注意查阅图片、表格等辅助资料；既要查阅正规的公开出版物，也要参考档案文件等内部资料。从内容上说，搜集的文献资料，应包括有历史的、现代的；正面的、反面的；典型的，综合的；专业的，相关专业的，等等

（三）文献资料搜集应尽量查找最初出处

在文献搜集中，因次级文献资料比较容易得到，所以调查者查阅文献资料往往从二、三次文献入手，而二、三次文献几经整理、加工，可信度降低。一般来说，原始文献资料比加工过的资料可靠，可以成为分析研究的重要依据和比较研究、动态研究的重要资料来源，故文献调查中应注意尽量查找出文献资料的最初出处，以提高文献资料的权威性与可靠性。

（四）文献资料搜集应注重对资料的鉴别

对已搜集到的文献资料，还必须对它的真伪和可靠性进行鉴别，因为文献内容的真伪及可靠程度的判定直接影响调查的信度，所以，必要的鉴别是不可缺少的一环。若发现可疑之处，一般可通过对同类、同年代文献的相互比较，对文献作出鉴别，在鉴别的基础上再对文献进行取舍。

二、文献查找方法

（一）检索法

检索法有机读检索和手工检索两大类。在我国，一般以手工检索为主。它是一种先利用检索工具书确定所需文献的具体篇目，然后再予以查找的方法。此法适合搜集存于图书馆系统的文献。检索工具是专门指明文献出处和内容线索的工具书，主要有

书目、文摘、索引三大类。书目是将各种图书按内容或学科分门别类，一一加以著录、解题或评价，使读者得以认识图书的内容和价值的一种工具书；文摘是以摘要的形式将文献的内容浓缩、提炼、编辑而成的工具书，它虽不能代替原文献，但可以帮助我们在比较短的时间内了解某一文献的概貌，并可据此判断有无搜集原文献的必要；索引是将书籍或报刊中的内容或项目摘记下来，编成简括的条目，并注明该书籍报刊的出处、时间、期数、页码等，然后按一定的次序排列起来供人查检，借以指示寻找文献途径或线索的工具书。

利用检索法查找文献，可采取顺查法，也可采用倒查法。顺查法即由远而近，逐年逐月按顺序查找。具体做法是根据调查课题选好检索工具，然后从较早年代按时序查找，有利于了解与调查课题有关的各类问题发展过程的全貌，遗漏较少，所得资料系统全面，但费时费力，效率不高。倒查法是由近而远逆时序查找。由于查找近期文献可反映对有关课题现在的研究水平，获得最新资料、今人对早期文献的概述和评价，所以可节省时间和精力，效率高，但查找到的文献可能不系统不全面。

（二）追溯法

追溯法也称参考文件查找法，即利用某一文章、专著末尾开列的参考文献目录，或者是文章、专著中提到的文献目录，追踪查找有关文献资料的方法。具体做法是从已经掌握的文献资料开始，根据文献中开列的参考文献和所提到文献名目，直接去查找较早一些的文献，再利用较早文献中所开列的参考文献和提到的文献名目，去查找更早的文献，如此一步步向前追溯，直到查出比较完整的文献资料为止。这种方法在没有检索工具书可供查阅，或无需对课题进行深入研究时是可取的，且十分管用。

（三）循环法

循环法是将检索法和追溯法结合起来，交替使用，循环查找的方法。它既可先采用检索法查找出有关的文献资料，然后再根据查找到的文献中所开列、引用、提到的参考文献名目，去查找更早一些的文献；也可先采用追溯法，查找出更早一些的文献，然后再采用检索法扩大查找文献的线索。如此交替使用两种查找文献方法，直到找出自己所需的文献为止。

（四）咨询法

咨询法是指向熟悉有关文献或文献检索工具书的人说明自己所需文献的类别范围，请他们指点门径进行查找的方法。这种方法主要适用于收集藏于图书馆以外的其他机构（如档案馆）的文献。对于藏于图书馆的文献，如不熟悉检索方法，也可以运用此法查找。

（五）上网查找法

随着科学的发展，计算机互联网为我们开辟了一个新天地。现在很多调查者将上网搜集文献资料作为首选。上网搜集资料方便、快捷，且内容广泛，只要调查者输入自己想要查找的内容，马上就能查到相应的资料，但是网上搜集到的资料难以系统、全面，质量也难以保证。真实性、可信程度不是很高，所以从网上搜集的文献资料，应认真加以查对核实后才能使用。

第四节　文献法的一般程序

一、明确方向

文献资料搜集必须先明确研究的方向和要求，根据课题确定文献资料搜集的范围，确定搜集哪些方面的资料，把握到什么程度，以及文献资料的时间跨度、地域界限、载体类型等。研究方向越明确，要求越具体，文献搜集的针对性越强，效率也就越高。

二、查阅准备

正式查阅文献前，需做好如下准备：一是拟定文献搜集提纲。内容包括文献搜集范围、来源、评价标准和取舍标准等。二是确定检索工具和信息源。调查者一般采用自己所熟悉的检索工具，如书目、期刊指南、索引、文摘等，在自己能把握的信息源，如图书杂志、大众媒体、磁盘、光盘、计算机网络等信息源中查阅文献。三是确定检索途径和方法。查阅者可根据诸如作者名、文献名、文献代码、图书分类体系、主题词等既定的文献标识查阅文献。四是与获取资料的单位进行联系，旨在对方给予支持和帮助。

三、快速浏览

快速浏览即把搜集到的文献资料粗略地翻阅一遍，旨在有个初步的认识。快速浏览的要求：一是要有明确的目的。即大致了解文献的内容，对与调查课题有关的信息相对专注的认真阅读，为下一步的筛选打下基础。二是要善于抓重点。要善于抓住文献的筋骨脉络，重点掌握文献的主要观点和数据。浏览的重点是该书的著者、提要、目录、前言、后记、注释、图表、参考文献、索引等。浏览论文或其他体例的文献，则重点看大小标题、主要观点、论证和数据等。快速游览的方式有两种：一是扫描阅读，即用较快的速度从头至尾通读一遍，"一目十行"便是扫描阅读的生动写照；二是跳读，即是抓住资料的主要部分阅读，而对次要部分一扫而过，或暂时不看。快速游览，强调的是"快"，但快与马虎不是同义语，相反，它要求游览者专心致志，精力集中，否则达不到快速游览的目的。

四、文献筛选

文献筛选是在广泛浏览的基础上，根据调查研究的目的，通过认真的选择，将搜集的文献分为必用、可用、备用、不用等几个部分，使手中文献的数量由多变少，质量由粗到精。筛选的依据是文献中有用信息的多少和质量的优劣。筛选的关键在于善于比较。筛选的方法是按顺序进行，即先从大量文献中筛选出备用文献，从备用文献中筛选出可用文献，再从可用文献中筛选出必用文献，最后剩下的是不用文献。

五、认真阅读

认真阅读是对筛选出的文献进行认读、理解、联想和评价。阅读分为粗读和精读。粗读旨在了解文献的基本观点、主要事实、重要数据；精读是要全面掌握文献的实质内容，从中挑选有价值的资料。精读应根据文献的重要性、复杂性和有用程度，或全读、选读，或对比读、反复读。阅读是摘取信息的前提，其中精读又是摘取文献信息过程中关键的一步。

六、适时记录

适时记录就是把经过筛选确认为有用的信息及时摘录下来。调查者可根据文献的质量、时间、资金等条件，或逐字记录，或摘要记录，或拟写大纲，或作综述，并注意写明文献资料的来源，包括书名、作者、出版社、出版时间、版次页码、收藏单位等。记录信息的主要方法有标记、眉批、抄录、提纲、札记等。常用的标记方法有：表示关键性的字或句，用着重号"……"；表示较重要的内容，用直线"——"；表示特别重要的内容，用曲线"＿＿"；表示定义或经典论述，用夹线"〰〰"；表示对某些内容的欣赏，用惊叹号"！"；表示对某些有疑问，用疑问号"？"；表示一段文字中并列的几个观点，用三角号"△"；表示一段重要内容的结束，用双圈号"◎"。

七、整理分析

文献搜集的目的，是摘取与调查课题有关的信息。当文献搜集到手后，要进行认真的分析，并把分析之后的资料整理成系统资料，以便利用和保存。内容分析是从文献中挖掘资料的过程。必须注意分清文献中哪些是反映客观事实的资料，哪些只是作者个人的观点和评论；哪些是原初性质的资料，哪些是经过作者思维加工的事实材料。有时，文献分析还包括对文献背景和作者情况的分析，以便进一步对文献资料中的资料性质作出判断。

思考练习题

1. 什么是文献法？它在社会调查中有何意义和作用？
2. 文献法有哪些特点和局限性？
3. 文献搜集有哪些基本要求？文献查找有哪些方法？

第九章　调查资料的搜集 II：问卷法

问卷是社会调查的支柱。　　　　　　　——[美]艾尔·巴比

如何使提问项目集中于非问不可的问题，这是最大的难关。这是由能否把握要点提问及调查者所确定的主题是哪个(理论研究、类似调查事例的收集等)所决定的。　　　　　　——[日]福武直

即使是经过慎重讨论之后制成的问卷，在实际使用时仍会发现有不完善的地方。如果在开始实地调查之后再修改问卷是极其困难的，因此有必要预先选取极少数与调查对象相似的对象，试验性地使用问卷。　　　　　　　　　　　　　　——[日]福武直

一般认为百分之五十的回收率是可以用来分析和报告的起码比例；百分之六十的回收率是好的；百分之七十就非常好了。但这只是约定俗成的规定，并无统计学的依据。　　　　——[美]艾尔·巴比

问卷法是社会调查中最常用的一种资料搜集方法。它常用于抽样调查之中，抽样—问卷—定量分析三者结合，构成了现代统计调查的基本特征。

第一节　问卷法的特点与应用

一、问卷法的定义

问卷法是调查者运用统一设计好的问卷，向被调查者了解情

况的一种资料搜集方法。所谓问卷是一份精心设计好的问题表格，是一种统一的有问有答的资料搜集工具，其用途主要是用来测量被调查者的多种行为、态度和社会特征。在现代社会调查中，问卷已成为社会科学研究从定性走向定量、从思辨走向实证的重要途径。美国社会学家艾尔·巴比称"问卷是社会调查的支柱"。西方国家最早将其用于民意测验，后来在社会调查的各个领域得到了广泛的应用。近四十年来，问卷法在我国也日益普及。

　　问卷法实施的关键步骤是问卷设计。日本著名社会学家福武直说："调查表或问卷的设计，是开始准备调查的人最感头痛的事。"①问卷的核心是"问题"，围绕问题，最感困难的事是如何产生与形成问卷中的问题，以及如何合理、科学与艺术地提出每一个问题。前者与前述章节所述的调查课题具体化、操作化密切相关。后者则是本章所要重点讨论的。严格地说，问卷设计是调查准备与设计阶段应当完成的一项重要任务。

二、问卷法的特点

（一）不受地域空间限制

　　问卷的发放与回收，由于可以采用诸如邮寄等多种形式，也就使得问卷法可以不受地域空间限制，能在广阔的范围内对地域上相隔千里的众多的调查对象同时进行调查，并可在较短的时间内搜集到大量的信息。问卷法的这一特点是任何直接调查方法所不可比拟的。如关于城乡居民社会状况的调查，往往涉及几个、几十个甚至上百个市县，这样大规模大范围的调查，难以想象采用问卷法之外的资料搜集方法会是什么情形。

---

　　①　福武直、松原治郎编，王康乐编译：《社会调查方法》，湖南大学出版社，1986年，第48页。

（二）具有很好的匿名性

问卷法可在不直接与被调查者面对面接触的情况下完成调查工作。被调查者在完成问卷时不仅可以不受他人干扰，填写单独进行，自由地表达态度与意见，而且填答的问卷不要求署名。因而，问卷法具有很好的匿名性，便于对被调查者的情况和回答的问题保密。正因为此，在访问时不便直接询问，或者问而不易得到真实、准确回答的问题，都可以通过使用问卷法得到较为满意和可靠的答案。从这一方面看，问卷法的匿名性对于客观地反映社会现实的本来面貌，搜集真实的社会信息具有十分重要的作用。

（三）便于资料定量分析

问卷法是一种标准化的资料搜集方法。问卷中所列的问题、预选的答案种类，以及填答问卷的方式都是按统一要求设计的。因此，问卷法所得到的资料很容易转换成数字，也很容易输入电子计算机，进行较为精确的定量分析。这就使得问卷法成为一种切实可行的大容量、高效率的调查方法。

（四）能够排除人为干扰

运用直接调查方法搜集资料，往往受人为因素影响较大。如访谈法，常会因为访谈员的性别、年龄、经历、知识、能力、态度的不同，以及访谈环境、访谈进展情况等方面的不同，产生出各种访谈偏见，形成误差。而问卷调查是间接的、书面的、标准化的调查，每个被调查者都是在大体相同的时间得到问卷，单独的以大体相同的方式回答问卷，而且问卷在问题的先后次序、问题的表达、答案的类型等方面都是完全相同的，因此，被调查者在各方面受到的影响基本上是一样的。这就可以很好地避免由于人为的干扰所造成的各种偏差，减少各种主观因素对调查结果的真实性所产生的不利影响。

（五）节省人力财力时间

问卷法是由被调查者填写问卷，因而可以在很短的时间内同时调查很多人，这一方面可以不必派人分赴各地——专访，另一方面可以减少大量调查员及其培训，由此节省人力、财力和时间，用最少的投入获取最大的社会信息。这正是许多调查者采用问卷法搜集资料的主要原因之一。

三、问卷法的局限

（一）回收率有时难以保证

问卷发放给被调查者后，调查对象是否配合调查，无法控制。问卷调查经常出现调查对象收到问卷不接受调查或者不将问卷交回调查人员的情况，特别是采用邮寄问卷的方式，其回收率更难以保证。而回收率不能达到一定要求，那么所搜集到的资料就不能满足研究的要求。

（二）要求被调查者具有一定的文化水平

问卷调查使用的是书面问卷，这在客观上要求被调查者必须具备一定的知识水平、阅读能力和表达能力，否则看不懂问卷，不理解问卷中所提问题的含义，不清楚填写问卷的方法，也就不能表达自己的态度与意见。尽管问卷会有当面发放的形式，但是文化水平的不足对研究的结果还是有重要的负面影响。

（三）调查弹性小，深度有限

由于问卷的设计是统一的，调查的问题和问题的答案都是固定的，没有伸缩的余地，因而调查弹性小，所获得的都是间接的书面信息，不生动、不具体，得到的多是表面的东西，资料的深度十分有限。

（四）调查资料质量难以保证

问卷调查过程中，调查者与被调查者不直接见面，填写问卷的地点可由被调查者自己选择，因而调查人员无法控制被调查者填答问卷的环境，被调查者既可能同别人商量着填写，也可能和其他人共同完成，甚至还可能完全交给别人代填。另一方面，当被调查者对问卷中的某些问题不清楚时，无法向调查者询问，容易产生误答、错答、缺答的情况。所有这些都使得问卷所得到的回答的可靠性往往无法得到检验，搜集到的事实或意见难以分辨或核实，换言之，问卷调查的质量难以保证。

四、问卷法的应用

问卷法的上述特点和局限性，使得它有别于以参与观察和深度访问为主的定性调查。它的适用范围是：

其一，适宜于作大规模大范围调查。由于问卷法是使用问卷搜集资料，它不受地域空间的限制，不需要派遣调查员分赴各地，可以节约人力财力和时间，因而，问卷法可以在较短的时间内作大面积的调查。这是其他任何调查方法所不能比拟的。

其二，适宜于作定量调查。由于问卷法所得的资料便于定量处理和分析，因而其使用范围越来越广泛，抽样—问卷—定量分析，三者已经构成了现代统计调查的基本特征。

其三，适宜于调查一般性的：没有深度要求的问题。问卷设计的调查问题既有开放式问题又有封闭式问题。开放式问题由于潜在的答案太多，回答资料的标准化程度低，不易进行统计分析，而封闭式问题事先列出答案，容易作答，便于对资料进行定量分析，因而问卷多为封闭式问题。但这样一来，调查的深度便受到较大的限制，调查者一般只能设计一些一般性的：没有深度要求的问题，否则它的诸多优点便不复存在。

其四，适宜于调查被调查者不愿当面回答的问题。由于问卷法具有很好的匿名性，因而问卷法适宜于调查那些涉及调查对象的个人隐私、伦理道德、政治态度、社会禁忌等调查者不宜当面询问的敏感性问题。

其五，适宜于调查有一定文化层次的职业群体。问卷法要求调查者具有一定的文化水平，因而，从被调查者所在的地域看，在城市比在农村适用，在大城市比在小城市适用，从被调查者的职业看，调查专业技术人员、公务员比调查商业人员、工人适用，调查商业人员、工人又比调查服务人员、农民适用。

其六，适宜于调查总体构成比较单一的调查对象。问卷调查受调查对象总体构成情况的影响。这是因为，若总体中调查对象的成分单一，其社会背景、价值观念、行为习惯、生活方式等方面相同或相似的因素较多，设计和使用问卷可以减少很多困难和麻烦，而在一个成分复杂的群体中，被调查者之间的相同或相似的因素较少，要设计一份适合不同人群的问卷，难度较大。因而，问卷法调查成分单一的总体比调查成分复杂的总体更适用。例如，调查全部由工人构成的总体，或全部由大学生构成的总体，就比调查既有工人、大学生和其他人员的总体更适用。

第二节　问卷的类型

问卷，是问卷调查用来搜集资料的一种工具，它在形式上是一份精心设计准备的问题表格。按照不同的分类标准，问卷有着不同的类型。

一、开放型问卷与封闭型问卷

依据问卷中问题的形式加以区分，可以将问卷分为开放型问卷和封闭型问卷，此外，还有一种介于两者之间的混合型问卷。

（一）开放型问卷

开放型问卷又称非结构型问卷，它是由开放性问题组成的问卷。所谓开放式问题是调查者不对问题提供任何具体答案，允许回答者充分自由的发表自己的意见，因此它有很强的灵活性和适应性。这种提问方式适合于调查者想深入了解被调查者的态度、意愿、建议；也可用于不想因为限定答案而出现诱导的错误的情况。但是，开放式问题所搜集到的资料难以编码和进行统计分析；而且对回答者的知识水平和文字表达能力有较高要求，有时会因为填写费时费力而被调查者拒绝回答，甚至产生一些无用的资料。此类问卷常在探索性研究中发挥作用。

（二）封闭型问卷

封闭型问卷也称结构型问卷，它是由封闭性问题组成的问卷。所谓封闭式问题是将问题的可能的答案或者主要答案全部列出，供被调查者选择的一种提问方式。这种问题有利于调查者整理资料、做统计分析，也有利于被调查者填答，省时省力。但是，封闭式问题的设计比较困难，可能出现被调查者对列出的答案都不满意的情况，这样就会影响调查结果的准确性。限定答案的同时，其实也限定了调查的深度和广度，使资料失去了自发性和表现力。此种问卷一般在大规模的正式调查中使用。

（三）混合型问卷

混合型问卷又称半封闭型问卷，它是对答卷者的回答作部分限制，还有一部分让其自由回答，或者对答案的数量作出限制，内容不作限制的一种问卷。设计这种问卷时，通常将其较清楚、有把握的问题作为封闭性问题提出，而将那些尚不十分明了的问题作为开放性问题放入（一般数量不能过多），或者两者结合，设计一种既给出可能的答案，同时又让被调查者进行补充回答的半封闭式问题。混合型问卷结合了开放式和封闭式问卷的优点，避免了其缺点，适合于对问题没有绝对把握的调查，可以避免一些重大的遗漏。大多数问卷调查所使用的问卷便是这种形式。

二、自填式问卷与访问式问卷

根据问卷的使用方法，问卷可分为自填式问卷和访问式问卷两种类型。

（一）自填式问卷

自填式问卷，是由被调查者自己填答的问卷。它有着如下优点：一是节省时间、经费和人力，调查成本低；二是具有很好的匿名性，适合处理敏感问题；三是可以避免人为因素的影响。其主要缺点：其一，问卷的回收率难以保证；其二，调查资料的质量经常得不到控制；其三，对调查对象的文化水平有较高要求。具体来说，自填式问卷可以分为如下几种形式：

（1）邮寄问卷。这是把打印好的问卷通过邮局寄给选定的被访者，请他们按一定的要求自行填答问卷，并在规定的时间内将填答完的问卷寄回调查机构或研究者。（2）报刊问卷。这是将问卷刊载在报刊上，然后随报刊的发行传递到读者的手中，被调查者收到后将其剪下、填写好再寄回报刊编辑部。（3）网络问卷。这是将设计的网络调查问卷程序系统放置到网络服务器上，以便网络访问者参与调查的问卷。（4）发送问卷。这是由调查员或其他人员将问卷送到被调查者手中，回答者填完后，再由调查员逐一收回。发送问卷又有个别分送和集中填答两种形式。

（二）访问式问卷

访问式问卷是由调查员按照问卷向被调查者提问，并根据被调查者的口头回答来填写的问卷。包括当面访问问卷和电话访问问卷。当面访问问卷是一种以口头语言为中介、调查者和被调查者面对面的交往和互动过程。与自填问卷相比，当面访问问卷的优点是：一是调查的回答率较高；二是调查资料的质量较好；三是调查对象的适用范围广。主要缺点是：一是调查员与被调查者之间的互动有时会影响到调查的结果；二是访问调查的匿名性较差；三是当面访问调查的费用高，时间长，成本高；四是对调查员要求较高。电话访问问卷的优点是投入人力较少，效率较高，但回复率、有效率较低，费用较高，适用于有电话的调查对象。

此种访问问卷方式实际上是一种结构式访问，问卷是访谈调查的一种工具。有关结构式访谈调查，将在访谈法一章加以介绍。

三、一般调查问卷与民意调查问卷

按照问卷调查的内容划分，问卷可以分为一般调查问卷与民意调查问卷。

（一）一般调查问卷

一般调查问卷，其内容可以是丰富庞杂的，可以涉及到社会生活的各个方面，并没有什么特别的限制，问卷设计形式也是多种多样的。本章所介绍的问卷主要就是指这种一般调查问卷。

（二）民意调查问卷

民意调查问卷是指专门为了解民众意向和意见的一种调查问卷。作为一种调查工具，西方国家最早将其用于民意测验。作为一种问卷形式，民意调查问卷与一般调查问卷有许多相似之处，其设计有共通点，但它毕竟又是一种特殊的问卷，特殊之处就在于，其作用在于了解民意。基于此，民意调查问卷有如下几个设计特点：一是要针对民众熟悉和关心的问题提问。例如，对新的医疗制度改革、住房制度改革的态度，对建立新型农村社会保障制度的意见等。二是要尽可能设计成封闭型问卷，以便人们能方便地、迅速地填答。三是提问和答案要求简单明了，选择回答的类别要尽可能少。四是要避免使用难懂的词语，要使一般人都能理解提问的内容和含义。五是提出的问题要尽可能少，一般不要超过 40 个，回答的时间控制在 20 分钟以内。有些简单的民意调查，其问卷所提问题，回答的时间要求更少。在调查程序上，民意调查问卷与一般调查问卷基本相同。它一般适于政府部门、企事业单位了解社会舆论、群众意向时使用，也适合新闻媒介和专门的调查机构作为参与社会管理、实行舆论监督时使用。

四、纸面问卷与网络问卷

根据问卷的物质载体区分，问卷可以分为纸面问卷与网络问卷。

（一）纸面问卷

纸面问卷是一种传统的问卷形式。它是将问卷印制在纸张，或报纸、期刊等上面实施调查的问卷。本章主要讨论的是这种问卷形式。近年来，发展了一种新型的纸面问卷，即将问卷印制在明信片上。《CCTV 经济生活大调查》是中央电视台联合国家统计局、中国邮政集团公司联合推出的年度经济调查活动。它调查采用的是明信片问卷形式。自 2006 至今已连续举办了五届。每年面向全国公众发放 10 万张问卷明信片，是国内覆盖最全面的民间调查。

（二）网络问卷

网络问卷是调查者通过网络发布，受访者通过网络填答和提交的问卷。它是自填问卷的一种类型，是近年来迅速发展起来的一种特殊的新型问卷，应当引起重视。网络问卷有两种形式：第一种形式是将设计的网络问卷程序系统放置到网络服务器上，受访者在网上自愿填写后通过网络提交问卷。其传输步骤有三：一是程序安装；二是程序测试；三是调查告知，包括网络问卷调查的目的、内容、回答方法、起止时间、注意事项、网络地址等。第二种形式是通过电子邮件发送，受访者填答后再通过电子邮件向指定邮箱提交问卷。

网络问卷与纸面问卷相比，具有如下优点：问卷的填答方便，不受时空限制，发放和回收速度快，节省了印刷、邮寄及调查员所需的各项费用，发布范围较广泛，能提供非常大的被调查群体。缺点是：不适宜调查缺乏网络知识或不具备上网条件的人，再者，问卷设计与传输需要两类技术，即问卷设计技术和网络技术，而目前同时具备这两类技术的人才较少。

网络问卷既然是问卷的一种类型，因而其设计，包括一般结构，以及问题的询问方式、措词要求、备选答案设置、应注意的问题，与本章所述的一般问卷的设计与要求基本相同。但网络问卷毕竟是问卷的一种特殊类型，其特殊性就在"网络"上，因而其设计比一般问卷更强调简短、简明、易懂，并且要明确标示问卷调查的起止时间，尽可能即时显示调查结果。

第三节　问卷的整体设计

一、问卷的一般结构

实际调查活动中使用的问卷虽各不相同，但它们往往都包含以下几个部分：封面信、指导语、问题、答案、编码等。

（一）封面信

封面信，即一封致被调查者的短信。它的作用在于向被调查者介绍和说明调查的目的、调查的主办单位或调查者的身份、调查的大概内容、调查对象的选取方法和对结果保密的措施等。封面信的语言要简明、中肯，篇幅宜小不宜大，短短两三百字最好。虽然封面信的篇幅短小，但在问卷调查过程中却有着特殊的作用，用于拉近和被调查者的关系，赢得被调查方的信任与合作。研究者能否让被调查者接受调查并认真地填写问卷，在很大程度上取决于封面信的质量。

在封面信中，应该说明那些方面的内容呢？首先，要说明调查者的身份，即说明"我是谁"。其次，要说明调查的大致内容，即"调查什么"。第三，要说明调查的主要目的，即"为什么调查"。第四，要说明对调查对象的选取方法和对调查结果保密的措施。最后，在信的结尾处一定要真诚的感谢被调查者的合作与帮助，并署上主办单位的名称及调查日期。

下面是一份拟定的调查问卷的封面信：

农村最低生活保障制度建设调查问卷

亲爱的朋友：

您好！我们这次在全省十个地区二十个县(市)进行的"××省农村最低生活保障制度建设研究"，是××省"十二五"规划中社会科学重点科研项目之一。这次调查的目的，是要切实了解全省农村最低生活保障制度建设方面的真实情况，以及存在的问题，并据以科学的分析研究，为政府完善农村最低生活保障制度，提供科学的依据和合理化建议。填写本表是不记名的，希望您在填表时不要有什么顾虑，怎么做的，怎么想的，就怎么填。同时，希望您按照表中的说明，在□内酌情打上√的标记，或在_____内填写。

谢谢您真诚的合作！

××××大学

农村最低生活保障制度建设研究调查组

2011 年 10 月

(二)指导语

指导语，是用来指导被调查者填答问卷的一组解释和说明，其作用是对填表的方法、要求、注意事项等作一个总的说明。有些问卷的填答方法比较简单，指导语比较少，常常只是在封面信中用一两句话说明即可。有些比较复杂的指导语则集中在封面信之后，并标有"填答说明"等类字样。下面是一份社会调查的"填表说明"：

填答说明

①请在每一个问题后适合自己情况的答案号码上划勾，或者在——处填上适当的内容。

②问卷每页右边的数码及短横线是计算机处理用的，您不必填写。

③若无特殊说明，每一个问题只能选择一个答案。

④填写问卷时，请不要与他人商量。

还有些指导语分散在某些比较复杂的调查问题之后，对填答要求、方式和方法进行说明。

（三）问题和答案

问题和答案，是每一份问卷必不可少的核心组成部分。它包括了所有的调查问题和回答的方式，因而，其设计也就显得特别重要。关于问题和答案的设计，本章第四节将作专门介绍。

（四）编码和其他资料

所谓编码就是赋予问卷中每一个问题及其答案一个英文字母和阿拉伯数字作为它的代码。有关编码内容将在本章问题和答案设计中进一步述及。除了编码之外，有的问卷还需要在封面印上问卷编号、调查员编号、审核员编号、调查日期、被调查者住地、被调查者合作情况等有关内容。

二、问卷的设计原则

（一）目的性原则

所谓目的性原则，就是问卷设计要服从调查目的需要。对于问卷设计而言，调查目的就是其灵魂，决定着问卷的内容和形式。如果调查的目的只是为了了解被调查对象的一般状况，那么，问卷设计就应该主要围绕被调查对象各个方面的基本事实来进行；如果调查目的不仅是一般性的描述，而是要作出解释和说明，那么，问卷设计就要紧紧围绕着研究假设和关键变量来进行。

（二）简明性原则

所谓简明性原则，就是问卷设计要简明扼要。调查问卷是要让被调查者填写的。如果问卷内容太多，所提问题繁杂，回答的难度大，回答者就容易产生畏难情绪，这样就不能保证调查的顺利进行，也无法保证调查资料的质量。因此，设计问卷时，必须尽量为被调查者提供一份简明扼要的问卷，使被调查者尽可能在较短的时间内一目了然的了解和理解问卷中所提出的问题并较容易的作出回答。

（三）适应性原则

所谓适应性原则，就是问卷设计要适应被调查者的心理需要。被调查对象是具体的、活生生的人，因此，问卷设计要能够适应被调查者在心理上和思想上的要求。一般来说，当问卷中的问题涉及个人隐私等敏感的内容时，回答者就容易产生种种顾虑；当问卷的封面信对调查的目的、内容、意义解释不够时，回答者就可能对问卷调查不重视，缺乏积极合作的责任感；而当问卷内容脱离被调查者的生活实际，或者所用的语言与被调查者的文化背景不协调，或者问卷形式设计得呆板、杂乱时，被调查者就可能对问卷调查毫无兴趣，置之不理，甚至将问卷弃如废纸。设计问卷时，必须认识到为回答者考虑是设计问卷的一个重要方面，问卷的陈述方式应契合被调查者的心理需要，应该使其看来亲切、感到尊重。

（四）针对性原则

所谓针对性原则，就是要根据调查对象的特点，设计出符合不同对象的问卷。问卷调查需要被调查者的密切合作，而这种合作常常受到被调查者自身的能力、条件等客观因素的限制。如问卷阅读理解能力带来的限制。一个被调查者起码要能看得懂问卷才能作出他的回答，如果问卷的格式较复杂、问题较抽象或者语言不通俗易懂，那么，有些文化程度较低的被调查者就很难看懂问卷的内容和要求。因此，设计问卷应针对调查对象的文化层次、年龄特征、职业特点等设计。问卷缺乏针对性，那么一些回答者就会因种种客观条件的限制而放弃答卷，从而降低问卷的回收率。

三、问卷的设计步骤

一份符合问卷设计各项基本原则的问卷，常常需要经过多次反复才能够形成。一般情况下，问卷设计要经过如下几个步骤。

（一）摸底探索

所谓摸底探索，是指在问卷设计之前，要先熟悉、了解一些有关的基本情况，以便对问卷中各种问题的提法和可能的回答有一个初步的总体考虑。问卷设计的探索性工作的常见方式，是进行初步的非结构式访问，即问卷设计者围绕所要调查的问题，与各类对象交谈，从中了解他们的社会背景，对各类问题的看法，形成对所要调查的各种问题及其可能的答案的一个初步印象。在此基础上，就有可能根据被调查者的社会背景、社会规范、习俗等设计问卷的有关问题，根据被调查者的文化程度和理解能力设计问卷的问题和措词，根据实际情况恰当地设计出有关问题的各种答案，避免含混不清、不切实际的问题的出现。

（二）设计初稿

问卷初稿设计是建立在问卷探索性工作的基础之上的。经过摸底探索，对有关问题有了初步印象，便可动手进行问卷初稿设计。实际工作中，有如下两种具体设计方法：

1. 卡片设计法

卡片设计法的操作步骤是：第一步，根据探索性工作所得到的初步印象和认识，把每一个问题和答案写在一张卡片上，一题一卡，需要注意，不要一题多卡，也不能一卡多题。第二步，根据卡片上问题的主题内容，将卡片分成若干类，同类性质问题的卡片放在一起，不同类问题的卡片分开。第三步，在每一类卡片中，按所提问题的先后顺序将卡片排序。第四步，根据问卷中各类问题的逻辑结构，排出所有各类卡片的前后顺序。第五步，反复检查各种卡片的前后顺序及连贯性，是否有利于被调查者的阅读理解，是否方便被调查者填写，是否会造成被调查者的心理压力，对不当之处逐一调整和补充。第六步，把调整好的卡片上的问题和答案依次写在纸上，形成问卷初稿。

2. 框图设计法

框图设计法的步骤是：第一步，根据研究假设和所需资料的内容，在纸上画出整个问卷的各个部分及前后顺序的框图。第二步，写出每一部分所提问题及其答案，并依序排列。第三步，从被调查者阅读和填答问卷是否方便等角度考虑，对所有问题进行全面的检查、调整和补充。第四步，将调整好的各类问题及答案依次重新抄录在纸上，形成问卷初稿。

卡片设计法和框图设计法的区别在于：前者从具体问题着手，然后归纳同类性质的问题，最后形成问卷整体；后者先着眼整体结构，然后考虑各个部分，再形成每一个具体问题。两种设计方法各有其优缺点，设计者可将两种方法结合使用。

（三）试用修改

任何一份好的问卷，不可能一次设计成功，必须经过试用和多次修改，才能用于正式调查。问卷初稿试用修改的方法有两种：一是主观评价法。这是将设计好的问卷分别送给有关专家、研究人员、有代表性的被调查者审阅、分析，并根据他们的主观评价、指出的问题和提出的改进意见，着手修改。主观评价法一般适用于小型调查。二是客观检验法。具体作法是，在正式调查总体中随机或不随机抽取一个小样本，然后用问卷初稿向他们调查，对所获资料进行检查和分析。检查和分析的内容包括：回收率、有效回收率、填答内容和方式是否错误、填答是否完整及其原因。通过检查和分析，从中发现问题以及存在的缺陷，据此进行修改。客观检验法大多用于大型调查，也有的同时采用客观检验法和主观评价法。

（四）正式定稿

问卷的问题和答案经试用修改定稿之后，再在问卷的前后加上封面信和结束语，就形成了一份完整的定稿问卷，这意味着问卷设计步骤的结束。下一步便转入问卷调查的具体实施，即向被调查者发放问卷，回收问卷。

第四节　问卷的主体设计

问题和答案，是问卷的主体，也是问卷设计的主要内容。问题与答案设计得科学与否，直接影响问卷的有效性和测量结果。

一、问题形式设计

（一）开放式问题的设计

所谓开放式问题，就是不为回答者提供具体答案，而由回答者自由填答的问题。例如：

（1）您对当前农村合作医疗的开展有什么看法

答：＿＿＿＿＿＿＿＿＿＿＿＿＿＿＿＿＿＿

开放式问题的形式设计较为简单，只需在所提问题之下留出一块空白处即可。设计的关键在于，这一空白到底应留多大。空白留得太大，不仅影响整个问卷的篇幅，而且意味着回答要较为详细；留得太小，客观上限制了回答者所填写内容的多少，由此可能造成资料的过分简单。因此，设计开放式问题时，要根据问题内容的繁简、调查的具体目的、被调查者的文化程度的高低等，确定所留空白的大小。开放式问题的优点是：被调查者可以充分自由地按自己的方式表达意见，不受限制。其缺点主要是：要求回答者具有较高的知识水平和文字表达能力；所花的时间和精力比较多；只能进行定性分析，难于进行定量的处理和分析。

（二）封闭式问题的设计

封闭式问题，就是在提出问题的同时，还给出若干个答案，要求被调查者选择一个作为回答。封闭式问题设计主要有如下几种方式：

1. 填空式

即在问题后划一短横线，让回答者直接在空白处填写。

例1：您家有几口人：_____人

填空式一般适用于既容易回答又容易填写的问题。

2. 二项选择式

又称是否式，即问题的答案只有是和不是（或其他肯定或否定形式）两种，回答者根据自己的情况选择其一。

例2：您的性别（请在适用的□里打√）：

①男□　　②女□

例3：您是否爱好体育运动（请在合适答案后的横线上打√）：

①是____　　②否____

二项选择式的特点是回答简单明了，但获得的信息太小。

3. 多项单选式

即给出的答案至少在两个以上，回答者根据自己的情况选择其一作为回答。这是各种社会调查问卷中采用得最多的一种问题形式。

例4：您对于本校本届学生会的职责（请在合适答案的号码上打√）

①了解且感觉到他们在为全体学生进行服务

②了解但没有感觉到他们在为全体学生进行服务

③不了解但感觉到他们在为全体学生进行服务

④不了解且没有感觉到他们在为全体学生进行服务

4. 多项限选式

与多项单选式不同的是，回答者可以在所列举的多个答案中，根据自己的情况从中选择若干个。

例5：您认为学生会应该具有哪些特点？（请将符合您意见的选项序号用"○"圈起来）

A. 由全体学生自主选出，代表全体学生的意愿

B. 能够为全体学生办实事，职责明确化

C. 具有任期，由全体学生根据其工作成绩决定连任或改选

D. 有具体的办公地点

E. 作为学校与全校学生交流信息的纽带

F. 脱离教师管理，只对全体学生负责而独立存在

G. 其他

这种形式最大的优点在于，在有些情况下它比多项选择式更能反映被调查者的实际情况。但是，我们无法从这种形式的问题回答中看出被调查者选择的顺序，无法区别和比较同时选择的答案之间实际存在的程度差异。

5. 多项排序式

这种方式是列出多种答案，要求回答者填写答案时排列先后顺序或不同等级。

例6：您认为您所居住的城市目前存在哪些问题（请按严重程度给下列问题排序，最严重的为1，其次为2，再次为3……）

_____交通拥挤   _____空气污染

_____治安太差   _____管理落后

_____居住条件太差   _____服务设施缺乏

多项排序式可以说是针对多项限选式的不足而出现的一种问

题类型，可以看作是多项单选式和多项限选式的一种结合。

6. 刻度式

这是将答案连成一续体，用刻度或数字标在线段上，线端的两端用文字标明答案的两个极端值。

例7：您对社区老年公寓的服务质量满意程度如何？（请在同意的位置上打√）

很满意　　　　　　　　　　　　　　　　　　很不满意

刻度式适用于表示态度、情感方面的问题。

7. 矩阵式

这是一种将同一类型的若干个问题集中在一起，构成一个系列问题的表达方式。

例8：您对自己公司下列问题的看法如何？（请在适用的□里打√）

	非常满意	满意	无所谓	不满意	非常不满意
①工资收入	□	□	□	□	□
②福利待遇	□	□	□	□	□
③工作环境	□	□	□	□	□
④职工培训	□	□	□	□	□

这种矩阵式的优点是：节省问卷的篇幅，同时由于同类问题集中在一起，回答方式也相同，因此也节省了回答者阅读和填写的时间。但要注意的是，一定要对这样的问题给出专门的填写说明或填答指导，以免有的回答者不会填写。

8. 表格式

表格式其实是矩阵式的一种变体，其特点和形式都与矩阵式十分相似。

例9：您所在学校的学生下列现象是否严重？

（请在每一行适当的格中打√）

	严重	比较严重	不太严重	不严重	不知道
迟到					
早退					
请假					
旷课					

表格式的问题除了具有矩阵式的特点外，还显得更为整齐、醒目。但应当注意的是，表格式与矩阵式形式虽然具有简单集中的优点，但也容易使人产生呆板、单调的感觉，在一份问卷中这两种形式的问题都不宜使用太多。

9.后续式

后续式问题又称相倚问题。这是对选择某一种答案的部分回答者提供备选答案的填答方式。

例10：您下岗后是否参加职业培训？

是(   )→| 共培训_____次   其中自费_____次 |

否(   )

例10有两个问题，前一个问题叫做过滤性或筛选性问题，后一个问题称为相倚问题。它们之间用方框隔开，并通过箭头指示，将两者答案连在一起，表示选择该答案的回答者需要进一步回答后一个问题即相倚问题。有时，相倚问题中还有相倚问题。其设计同上述设计完全类似。

例11：您是下岗职工吗？

① 是————→ | 您找到工作了吗？ | 您找的工作是：
② 不是_____

您找到工作了吗？	您找的工作是：
① 找到了————→	①临时工_____
② 没有找到_____	②合同工_____
	③自主创业_____

还有一种情形，一连好几个问题都只适用于某一部分回答

者，另一部分被调查者可不回答，此时可采用跳答指示的方式来解决。

例12：您是否在本届社区居民委员会选举中投了票？

①投了

②没投（请跳过问题12～18，直接从第19题接着回答）

之所以要设计相倚问题，是由于被调查者常常因年龄、性别、民族、婚姻状况、受教育程度等方面存在差异，而问卷设计要使所有问题均对回答者有针对性，为了保证这一点，便将问卷中只与部分回答者有关的问题设计成相倚问题。

以上介绍的几种设计形式均属封闭式问题，其优点：填写方便，对文字表达能力没有过高的要求，适合于进行定量分析；缺点主要是：失去了开放式问题的丰富生动的回答。

（三）混合式问题的设计

混合式问题，又称半封闭式、半开放式问题。这是在封闭式问题和答案的最后，加上一项"其他"，由被调查者在预留的空白处自由表达与该问题相关的未尽内容。

例13：您是否参加即将举行的村民委员会海选？

参加　（　　　）

不参加（　　　）

为什么？_____

例14：您对职工下岗有何看法？

可以理解（　　）　不能接受（　　）　没什么看法（　　）

其他（请说明）_____

混合式问题是为了克服封闭式问题的缺点，同时吸收开放式问题的优点而形成的方式。

二、问题措词技术

语言是问卷设计的基本材料，要设计出含义清楚、简明易懂的问题，必须注意问题的语言。问题措词的基本原则是简短、明确、通俗、易懂。在问卷设计中，对问题的语言表达和提问方式有下列常用的规则。

（一）问题的语言要简明

问题的表述要有明白、确切的意指，如此，要求尽可能使用简单明了、通俗易懂的语言，而不要使用一些复杂的、抽象的概念以及专业术语，比如"核心家庭""社会分层""政治体制""开拓精神"等，也不要使用含义模糊的词。否则，不仅会影响回答的质量，甚至会使被调查者无法回答。

（二）问题的陈述要简短

有社会学家指出，短问题是最好的问题。问题陈述越长，就越容易含糊不清，回答者的理解就越有可能不一致；而问题越短小，产生含糊不清的可能性就越小。因此，在陈述问题时应尽可能避免长句子，要使问题尽可能清晰、简短，使回答者能很快看完，很容易看懂，一看就明白。

（三）问题的表述要单意

一个问题只表达一个单纯的意思，若一个问题同时询问几件事情，被调查者将无法回答。如"您赞成晚婚和计划生育吗？"就是一个带有双重含义的问题，实际上同时询问了"您赞成晚婚吗？"和"您赞成计划生育吗？"两个问题。由于一题两问，就使得哪些只赞成其中一项的人难以回答。

（四）问题的提法要中立

即问题的提法不能对回答者产生某种诱导性，使被调查者感到应该填什么，或者感到调查者希望他填写什么，而应保持中立的提问方式，使用中性的语言。例如，"医生认为抽烟有害健康，您认为怎样？"这个问题就带有倾向性。需要注意，在问题中引用权威的话，或者使用贬义或褒义的词语，都会使问题带有倾向性，都会对回答者形成诱导。

（五）问题的句式要肯定

社会生活中，人们提问常习惯于用肯定形式，而不是用否定形式。例如，一般习惯于"您是否赞成住房制度改革?"这样的提问方式，而不习惯于"您是否赞成住房制度不改革?"这样的表达。当以否定的形式提出问题时，由于不习惯，许多人往往忽略"不"字等否定字眼，在这种理解的基础上回答问题，其答案会与回答者的意愿相反。而这种误答的情形在问卷结果中常常又难以发现。因此，在问卷设计中要尽量使用肯定的叙述形式，避免使用否定形式和双重否定句提问。

（六）问题的回答要能答

即所提问题都应该是对象能够回答的，确实具备了回答的知识和能力。问卷中的问题要与被调查者有关，若是他从来没有想过或注意过的，那么他们将无法回答，我们就无法实现调查的目的了。

（七）敏感问题询问要间接

敏感性内容是与个人利害关系密切，或涉及私人生活领域的问题。直接询问比较敏感的问题时，人们往往会有一种本能的自我防备心理。例如，"您家有多少存款?"，"您赞成第三者插足吗?"，如此直接提问会导致较高的拒答率或较高的虚假回答。因而，对这些问题最好采用某种间接询问的形式，并且语言要特别委婉。

三、问题数目多少

问题数目的多少，决定着整个问卷的长短。一份问卷究竟应有多少个问题才适宜，没有一定之规。问卷设计者要根据研究目的、研究内容、样本大小、分析方法、拥有的人力、财力、时间等因素决定。但一般来说，问题不宜太多，问卷不宜太长。一般应限制在被调查者 20 分钟以内能顺利完成为宜，最多不超过 30 分钟。问卷太长往往引起回答者心理上的厌倦情绪或畏难心理，影响填答的质量和回收率。当然，在人员、经费充足，能够采用访问方式进行，并付给每一位被调查者一份报酬或赠送一点纪念品，问卷本身质量较高，问卷内容又是回答者熟悉的、关心的、感兴趣的事物的话，问卷长一点也没有关系。

四、问题排列次序

问卷中问题之间的相互次序会影响到调查的顺利进行、问卷资料的准确性和问卷的回收率等。一般而言，问题次序应按照如下一般原则来安排。

（一）时间顺序

问题的排列应有时间连续性，或由近及远，或由远及近地排列问题，切忌远近交叉，前后跳跃，如此容易打乱被调查者的思路。经验证明，履历表式的问题顺序是容易被调查对象接受的。

（二）内容顺序

这是将行为事实问题放在前面，观念态度问题放在后面；将调查个人和家庭的基本情况作为背景问题编排在问卷的前面，与调查主题和理论准备相联系的问题，作为问卷的主干问题，编排在问卷的背景问题之后。这是因为行为事实问题、个人和家庭的基本情况，回答者相对容易作答，有利于增强答题信心。

（三）难易顺序

问卷的问题有难易回答之别。问题次序设计应将简单易答的问题放在前面，复杂难答的问题放在后面；熟悉的问题放在前面，生疏的问题放在后面。问题编排先易后难，由浅入深，可增强被调查者回答全部问题的自信心，产生对某些复杂难答的问题不答不甘心的心理，从而顺利答完全部问题。

（四）类别顺序

同类型问题编排在一起，可使回答者思路清晰地一类一类问题地回答。如果将不同性质、不同类别的问题编排在一起，则不符合一般的逻辑思维顺序，不便于被调查者填写，影响其合作。因此，要按照逻辑顺序，将相同或相近有逻辑联系的问题尽量放到一起。

（五）结构顺序

这是将回答比较简单的封闭式问题编排在先，回答比较复杂的开放性问题在后。如此，一则有利于被调查者回答封闭式问题比较顺畅，也有利于被调查者回答开放性问题有较充分时间细致考虑。

（六）敏感顺序

这是将不容易引起回答者情绪反应的非敏感性的一般问题放在前，而将特殊的、敏感性问题放在后；能够引起被调查者兴趣的问题放在前，而将容易引起紧张的、困惑的问题放在后。如此编排，可避免被调查者的情绪反应，使其免受刺激而放弃回答，从而使被调查者在答了许多一般问题之后，会再坚持把余下的特殊、敏感、困惑问题答完。

此外，用以相互检验的问题应当分开，否则就起不到相互检验和印证的作用。总之，问卷中问题的次序不管如何安排，目的都在于保证问卷调查的顺利进行，保证问卷资料的准确性和问卷的回收率。

五、答案设计要求

由于大多数问卷主要由封闭式问题构成，备选答案的设计就成为问卷设计中非常重要的一部分；其设计的好坏，关系到回答者是否能够回答，是否容易回答，是否准确的回答，因而直接影响到调查的成功与否。

（一）答案要具有穷尽性

所谓答案的穷尽性，指的是答案包括了所有可能的情况。例如：您的性别：①男，②女。答案就是穷尽的。因为任何人不是男的必是女的。但是若有某个回答者的情况没有包括在某个问题所列的答案中，则此一问题的答案就不是穷尽的。例如，设计被调查者喜欢看哪一类电视节目的答案时，如果只列出新闻节目、体育节目、电视剧、综艺节目四个答案，就不具备穷尽性，因为还有其他电视节目如军事节目、科普节目等没有包含进去，解决的办法可再加上一个"其他"的答案。

（二）答案要具有互斥性

所谓答案的互斥性，指的是答案互相之间不能交叉重叠或相互包含。即对于每个回答者来说，最多只能有一个答案适合他的情况。如果一个回答者可同时选择属于某一个问题的两个或更多的答案，那么这一问题的答案就一定不是互斥的。例如，设计职业问题的答案时，如果设计成教师、医生、教育工作者、公务员、职员、外科大夫、其他等几个答案，就不具有互斥性，因为，教师与教育工作者，医生与外科大夫都不是互斥的。

（三）答案要符合社会实际

答案要与现实情况相符合，否则资料缺乏分析价值。例如，调查现在高校教师的年收入，如答案设计成20000以下、20000～30000、30000～40000、40000以上四个答案，则回答者大多集中在第四个答案，就与现实情况不符，为此，应当在40000以上再多设计几个答案。

（四）答案要语言简练明确

答案冗长不简练，会影响回答者答题的情绪。例如，在业余时间里，您喜欢做什么？若答案设计成：A、您喜欢参加体育活动吗？B、您喜欢出城去旅游吗？C、您喜欢工作之余散步吗？D、您喜欢看电视吗？E、您喜欢看书吗？F、您喜欢其他活动吗？这些答案就不简练，应当简缩为"在业余时间里，您喜欢做什么？A、体育活动；B、旅游；C、散步；D、看电视；E、看书；F、其他"

（五）答案要避免答非所问

答案要针对问题而设，而不能答非所问。例如：

您迫切希望得到哪方面的社会保险？（请在每一行适当的格中打√）

	很迫切	比较迫切	不太迫切	不迫切	无所谓
养老保险					
医疗保险					
失业保险					
工伤保险					

上例问题问的是"迫切希望"，答案就不应出现"比较迫切、不太迫切、不迫切、无所谓"这一类可供选择的答案。解决的办法是，将问题和答案设计成多项选择式："您迫切希望得到哪方面的社会保险？A、养老保险；B、医疗保险；C、失业保险；D、工伤保险"

六、前编码后编码

在一些大型的统计调查中，研究者通常采用以封闭式问题为主的问卷。为了将被调查者的答案转换成数字，以便输入计算机进行处理和定量分析，往往需要对回答结果进行编码。所谓编码，就是赋予每一个问题及其答案一个数字作为它的代码。编码既可以在设计问卷的时候就设计好，也可以在调查完成后再进行。前者称为前编码（或称预编码），后者谓之后编码。

（一）前编码

在以封闭式问题为主的问卷中，调查者大多采用前编码，因此，前编码也就成了问卷中的一部分。

对问卷的编码，包括对问题和备选答案，以及被调查者的相关内容、调查起讫时间等方面的编码。编码一般由英文字母和阿拉伯数字组成。例如，在某地调查，被调查者的地址、类别、户或人的编码，可以设计为：

乡镇编码	村编码	类别编码	户（人）编码
A1	A2	B1	C1

问题和备选答案的编码一般放在问卷每一页的最右边，有时还可用一条竖线将它与问题与备选答案分开。下面就是问题与备选答案前编码的一个例子。

一审	二审	编码

问卷编号			
区位编码			
访员编号			

社会福利问题研究调查问卷

亲爱的朋友：

您好！我是社会福利调查课题的调查员。为了解民众对社会福利问题的意见和看法，我们组织了这次调查，选中了您作为调查对象。填写本表是不记名的，问卷中问题的回答没有对错之分，希望您在填表时不要有什么顾虑，怎么做的，怎么想的，就怎么填，请将符合您的实际状况和意见的选项序号用"〇"圈起来。如无特殊说明，均为单选。

感谢您的参与、合作！

访问开始时间：____月____日　　　　　　T1□□□□

　　　　　　　　____时____分（24小时制）　　T2□□□□

A 第一部分　个人情况

A1 您的年龄：_____岁 　　　　　　　　　A1□□

A2 您的性别：

1. 男　　2. 女　　　　　　　　　　　　　　　A2□

A3 您的婚姻状况：

1. 未婚　2. 已婚　3. 离婚　4. 丧偶　5. 其他　　A3□

A4 您去年年收入为：_____元　　　　　A4□□□□□

⋮　　　　　　　　　　　　　　　　　　　　　　⋮

B 第二部分　个人工作经历和经营活动

B1 如果您是离/退休人员，请问您目前属于下面哪种情况？

　　　　　　　　　　　　　　　　　　　　　　B1□

1. 离/退休后还有其他有收入的工作(请接着填答 B2)

2. 离/退休后没有任何工作(请跳答 C4)

7. [不适用]

8. [不清楚]

9. [不回答]

⋮　　　　　　　　　　　　　　　　　　　　　　⋮

B6 您现在工作的企业、单位或机构　　B6□□□□□

　　共有多少人？____人

99997[不适用]

99998[不清楚]

99999[不回答]

B7 您现在工作的企业、单位或机构是否向您提供了下列福利待遇？　　　　　　　B7a□　B7b□　B7c□

项　目	1 提供	2.未提供	7[不适用]	8[不清楚]	9[不回答]
a 退休金或养老保险					
b 公费医疗或医疗保险					
c 福利房/住房津贴					

⋮　　　　　　　　　　　　　　　　　⋮

谢谢合作!

　　对于 A1 问题来说,因为年龄一般往往在 100 岁以内(若某人年龄大于 100 岁,常记为 99 岁),故编码给出两格。对于 A2、A3 问题,都只可能选择一个答案,答案数目小于 10,故分别只给一格。而 A4 个人年收入,一般在 100000 之内,故给五格,B1 答案只可能选择一个,故也给出一格。B7 也是如此。

　　此外,对于不适用、不清楚、不回答等情况也要进行编码,不要用空格来表示。例如,规定 7、97、997 为"不适用";8、98、998 为"不清楚";9、99、999 为不回答,等等。上例中的 B1 对"不适用"、"不清楚"、"不回答",分别用 7、8、9 表示;B6 对"不适用"、"不清楚"、"不回答",则分别用 99997、99998、99999 表示。

　　(二)后编码

　　对那些问题比较灵活,开放式问题较多的问卷,一般采用后编码。后编码不是问卷的组成部分,它一般是在调查结束之后的资料整理阶段进行。其具体编码操作步骤在第十二章第五节计算机对问卷资料的整理中予以介绍。

七、问卷应用实例①

城市编号：□□　小区/楼盘编号：□□　问卷编号：□□□□

尊敬的消费者：

您好！感谢您百忙中参加我们的调查活动。您所参加的调查是由中国消费者协会和厦门市消费者权益保护委员会组织联合开展的调查活动。您的真实回答有助于我们了解当前商品房市场的相关情况，为我们进一步做好消费者权益保护工作打好基础。您的个人资料我们绝对保密。感谢您的参与！

中国消费者协会

厦门市消费者权益保护委员会

调查员：_____　督导员：_____　审核人：_____

住宅商品房消费者满意度调查问卷

问卷填写要求

请按照调查问卷的提问顺序和填答提示逐一填答，以免漏答。

第5题有3问，请将合适的选项序号填在"____"上；

第7、10、11、12和13题均包含若干小题，每个小题均请回答，请在所给的分值上划"○"；

第15、16和19题为多选题，请在合适的选项序号上划"○"；

第20、21和27题请直接在"____"上填写数字；

其余题目均为"单选题"，请在题号前的"□"内填上选项的序号。

---

① http://www.xmnn.cn/xwzx/mszx/200610/P020061013662279619990.doc

□1. 国家政策规定：自 2006 年 6 月 1 日起，个人住房按揭贷款首付款比例不得低于 30%。考虑到中低收入群众的住房需求，对购买自住住房且套型建筑面积 90 平方米以下的仍执行 20% 的规定。之前，您对此政策规定了解吗？

(1)非常了解　(2)一般了解　(3)不了解

□2. 您对上述政策规定的满意程度是：

非常满意					非常不满意
5	4	3	2	1	0

□3. 客观地讲，您认为本市的房价几千元/平方米(建筑面积)比较合理？

(1)2000 以下　　(2)2000 ~ 3000　　(3)3000 ~ 4000

(4)4000 ~ 5000　(5)5000 ~ 6000　(6)6000 ~ 7000

(7)7000 ~ 8000　(8)8000 ~ 9000　(9)9000 ~ 10000

(10)10000 以上

□4. 您认为未来一年内本市的房价：

(1)比现在涨得还快　　　　(2)以现在的速度上涨

(3)上涨，但没有现在涨得快　(4)不会上涨，也不会下降

(5)略有下降　(6)会大幅下降　(7)说不准。

5. 您购房时主要考虑哪些因素？首先_____其次_____第三_____

(1)建筑质量　　(2)环境　　(3)地段　　(4)配套

(5)交通　　　　(6)价格　　(7)户型　　(8)物业管理

(9)开发商　　(10)其他(请注明)：_____

□6. 您认为小区车库的产权应归谁所有？

(1)全体业主　　　(2)开发商　　(3)物业公司

(4)谁购买谁拥有　(5)按合同约定

(6)其他(请注明)：_____　　　　(8)不清楚/不适用

7. 请您对目前房地产行业的诚信情况进行满意程度评价：

	非常 满意				非常 不满意	不清楚/ 不适用
1. 商品房广告、宣传真实性	5	4	3	2	1	0	8
2. 商品房销售环节诚实性	5	4	3	2	1	0	8
3. 商品房合同履行规范性	5	4	3	2	1	0	8
4. 商品房价格透明性	5	4	3	2	1	0	8

□8. 您对您所购买的商品房的总体满意程度如何？

非常满意　　　　　　　　　　　　　　　　　非常不满意
　5　　　　4　　　　3　　　　2　　　　1　　　　0

□9. 在购买您现在居住的商品房时，您认为开发商给您的广告宣传内容(如承诺的履行情况、广告内容的真实性等)的诚信度如何？

非常满意　　　　　　　　　　　　　　　　　非常不满意
　5　　　　4　　　　3　　　　2　　　　1　　　　0

□10. 请对(您所购买的商品房)销售服务方面的满意程度进行评价：

	非常 满意				非常 不满意	不清楚/ 不适用
1. 手续办理便捷	5	4	3	2	1	0	8
2. 购房合同/协议公平合理	5	4	3	2	1	0	8
3. 销售人员讲解全面可靠	5	4	3	2	1	0	8
4. 销售价格透明度	5	4	3	2	1	0	8
5. 交房时间	5	4	3	2	1	0	8
6. 交房标准	5	4	3	2	1	0	8
7. 房产证办理及时性	5	4	3	2	1	0	8

□11. 请对(您所购买的商品房)规划设计方面的满意程度进行评价：

	非常 满意					非常 不满意	不清楚/ 不适用
1. 小区外交通环境	5	4	3	2	1	0	8
2. 小区商业环境	5	4	3	2	1	0	8
3. 小区绿化和景观	5	4	3	2	1	0	8
4. 小区内公共设施(休闲/健身/娱乐)	5	4	3	2	1	0	8
5. 小区内人、车道路规划布置	5	4	3	2	1	0	8
6. 停车场	5	4	3	2	1	0	8
7. 楼内电梯	5	4	3	2	1	0	8
8. 通风、采光	5	4	3	2	1	0	8
9. 户型设计	5	4	3	2	1	0	8

□12. 请对(您所购买的商品房)工程设计方面的满意程度进行评价:

	非常 满意					非常 不满意	不清楚/ 不适用
1. 管线质量	5	4	3	2	1	0	8

1a. (如果您给了0-4分,请回答本题)影响您给5分的最主要问题是(单选题):

(1)供排水管　(2)煤气管道　　　(3)暖气管道、暖气片
(4)供电线路　(5)电话、网络有线电视　(6)其他

2. 门窗质量	5	4	3	2	1	0	8
3. 墙体质量(含房顶)	5	4	3	2	1	0	8

3a. (如果您给了0~4分,请回答本题)影响您给5分的最主要问题是(单选题):

(1)渗漏　(2)裂缝　(3)隔音　(4)不平整　(5)起皮、脱落　(6)其他

4. 水、电、气供应	5	4	3	2	1	0	8
5. 房屋建筑的节能效果	5	4	3	2	1	0	8

□13. 请对(您所购买的商品房)物业管理方面的满意程度进行评价：

	非常 满意					非常 不满意	不清楚/ 不适用
1. 卫生保洁	5	4	3	2	1	0	8
2. 公共秩序维护	5	4	3	2	1	0	8
3. 园林绿化	5	4	3	2	1	0	8
4. 服务人员工作态度	5	4	3	2	1	0	8
5. 服务人员专业技能	5	4	3	2	1	0	8
6. 收费标准	5	4	3	2	1	0	8
7. 收费透明度	5	4	3	2	1	0	8

□14. 您是否遇到过质量、管理或服务方面的问题，有无投诉或反映情况的经历？

(1)没有遇到过(请直接回答第19题)

(2)遇到过，且投诉或反映过情况

(3)遇到过，但没有投诉或反映过情况(请回答第15题后直接回答第19题)

15. 您遇到的主要问题是：(可多选)

(1)规划设计变更　(2)合同签订　(3)房屋质量

(4)面积测量　　　(5)售后服务　(6)广告宣传

(7)物业收费　　　(8)小区管理　(9)其他(请注明)：＿＿＿＿

16. 您向哪些单位投诉或反映过情况？(可多选)

(1)房地产和建设管理部门　(2)工商部门　(3)消费者协会

(4)质量协会　　　　　　　(5)开发商　　(6)物业公司

(7)小区/居委会　　　　　(8)媒体　　　(9)法院

(10)其他(请注明)：＿＿＿＿

□17. 您觉得投诉或反映情况方便吗?

非常方便　　　　　　　　　　　　　　　非常不方便
　　5　　　　4　　　　3　　　　2　　　　1　　　　0

□18. 您对投诉或反映情况的处理结果满意吗?

非常满意　　　　　　　　　　　　　　　非常不满意
　　5　　　　4　　　　3　　　　2　　　　1　　　　0

19. 您对目前商品房消费领域有何建议(可多选)?

(1)加大对违法违规行为的惩罚力度

(2)进一步细化售房合同文本的相关条款

(3)建立房地产咨询、监督、投诉处理的专门机构

(4)制定出台相应的"三包"规定

(5)其他(请注明):_____

20. 您居住的房屋使用面积为:_____平方米。

21. 您认为最适合的房屋户型是:____房____厅____卫;使用面积是:____平方米。

□22. 在购房时,您采取的付款方式是:

(1)一次付清　(2)分期付款　(3)银行按揭贷款　(4)其他

□23. 您的性别:

(1)男　(2)女

□24. 您的年龄:

(1)25 岁及以下　(2)26~30 岁　(3)31~40 岁

(4)41~50 岁　　(5)51~60 岁　(6)61 岁以上

□25. 您的文化程度:

(1)初中及初中以下　(2)高中或职高　(3)大专

(4)本科　　　　　　(5)硕士及以上

□26. 您的职业或身份:

(1)党政、国有企、事业单位工作人员

(2)独资、合资或私营企业工作人员

（3）离退休人员　（4）无业、失业人员

（5）在校学生　　（6）其他

27.您家庭的人均月收入大约为＿＿＿＿＿元（请直接在横线上填上收入金额）

请留下您的联系方式：＿＿＿＿＿

感谢您的参与，问卷调查到此结束。

第五节　问卷法的一般程序

一、确定问题与设计问卷

（一）确定问题

问卷是"问题表格"，因而，问卷法实施的第一步，需要确定问题，即在问卷中向被调查者提出哪些需要回答的项目。这些问题的产生与形成，实际上是课题具体化、操作化过程。其一般步骤：（1）确定课题；（2）提出假设；（3）概念具体化；（4）寻找变量；（5）设计指标；（6）为测定已经确定的指标，编制直接与间接的问题。图9－1是问题形成的过程，它与第五章所述调查指标的设计过程密切相关。

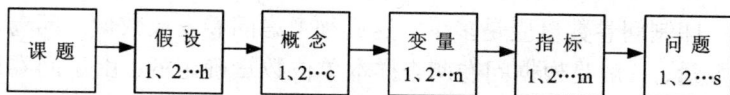

图9－1　问题形成过程示例简图

（二）设计问卷

问卷设计是根据问卷设计的基本原则，将课题操作化所形成的"问题"，进行问题与答案的设计，再按照前述操作步骤将其编制成一份符合问卷结构要求的"问题表格"。这项工作非常关键且又很不容易，因而需要花费很大的精力认真对待。

二、试填问卷与修改问卷

（一）试填问卷

问卷设计好后，不宜马上付印，如有条件可先请有关专家审议，之后还应当组织一次试填。试填者的构成应与调查总体构成相似。在试填中了解填写者对问题与备选答案是否都能理解，以及填写的时间。对于试填中误解、不理解的措词或句子，要逐一记下来。填写完以后，要征询他们的意见。

（二）修改问卷

问卷试填之后，要根据存在的问题，以及试填者的意见，认真加以修改。修改原则：一是调查对象能够理解问题回答的内容与格式；二是填写问卷的时间一般应控制在 30 分钟以内。问卷修改，调查研究主持人应亲自动手。

三、印制问卷与发放问卷

（一）印制问卷

印制问卷有如下两个问题是需要考虑的。

1. 印制数量

印制问卷数量应是多少？这必须考虑问卷发放数量。问卷发放数量，一般是根据问卷调查样本单位数量确定的，由于问卷调查的回收率和有效率一般不可能达到 100%，因此，问卷发放数量应大于问卷调查样本单位数量。确定问卷发放数量的公式为：

问卷发放数量＝问卷调查样本单位数量/（回收率×有效率）

例如，根据调查目的确定的问卷调查样本单位数为 120 人，估计回收率为 75%，有效率为 90%，则问卷发放数量为：

$$120/（75\% ×90\%）=178$$

因而，问卷印制数量不得低于问卷发放数量，某些情况下还应稍作增加，如邮寄问卷，为提高回收率，有时还需再寄、第三次又寄一份问卷给被调查者。

2. 版面格式

美国著名社会学家艾尔·巴比指出："问卷格式的重要性不下于问题本身的重要性。不适当的格式会造成答案的遗漏、混淆，甚至导致研究对象拒绝回答问题的后果。……人们也并不喜欢页数虽少但第一页费了他过多时间的问卷，反而喜欢虽然初看页数不少但轻而易举就填完了第一页的问卷。"[1]问卷调查经验告诉我们，印制问卷应注意版面格式的设计，设计时不要编排过密，各问题之间要留出一定空间，版面格式要整洁、明晰、美观，这样会使被调查者产生好感，激发填写兴趣。

（二）发放问卷

问卷发放的方式有：邮寄问卷方式、发送问卷方式（包括个别分送方式和集中填答方式、报刊问卷方式、网络传输方式）。由于问卷的发放直接影响到问卷的填答质量和问卷的回收率，因此，实际发放问卷时必须注意：问卷发放要有利于提高问卷的填答质量，要有利于提高问卷的回收率。为此，需要做到：

若采用邮寄方式发放问卷，应当考虑以下做法：一是在抽样设计时，把预定的回收率考虑在内，按一定比例加大样本规模，扩大邮寄范围。二是在正式邮寄问卷之前，给被调查者寄一封信，说明一下将要进行的调查项目；同时在邮寄问卷时，随信附上贴好邮资的回邮信封。三是在邮寄问卷后，给那些未回信的被调查者补寄提示信和问卷；补寄的时间一般以第一次邮寄问卷后的两至三个星期较为适宜，再过两至三个星期进行第二次补寄，

---

[1] ［美］艾尔·巴比：《社会研究方法》，李银河编译，四川人民出版社，1987年，第174—175页。

一般邮寄三次问卷效果最佳。

　　若采用送发问卷方式，最好是利用被调查者集中的机会，调查者亲自到现场发放，并作些必要的解释，指导问卷的填写。此外，送发问卷还应注意征得有关部门、组织的同意，取得他们的支持和配合，这是送发问卷方式取得成功的一个重要条件。

　　若采用报刊发行方式，可以采用奖励的办法来刺激广大读者填答问卷和回复问卷的兴趣和积极性。如抽奖、赠送礼品、赠阅报刊等。实施的奖励、馈赠面应当尽可能大一些，让配合调查的多数读者都能得到一点回报。

　　若采用网络传输方式，在调查时期内，应自始至终安排专人对网络运行状况进行监测，以保证网络畅通，及时处理紧急情况，同时做好网络服务器的定时备份工作。

四、回收问卷与审查问卷

（一）回收问卷

　　回收问卷应根据发放问卷方式采用相对应的回收方式。回收问卷最值得关注的是，在剔除废卷的同时有效问卷的回收率。保持一个较高的问卷回答率（即有效问卷率），是获得真实可靠资料的保证。一般来说，问卷回收率如果仅在30%左右，资料只能作为参考；50%以上，可以采纳建议；当回收率达到70%～75%以上时，方可作为研究结论的依据。因此，问卷的回收率一般不应低于70%。

　　提高问卷回收率，需要了解影响问卷回收率的因素。其影响因素主要有：发送和回收问卷的方式；调查组织工作的严密程度；调查人员的工作态度；调查课题的吸引力；问卷填写的难易程度；问卷回收的可控制程度。

　　根据上述影响问卷回收率的主要因素可以看出，提高问卷回收率，必须做到：调查组织工作要十分严密；调查人员要有科学精神，认真负责的工作态度；要根据不同时期、不同地域、不同对象的实际情况，选择具有吸引力的调查课题；要提高问卷的设计质量，增强问卷的适应性、针对性和简明性。另外，要尽量采用回收率较高的问卷发送和回收方式。因为据统计，报刊问卷的回收率约为 10% ~ 20%，邮寄问卷的回收率约为 30% ~ 60%，而当面发送问卷的回收率可达到 80% ~ 90%，访问问卷的回收率甚至可高 100%，且当面发送并回收，可以检查问卷是否有空填、漏填和明显的错误，以便及时更正，保证问卷较高的有效性。

（二）审查问卷

审查问卷，目的在于保证搜集的问卷资料的真实性、准确性和完整性。审查的内容主要围绕调查对象的选择、调查指标的设计、问卷询问的方式、调查数据的填写等是否科学、合理，以及是否有漏填、错填、误填、乱填、空填等。问卷审查有就地审查和问卷回收之后的集中审查两种方式。对审查中发现的问题，应进行适当处置，矫正错填、误填答项，剔除乱填、空白、严重缺答的废卷。凡已有答项中无法解决的问题，可采取补充调查的方式弥补。凡补充调查或采取其他方式都无法解决的，应对该项指标作无回答或无效回答处理。凡调查对象不符合设计要求的，其问卷应作无效问卷处理。

五、整理问卷与分析问卷

（一）整理问卷

问卷审查之后，接着要对问卷资料进行整理。大规模的问卷调查，一般需运用计算机整理，其步骤有三：一是进行后编码（前编码在问卷设计时已经确定），即在调查结束后对开放型答项的种类和编码进行确定和填写；二是数据录入，即把问卷答项内容转换为计算机可读取的数据，输入计算机中储存起来；三是数据清理，即不让错误数据进入运算过程。小规模小范围的问卷调查，也可采用第十三章介绍的卡片法汇总技术及其他整理技术进行资料的整理。

（二）分析问卷

问卷资料整理后，统计人员便可通过计算机执行各种统计计算指令，获得所需统计分析指标。不管运用计算机运算与否，都必须掌握第十三章统计分析介绍的各种统计分析方法。在统计分析的基础上，问卷调查需进一步进行理论分析，得出调查结论。

思考练习题

1. 何谓问卷法？它有哪些特点？简要说明问卷的结构。

2. 问卷设计的原则是什么？问卷整体设计的主要步骤有哪些？

3. 开放式问题的优缺点是什么？封闭式问题设计主要有哪几种方式？

4. 问题的语言表达和提问方式有哪些要求？

5. 一份问卷应有多少个问题才适宜？

6. 问题的排列应考虑什么顺序？答案设计有什么要求？

7. 什么是编码？编码的主要任务是什么？

8. 问卷设计之后为什么要进行试调查？试填问卷应注意什么问题？

9. 如何提高问卷的回收率？

10. 问卷法实施有哪些程序？

11. 确定一项调查课题，进行问卷设计训练。

第十章　调查资料的搜集Ⅲ：访谈法

访问的基础是与被调查者搞好关系，使自己成为他们可以信赖的朋友。两次调查经验告诉我们，没有这一层关系要达到好的结果是不可能的。……信任是感情交流的基础，有了信任和感情才能相互合作，才能说真心话，才能保证资料的真实性。

——费孝通

开调查会是最简单易行又最忠实可靠的方法。……究竟人多人少，要依调查人的情况决定。但是至少需要三人，不然会囿于见闻，不符合真实情况。

——毛泽东

我的人物采访大多连续进行两次。第一次主要是相互熟悉……（采访以后）把录音记录下来，加以整理，看看哪些问题没弄清楚，或者遗漏了，没有问。第二次访问效果要好得多，因为我跟采访对象互相熟悉了，精神上放松得多，问答也更得要领。

——［意］奥琳埃娜·法拉奇

面访调查在具有优秀的、可信赖的调查员的情况下，一般说来是最有效的方法。调查内容不论是有关事实的还是有关意见、态度的，都能充分运用自如。

——［日］福武直

访谈法是社会调查搜集资料最常用的方法之一。与观察法一样，访谈法也是直接调查的方法，但它的基本特点是用口头交谈的方式搜集资料，因此它在调查中更注重访谈员与访谈对象之间的互动。与文献法相比，访谈法可适度克服文献法所获得的资料不够客观和标准的缺点。但是，由于涉及访谈者与受访者之间的交互作用，其衍生的局限性值得调查者重视。

第一节　访谈法的特点与应用

一、访谈法的定义

访谈法是一种主要运用口头交谈的方式，通过访谈者与被调查者之间的沟通与互动获得调查资料的调查方法。社会调查中的访谈与日常生活中的谈话有着明显的不同：首先，访谈要有一定的主题、一定的目的，而日常生活中的谈话可以没有严格的目的，无明显的主题；其次，访谈要有调查者的主动反省和反思的过程，要有不断追问和倾听的技术，而日常生活中的谈话可以随便地对话，不需要谈话者的反思认识；其三，访谈主张在细微处发现被访者的感受和想法、态度和观点，从而建构与访谈主题有关的认识意义，而日常生活中的谈话由于没有深刻的目的和相关的主题，谈话者之间可能没有注意到对方所流露出的"主题意义"；其四，访谈强调调查者重在倾听，而被调查者重在倾诉，日常生活中的谈话则以双方的交流和沟通为主，在于信息的传递和感情的倾诉。

二、访谈法的特点

（一）面对面的双向互动

访谈法是访问者与被访问者面对面交谈，彼此进行双向沟通与互动的一种调查方法。在整个访谈过程中，访问者可以针对访谈情景，通过反复提问、追询、解释，并借助手势、表情等非言语行为，与被访谈者进行细致、深入的交谈；被访问者对不理解的问题能够提出询问，要求解释，访谈员亦可及时发现问题而得以纠正，从而保证信息的双向交流。正因为访谈双方是面对面的互动，这就使得双方的态度、想法、仪表等会对另一方产生影响和作用，因而运用访谈法应尽量把握好相互影响的过程，使之提高访谈的质量。

（二）访谈过程比较灵活

面对面的访谈，调查者的主动性较大，因而比其他调查方法搜集资料更灵活。例如，调查者可以根据被访问者的具体情况，灵活地安排访谈的时间；可以使访谈在私下里进行，以排除其他因素的干扰；可以根据被访谈者的态度和反映及时引导访谈内容；可以根据访谈对象的特点和访谈过程的具体情况，灵活多样地选择提问顺序、提问形式和措辞，有针对性地进行访谈；可以使访谈的主题突破时间和空间的限制。由于访谈过程比较灵活，因而有利于调查按照计划顺利地进行。

（三）有利于发挥访谈者的主动性和创造性

访谈的过程，不仅是社会信息的交流过程，而且是思想感情的交流过程。在这一过程中，访谈员是访谈的主体，掌握着访谈过程的主动权，通过访谈双方的直接交流，访谈员可以提高其人际交往能力和对事物的观察力，激发出他们对问题的新认识和解决问题的新思路。

三、访谈法的局限

第一，访谈法受访谈员的影响较大。访谈调查的质量，很大程度上取决于访谈者的素质、能力和现场表现。访谈者主观存在偏见、不当提问，会对访谈结果构成干扰；访谈者对受访者的回答理解有误，或在记录回答资料时出现错误，会对调查结果造成偏差；访谈者的人际交往和沟通能力以及访谈技术的现场发挥状况，会直接影响被访者的合作态度、理解和表达，从而影响调查的成败；访谈者责任感缺失，会形成弄虚作假的情形，使调查失去客观性、真实性。一个有高度责任感和熟练地掌握访谈技巧的访谈者，可以了解到许多真实的社会情况；反之，可能只了解到一些表面的、甚至不真实的社会信息。这说明，访谈法对访谈员的素质要求较高，依赖性很大。

第二，访谈法费时间、费人力、费财力。运用访谈法须选择适当的访谈时间、环境，那种数访不遇或因某些原因无法交谈或对方不愿接待的事，时有发生，加之被访问者分布的地区可能较广，因而一个调查员有时一天只能访问一个或几个被访问者，有时甚至于一天一个访谈任务都完不成，如此，访谈时间可能拖得较长，为此就需要出动更多的调查人员，而这又牵涉到调查员培训以及复杂的组织管理工作，不可避免地增加调查经费。

第三，访谈法无法匿名，有些问题不宜当面访谈。面对面的访谈使被访谈者不能匿名回答问题，因而其顾虑较多，特别是对于一些敏感、尖锐、隐秘的问题，被访谈者往往加以回避，或者不作真实回答，这些都会对访谈调查的结果带来不利影响。

第四，访谈法获得的许多资料有待于进一步的查证、核实。访谈法所获得的信息都是一些口头信息，它们的真实性和准确性有待于进一步得到证明，特别是受到访谈者和被访谈者的社会经验、认识问题的方式和价值观念的影响，访谈结果难以排除访谈双方主观因素的影响，可能会使访谈结果与现实情况存在某些偏误。因此，对于一些重要的事实和数据，一般都需要检验、查证或核实。

四、访谈法的应用

（一）访谈法的应用范围比较广泛

访谈法是一种通过沟通而获得资料的调查方法，它不仅可以了解当时当地正在发生的社会现象，而且可以了解过去和外地曾经发生过的社会现象；不仅可以采用标准化的访谈方式进行定量研究，而且可以采用非标准化的访谈方式进行定性研究；不仅可以了解被访谈者的主观动机、感情、价值观念等方面的问题，而且可以了解被访谈者的各种行为、事实方面的客观问题；不仅可以获得访问提纲所涉及到的信息，有时还可以得到一些超出提纲范围的被访问者的自发性回答的意外资料。因而，与其他调查方法相比，访谈调查的应用范围更广泛。

（二）访谈法适用于多种被访谈者

访谈法不仅适用于有一定文化程度的人，而且对于一些文盲、半文盲等文化程度较低的被访谈者，通过直接的访谈交流也可以取得满意的调查结果。同时，对一些特殊的访谈对象如盲人等，也可以采用访谈法。一般说来，只要没有语言表达障碍，无论什么人都可能作为被访对象。在这一点上，访谈调查具有问卷调查不可比拟的优越性。

（三）访谈法比较适用于小范围内的调查

访谈法由于需要投入较多的人力、物力、财力和时间，大规模的访谈调查受到一定限制，所以，访谈法一般在调查单位较少的情况下采用，且常与问卷法、测验法等结合使用。

第二节　访谈法的类型

一、访谈法的类型划分

访谈法依据不同的标准，可以划分成不同的类型。常见的有以下几种分类方法：一是按照调查者对访谈结构的控制程度，可以分为结构式访谈和非结构式访谈。二是根据访谈规模，可以分为个别访谈与集体访谈。个别访谈有利于访谈者与被访谈者之间建立起较为融洽的人际关系。被访谈者在回答问题时可以减少内心顾虑，便于畅所欲言。个别访谈对于那种非结构式访谈最为有利。集体访谈是指将许多被访谈者放在一起同时进行访谈。这种访谈，可以采取结构式，也可以采取非结构式进行，即通常所说的召开座谈会。三是根据访谈双方接触方式，可以分为直接访谈和间接访谈。直接访谈是指访谈者与被访谈者进行面对面的交谈。其优点是访谈调查的计划性比较强，能够同时询问多个问题；访谈过程中可以更清楚地了解访谈对象的行为、特征、动机等一些间接访谈中得不到的资料；访谈者可以看到对方的表情、神态和动作，便于掌握更详细的资料。但直接访谈的结果容易受到访谈人员主观因素的影响，且所需人力、物力规模也最大，若想要扩大样本的分散性，在实施上很不容易。直接访谈特别适用于电话不够普及的地区，或是题意很复杂的调查。间接访谈是指访谈者与被访谈者不直接见面，而是通过电话、电脑、书面问卷等工具向被访谈者进行的访谈。这样可以解决因距离遥远或时间不足造成的困难，也可使被访谈者避免尴尬。间接访谈需求经费较少，特别适合用于访问工作繁忙、居住分散的调查对象。其中，电话访谈与网络访谈近年发展较快，值得注意。

二、结构式访谈

结构式访谈，又称标准化访谈。它是按照事先统一设计的、有一定结构的访谈问卷进行的访谈。这种访谈的特点是标准化，即选择被访谈者的标准和方法、访谈中提出的问题、提问的方式和顺序，以及对被访谈者回答的记录方式都是统一的。访谈中由访谈者按照事先制作的问卷提问，问卷上的问题可以是封闭式的，也可以是开放式的。

在结构式访谈中，问卷是访谈者的主要工具，访谈者必须严格按照问卷上的问题顺序发问，而且不能随意对问题作解释。当被访谈者表示不明白或听不懂时，访谈者只能重复问题或按规定的统一口径解释。通常这种类型的访问都有一份访问指南，其中对问卷中有可能发生误解问题的地方都有说明，这些说明规定了访问者对这些问题解释的尺度。

结构式访谈的优点在于：它能够对调查过程加以控制，从而提高调查结果的可靠程度；采用结构式访谈，可以有效地避免由于访谈者个人因素造成的干扰或影响，便于对调查资料进行统计处理和对比分析；由于能使被访谈者听清所提的问题，并能当场核实答案，因而减少了误答和因问题不清而不回答的数量；结构式访谈不受被访谈者的范围限制，不管被访谈者的文化水平高低、身体健康状况如何，结构式访谈均可以进行。

作为调查方法的一种，结构式访谈常被用于研究一个难以直接观察的大总体，它的特点是需要大规模的样本。为保证结果可比，需要使用统一的问卷和表格。这种统一的问卷和表格显然无法囊括发生事件的全部，因此只能调查社会事件中的几个方面的内容。这样一些特点使得结构式访谈具有一定的局限性。

结构式访谈不利于充分发挥访谈员与被访谈者的积极性、主动性，在一定程度上可能使复杂的问题流于表面，并且很难触及社会生活的背景，很难对所调查的问题进行深入的探讨，给统计结果的解释也带来一定的困难。同时，结构式访谈费用高、时间长，使调查的规模受限。

三、非结构式访谈

非结构式访谈，又称非标准化访谈，是事先不制定统一的问卷、表格和访问程序，而是按照一个粗线条的访问提纲，由访谈者和被访谈者进行自由交谈。非结构式访谈的主要形式有如下三种形式。

（一）重点访谈

重点访谈又称集中访谈。它是集中于某一经验及其影响的访谈，主要是一种获取质性资料的研究技术，这里的重点不是指访谈对象的重点挑选，而是访谈所侧重的内容。重点访谈要求访谈者首先将被访谈对象安排到一定的情景当中，然后请被访谈者自由说明他在这一情景中的主观经验，即个人对情景的认识。这种主观经验就是重点访谈的重点所在。重点访谈的一个决定性因素是某一特定情景的提供，对于这一情景，研究人员事先要进行分析，找出它的主要因素、模式以及过程和整体结构，并决定将要调查哪些方面，然后制定假设并根据这些假设建立标准的访谈程序。由于问题的内容是事先确定了的，当访谈者将被访谈对象投入一种情景后，便提出一些问题让其回答。虽然这些问题通常是不完全的或完全没有结构，而且也不一定是事先准备好的，但访谈者会把问题重点集中在事先确定了的内容上。因此，虽然被访谈者可以自由地回答问题，但由于问题的范围是由访谈者控制的，所以严格地说这种访谈是半结构式的，而不是完全无结构的。重点访谈对访谈者的技巧、经验及想象力等方面的要求非常高，所以不适于广泛运用，一般用于社会心理学等方面的研究。

（二）深度访谈

深度访谈是为搜寻特定经验及其行为动机的主观资料所作的访谈，一般是选择个人生活历史的某些方面向被访谈者提问题，访谈是机动的或结构松散的，但仍然是围绕某一重点和焦点来进行的。这个重点或者焦点是根据事先选择的研究假设来确定的。当然，由于对不同的人提出的问题不尽相同，因而资料的可比性受到损害，但这一损害可在偶然的重大发现里得到补偿。这种偶然的重大发现往往来源于对提问过程中出现的意外因素所进行的探讨和深究，这有利于带来问题的突破。

（三）非引导性访谈

非引导性访谈又称为客观陈述法。它是让被访谈者对他自己和他所处的社会环境进行一番考察，再客观陈述出来，即访谈者鼓励被访谈者把自己的信仰、价值观念、行为以及他所生活的社会环境客观地加以描述。

在这种类型的访谈中，访谈者几乎完全依赖于插问，所提问题通常很简短，意在了解被访谈者最深层的思想感情，它可以引出甚至连回答者都不知道或对自己都不愿承认的感情来。访谈者从被访谈者那里获得的不仅是资料，而且还有对资料的某种解释。当然，为了避免这些解释受到被访谈者观念的影响，必须对被访谈对象的背景、价值观念、态度以及地位与处境等加以考察，否则就无法判断资料的真伪程度。

　　非结构式访谈的目的在于克服结构式访谈的束缚，弹性大，有利于充分发挥访谈双方的主动性和创造性；有利于适应千变万化的客观情况，了解原调查方案没有考虑到的新情况，获得结构式访谈无法获得的丰富资料；有利于开拓问题的深度和广度，访谈双方既有一个既定的交流中心，也有一定的发挥余地。但非结构式访谈对访谈者的素质要求较高，访谈结果也难以进行深入的定量分析。因此，非结构式访谈适于实地研究，特别是个案研究，它不是通过客观分析的方法把结果普遍化，而是主观地、洞察性地由个别事例概括出结论。

四、电话访谈与网络访谈

（一）电话访谈

　　电话访谈在 20 世纪的发达国家、发达地区兴起，70 年代在美国得到极大的推广，因而曾被一些学者称为社会调查研究的一次小小革命。近年来，我国城镇电话发展迅速，普及率越来越高，因而电话访谈在我国成为了一种重要的且发展较快的访谈方式。

　　电话访谈的优点在于容易接触到受访者，联系、响应率比较高，也比较容易防弊，更可快速知道研究结果，尤其适用于与计算机联机处理资料的作业方式。但电话访谈有两个问题特别值得注意：一是拒答问题。电话访谈因各种原因受访者不愿交谈时极易轻易地把电话挂掉，正因为此，电话访谈的回答率相对较低。这就要求访谈员要有较高的电话访谈技巧。解决拒答的办法是，或再次电话访谈，必要时登门直接访谈，或放弃，用事先准备的其他样本单位替代。二是样本抽取问题。因各种原因，电话访谈抽取的样本的代表性难以保证。如有些人有座机没有手机，或为了节约经费只用手机不安装座机，或根本就没有家庭电话；有些人虽然有电话，但不公开自己的电话号码。这样，抽取出来的样本的代表性就是不完全的，因而，用电话访谈资料推断总体需谨慎。

（二）网络访谈

网络访谈是随着网络的发展而发展的。它一般是通过 ICQ（一种聊天工具）、IRC（网络实时交谈）、NetMeeting（网络会议）等途径实施。网络访谈在研究的作业成本上占有优势，适合经费有限、寻找初级参考的调查，但应十分谨慎，避免作对总体的推论。网络访谈的优缺点和函件访问很接近，但是，当前农村和中西部地区网络普及率较低，熟练的网络使用者更少，因而网络访谈的样本代表性还不如函件访问。但网络访谈是在计算机上执行，在处理复式问题（即需要依据受访者根据选项而跳到不同题目时）时可以自动化处理，避免人为错误，远优于函件访问。在当前与可预见的未来，网络访谈依然是作非科学性调查时的一种简易工具。

五、集体访谈

集体访谈是指将许多被访谈者放在一起同时进行访谈。这种访谈，可以采取结构式进行，以提高访谈的效率。但与此同时则要求对访谈现场进行严格的控制，以确保被访者的回答不互相干扰，保证访谈结果的标准化。如有特殊需要，也可以进行非结构式访谈，即通常所说的召开座谈会。这种调查方法是毛泽东同志亲自倡导，并在我国农村社会调查中广泛使用的一种调查方法。

在座谈会上，不仅访谈者与被访谈者之间会发生相互影响、相互作用，而且被访谈者之间也会进行社会互动。座谈会中所能搜集的资料受到以上两种社会互动因素的影响。因此，要使座谈会成功，就要懂得充分利用和控制这两种互动。这就要求访谈者有更熟练的访谈技巧及组织会议的能力。比如说要避免让某些权威人士的发言左右其他人员的发言或受座谈会议主持人意见的左右，而要使各种意见都能得到充分的表述。

通过座谈会所搜集的资料较其他访谈方式所获得的信息更为广泛，而且通过互动方互相启发、互相补充、互相核对和互相修正，使所访谈的资料更为系统全面和真实可靠。由于它同时对多个人进行访问，因而省时省力。但对一些涉及个人情况或敏感问题的调查，通常不适宜采用这种方式。

非结构式集体访谈虽然节省时间和人力，但不利于访谈者与被访谈者之间进行深入细致的交流，所以常被用于验证或调查集体行为与群体关系的倾向以及心理治疗和组织诊断。此外，典型调查也常采用此法，深入解剖一个典型，召集各种代表人物座谈，既简便易行又收效快。

六、头脑风暴法与德尔菲法

头脑风暴法与德尔菲法是两种特殊的集体访谈法，其应用的规则、程序和技术都比较独特，它们是集体访谈法在现代条件下的丰富和发展，主要用于预测性、规范性的社会调查研究之中。

（一）头脑风暴法与反向头脑风暴法

头脑风暴法和反向头脑风暴法是鼓励创造性思维方式的一种集体访谈形式。头脑风暴法由美国创造学家奥斯本于 1939 年提出，1953 年正式发表。按其英文字头（brain storming）又称之为BS 法。韦氏国际大字典将其定义为：一组人员通过开会方式，对某一特定问题出谋献策，群策群力解决问题。这种形式的调查会需遵循如下规则：（1）主持人简要说明会议主题，讨论必须紧密围绕主题；（2）鼓励与会者自由充分地发表意见，但不得重复和反驳别人的意见；（3）支持与会者吸取别人的观点，不断修改和补充自己的意见，并给予优先发言权；（4）会议主持人在会前不定调子，会中不发表自己的意见，不表示倾向。20 世纪 50 年代以来，头脑风暴法作为一种特殊的会议形式，在预测性调查中得到了广泛应用。

头脑风暴法虽然具有时间短、见效快的优点，但它受到与会者经验、知识面广度和深度、创新思维能力等方面的限制，同时由于提出的设想多而杂，也给归纳、整理带来一定的困难。为了克服这些缺点，于是便发展了反向头脑风暴法等不同形式的头脑风暴法。

反向头脑风暴法是若干被调查者围绕一定的主题自由发表意见，但只能反驳和质疑他人意见的一种调查会方法，故亦称质疑头脑风暴法。反向头脑风暴法需遵循如下规则：（1）会议主持人说明会议主题以及已有的设想、意见、方案，讨论必须围绕此进行；（2）会议主持人会前不画框框，不定调子，会中不表示倾向；（3）与会者可以自由发表意见，但只能对已提出的设想、意见、方案提出各种质疑、批评与反驳，反驳与质疑的内容应是原设想、意见、方案不能成立的根据，禁止进行确认论证；（4）鼓励与会者提出新的质疑和反驳，允许与会者补充他人的质疑与反驳，但不得重复。

实践证明，头脑风暴法和反向头脑风暴法是充分发扬民主，广泛听取意见，寻找新观点，鼓励创造性思维的调查会方法。它的实施应注意几个问题：一是要选择好讨论的主题；二是要注重与会者的结构；三是要合理地安排讨论的次数。

（二）德尔菲法

德尔菲法是一种集体预测性的调查会方法。20世纪40年代由赫尔默（Helmer）和戈登（Gordon）首创。1946年美国兰德公司为避免集体讨论存在的屈从于权威或者盲目服从多数的缺陷，设计出了一种预测准确性较高的定性预测方法。因德尔菲这座古希腊城市，相传是一个预卜未来的神谕之地，于是人们便借用此名作为这种预测方法的名字。德尔菲法的具体做法是：（1）组成专家小组。预测机构按照课题需要的知识范围确定专家，人员一般不超过20人。（2）向所有咨询专家提出预测问题与要求。预测机构将要预测的问题写成含义明确的调查提纲，分送给经过选择的专家。（3）各位专家提出预测意见。专家们在互不通气的情况下，各自独立地用书面形式作出自己的回答，并以无记名方式反馈给预测机构。（4）预测机构进行反馈意见汇总。预测机构汇总专家们意见，作出定量分析后，将分析结果再反馈给各位专家。（5）专家根据反馈资料，重新考虑预测意见。专家们收到反馈资料之后，既可坚持也可改变自己原来的看法，在此基础上重新提出自己的预测意见，并再次以无记名的书面形式反馈给预测机构。（6）预测机构再次汇总，定量分析各位专家意见。如此循环往复，意见收集与信息反馈一般经过3～4轮，最后形成集体预测结论。由上可知，这种方法有着如下特点：匿名性、反馈性、反复性、定量性和集体性。其优点是，可以避免会议讨论时的随声附和，或固执己见，或因碍于情面不愿与他人争执等弊病。

但由于德尔菲法也存在着一些缺点，诸如过程比较复杂，专家一般时间紧，因而回答总是往往比较草率；再者许多专家不熟悉德尔菲法，或不了解有关预测问题的背景资料，因而难以做出正确的预测；因为匿名，专家无法知道别人预测的根据；有的专家在获得前一次预测意见汇总资料后，再次预测时往往会出现简单的趋中趋势；等等。为了克服这些缺点，于是发展了多种派生形式，归纳起来主要有两类：一类形式是，保持经典德尔菲法的匿名性、反馈性、统计性等基本特点，而只做其中局部的改进。例如，提供预测事件的一览表；介绍有关预测问题的某些背景材料；减少应答轮次；等等；另一类情况是，改变经典德尔菲法中的一个或几个特点。例如，部分取消匿名做预测，或部分取消反馈，等等。无论采用哪种形式，物色专家是德尔菲法成败的关键。这是因为如果应邀专家对预测主题不具有广泛的知识，很难提出正确的意见和有价值的判断，而要物色很多对这一专题的各个领域都有很深的专业造诣的专家则很难。另外，运用德尔菲法还必须遵循如下基本原则：必须事先征求专家本人意见，明确设计调查提纲，合理确定调查轮次，科学控制反馈信息等。

德尔菲法产生于科技领域，后来逐渐应用于所有领域，其中在军事领域中应用最为普遍，应用的其他领域还包括人口预测、医疗保健预测、经营预测、教育预测、研究方案的预测、信息处理，以及各级各类社会、经济、科技发展规划等领域进行预测。在社会调查领域，德尔菲法主要用于指标体系的建立和调研结果的综合评价。

第三节　访谈法的技术

一、访谈提问技术

（一）提问的问题要灵活

要使访谈顺利进行，灵活提问非常重要。访谈所提问题有两大类：实质性问题与功能性问题。所谓实质性问题，即根据访谈调查所要了解的实际内容而提出的问题，包括访谈对象的客观事实、行为和行为趋向、主观态度、建议性等类问题。所谓功能性问题，是指在访谈过程中，有利于创造访谈气氛、消除被访者拘束感，或顺利实现从一个话题转换到另一个话题的问题。这类问题包括：为了与被访者接触而提出的接触性问题，用于试探访谈时间和对象的选择是否恰当而提出的试探性问题，用于转换话题而提出的过渡性问题，用于验证有关问题的回答是否可靠而提出的检验性问题等。访谈过程中，灵活地运用各种功能性问题有利于促进访谈的顺利进行。

（二）提问的方式要适合

提问的方式多种多样，诸如开门见山、投石问路、顺水推舟、顺藤摸瓜、借题发挥、竹笋剥皮、一竿到底、循循善诱等。究竟采用何种方式提出问题，应根据被访谈者的具体情况和双方之间的关系，以及问题本身的性质和特点，随机应变，其目的使访谈在平等、友好的气氛中进行。对于一些比较简单，被访谈者容易回答的问题，可以开门见山，直接提出；对于比较复杂、敏感，被访谈者有所顾忌的问题，应采取谨慎、迂回、委婉的方式提出；访谈双方初次接触时，提问的方式要耐心、慎重，而对于比较熟悉的被访谈者，则可以直率地进行访谈；对于文化程度较低、理解能力较差的被访谈者，提问时要耐心解释、循循善导、逐步深入，反之可以直接、连续地进行发问。

（三）提问的态度要中立

访谈提问，访谈者不能给被访谈者任何暗示，访谈者对所提出的问题要始终保持客观、公正的立场。对于一切有争论、有不同看法的问题，访谈者都应持中立态度，而不应有倾向性表示，以免影响被访谈者的思路，造成对被访谈者回答的诱导，导致被访谈者迎合或取悦访谈者，使访谈资料"失真"。对于被访谈者的回答，无论其正确与否，都不宜作肯定与否定的评价，而只能作一些中性的反应。如"我已经明白了你的看法"，"你的想法我已了解"，"请继续讲下去"。

（四）提问的焦点要集中

在正式提问过程中，访谈人员应尽可能减少题外话，提问要把握方向和主题焦点，通过提问将双方的注意力集中在访谈主题上，以便在较短时间内顺利完成访谈任务，不至于因访谈时间过长，使被访谈者对访谈感到厌烦。

（五）提问的语言要通俗

访谈提问应使用被访谈者易于理解并乐于接受的语言。具体来说，要努力做到"一短三化"。"一短"指提问的语言应尽量简短。一个成功的访谈，应是用简短的提问换取充分的回答。"三化"是指提问的语言应尽量口语化、通俗化和地方化。口语化是切忌使用官方语言和书面语言；通俗化是要求尽量少用术语、专业名词，必须用时，要作出说明，使被访谈者能够听懂、理解；地方化是要注意，一些词在不同地区、不同方言中有不同的含义。

（六）提问的语气要恰当

访谈者应针对不同的被访对象及不同的访谈场合，灵活使用不同的语气。如对老年人说话音量要放大，速度要放慢；对孩子应使用浅显的语言、亲切的口气；对反映快的人应单刀直入，尖锐地发问；要激起对方的热情时，语调应该抑扬顿挫，节奏快些；要打消对方怀疑时，节奏应放慢，语调深沉，表情严肃、真诚。访谈一般采用"闲谈"方式或"拉家常"式，切忌"审问式"。

二、访谈引导技术

引导与提出问题不同。引导不是提出新问题，而是帮助被访谈者正确理解和回答已经提出的问题，目的是使被访谈者能够正确理解问题，并能准确、真实、全面地回答所提出的问题。访谈者在访谈调查中进行引导时，要掌握一定的时机。一般而言，引导技术常有以下几种情形：

（一）"复述问题"引导

当被访谈者没有听清所提问题，此时访谈者应用对方听得懂的语言将问题再次复述一遍。如"我想你可能没有听清楚我刚才提出的问题，我再说一遍……"。

（二）"解说问题"引导

当被访谈者对所提出的问题理解不正确、答非所问、文不对题时，访谈者应该用对方能听懂、听明白的语言对问题进行解释或说明，排除干扰和障碍，使访谈调查能按计划顺利进行下去。

（三）"消除顾虑"引导

如果被访谈者因各种原因有思想顾虑，访谈者就应摸清其顾虑所在，然后对症下药，消除被访谈者的顾虑，使访谈进行下去。如"关于这个问题，我们绝对保密，请你放心地谈"。

（四）"回归正题"引导

如果被访谈者的谈话内容远离主题，口若悬河，访谈者就应采取适当的方式，有礼貌地将话题引到正题上来。如"你刚才谈了很多有关这方面的问题，很好，现在请你再谈谈另外一个问题"。

（五）"帮助回忆"引导

如果被访谈者遗忘了问题的某些具体情况，一时回想不起来，访谈者就应从不同角度、不同方面帮助对方回忆。

（六）"中断回顾"引导

如果访谈过程被迫中断，又重新开始时，访谈者应采用简略回顾前面谈话内容，复述尚未回答的问题，引出接下来要谈的话题的方式，使访谈能够继续下去。

三、访谈追问技术

追问不同于提问和引导，它是为了促使被访谈者真实、具体、准确、完整地回答问题，而进行的更深入、更具体、更完整的提问。

（一）追问情形

一般来说，追问主要用于如下情形：（1）回答不实，当被访谈者的回答明显不真实、没有吐露真情的时候进行追问；（2）回答不一，当被访谈者的回答前后不一致、自相矛盾的时候进行追问；（3）回答不确，当被访谈者的回答过于笼统、不够准确的时候进行追问；（4）回答不全，当被访谈者的回答不够全面、不够完整、不够具体的时候进行追问，等等。总之，当被访谈者的回答没有达到预期的访谈目的时，都可进行适当的追问。

（二）追问方法

追问的方法有多种：（1）正面追问，即直接指出回答不真实、不具体、不准确、不完整的地方，请被访谈者补充回答；（2）侧面追问，即换一个不同的角度、侧面或提法，来追问相同的问题；（3）系统追问，即系统地追问事件发生、发展的时间、地点、人物、原因、结果等；（4）补充追问，即只问那些没有搞清、需要补充回答的问题；（5）重复追问，即重提已经得到回答的问题，以检验前后回答的一致性；（6）反感追问，即"激将"追问，对于被访谈者说谎，在不激起被访谈者反感不能得到必需的资料时，访谈者使用反感追问是允许的、适宜的，但反感追问不得滥用，访谈者应尽量与被访谈者保持和谐的访谈气氛。总之，不管采用哪种方法追问，只要促使被访谈者更真实、更具体、更准确、更完整地回答了问题，就算达到了追问的目的。

（三）追问要求

1. 追问要适时

追问适时一般指追问应放到访谈的后期进行，这是因为追问是一种比较尖锐的访谈形式，搞不好就会妨碍整个访谈过程的顺利进行。因此，在访谈过程中，应先将一般性问题弄清楚，而把需要追问的问题记下来，留到访谈后期去追问。

2. 追问要适度

追问适度一般指追问应不伤害访谈者与被访谈者之间的感情，如果访谈气氛紧张，应缓和一下气氛，再进行追问，这样就不会给以后的访谈留下无法弥补的隐患。

四、访谈倾听技术

一个熟练的访谈者，不仅要善问，还要会听。所谓会听，应该是有效率的听，是对提出问题回答结果的直接而有效的接收。要做到有效率的听，必须尽量做到。

（一）消除无效的听

所谓无效的听，是指访谈者听是听了，但大部分内容没有听进去，或听了很快就忘了，或不能正确理解内容的意义等情形。造成无效的听的障碍有多种：一是不愿意的听，访谈者由于不喜欢被访谈者本人的衣着打扮或态度等，而不能或不愿意认真的听；二是不客观的听，访谈者由于对被访谈者或对其回答已做出了主观判断，而不能客观的听；三是不积极的听，访谈者听取回答的需求不旺、兴趣不浓、情绪不好，因而不能积极的听；四是不专注的听，访谈者由于过度疲劳，或者在想自己的事情，而不能集中精力的听；五是不耐烦的听，访谈者由于谈话时的不良习惯，如习惯打断对方讲话，或急于发表意见，而不能够耐心的听；六是不正确的听，访谈者与被访谈者之间由于对同一概念、同一说法的理解不同，而不能正确的听。此外，由于访谈者思想开小差，或被访谈者的地方语言，或周围环境干扰太大等因素，均会影响访谈者听取访谈信息，获得真实的访谈结果。

（二）采用有效的听

所谓有效的听，是指访谈者在听的过程中能主动捕捉有用信息，正确理解和处理信息，并能采用各种方法记忆有用信息，对存疑信息作出反应。有效的听应做到如下几点：

1.要有正确的态度

要有效的听，对被访谈者的回答必须有一个正确的态度。为此：一要认真。要聚精会神，要边问、边听、边记，不得心不在焉、神不守舍。二要虚心。对被访谈者的回答，懂就是懂，不懂就是不懂，决不可装懂，不懂应请教；被访谈者回答不全不对，应采取适当方式予以解释、引导。三要积极。访谈者要将注意力放到被访谈者身上，目光、神情、姿态要倾注于被访谈者，给予被访谈者极大的、真诚的关注。

2. 要有积极的探询

有效的听，不仅要有正确的态度，访谈者还应主动接受和捕捉被访谈者发出的信息，探询他们所说语言背后的含义，在积极地与对方进行对话，反省自己"倾见"的同时与对方进行平等交流，共同建构新的"现实"。

3. 要有情感的投入

访谈过程不仅是信息交流的过程，而且是感情交流的过程。因此，访谈者应很好地把握态度、情感在访谈过程中的应用。访谈时，如果访谈者态度冷淡，被访谈者会不由自主地压抑自己的情感，若访谈者对被访谈者的情感流露无动于衷时，被访谈者或许会对访谈者产生不满，甚至停止倾诉。因而，访谈者对被访谈者的谈话应有情感流露，能够接纳被访谈者所有的情绪反应，与被访谈者同欢喜、共悲伤。

五、访谈回应技术

回应是访谈者对被访谈者的回答作出恰当的反应。恰当的回应是保证访谈过程正常进行的必要条件，也是有效的听的必要条件。回应方法有两类：一是无反射回应，包括聆听与等待；二是有反射的回应，包括认可、概述、坦诚等。

（一）聆听

聆听，即对被访谈者的回答不轻易插话、不干扰、不表态，不随便打断被访谈者的谈话，而是专心的听、静静的聆听，做到边听、边记。当被访谈者正在努力回忆、积极思考时，或在几种可能性中作出选择时，或在谈兴正浓又与访谈主题一致时，最好静静的听。此时静听，实际上是告诉被访谈者：你可以慢慢地回忆、思考、选择，你讲得很好，请继续讲下去。

（二）等待

等待，是指当被访谈者在谈到某一问题时突然沉默，这时访谈者应该耐心等待，不要为了打破沉默立该插话，因为此时很可能是被访谈者需要一定的时间来思考问题，搜寻所谈事情的某一线索，或正在考虑用什么方式将自己的想法说出来。

（三）认可

认可，是指访谈者对被访谈者所说的话已经听见了，希望继续讲下去。认可，可以采取言语行为，即不断地用"好"、"对"、"嗯"等语言信息表示；也可用非言语行为，即用点头、微笑、肯定的目光、手势等非语言信息鼓励对方继续谈下去。认可，会使被访谈者感到自己所谈的内容已被访谈者接受，因而愿意继续谈下去。

（四）概述

概述，是访谈者将被访谈者所说的话，进行简略的归纳、概括。一般而言，当被访谈者回答过于零散时，概述可以检验访谈者的理解是否正确；当被访谈者回答过长时，概述可以帮助被访谈者理清思路，使其继续谈下去。

（五）坦诚

坦诚，是指访谈者对被访谈者所谈的内容就自己相同相似的有关经历，以适当的方式表露出来。如"我也有过类似经历，……"。访谈者适时适当地将自己的情况坦诚地表露出来，可以拉近自己与被访谈者之间的距离，使访谈关系变得比较轻松、融洽，访谈更具合作性和互动性。

六、访谈记录技术

做好访谈记录是访谈调查的一项基本内容。结构式访谈记录比较简单，只需按规定的记录方式，把被访谈者的答案记录在事先设计好的表格或问卷上就可以了。非结构式访谈的记录相对困难一些，因为边听边记，容易分散注意力，影响访谈质量。访谈记录有现场记录和事后记录两种方式。两者各有其优缺点。

现场记录就是在征得被访谈者的同意之后，边访谈边记录。

当场记录的方式可以采用笔记、录音机、录音或一个人交谈、一个人记录等方式。现场记录应该把握关键内容，为此，应着重记要点、特点、重点、疑点、易忘点、感受点，不仅要记语言信息，而且要记非语言信息，如此，才能真实、全面、具体、生动、客观地反映访谈的情况。为了提高访谈记录的可靠性和准确性，对于现场记录资料，在访谈结束前可将记录的主要内容反馈给被访谈者，请他们进行复核、更正或补充；访谈结束后，访谈者应尽快对当天的访谈记录进行整理，以便及时发现和纠正错误或漏记的地方。现场记录的优点是可以从容记录，不清楚或记不全的地方可当场再问，资料比较客观完整。但为了记录完整而埋头记录，则可能丧失由对方的表情、动作所表达出来的信息，而且可能因此而忘了要点。当被访谈者不喜欢其谈话被记录或录音时，还会影响被访谈者的情绪，破坏访谈双方的互动过程。

事后记录是在访谈结束以后，根据对访谈过程的回忆，由访谈者对访谈内容进行追记。事后记录可以消除被访谈者在访谈过程中可能存在的心理顾虑，访谈者也可以专心致志地就访谈问题与被访谈者进行交谈。但事后记录要凭借访谈者的记忆，如果访谈者的记忆出现偏差，会失去一些信息，从而影响整个访谈内容记录的全面性和准确性。为此，采取事后记录时，访谈者在访谈前应尽可能通过训练，提高自己的记忆力；同时，要安排好访谈的问题顺序和要点，注意所提问题的内在联系和逻辑性，以便在事后回忆记录。

七、访谈无着处置技术

访谈调查有时会遇到计划访谈对象因出差、旅游、请假等外出不在家或不在单位的情况。对此，不能轻言放弃。因为计划访谈对象都是根据调研设计方案选定的普查单位、样本单位或典型对象，若不对他们进行调查，普查总体会缺乏全面性，抽样调查样本会失去代表性，典型调查单位会失去典型性。

对于访谈无着，找不到人的情况如何处置呢？方法有五：第一，可以在门上或家中留下预约单；第二，找其单位有关人士或其家人、邻居了解其返回的时间，进行第二次、第三次访问，直到找到为止；第三，当了解到其行踪，条件又许可，可到其所去的地方做访谈；第四，找一些熟悉他情况的人做访谈，但这种情况的处置，应是在访谈调查只涉及行为、事实问题时使用，如果调查内容涉及观念、情感等类问题则不宜采用；第五，实在不行，启用备用调查对象代替，或放弃。

一个好的调查员应当牢记这一点：那些在访谈员去访问时不在家的人，在工作时间、家庭关系、社会背景以及态度等方面也许跟在家的人很不一样。在个别访谈中，无回答的偏差一样是存在的。

八、访谈拒答处置技术

在访谈调查中，经常会出现被访谈者不配合，拒绝访谈的情况。这时，要认真分析研究被访谈者不合作的原因，然后有针对性地采取相应的处理方法，尽量争取对方的合作。

被访谈者不合作的原因可从以下几方面分析：一是访谈问题的原因。例如，被访谈者对所访谈的问题不感兴趣，认为问题即使被访谈调查清楚了，也解决不了什么问题；或者是访谈问题涉及自身或他人利益，害怕访谈调查的结果对自己产生不利影响，引起不良后果等。二是访谈者的原因。例如，被访谈者认为访谈者人微言轻，不相信他们具有调查或解决问题的能力；或者是访谈者在某些方面引起了被访谈者的反感，因此不愿回答问题。三是被访谈者自身的原因。例如，有些被访谈者可能对党在农村的路线、方针、政策不很了解，或者是漠不关心，或者是对被调查问题心中有鬼，不愿暴露。

对于访谈调查中存在的各种问题，首先访谈者要耐心做好被访谈者的各项思想工作，特别是要反复宣传讲解调查的目的、意义，以及调查工作的保密原则和保护被访谈者的措施等，通过认真细致的思想工作，消除被访谈者的顾虑。其次，访谈者要认真检查自己的言谈举止，通过实际行动来取得被访谈者的信任和支持，若发现被访谈者对访谈者个人有反感，可换一个访谈者去。最后，如果实在不能在被访谈者那里打开突破口，访谈者可以通过其他一些熟悉情况的人来回答问题，或者通过当地干部或有关部门的协调，采取一定的措施，使被访谈者能接受访谈。与访谈找不着人的处置一样，不到万不得已时，不要轻易更换调研方案确定的访谈对象。

九、访谈会议控制技术

作为访谈，集体访谈需要具备一般访谈的技术，但由于集体访谈有别于个别访谈的特点，即参与访谈的是一个集体，而不是一个人，所以集体访谈还需掌握一些访谈会议控制技术。

（一）破解技术——访谈开始短暂沉默的破解

集体访谈良好的开端，是一种轻松、愉快的方式，可会议开始时，却常易形成短暂的沉默，这是因为与会人员或相互不熟悉，或对会议情况不了解，有拘谨、戒备、疑虑、防御心理。破解技术有五：一是主持人让在场的人做一个小游戏，或讲一个与参会者有关的笑话，以此让大家精神上有所放松；二是主持人简明扼要地说明会议的目的，以消除与会者的疑惑；三是主持人态度诚恳地承诺访谈会议内容的保密原则，不仅自己严格保密，而且要求与会人员都要绝对保密，以消除与会者的戒备、防御心理；四是主持人对与会人员作一简要介绍，或让与会者自我介绍，以使大家对其他参会者有一个基本的了解，好作应对之策、投入之态；五是让与会者谈谈各自生活中的身边事、平常事、有趣事，以此作为过渡，让大家逐渐将注意力由轻松愉快的话题转移到会议的正题上来。上述几种破解之术亦可视情况结合使用。

（二）创立技术——访谈进程良好气氛的创立

集体访谈希望的进程，是与会者畅所欲言，有着良好会议访谈气氛。可集体访谈偏偏容易形成沉闷、呆板、一问一答，或与会者轮流发言的情形。为了创立良好的气氛，可采取如下之策：一是话题引进，先宽泛，再收紧，逐步深入至会议主题，转换话题要自然、流畅，避免操之过急，不求一步到位；二是条件许可，可在会前物色带头发言人，以打破会场沉闷，引导大家发言，激起大家参与讨论热情；三是主持人在会议初期简介一些背景情况，以提高与会者对有关问题的认识与兴趣；四是主持人适时做一些简短插话或简明扼要的解释，以消除与会者的种种疑虑，促使他们以放松的心态大胆发表看法；五是采用适宜的引导技术，引导与会者相互补充，相互启发，相互对话，相互争论，形成一种相互信任、自由切磋、民主探讨的气氛。

（三）激发技术——访谈发言民主辩论的激发

集体访谈期望的情形，是与会者开展平等对话，形成热烈讨论、民主辩论的氛围。可集体访谈容易产生"集体性思维"、"同伴压力"，"领导效应"，少数人垄断会场，多数人陪会，会议一边倒的局面。如何激发与会者进行深入地民主辩论呢？一是主持人应坚持平等、民主的原则，尊重和保护每一个与会者发言的权利，特别是要尊重和保护少数人的发言权，尽可能地消除他们的孤立感和压抑感；二是主持人要善于发现问题，提出问题，运用提问与引导技巧，组织持不同观点者展开争论；三是主持人一方面应鼓励与会者畅所欲言，同时又对发言者既不恭维，也不轻视。

（四）把持技术——访谈会议主题方向的把持

集体访谈期待的状况，是会议进展不仅热烈，而且始终围绕主题展开。可许多调查会，一旦讨论形成热烈之势，便容易演变成脱缰的野马漫无边际的自由奔腾。如何把握会议主题？此时最忌讳的是泼冷水，随意地、生硬地制止别人发言，中断集体讨论。最好的方法是，因势利导，紧紧把握会议主题，将与会者的话题逐步引向会议主题；或围绕会议主题，适时提出新的问题，形成与会者关注的新的议论中心。

（五）协调技术——访谈与会人员关系的协调

集体访谈避免的问题，是防止与会者争吵，冷眼相向。可调查会上，由于与会者身份地位的差异、思维方式的不同、知识见闻的有别、脾气秉性的迥异，可能形成意见分歧，产生激烈争论，甚至发生恶意争吵，酿成群体隔阂，相互之间不能真诚、坦率地对待。对此，主持人应及时察觉，在问题刚刚显露时，就妥善做好协调和引导工作，保证调查会顺利进行；若发现与会者之间存在明争暗斗，应采取恰当方式及时协调，或果断地结束会议。会后，再寻找原因，采取相应对策。

（六）主持技术——访谈主持辅助身份的确立

集体访谈合格的主持，应是会议的辅助者、协调者。可调查会中，有些主持人总是角色不明，将自己等同于一个报告者、提问者、评判者，不能摆正自己的位置。合格的主持，神态应当自然、轻松、谦逊、随和、客观；应明确自己的职责所在，主要是促使与会者积极发言，鼓励其平等地参与不同观点之间的争论，在需要的时候适当地为与会者提供辅助和协调；行事应始终保持低调，说话简短，不作长篇演讲；应认真倾听与会者的发言，客观地对待与会者之间的争论，但绝不轻易表示自己的态度、看法与倾向。

第四节　访谈法的一般程序

一、明确访谈目的

访谈调查的第一步，需要明确访谈研究目的。一般来说，访谈研究目的指明了研究所要达到的总目的，因而它会对访谈调查的范围、对象等相关内容作出一定限定。由于访谈研究目的比较笼统，不利于具体的实施操作，因此，需要将较为笼统的研究目的和问题转变为比较具体的研究目的和问题。明确访谈研究目的，对于访谈实施过程中的各项工作是至关重要的，为此，调研者需认真查阅与访谈内容相关的文献，从中吸取有价值的东西；必要时还需要深入实际作些初步的了解和调查，在此基础上再确定研究的侧重点，列出研究变量和研究假设。

二、做好访谈准备

（一）选择访谈方法

访谈准备工作的第一步是根据研究目的选择适当的访谈方法。如果要对某一问题进行系统的调查，为定量分析提供基础资料，一般应选择结构式访谈法；若调查的目的是为了进行探索性研究，则可选择非结构式访谈法；若需要对调查问题进行深入细致的调查，采用个别访谈较为适宜；若要迅速了解多数人对某一问题的看法，则可采用集体访谈的方法。

（二）制定访谈提纲

在访谈方法确定后，访谈者要根据访谈目的和访谈方法制定相应的问卷、访谈表或访谈提纲。进行结构式访谈时，访谈者要在全面了解访谈内容的基础上，设计出规范、统一的访谈问卷。进行非结构式访谈时，则需要将访谈内容经过归纳整理后，形成一个概要性的访谈提纲。提纲内容主要包括访谈目的、访谈对象、问题设计等，并将访谈提纲具体化为一系列访谈问题，以便在访谈时提出问题。访谈提纲虽不像问卷那样要求理论假设、变量和指标之间具有密切的关系，但各个问题也必须紧扣主题。由于不同的访谈员都是按同一访谈提纲内容调查，因而访谈提纲不仅可以起到指导访谈的作用，还可以起到统一搜集资料的作用。

不管采取何种访谈方法，参与访谈的人员事先都要对与访谈问题有关的知识有一个充分的准备，以便在访谈中就被访谈的问题与被访谈者进行深入的交流。

（三）确定访谈对象

访谈对象作为访谈资料的提供者，是整个访谈过程不可缺少的一部分，能够直接决定访谈调查的成功和失败。因此，确定适当的被访谈者是访谈准备工作的一个重要内容。被访谈者的选择要能够满足访谈调查的需要，所确定的被访谈者应是对所访谈问题最了解、最具有发言权的人。为了更好地准备访谈问题、选择恰当的访谈方式和灵活地运用访谈技巧，访谈员对被访者的性别、年龄、职业、文化程度、经历、性格、兴趣、习惯、爱好，以及当前的思想状况和精神状态应有初步的了解。

（四）了解访谈社区

为了访谈调查的成功，还要对被访谈人的社区特性有所了解。这里所说的社区特性包括社区的人文环境和文化传统，即群体行为所表现的模式。每个社区都有自己的特点，社区文化传统、环境等因素会影响个人和集体的行为。若事先不了解这些特点，不仅会给访谈工作带来困难，而且还会引导不必要的误解。例如，我国许多少数民族地区都有一些特殊的禁忌，在访谈过程中由于不了解而触犯了这些禁忌，就可能引起被访谈者的反感而不配合访谈。又如，被访谈地区刚进行过某类调查，若对此无知而再实施一次类似调查，就可能因重复调查，而引起被访谈者的厌倦。若不了解被访谈地区发生过的一些可能影响回答率的特殊事件，如自然灾害、政治事件等，就无法对回答率低或答案中的某些现象作出解释。

（五）确定访谈时空

一般而言，访谈时间应选择在访谈对象工作、劳动和家务都不太繁忙的时候，例如农村调查，不宜在农忙时进行。访谈地点和场合的选择，应以有利于被访谈者准确回答问题和畅所欲言为原则。如果想了解农民个人或家庭情况，最好是在农民家中与农民单独进行访谈，若是向基层干部了解农村发展情况，则在其办公地点进行比较适宜，这一方面是为了取得融洽的访谈气氛，另一方面有利于被访谈者寻找或核查准确回答问题的有关背景材料。

（六）选择访谈人员

访谈调查能否成功很大程度上取决于访谈人员的个人品质、业务水平和交谈能力。对于一些需要抽调专人进行的大规模访谈调查，调查组织者还需对访谈人员进行选择和业务培训。访谈人员的选择一般应考虑以下几个方面：应具有实事求是的优良品质和认真负责的工作态度；应有对访谈问题的一定兴趣和一定的认识；应注意言谈举止，以诚待人。

（七）培训访谈人员

调查组织者在挑选访谈人员以后，要对访谈员进行必要的业务培训。培训内容包括访谈调查研究的目的、意义、访谈范围、被访对象、访谈者的每日工作量、访谈步骤、工作要求、时间安排、规章制度等访谈调查工作事项，还要组织学习访谈人员手册、访谈提纲、访谈问卷等相关资料，进行必要的方法训练，并实施模拟访谈等。

（八）拟定访谈计划

上述准备工作完成以后，访谈调查的组织者应拟定一个内容详细的访谈计划表，就整个访谈调查的时间安排、工作步骤、工作方式、遇到意外问题的处理办法等内容做出明确具体的规定，以便于实际访谈工作中，访谈者有章可循，能够顺利实现调查目的。

（九）准备访谈工具

进入实地访谈之前，还需准备访谈工具。访谈工具包括三类：一类是普通工具，如笔、记事本等记录工具；二类是特殊工具，诸如访谈过程中所需要的访谈表格、问卷、照相机、录像机、计算器等；三类是访谈身份证明，如介绍信、调查证件等。

三、进入访谈现场

良好的开端是成功的关键。访谈调查成功与否很大程度上取决于访谈者与被访谈者最初接触时的表现，如果一开始就引起被访谈者的反感，整个访谈就难以顺利进行。为了和被访谈者从毫无联系的陌生人变成相互有所了解的交谈对象，访谈员进入访谈现场应当做到以下几点。

（一）约定要提前

访谈首先遇到的就是如何进被访者的门的问题，因为访谈员对于被访者是一个完全陌生的人。经验表明，在打过招呼或事先约定后再进入现场，一般不易遇到拒绝，访谈关系也能顺利形成。因此，实地访谈前，应先与被访者所在地区或单位取得联系，事先约定，以争取支持和帮助，比如由其派一位熟悉被访者的人带路或陪同，能明显增强被访者对访问者的信任感，如有关部门能派人参加联合调查，则效果更佳。

（二）称呼要恰当

接近被访谈者的第一句话就是如何称呼的问题。一般说来，称呼恰当，就为接近被访者开了一个好头，称呼搞错了，就会闹笑话，甚至引起对方的反感，影响访谈的正常进行。那么，如何才能做到恰当称呼对方？应当注意：（1）要符合访谈双方的亲密程度和心理距离。人们的亲密程度不同、心理距离不同，相互之间的称呼也不一样。例如初次接触用职务称呼，如"刘主任"，双方较熟可称"刘姐"。（2）要入乡随俗，亲切自然。（3）不可对人不恭，而须尊重恭敬，但又要恰如其分，否则难免引起对方的厌恶和反感。（4）要注意称呼习俗的发展和变化。例如，过去习惯称"同志"，后来一度喊"师傅"，现在又喜用"先生""女士"等。

（三）衣着要得体

初次见面的人往往是从对方的外貌获取第一印象的。因此，访谈者的衣着、服饰、打扮等外部形象，对能否在一见面时就取得对方的好感也有重要影响。一方面访谈者要注意使自己的衣着、打扮尽可能地与被访谈者相类似，给对方一个易于接近和交往的感觉。例如，在落后地区访谈，衣着应尽可能朴素；在发达地区访谈，穿戴则应该比较整齐和讲究。同时，也要根据对方的衣着和打扮，来确定自己接触对方时应采取的态度，对打扮讲究的被访谈者，言谈举止应庄重、严肃、彬彬有礼；对穿着比较随意的对方就可以坦率和随意一些。

（四）接近要积极

正确地解决了称呼等问题之后，访谈者就应进一步采取各种有效的方法接近被访谈者。一般来说，有下列几种积极接近的方式可供选择：

（1）正面接近，即开门见山。访谈者接近被访谈者时，首先作自我介绍，并直接说明来访目的，调查的意义和内容，请求被访谈者的支持和合作。这种方式虽显得简单生硬，却高效省时。

（2）自然接近，即在某种共同活动过程中接近对方。例如，在与被访谈者一起工作、劳动、开会、学习、就餐等活动中与对方攀谈，待建立了初步感情之后再说明来意，进行正式访谈。这种方式有利于消除对方的紧张、戒备心理，但是，在公开说明来意之前，很难进行深入系统的访谈。

（3）求同接近，即在寻求与被访谈者的共同语言中接近对方。例如，遇到同乡、同学、同行，可以共同的经历、共同的兴趣与爱好，作为最初交谈的话题；也可以对方最熟悉的事情、感兴趣的问题作为谈话的起点。

（4）友好接近，即从关怀、帮助被访谈者入手，来联络感情、建立信任。例如，对方家里有病人，就谈如何治病；对方遇到挫折，便进行安慰和开导；对方工作、生产发生困难，就帮助出主意，条件允许，还可以采取具体行动帮助对方解决实际困难。

（5）隐蔽接近，即以某种伪装的身份接近对方，了解情况。如微服出访、化装侦察等。一般来说，这种方式不得滥用，只有在特殊情况下，对特殊对象才能采用，否则，可能引起不良后果。

四、正式进行访谈

访谈者进入访谈现场，建立了访谈关系后，便要转入到访谈主题上来，进行正式访谈。访谈的目的是根据调查课题搜集资料，因而整个访谈过程，需要在理论的指导下，运用各种访谈技术，包括提问技术、引导技术、追问技术、倾听技术、回应技术和记录技术等，控制访谈过程，同时，访谈中除了通过语言交流外，还可通过非语言进行交流，达到对访谈过程的控制。非语言控制包括：表情、目光、动作、姿态等。表情是传达思想感情的一种重要方式，访谈中访谈员自始至终都要使自己的表情有礼貌、谦虚、诚恳、耐心。目光是访谈中重要的非语言交流，运用目光时应注意观察被访谈者的表情，同时又不致引起被访谈者的不快。访谈者既要通过自己的行为来表达一定的思想和感情，又要通过观察被访谈者的衣着、服饰、打扮、表情、目光、动作、手势、姿态、行为，以及其周围环境，诸如各种用具、器物陈设、活动、状态等来捕捉被访谈者的思想、感情及各种非语言信息。总之，访谈者要运用各种语言和非语言方式与被访谈者进行交流，使双方的互动过程变成情感交流过程，从而顺利获得各种所需信息，包括各种语言信息和非语言信息。

五、适时结束访谈

当访谈调查所要了解的问题得到了较为圆满的回答以后，访谈者应适时结束访谈。结束访谈应把握如下几点：其一，适可而止。一般情况下，每次访谈的时间不宜过长，一般以一、两个小时为宜，但也不能过于机械，整个访谈过程的持续时间应根据访谈内容和访谈过程中的具体情况灵活掌握。访谈时机和场合比较合适，访谈气氛融洽，被访谈者兴趣比较高时，交谈的时间可长一些；反之应短一些。但应以不妨碍被访谈者的正常职业活动和正常生活秩序为原则。其二，把握时机。访谈者在所要了解的问题得到了较为圆满的回答以后，应适时结束访谈；或者当被访谈者疲劳、厌倦，或者良好的交谈气氛被破坏，被访谈者难以合作下去时，应适时结束访谈。其三，轻松自然。访谈结束的方式应尽可能轻松、自然。访谈者可以有意地给被访谈者一些语言上和行为上的暗示，如"你对今天的访谈有什么看法？""你今天还有什么活动安排？"也可以作出准备结束访谈姿态，如收拾录音机和记录本，以表示访谈可以结束了。其四，礼貌致谢。结束访谈时，访谈者要对被访谈者对工作的支持表示衷心的感谢，并使被访者感觉出自己对这项调查做出了贡献，例如，可以说："谢谢您的合作，您对这件事情的看法和意见对我们这项调查很有价值"。必要的时候，还应表示可能再次登门求教，为以后的调查打下一个良好的基础。

六、再次访谈情形

在由于一些特殊的原因导致访谈中止，从而未能获得足够的调查资料的情况下，往往必须进行再次访谈，以确保资料的完整性。但对于一些非质性研究的课题，一般尽量不要将一次访谈分多次进行，这样很难保证访谈情境的一致性，从而降低资料的可比性。

此外，为了监督考察调查人员的行为和鉴定所获得资料的真实性与正确性，研究者有时会从调查对象中抽取少数几人进行回访，以核实是否进行过调查，并且询问部分问题以辩明资料是否记录准确。

七、访谈法实例

《寻乌调查》访谈实施过程①

　　毛泽东的寻乌调查，是在中共寻乌县委书记古柏(寻乌县篁乡区人，中学毕业生，曾任小学教师，参加革命后曾任县革命委员会及县苏维埃主席)协助下进行的。毛泽东向古柏说明调查目的后，古柏就陪毛泽东到南门街一个杂货店里，拜访寻乌县商会会长郭友梅。古柏向毛泽东介绍说："郭先生曾做过两任商会会长，在寻乌县生活了四五十年，是一个'县城通'，又是商业行家。"郭友梅自我介绍说："我叔父做了60年杂货、布匹生意；我接手以后做了四五十年，一共做了100多年了。"毛泽东听后真是不胜欢喜，紧紧握住郭友梅的手说："你是我打着灯笼要找的行家，是我敬佩的先生！"当时就和古柏商定，邀请郭友梅参加调查会。

　　中共寻乌县委会在西井天主堂办公，为方便调查对象参加调查会，毛泽东把调查会搬到南门外马蹄岗一栋坐北朝南的石头砌的楼房里。在楼上正厅里，天花板上悬挂着一盏宝盖灯，当中放着两张八仙桌，桌上放着茶碗茶壶，四周摆着各种凳子、椅子。毛泽东和邀请参加调查会的人围着八仙桌坐在一起交谈。

　　参加调查会的人来自社会各阶层，有工、农、学、兵、商、官等各种不同的经历；年龄从23岁到62岁，有老、中、青各不同年龄段的人。经常参加调查会的有：郭友梅，59岁，杂货店老板，县商会会长；范大明，51岁，贫农出身，县苏维埃委员；赵镜清，

<hr>

　　① 水延凯等：专题调查及实例评析，北京：中国人民大学出版社，2003年。

30 岁，种过田、做过工、经过商、当过兵，县苏维埃委员；刘亮凡，27 岁，县署钱粮兼征柜办事员，城郊乡苏维埃主席。间或参加调查会的还有：李大顺，28 岁，贫农，曾任区苏维埃委员；刘茂哉，50 岁，老童生，开过赌场，做过生意，曾任县革命委员会、区苏维埃委员；刘星五，46 岁，农民，做过生意，乡苏维埃委员；钟步嬴，23 岁，梅县师范学校学生，区政府主席；陈倬云，39 岁，自治研究生毕业，做过工、经过商、当过小学教师。再加上古柏，共计 11 人。毛泽东"做主席和记录"，调查会"开了十多天"。

毛泽东口问手写，细细地问，静静地听，认真地记；听不懂的土话，就请古柏做翻译；遇有疑义的问题，就请大家讨论。毛泽东谦逊、亲切的态度，打消了调查对象的疑虑，聚精会神地回答毛泽东的提问；遇到没有把握的问题，就同身旁的人小声商量一下再回答；有一些数字说不清楚，就扳着手指头计算，尽量说得准确一些。

除开调查会外，毛泽东一方面借阅《寻乌县志》和其他有关资料；一方面深入到田间、商店、作坊、集市去实地考察，找农民、商人、工人、小贩、游民交谈。在城郊，毛泽东和农民一面干活，一面攀谈；到晌午时，老表(乡)们送来茶水点心，毛泽东就招呼老表们一起围在田头，向老表们询问、核对、印证调查会听来的情况和意见，老表们七嘴八舌地抢着回答问题。几天的调查、访问和查阅资料，毛泽东已经了解了许多情况，但有些情况说法不一，有些情况还似懂非懂。于是，6 月 2 日即端午节后第二天，毛泽东召开了一个特大规模的调查会。到会的大部分是熟悉情况的本地人，共 50 人左右。等人到齐了，毛泽东请大家坐下，自己坐在中间，然后开腔说："我这次到你们地方做社会调查，承蒙诸位先生指点，使我获得了许多知识。我像小学生发蒙一样，开始懂得了一些城市商业。今天请大家来开会，是还有许多问题，需要向大家请教。"毛泽东一面说，一面摊开写着调查提纲的纸，上面列着准备提问的 100 多个题目。毛泽东说："我提一个问题，大家谈一个问题。"老表们围绕毛泽东出的题目发言，大家你一言，我一语，互相补充；遇到不同意见，毛泽东就启发大家展开争论；等到大家意见接近统一，毛泽东才把基本一致的意见记下来。

寻乌调查之后，毛泽东来不及整理调查资料，就投入了领导红军打破国民党军队第一次"围剿"的战斗。在第一次反"围剿"取得胜利、第二次反"围剿"尚未开始的战斗间隙，毛泽东怀着喜悦心情于 1931 年 2 月 2 日在江西省宁都县小布镇整理出了《寻乌调查》。

思考练习题

1. 访谈法有哪些特点和类型？

2. 非结构式访谈有什么作用和特点？

3. 什么是集体访谈？试将其与个别访谈作一区别。如何做好集体访谈？

4. 头脑风暴法与反向头脑风暴法有何异同？

5. 德尔菲法与派生德尔菲法有什么特点？应注意什么问题？

6. 对访谈员进行培训有何意义？

7. 访谈之前应做哪些准备？接近被访谈者应注意什么问题？

8. 引导与追问用于什么情形？其方法有哪些？结束访谈应注意什么问题？

第十一章 调查资料的搜集Ⅳ：观察法

观察可称为科学探究的第一等的方法。 ——[英]莫 塞(moser)

系统观察法是在原地对合乎实证标准之有机体的行为与情景，作选择、触引、记录和评价的工作 ——维 克

在研究工作中养成良好的观察习惯比拥有大量学术知识更为重要。这种说法并不过分。 ——[英]贝弗里奇

观察的第一个特质，就是要有一双好眼睛。如果一种坏的习惯——一种私人利害迷乱了眼睛，事物就看不清楚了。

对你所要表现的东西，要长时间很注意地去观察它，以便发现别人没有发现和没有写过的特点。 ——[法]福楼拜

第一节 观察法的特点与应用

一、观察法的定义

观察法，又称实地观察法，是调查者根据一定的调查目的，凭借自身的感觉器官和其他辅助工具，从社会生活现场直接搜集资料的调查方法。观察法是搜集第一手资料最基本、最有效的方法，是发现问题、提出问题的前提，是提出、验证理论假设的有效手段，为一切调查研究所必需。观察法对直接认识事物和搜集第一手资料起重大作用。在科学研究上，第一手原始材料具有极其重要的价值，它是一切科学研究的起点。科研往往从问题开

始，进而进行观察、调查和实验，从这个意义上讲，科学源于问题。然而，由于人们的一切认识，包括产生的一切问题，归根到底源于观察所得到的事实，从这个意义上讲，科学始于观察。通过科学的观察，摄取尽可能多的客观事实，从而为某一理论的提出提供大量而丰富的感性材料，同时理论一经提出，其是否符合规律、是否有真理性，又有待实践的验证。社会调查只有打下完全由观察到的事实构成的基础，才能科学化。恩格斯在了解英国工人阶级的生活状况时就运用了观察法。可以说，观察法是正确认识社会不可缺少的方法。

二、观察法的特点

从一般意义上讲，观察普遍地存在于人们的日常生活之中，如察言观色，观物写生等。但作为社会调查中的观察法既不同于日常生活中的随意性观察，又有别于其他调查方法所不具有的独特特点。

（一）观察活动有目的有计划

目的性和计划性是一切社会调查活动所具有的特点。这里所指的明确的目的性和计划性特点，是针对日常生活中的观察活动而言的。观察法实施时，观察者不向被调查者暴露自己想要了解什么和怎样了解，但它要求在事先进行系统的研究设计，为什么观察、观察什么、怎样观察都要加以明确，将观察的对象、范围、步骤和方法制订详细的计划，做到胸中有数。

（二）观察对象处于自然状态

观察法是一种自然状态下的现场调查。观察者在观察过程中对被观察对象的活动不加干涉，对于影响被观察对象的各种社会因素也不加干预。它观察到的现象是当前正在发生的、处于自然状态下的社会现象，因而它是一种最为及时，最为直观的调查方法。

（三）观察过程受观察者个人因素的影响

观察过程必定会受到观察者个人的情感、知识和经验因素的影响。一般来说，观察者同被观察的人或事物的联系越密切，情感因素对观察过程的影响越大，同时，观察者的知识和经验也会影响观察过程。虽然如此，观察法并不一概排除观察者个人的情感、知识与经验等因素，而在于坚持实事求是，不因个人偏见或个人狭隘的经验而歪曲、掩饰或编造社会事实。

（四）观察手段凭借感官借助工具

观察法观察的手段主要凭借观察者的眼、耳等感觉器官及其延伸物，如摄像机、照相机、录音机、显微镜、望远镜等仪器。正因为观察法无需中间环节，因而它能获得具体、生动的感性认识和真实可靠的第一手资料。所谓"百闻不如一见"就是说的这个意思。这一特点使它区别于访谈法、问卷法等资料搜集方法。

（五）观察内容是观察对象的外显行为

观察法观察到的主要是被观察对象的外显行为，至于被观察对象的态度、观念、价值等主观意识方面的资料无法通过观察搜集到。这一点也有别于访问法和问卷法。

三、观察法的局限

第一，观察法受时空条件的限制。任何社会现象的发生，都有一定的时间条件，对于已经发生过的现象，观察者无法观察，对于某种尚未出现的现象、突发事件、偶发事件，观察者很难预料，也就很难做到有目的有计划的调查。任何社会现象的发生，都有一定的空间条件，超越了观察者的感觉器官及其延伸物所能观察到的范围，观察者便无法观察。

第二，观察法受观察者自身的限制。这种限制来自两个方面：一方面，人的感官超过一定的限度，听见的、看到的就不清晰，使观察的精度受到局限。另一方面，观察者往往容易受到个人的感情色彩和"先入为主"成见的影响，且对所获材料的结果和解释，也往往容易受观察水平的局限。由于观察法主要靠观察者单方面的活动，因而，对社会现象的观察是否正确，在很大程度上取决于观察者个人的素质。

第三，观察法受所获资料观察过程的限制。基于观察法上述局限性，观察者所观察到的都是事物的表面现象或外部联系，且都是一定时间、地点、条件下的社会现象，不能直接深入到事物的内部以分辨是偶然的事实还是有规律性的事实，所获得的资料具有一定的表面性和偶然性。

四、观察法的应用

(一)适于搜集正在发生的现象的资料

观察法由于所搜集的资料是观察者"亲眼所见"，较为真实，且搜集的信息及时，因而它适宜于需要及时了解某个特定场所正在发生的现象。例如，要做好救灾工作，必须及时、准确地掌握灾情，就只有通过实地观察，其他调查方法难以办到。

(二)适于搜集各种非语言性的信息

进行社会调查时，时常会遇上调查对象语言表达困难或不愿配合的情况。例如，在调查了解聋哑人时，调查者不懂手语，难以与聋哑人交流和沟通，此时采用其他调查方法显然不合适，而观察法可以弥补这种缺陷，得到其他方法难以取得的资料。

(三)适于对同一现象进行持续的观察

采用观察法简便易行，可随时随地进行，观察时间亦可长可短，因此可以持续地了解被观察者在各种不同时间不同情况下的具体表现，从而有利于深入了解研究对象，为研究其相关性提供依据。

(四)适于用作其他调查方法的辅助方法

观察法适用于小范围探索或辅助研究，适于用作其他调查方法的辅助方法。与其他调查方法结合，往往能收到良好的效果。例如，访谈中可通过观察了解访谈对象的非语言行为；通过问卷了解到的事实，可以通过观察法加以证实。

第二节　观察法的类型

根据不同的划分方法，可以将观察法分为不同的类型。如根据观察的主要目的，分为探索性观察与验证性观察；根据观察的主要内容，分为定性观察和定量观察；根据观察对象的状态，分为静态观察和动态观察；根据观察的时间，分为定期观察和追踪观察；根据观察的范围，分为全面观察和抽样观察，等等。下面着重介绍几种实际中运用较多的类型。

一、结构性观察与非结构性观察

根据观察内容是否有预定的、标准化的观察项目与要求，可分为结构性观察与非结构性观察。

结构性观察，指观察者按照预先确定的观察提纲进行的项目明确、程序固定，记录标准化的观察。所谓观察提纲简单地说，就是一份观察项目的清单，此外，还包括观察日期、观察起讫时间、观察地点和观察对象等附属项目。结构性观察对于观察的内容、程序、记录方法都进行了比较细致的设计，观察时基本上按设计的步骤进行，对观察记录的结果适于进行定量化的处理。

非结构性观察，指观察者在总的观察目的、要求下，不预先制定观察计划，根据具体情况，有选择地进行的观察。这种观察在事先无需严格的设计，比较灵活、机动，能够抓住观察进程中发现的现象而不必受设计的框框限制，但得到的资料较为零散，难以进行定量化处理。

结构性观察由于观察者事先周密的设计，使观察可以系统和深入，能够获得进行定量分析、对比分析所必需的数据和资料，但花费的时间较多，且观察的过程中不易灵活应变；非结构性观察则比较方便易行，观察中可随时根据需要进行调整，往往可以获得意想不到的珍贵资料，但得到的资料比较零散和表面化，由观察者本身引起的偏差可能会高一些。

通常情况下，人们一般在调查的初期，运用非结构观察，以便发现研究的现象，帮助确定主题和观察方法与项目。在调查的中、后期运用结构性观察，对某些研究项目进行深入的观察和分析。

二、参与观察与非参与观察

根据观察者是否参与观察对象的活动，可分为参与观察与非参与观察。

参与观察，指观察者参与到被观察群体中去，在与被观察对象的共同活动中，从内部进行的观察。参与观察按照参与程度的不同，又可分为完全参与观察和不完全参与观察。前者如调查者为了解流浪乞讨人员的生活状况，特意装扮为流浪乞讨人员并与他们共同生活，从中观察这个社会群体的特点、生活方式等方面的情况，就是完全参与观察；后者如大学生到企业实习，则是不完全参与观察。

非参与观察，指观察者不加入被观察对象群体，不参与他们的任何活动，以旁观者的身份对被观察对象进行的观察。如大学生为对自己所学专业进行深层次的了解，到有关专业对口的机构、企业参观。

一般说来，运用参与观察法，可以缩短观察者与被观察者之间的心理距离，对观察对象的活动有比较深入的体验和理解，有助于理解观察对象背后的心理活动、动机和内部的真实情况。但参与观察需要观察者花费较长的时间，全身心地投入，且易受到观察者某些方面的影响。例如，完全参与观察，观察者在观察过程中表现积极或消极，会增强其他参与者的热情或产生其他影响，甚至一定程度上影响到某些主张的采纳、实施与否，从而影响事件的进程；不完全参与观察，则可能会吸引被观察者的注意力，改变自然的事件过程。而运用非参与观察法，观察者与被观察之间未建立密切的联系，可以从不同的角度、不同的方面去观察，站在客观、公允的立场，冷静地观察，且省时、省力、简便易行，但非参与观察由于不能深入持续，往往使观察带有表面性和偶然性，其研究要想达到透过现象发现本质、了解真相目的，要求观察者具备相当高的素质。

三、实地观察与实验室观察

按观察地点和组织条件划分，观察法可以分为实地观察和实验室观察。

实地观察是在自然环境中，在现实生活的实际状况中进行的观察。在一般的社会调查研究活动中，这种方法用得较多。它能够观察到社会现象的真实状态，缺点是不够严密和精确。本章所要探讨的是实地观察。

实验室观察是在人工创造的观察群体和调查者所控制的条件下进行的观察。运用这种观察，调查者可以根据调查研究的需要来设计观察环境，便于集中、准确地观察特定的对象，但它也容易破坏观察的自然情态。随着科学技术的发展，实验室观察具有越来越重要的作用，对社会现象的研究，有些课题，诸如某些教育学和心理学的课题，可以在实验室观察。

四、直接观察与间接观察

根据观察者与观察对象之间有无直接接触，可分为直接观察与间接观察。

直接观察，指观察者凭借自己的眼睛、耳朵等感觉器官直接去感知观察对象的方法。如民政工作者查灾，教师在课堂上观察学生等。直接观察最大的优点是比较简便，可随时随地进行，具有强烈的现实感，但观察者的视野及精力有限，难以观察到全面、精确的情况。

间接观察，指观察者不直接感知观察对象，运用其他的途径去感知观察对象的方法。如看实时电视、录像等。间接观察在时间、空间、精确度上有极大的扩展，可是缺乏现实感，没有亲身对现场的了解和感受。

五、传统观察与网上观察

根据观察者是否运用网络技术，可分为传统观察与网络观察。

传统观察除了利用人的感觉器官如眼睛、耳朵以外，还经常借用科学工具，诸如照相机、摄影机、录像机、录音机等，但它与网络无关。本章介绍的有关问题主要是传统观察，即实地观察。

网上观察，是随着网络的发展而兴起的一种新兴观察法。它是指观察者借助网络对网民的网上言谈与行为进行的观察。它又分为两类：网上直接观察与网上间接观察。网上直接观察是观察者进入聊天室进行的观察，观察者或作为被观察者的一员在参与正在进行的聊天活动过程中实施其观察，或不参与被观察者的聊天活动，只作为旁观者进行观察，前者谓之网上参与观察，后者称之为网上非参与观察。网上间接观察，是指利用网络技术对网站接受访问的情况以及网上的网民行为进行的观察。

网上观察法与一般传统观察法一样，要求遵循观察法实施的基本原则，实施前需明确观察目的，制订好观察计划，实施过程中需按事先设计的项目进行观察，并作好观察记录，最后需对资料进行分析研究，得出结论。其特殊之处在于通过"网络"观察，因此，要有在网上观察的特殊技术和记录技术等。目前在网上观察法中，网上直接观察运用得相对多一些。它的优缺点均来自网络环境的虚拟。正是由于网络环境虚拟，身份隐秘，参与聊天者顾虑较少，因而，观察者能获得大量、真实、全面、深入的感性材料，也正因为网络环境虚拟，身份隐秘，因而，所反映的事实和数据的真实性无法判断与核实。

第三节　观察法运用的基本要求与原则

一、观察法运用的基本要求

（一）观察反映的灵敏性

对所观察事物具有灵敏性，既是一种发现事物特征的能力，也是观察法运用的一种基本要求。英国科学家贝弗里奇指出："在研究工作中养成良好的观察习惯比拥有大量学术知识更为重要。这种说法并不过分。"[①]生物进化论的创始人达尔文则说过，在事实之观察与搜集方面，我的勤奋差不多已尽了最大的努力。

（二）观察习惯的多思性

观察不是人的视觉器官对观察对象的纯客观扫描，而是以一定的目的和理论为指导，以一定的知识和经验为基础的自觉认识活动。观察应当与思考相结合。观察只有多思，才能随时捕捉到有价值的线索，才能不仅感知到观察事物的整体形象，而且意识到它的意义。多思，积极思考的程度直接关系到知觉的速度与准确性，直接关系到观察的效果。贝弗里奇说："在观察时，人们应该培养善疑多思的思想方法，任意搜寻值得追踪的线索"[②]费孝通教授也曾说，我没有别的方法，只是带着脑筋，带着问题去看。

（三）观察注意的专注性

观察应形成有意注意的习惯，做到专注，凝神贯注。专注能使大脑皮层有关区域形成一个优势兴奋中心，外界信息才会落在

[①]　W.I.B.贝弗里奇著，陈婕译：《科学研究的艺术》，科学出版社，第108页。

[②]　W.I.B.贝弗里奇，陈婕译：《科学研究的艺术》，科学出版社，第109页。

兴奋中心的焦点上，从而使对象的映象特别清晰和深刻，并能及时纠正观察中的偏差和错误。

（四）观察事物的持久性

观察应当持之以恒。从客观方面说，由于事物的某些属性往往较隐蔽，其暴露都有一个过程，因而，人们对事物的观察，一开始很难做到"一目了然"，必须持续一段时间反复多次的观察，才能"洞察秋毫"；从主观方面而言，人们对观察事物的理解也有一个由浅入深，去伪存真，由表及里的过程，因而需要持久地坚持不懈地跟踪观察。一位哲人说过：天才就是持久的耐性。

（五）观察内容的方向性

观察内容受制于研究的问题。观察的实施，应依据调查课题，按照观察计划去完成资料搜集的任务。但是，许多观察难以事先估计到现场可能发生的情况，因而常常只给观察者规定一个总的方向，具体观察内容的确定要到现场根据一定的线索再做出，这就是某些调查"走着瞧"的办法。有时观察内容反过来还影响着研究问题的改变。例如，了解乡村小学校园文化，可到现场一看，由于学校租民房上课，根本无校园可言，哪还有什么空地供学生课外活动，此时便需要改变原来的研究问题，如变原来的校园文化研究为学生教室内外的课后活动观察。

（六）观察方法的对比性

观察要善于比较，要注意事物的前后变化，要观察事物之间的异同，它是发现事物特征的重要方法。比较有对同一观察事物的纵向比较，即对同一事物不同时段进行的观察比较，从动态的角度，观察事物的前后变化，从而准确地把握事物的特征。比较还要将不同事物进行对比，或将同一事物不同对象进行比较，从而从不同的对象中找出共同特征，从相似的对象中找出不同的特征。

（七）观察视角的立体性

观察事物的视角应当是立体的，即应当多角度、多层次地观察，以求全面地、深入地把握事物。事物概貌的观察视角可以是：总体→局部→总体；事物层次的观察视角可以是：外在→内在→外在；事物方位的观察视角可以是：近处→远处→近处；事物细节的观察视角可以是，局部→总体→局部；事物进程的观察视角可以是：现在→过去→现在，起始→发展→末尾。

二、观察法运用的一般原则

(一)客观性原则

观察必须按照客观事物的本来面目进行观察。被观察对象是什么情况，就观察什么情况，记载什么情况，决不能按自己的好恶，带着感情色彩去观察和记载那些自己需要的事实和材料，甚至歪曲客观事实，更不能凭主观的想象臆造根本不存在的事实。

(二)全面性原则

任何客观事物，都有多方面的属性，多方面的联系，多方面的表现形式。要正确认识客观事物，就必须从不同的侧面、不同的角度、不同的层次进行全面观察。如果只看好不看坏，只看表不看里，只看此不看彼，必定使观察流于片面，不可能正确全面认识客观事物。

(三)深入性原则

这是由于社会生活本身纷繁复杂，千变万化，某些社会现象呈现在人们眼前是片面的、偶然的，甚至是虚假的，观察者不是一下子就能观察到事物的真相与实质。这就要求观察者必须进行深入、细致的观察，若仅停留在事物表面现象，就有可能受骗上当，作出片面的，甚至是错误的观察结论。

(四)持久性原则

要进行客观、全面、深入的观察，就必须坚持观察的持久性。观察是一种单调、枯燥的工作，有时观察也不是一次或一时就能获得成果的，观察遭遇失败，或出现谬误，或一无所获，是常有的事。为此，观察必须持久。

（五）合法性原则

在观察过程中，观察者一定要遵守宪法和其他法律规定，决不可在没有得到许可的情况下，私闯民宅，偷看私人信件，窥视他人隐私，或干其他违法的事。

（六）伦理性原则

观察中要遵从一般的道德规范，尊重被观察者的意愿，尊重观察对象的风俗习惯、语言、道德规范，顺应观察对象的生活方式。总之，要以社会生活中被公认的道德规范处理好观察调查中遇到的伦理问题。

第四节　观察法的一般程序

一、明确观察目的

观察目的是根据调查任务和观察对象的特点而确定的。明确观察目的，即要通过观察解决什么问题。为了明确观察目的，首先可作粗略的调查和试探性的观察，为的是掌握一些基本情况，了解观察对象的特点，以便确定通过观察需要获得什么资料，弄清什么问题，然后确定观察的范围、对象、观察的重点，具体计划观察的步骤。

二、制订观察计划

制订观察计划，能使观察有计划、按步骤、全面系统地进行。因此，当确定了观察目的，搜集了有关观察对象的资料后，需要经过深思熟虑制订出观察计划。一般说来，观察计划包括观察目的、观察对象、观察重点与范围、通过观察需要获得的资料、观察的途径、观察的时间、次数和位置、选择观察的方法、列出观察的注意事项、观察人员的组织分工、观察资料的记录和整理、观察的应变措施等内容。

三、准备观察工具

观察者一般主要是通过自身的感觉器官去直接感知外界事物，但许多时候也需要借助辅助工具和仪器来扩大感知的范围。若需要此类工具，就必须事先检查、安装，以及做好使用的安排。另外，若是进行有结构的实地观察，则要设计和制作观察记录工具，即观察表格、观察卡片，以便迅速、准确和有条理地记录观察情况，便于日后的核对、比较、整理和应用。观察表格、观察卡片等记录工具，是根据实地观察需要而设计的。表 11 - 1 和表 11 - 2 就是可供参考的观察记录工具。

表 11 - 1　某街道路口汽车通行情况观察表

观察地点：××市××区××路　　　　　观察方向：由南往北

观察时间：7 时 30 分 ~ 8 时 30 分

车辆类型		通过车辆数
小汽车		
客车	小型客车(10 座以下)	
	中型客车(11 ~ 30 座)	
	大型客车(31 座以上)	
货车	小型客车(3 吨以下)	
	中型客车(4 ~ 7 吨)	
	大型客车(7 吨以上)	
观察意见		

观察员：×××

表 11 – 2　某次会议观察卡片

编号：08

被观察单位：××××学院　　会议主题：如何加强校园文化建设
观察地点：小会议室　　　　观察日期：2010 年 9 月 26 日
观察时间：14 时 30 分 ~ 16 时 0 分

观察内容

项　目		人　数	备　注
会议人数	会议开始时	18	
	迟到	正	最迟的迟到 25 分钟
	中途退场	正一	最早的早退 35 分钟
	会议结束时	17	
会议情况	发言	正正一	
	参与讨论	正	
	看书报杂志	正	其中发言的有 3 人
	闭目养神	丅	其中 1 人始终打瞌睡
	闲聊	正	其中发言的有 2 人
	做其他事情	下	其中有 2 人参与讨论
主要观感	1. 会议纪律较差，迟到人多，早退的人也多。 2. 发言的人虽多，但发言并不踊跃，某些人是在主持人点名之后才发言。 3. 参与讨论的人较少，某些人发言之后，并不认真倾听别人的发言。 4. 某些与会者对会议不关心。		

观察员：× × ×

四、选准观察时空

实地观察要选准最佳观察时间和最佳观察场合，因为观察时间场所不同，往往会得到不同的观察结果。有时，要完成某项调查研究，只有在特定的时间和场所进行观察，才能搜集到所需要的资料，观察结果就可能比较真实、具体、准确。例如，了解机关工作人员上班迟到现象问题，早上 7 点 30 分至 8 点 30 分和办公楼门前，便是观察的最佳时间和最佳场所。

五、进入观察现场

观察者进入现场应取得有关人员的同意，或出示证件说明观察目的，或通过熟人介绍，或通过内线，或取得观察对象团体中关键人物的支持而进入。一旦进入观察现场，观察者要尽量取得被观察者的信任。信任关系建立的方法有很多，诸如反复向有关人员讲解调查的目的、意义，消除被观察者可能存在的各种顾虑，积极主动地以自己的言行去化解各种隔阂，与观察对象打成一片，遵守当地的风俗习惯，不违反当地的禁忌，帮助被观察者解决困难，等等。信任、友好关系的建立有助于观察的顺利进行和有价值资料的获得。

六、进行观察活动

进行观察活动应注意如下三点。

一是观察活动应按计划进行。一般不要轻易地更换观察的重点，超出原定的范围，致使背离了原定的观察目的，如果发觉原定计划有不妥之处，或观察现象有所变更，则应按照计划中的应变措施或实际情况随机应变，目的只有一个，即力求妥善地完成原定的任务，使观察取得最好的效果。

二是观察应与思考相结合。把观察与思考紧密地结合起来，在观察中思考，在思考中观察，只有这样，才能在社会现象的琐屑细微处捕捉到更多有价值的观察资料。

三是观察应灵活安排观察程序。观察程序，具体有三种安排方法：一是主次程序法，即根据观察的目的和任务，先观察主要对象，后观察次要对象。二是方位程序法，即根据观察对象的地理位置，按节约、便利的原则安排观察路线和顺序。三是分析综合法，即先观察事物的整体，后观察事物的局部现象，然后再进行综合与分析，作出观察结论。

七、做好观察记录

做好观察记录，是观察过程中必不可少的重要环节。做观察记录，应符合准确性、完整性、有序性的要求，为此，必须及时进行记录，不要依赖记忆。观察记录有两种方式，一种是当场记录，一种是事后追记。当场记录最常用的方法是手工记录，即当场在笔记本上连续记录，或在事先准备的观察表格、卡片上填适当的数字、文字、相应的符号。表11－1和表11－2是根据调查目的事先设计好的观察记录表格和观察记录卡片。现代科学技术为社会调查提供了许多先进的调查手段，其中有一些是用于当场观察记录的，如录音机、摄像机、数码相机等。但社会调查中使用这些技术手段要慎重，因为使用这些仪器会在一定程度上干扰被观察者的正常活动，影响其行为。事后追记多在不适合不可能当场记录时采用，如观察的是敏感问题，被观察者对当场记录会有疑虑，遇上突发事件，观察者手头无记录工具等情况，就需要事后追记。追记要及时，并且是有把握的内容。这种方法仅为一种补救措施，其真实性和说服力均不如当场记录。但在有些场合，只能使用这种方法。

八、撤离观察现场

撤离观察现场，是观察实施过程的最后一步。无论何种情况，观察者在撤离现场时，不能一走了之，而应以友好的态度辞别当地的被调查者与有关部门，同时要考虑到有可能会再次来观察，因而应将可能再来的信息表达出来。这既是社会调查工作本身的需要，也是对社会调查者职业道德的要求。

九、观察法实例

不完全参与观察实例

美国社会学家威廉·怀特（Willian Whyte）1936年从斯沃思

莫学院毕业时，获得了哈佛大学的一笔奖学金。他可以用这一大笔钱在三年的时间里进行任何一项他所感兴趣的研究。由于他当时对社会改革很感兴趣，所以，他决定用这笔钱去研究波士顿的一个贫民区。他选择了一个叫做"科纳威里"的意大利贫民区，因为他觉得这个地区同他头脑中对贫民区的印象最为相近。当然，他的这种选择方法并非是科学的。他自己后来也承认："我是在一种不科学的基础上作出这种选择的。"

　　怀特为了进入"科纳威里"贫民区观察穷街陋巷中的下层人，曾经历过好几次失败的尝试。后来，他终于得到诺顿大街福利委员会一位社会工作者的帮助。这位社会工作者安排他同当地青年帮伙中的一个头目会了面。这个团伙共有13人，头目叫多克，29岁，他有两个助手，各带几个人。多克以打架出名，参加过议员竞选。经过坦率的交谈，多克同意怀特作为朋友进入这个社区，去参与和观察各种活动。怀特经常同团伙中的小伙子聚在一起玩滚木球的游戏、打棒球、玩纸牌，一起谈论赌博、赛马、性以及其他事情，一起在陋巷中徘徊，参加那个团伙周末在一个咖啡馆固定餐桌上的聚会，但团伙打架斗殴怀特从不参加。怀特与这个小团伙的成员一起活动，他们都知道怀特是研究者，是来写一本关于本社区的书的，对他不参加打架斗殴之类的不良活动也不介意，怀特与他们之间保持着相互沟通与谅解的关系。怀特在科纳威里生活了三年半，其中有一年半的时间是同一个意大利的家庭住在一起，他还学会了意大利语。

　　关于他的观察，怀特写道：当我开始在科纳威里游逛时，我发现需要对我自己和我的研究作出解释。只要我和多克在一起，有他担保，就没有人多问我是谁，或者我在干什么。但是，当我独自巡回于其他群体，甚至在诺顿人中间时，他们显然对我十分好奇。……我发现，我能否为这个地区所接受，取决于我所发展的私人关系，而远不是取决于我所能作出的解释。写一本关于科纳威里的书是不是件坏事，完全取决于人们对我个人的看法。如果我是好的，那么，我的研究也是好的；如果我不好，那么，就没有什么解释能够使他们相信写这本书是个好主意。……由于对我的研究有了充分理解，多克便能为我寻找并指点我所感兴趣的各种观察。尽管多克发现与我一起工作很有意思，也很快乐，可是这种关系还有其缺点。他有一次批评说："自从你来以后，我办事不那么雷厉风行了，现在，我要做什么事，不得不先想一想比尔·怀特对此想了解什么，我该怎样解释，而在此以前我习惯于依靠本能工作"。

经过三年多相处中的观察，怀特搜集了大量生动丰富的资料，获得了有关青年团伙、社区政治以及诈骗活动等等新的眼光，写出了著名的《街角社会》一书。

第五节　减少观察误差

常言道："耳听为虚，眼见为实。"这句俗话在一定程度上说是正确的。但是，从严格的科学意义上讲，由于观察者对社会现实的感知会受到观察者自身及其与被观察的人与事物某种联系的影响，因而，任何观察都会产生一定的误差。而观察误差的大小会对调查结果产生很大的影响，所以，有必要了解产生误差的原因，掌握减少观察误差的方法。

一、产生观察误差的原因

（一）受观察主体因素的影响

就观察主体——观察者而言，下列因素会造成观察误差：从态度、观念上来说，由于观察者对社会现象或社会问题都会有自己的态度、观念倾向，因而观察同一现象的感受和结论就不同；从知识水平和经验上来说，观察者实践的经历和经验不同，观察问题的深度和重点就会不同，观察的结果因而也产生很大的差异，知识浅薄和经验不足，是产生观察误差的重要原因；从事业心、责任感来说，观察者若缺乏事业心和责任感，对调查应付了事，观察不深入细致，均会导致信息的遗漏，造成片面的观察结果；从生理和心理上来说，观察者感觉器官的感受能力，都有一定的局限性，观察者的兴趣、情绪等心理因素，也会对观察结果产生一定的影响，从而产生观察误差。

（二）受观察客体因素的影响

就观察客体——观察对象而言，也有多种可能引起观察误差。一是当观察者进入被观察者群体观察时，在一定程度上会影响观察对象的心理或行为，特别是在观察对象感到存在威胁或存有戒备心理时，尤其如此；二是由于"报喜不报忧"的宣传，使观察者"雾里看花"，或观察对象得知观察者要来作调查时，早有准备，人为地造成假象，让观察者看不到平日真实的情况；三是客观事物发展不成熟，其本质尚未通过现象充分暴露出来，使观察者难以把握其规律而产生误差。

二、减少观察误差的方法

观察误差产生的种种原因说明，任何观察都不可能完全符合客观实际，重要的是调查者应坚持科学标准，实事求是，通过有效的方法，尽量地减少观察误差，其方法如下。

（一）努力提高观察者的自身素质

提高观察者的思想素质、知识水平和观察能力、观察技巧，是提高观察质量，避免观察误差的根本途径。因此，观察者必须具备求实精神，增强与观察内容相关的知识，同时还应加强观察能力、观察技巧的培养和培训。观察能力包括良好的感知能力、敏锐的注意能力、优良的记忆能力、快速的记录能力、正确的识别能力等。

（二）设法减少观察活动对观察对象的影响

一般而言，观察只有在自然状态下，才能观察到真实客观的情况。因此，观察者应努力控制自己的观察活动，尽可能减少或消除观察活动对观察对象的影响。必要时，可以采取隐蔽观察、伪装观察、突击观察等形式，减少观察活动对观察对象的影响。但使用这些方法时，应十分慎重，注意场合，把握分寸。

（三）力求进行深入细致的观察

深入细致的观察是避免观察误差的有效措施。唯有深入细致地观察，才能看清观察对象的全貌和实质，弄清事情的真相。特别是对人为的假象，持续与持久的深入细致的观察尤为重要。

（四）采用多人多组多点重复对比观察

对同一现象进行多人或多组同时观察，并采用观察对象的横向对比观察、观察时间的先后对比观察、观察位置的多点对比观察、观察内容的重复对比观察等形式，以便相互印证，纠正偏差。

此外，提高观察设计、观察工具的科学性，注意观察记录的核查，学会利用现代化的观察仪器，都是减少观察误差的有效方法。

思考练习题

1. 观察在人类认识活动和科学研究中有什么作用？
2. 什么是观察法？它有哪些特点与局限性？
3. 观察法有哪些类型？
4. 观察法运用的基本要求是什么？需要遵循哪些原则？
5. 观察法的一般步骤有哪些？
6. 观察误差产生的原因有哪些？如何减少观察误差？

第十二章 调查资料的整理

统计方法引进社会现象的研究是 17 世纪中的一件大事，并在以后几个世纪中证明是卓有成效的。 ——［英］沃尔夫

无论作任何研究，材料的鉴别是最必要的基础阶段。材料不够固然大成问题，而材料的真伪或时代性如未规定清楚，那比缺乏材料还要更加危险。因为材料缺乏，顶多得不出结论而已，而材料不正确便会得出错误的结论。这样的结论比没有更要有害。 ——郭沫若

用什么方法对现代调查材料进行综合或分类，这个问题是非常重要的。

如果这些资料整理得不能令人满意，那么它们对于科学工作，对于了解俄国经济几乎是毫无用处的。

由于分类的方法不同，同一材料会得出完全相反的结论。

——列 宁

调查实施阶段搜集到的原始资料通常是粗糙、杂乱、零碎的，虽然它们具有社会实在性，但无法显现宏观研究现象的总体特征。为了资料分析的需要，必须对其进行加工处理。因此，资料整理是从调查阶段过渡到分析研究阶段的一个必经的中间环节。

第一节　资料整理的意义与程序

一、资料整理的意义

资料整理是指根据调查目的，运用科学方法，对搜集的原始资料进行审核、汇总与初步加工，使之系统化、条理化，从而得到体现调查对象总体特征的综合资料的工作过程。在社会调查中，资料整理具有重要的意义。

第一，资料整理使资料质量有了保证。由于各种主客观原因，资料搜集难免会出现虚假、差错、短缺、余冗等现象。对此，除了在资料搜集过程中随时加强检查外，还必须在资料分析前进行一次系统审核，以保证资料的真实、准确和完整。

第二，资料整理使资料分析有了可能。社会调查所搜集到的资料虽然非常丰富，但它们大多是零星的、不系统的，只有对原始资料进行加工处理，使之系统化、条理化，资料分析才有可能。

第三，资料整理使分析质量有了基础。资料整理是资料分析质量的基础。资料整理方法的正确与否，将直接影响到对现象进行总体分析的真实性。也就是说，资料分析的准确性和真实性，都是以资料整理方法的恰当性和科学性为基础的。

第四，资料整理使资料保存有了条件。社会调查资料既是社会调查结论的客观依据，又是今后相关调查的重要参考。而资料整理不仅可使保存的资料具有真实性和可靠性，而且为资料长期保存和利用提供了条件。

二、资料整理的程序

(一)设计整理方案

制定整理方案，是保证资料整理有目的、有计划进行的首要步骤。方案的主要内容包括：根据研究目的，确定对调查中所搜集资料的哪些内容进行整理；确定如何进行资料分组；选择整理组织形式与方法；采用哪些汇总指标以及统计资料如何表现等。

（二）审核原始资料

在资料汇总之前，必须对调查得来的原始资料进行一次认真、细致、全面的审查和核定。重点检查调查资料的真实性、准确性和完整性。

准确性审核主要是检查原始资料是否真实可靠，数据计算是否正确。审核方法主要有逻辑审核与计算审核两种。逻辑审核主要是核查调查资料的内容是否合乎逻辑和常识，调查项目之间有无自相矛盾的地方，或不符合实际的地方。计算审核主要是检查调查表中各项数据在计算方法、计量单位、计算结果上有无差错等。例如，部分数字之和是否与总体数字相符，各部分与总体之百分比相加是否等于1，各份问卷上填写的数字单位是否一致，等等。完整性审核主要是检查应该调查的单位、项目是否都调查到了，问卷的回收率以及有效问卷是否达到要求，问卷或调查表上的所有问题是否都按要求填写了，等等。审核过程中如发现问题和错误，应分别情况及时进行纠正或处理。或根据实际进行修正，或遇疑问作补充调查，或无法补正坚决剔除，以保证调查资料的真实性、准确性和完整性，确保资料整理的质量。事实上，为确保资料的质量，资料审核在社会调查开始不久就应进行，如调查实施过程中的实地审核和调查资料收回时的搜集审核。资料汇总前的审核只是一次全面、系统、集中的审核。

（三）进行资料分组

资料分组是资料整理的关键。它是根据社会调查的目的和任务，按照整理方案中所选择的分组标志，对原始资料进行统计分组，为资料的统计分析作准备。本章第二节将作详细介绍。

（四）实施资料汇总

资料汇总是资料整理工作的中心环节。它是按照一定的组织形式和方法，在资料分组的基础上实施的。资料汇总的组织形式有逐级汇总、集中汇总和综合汇总。逐级汇总是自下而上一级一级地汇总。其优点是能够满足各地区、各部门、各单位对统计资料的需要，便于就地审核和订正原始资料。缺点是逐级汇总费时较多，发生登记性误差的可能性较大。集中汇总就是把调查资料集中起来进行一次性的汇总。集中汇总可以缩短汇总时间，减少汇总差错，且有利于采用计算机汇总，但原始资料如有差错不能就地更正，汇总结果常常不能及时满足各地、各部门的需要。综合汇总是将逐级汇总和集中汇总结合起来的一种组织形式。即将各级都需要的基本资料实行逐级汇总，对需要在全国范围内进行加工的资料或者本系统的全面资料实行集中汇总。综合汇总具有逐级汇总和集中汇总的优点，同时又克服了两者的缺点，但它开支大。究竟使用哪种汇总的组织形式，要视具体条件而定。

（五）编制统计图表

资料汇总的结果，需要以统计表或统计图的形式表现出来，简明扼要、形象直观地表达现象的总体特征。统计表和统计图既是资料整理的表现形式，也是进行统计分析的重要工具。

第二节　资料的统计分组

一、资料分组的意义

资料分组是根据社会调查的目的和要求，按照一定的标志，将调查总体划分为若干组的一种资料整理方法。资料分组具有两方面的含义：从现象总体角度看，它是"分"的过程，是将现象总体中的各个单位划分为若干性质不同的组成部分；从现象个体角度看，它又是"合"的过程,是把现象总体中性质相同的单位组合成一组。资料分组的要求是,通过分组应起到组内同质、组间异质的效果。

　　资料分组在调查资料整理中占有重要地位。只有将调查总体进行科学的分组,才能对调查资料进行科学的加工和分析,得出研究现象正确的结论,从而准确、深刻地认识事物的本质特征。列宁曾指出,由于分类的方法不同,同一个材料竟得出完全相反的结论。因此,资料分组是资料整理的关键,它关系到整个社会调查研究工作的成败。

二、资料分组的作用

　　一是能区分社会现象的不同类型。社会现象存在着复杂多样的类型,它们在发展变化过程中所表现出来的特征各不相同。资料分组,就是对现象的不同类型加以划定,从而运用各种统计方法对其进行分析说明。

　　二是能说明社会现象的内部结构。社会现象的总体是由许多部分构成的,各部分的性质不仅互异,而且在总体中所占的比重也不一样,将被研究社会现象总体按照某一标志区分为各部分,并计算出各组在总体中的比重,可以进一步研究总体的构成情况,表明总体的内部结构及其发展变化情况。

　　三是能分析现象之间的依存关系。一切社会现象都是处于相互联系、相互依存之中,并且表现出一定的数量关系。通过资料分组就可以从数量上反映现象之间的依存关系。例如,了解到居民家庭的人均月收入与月消费支出,通过分组就可以显示出两现象之间存在着依存关系。

三、资料分组的类型

　　(一)按分组标志性质的不同划分

　　所谓标志,是指反映调查单位属性和特征的名称。它有品质标志和数量标志之分。品质标志是反映调查单位属性的名称，数量标志则是说明调查单位数量特征的标志。如进行残疾人生活状况调查时，残疾人的性别、婚姻状况、文化程度都属于品质标志，它只能用文字语言表示；残疾人的年龄、家庭人口、工资收入都是数量标志，它可用数值表示。按分组标志性质不同，可作如下两种类型划分：

1. 按品质标志分组

按品质标志分组，就是按反映事物属性或质的特征的品质标志进行的分组。其分组有的比较简单，它们随着分组标志的确定，组别也就基本确定了，如老年人按婚姻状况、户居方式、受教育水平分组便是如此；有的则比较复杂，如对人口职业分类就比较复杂，其类别繁多，且各组界限很难划定。对于比较复杂的重要品质标志的分组，国家往往编有标准的分类目录，以统一全国的分组口径。

2. 按数量标志分组

按数量标志分组，就是按事物的数量特征进行分组。如分析贫困问题将贫困户按家庭人口分组，了解职工生活按经济收入分组，研究地区的社会保险按参保企业个数分组，等等。按数量标志分组，必须以分组结果能够反映被研究现象的不同类型和性质差异为前提。

(二)按分组标志数量的多少划分

1. 简单分组

简单分组就是对研究对象只按一个标志进行的分组。如农村居民按家庭人均收入分组，妇女按初婚年龄分组，职工按性别分组等。它们分别只能从一个角度说明现象的分布状况和内部构成。对于同一总体采用两个或两个以上的标志进行简单分组，形成平行分组体系。在平行分组体系中，各简单分组的分组标志是平等的关系，无主次之分。

2. 复合分组

复合分组就是对所研究对象选择两个或以上的标志进行层叠分组。即先按一个标志分组，然后，再对每一个组别按另一个标志作进一步分组。例如对某系学生按专业和年级进行复合分组。如表 12－10 所示。复合分组比简单分组能更深入地说明问题。但在分组时，应根据分析的要求，确定分组标志的主次顺序，主要标志在先，次要标志在后。另外，分组标志不宜过多，以防组数太多而显得内容繁杂，不利于说明问题。

四、资料分组的方法

（一）选择分组标志

资料分组的关键在于选择分组标志。分组标志选择得是否恰当，直接影响到资料分组的作用和效果。如何选择分组标志呢？必须遵循以下原则：

1. 根据社会调查目的选择分组标志

调查研究对象往往具有众多特征，如何从这些特征中选择作为分组依据的标志，应根据社会调查目的和任务来确定。例如，老年人具有年龄、性别、文化程度、民族、职业、经济收入、生活费用支出等特征。如要了解老年人的生活状况，可以选择经济收入、月生活费用作为分组标志，而要分析老年人对待火葬的态度，则应选择年龄、文化程度作为分组标志。

2. 选择能够反映现象本质特征的标志

在研究对象的诸多标志中，有的标志是主要的、本质的；有的则是次要的、非本质的。只有选择了主要的、本质的标志作为分组标志，才能达到反映现象本质或主要特征的目的。例如，研究居民生活水平状况，可按民族这一标志对居民分组，也可按城乡地区这一标志分组，从现实情况来看，按城乡分组比按民族分组更能反映所研究问题的本质。

3.考虑现象所处的具体时空条件

社会现象会随着时间、地点、条件的变化而发生变化。同一分组标志，在某一时期、地点适用，在另一时期、地点就不一定适用。因此，应针对各种具体情况进行具体分析。例如，解放初期研究农村经济政策时，按阶级成分分组是基本的分组，而研究当前农村经济问题，选择生产水平、经济收入为分组标志比较恰当。

(二)依据选择的分组标志确定组别

选择好分组标志之后，按照所选择的分组标志确定具体分几组，并依一定的顺序排列好各组。按品质标志分组各组名称及顺序排列比较简单，而按数量标志分组确定各组，则比较复杂。此一问题本章第三节"资料分组形成的统计数列"会作详细介绍。

(三)使用汇总技术进行资料汇总

资料分组确定之后，便是运用统计汇总技术对各组资料数据加以汇总。统计汇总技术有手工汇总和电子计算机汇总两种。

1.手工汇总

(1)划记法。这是用点线符号(如"正"字)计算各组的单位数的方法。此方法简便易行，但只能汇总总体调查单位数，不能汇总标志值。

(2)过录法。过录法就是将调查资料先过录到事先设计好的汇总表中，并计算加总，然后再将其结果填入正式的统计汇总表中。此方法汇总的内容较全面，也便于校对检查，但工作量大，费时费力。

(3)折叠法。折叠法是将所有调查表中需要汇总的项目和数值折在边上，一张一张的叠在一起进行汇总计算。

(4)卡片法。这是将每个调查单位需要汇总的项目和数字摘录在特制的卡片上，再根据卡片分组归类和汇总计算。此方法比划记法、过录法、折叠法的质量要高，适用于调查资料多、统计分组细的情况。卡片法的操作步骤：(1)编号：将所选择的分组标志进行分组，然后依组序编号，并在调查表的有关项目下注上组号，每个调查单位也编号，以便核对；(2)制作卡片；(3)摘录：把每个调查单位的组号和汇总项目的实际数值摘录在卡片上；(4)分组计数：根据分组要求，对卡片资料加以汇总计数，卡片数即是调查单位数。

2.计算机汇总

计算机汇总是资料汇总技术的新发展，是资料整理现代化的重要标志。在进行大规模的社会调查搜集资料的情况下，手工汇总既费时费力，又容易出差错。而计算机汇总优点显著：速度快，精度高，汇总量大，具有逻辑运算、自动工作和储存资料的功能。目前在我国计算机汇总已得到广泛应用。有关计算机汇总的具体实施方法与步骤可参阅本章第五节计算机对问卷资料的整理。

第三节　资料分组形成的统计数列

资料分组形成的统计数列称之为分配数列。数列中分配在各组的调查单位数称为次数，又叫频数。各组次数占总体单位总数的比重为频率。分配数列根据分组标志性质的不同，可以分为品质分配数列和数量分配数列。

一、品质分配数列

品质分配数列就是按品质标志分组所形成的数列，如表 12 - 1 所示。

表 12 - 1　某老年公寓老年人性别构成

性　别	人　数	百分比(%)
男	71	35.5
女	129	64.5
合　计	200	100.0

由表 12 – 1 可知,品质分配数列由两部分构成:组的名称和各组次数。表 12 – 1 的左栏就是各组的名称。表 12 – 1 的右栏两列,一为各组次数,即各组人数;一为各组频率,即各组人数占老年人总数的比重。

品质分配数列的编制比较简单。只需按照所选择的分组标志分好组,依一定的顺序将各组名称依次排列好之后,最后汇总出各组分配次数即可。值得注意的是:若资料为定序测量尺度,各组排列应按高低顺序确定;若资料为定类尺度,各类别间尽管是并列的,也应从时间、空间、习惯等因素考虑各组的排列顺序。

二、数量分配数列

数量分配数列就是按数量标志分组所形成的分配数列。如表 12 – 2、表 12 –3 所示。它也有两个构成要素:一是由数量标志值所形成的各个组;二是调查单位在各组的分配次数(频数),即表中的户数;以及各组次数的比重(频率),即表中的百分比。

表 12 – 2　某社区家庭人口统计

家庭人口(人)	户　数(户)	百分比(%)
1	6	4
2	30	20
3	48	32
4	60	40
5	6	4
合　计	150	100

(一)数量分配数列的类型

数量分配数列按各组标志值的表示方法的不同,可分为单项式数量分配数列和组距式数量分配数列。

1. 单项式数量分配数列

单项式数量分配数列是指数列中的每个组只用一个标志值表示的数列，如表 12 - 2 所示。

单项式数量分配数列应用范围较小，只适用于标志值的变动范围较小的资料。其编制与品质分配数列的编制方法基本相同。

2. 组距式数量分配数列

组距式数量分配数列是指数列中的每个组用两个标志值组成的一个区间表示的数列。表 12 - 3 就是组距式数量分配数列。

表 12 - 3　2011 年某乡农户家庭年收入统计

家庭年收入(元/户)	户数(户)	百分比(%)
10000 以下	6	1.1
10000 ~ 15000	34	6.3
15000 ~ 20000	58	10.7
20000 ~ 25000	82	15.2
25000 ~ 30000	126	23.3
30000 ~ 35000	117	21.7
35000 ~ 40000	76	14.1
40000 以上	41	7.6
合　计	540	100.0

组距式数量分配数列适用于标志值的变动范围较大且一般调查单位数较多的资料。组距式数量分配数列的编制相对复杂，下面作专门讲解。

(二)编制组距式数量分配数列应考虑的问题

1. 组数与组距

组距是每组标志的最大值与最小值之差。组距与组数是相互关联的，它等于全距除以组数。二者呈反比关系，即：组数少，组距大；组数多，则组距小。编制组距式数量分配数列的一个重要问题是如何确定组数和组距。而资料分组的基本要求是必须做到组内同质，组间异质。若组数分得太少，组距过大，则会将不同性质的调查单位划分在同一组，这违反了组内同质的要求；若组数分得过多，组距太小，则容易将属性相同的调查单位划分在不同的组间，又违反了组间异质的基本原则。因此，组数与组距的确定应适当。何谓"适当"，实际工作中，没有固定的模式，数列编制者应根据社会调查的具体要求及对实际情况的了解做出判断。

2. 等距分组与异距分组

等距分组即数列中各组组距相等。如表 12 – 3 中每组组距都是 5000 元。异距分组是数列中各组组距不相等。如表 12 – 4 中各组组距就不相等。采用等距分组还是异距分组，主要取决于研究现象特点的差异变动是否均衡。当研究现象的变动比较均衡时，应尽量采用等距分组；反之，其研究现象的性质变动很不均衡，则应采用异距分组。等距分组相对异距分组容易些，各组分配次数可以直接比较，也便于计算其他分析指标，进行对比研究。异距分组相对较难，没有固定的模式，数列编制人员应丰富自己的相关知识，并在实践中不断探索，逐步提高对各种复杂社会现象的界定能力。

对资料进行异距分组，由于各组组距的大小对各组的次数分配有影响，这时的次数分布不能准确反映总体的分布特征，要消除组距不同的影响，就需用各组的次数密度来反映现象的实际次数分布状况。如表 12 – 4 最后一栏所示。

表中，次数密度 = 次数/组距。显然，次数密度比次数能够真实地反映实际的次数分布情况。等距分组由于组距相同，各组次数的分布不受组距大小的影响，故不需要计算次数密度。

表 12 - 4　某地区 2011 年死亡人口年龄结构状况

年龄组(岁)	人数(人)	次数密度(次数/组距)
0	107	107.00
1 ~ 14	49	3.50
15 ~ 59	253	5.62
60 以上	591	13.13
合　计	1000	—

3. 组限及其表示方法

组限是各组的数量界限,即每组两端的数值。其中较大的标志值为上限,较小的标志值为下限。组限的表示方法:一是上下限重叠式;二是上下限不重叠式。可用小数表示的数量标志分组,常采用上下限重叠式的组限表示法,如表 12 - 3 所示;只能用整数表示的数量标志分组,一般采用上下限不重叠的组限表示法,如表 12 - 4 所示(实际工作中,按年龄分组常采用上下限不重叠式)。采用重叠组限分组时,通常把某组的下限值划在该组内,而把上限值归于较大的一组内。这就是所谓"上限不在内"的原则。表 12 - 3 中,若某户农民的家庭年收入为 15000 元,则应将其分到 15000 ~ 20000 这一组。采用不重叠组限分组时,运用的原则是"上下限均在内"的原则。此外,组限值最好取整数,且以 5 或 10 的倍数形式表示为好。

4. 开口组与闭口组

开口组常出现在第一组和最后一组,用"以下"、"以上"的形式表示。如表 12 - 3 中"10000 以下"、"40000 以上",都属于开口组。闭口组是组内既有上限也有下限。一般情况下,最好采用闭口组的形式。但数据资料中若出现极大或极小的极端变量值时,则只能采用开口组形式。

（三）编制组距式数量分配数列的步骤

例：试根据38位农民医疗救助费资料编制数量分配数列。

2011 年某县 38 位农民医疗救助费资料　　　　单位：元

690	835	1020	870	990	1000	600	800	1250	1140
830	1470	1590	470	1790	870	1050	580	740	960
800	1020	600	950	1080	650	1380	1410	1720	850
920	880	1200	1400	1590	740	780	960		

解：本题标志值的变动范围较大，故应编制组距式数量分配
数列。

1. 计算全距

全距是总体内最大标志值与最小标志值之差。本例，全距 =
1790 - 470 = 1320。求全距是作为划分组数和组距的参考。

2. 确定组数和组距

由于农民获得的医疗救助费的变动比较均衡，故选择等距分
组。根据研究的具体要求、对实际情况的了解，以及经验判断，
确定组距为 200，则组数 = 全距/组距 = 1320/200 = 6.6。即设 7
组较为适合。

3. 确定组限和组限表示法

据以分组的标志"医疗救助费"可用小数表示，故采用上下限
重叠式的组限表示法。组限值取整百的数值。如表 12 - 5 左栏
所示。

4. 计算各组单位数及比重

本例采用的是重叠式的组限表示法，故需运用"上限不在内"
的原则计算各组单位数。根据研究的需要再计算各组比重。结果
如表 12 - 5 所示。

表 12 - 5　2011 年某县 38 位农民医疗救助费统计表

医疗救助费(元)	人数(人)	比重(%)
400 ~ 600	2	5.26
600 ~ 800	7	18.42
800 ~ 1000	13	34.21
1000 ~ 1200	6	15.79
1200 ~ 1400	4	10.53
1400 ~ 1600	4	10.53
1600 ~ 1800	2	5.26
合　计	38	100.00

三、累计次数分布

为了资料分析的需要,资料整理工作中有时还需计算累计次数和累计频率。其计算方式有两种:向上累计和向下累计。向上累计是将各组次数或频率,由标志值小的组向标志值大的组逐组累加;向下累计是将各组次数或频率,由标志值大的组向标志值小的组累计。例如,表 12 - 6 是以表 12 - 5 为基础,计算得到的累计次数和累计频率分布表。

表 12 - 6　2011 年某县 38 位农民医疗救助费累计分布表

医疗救助费 (元)	户　数 (户)	频　率 (%)	向上累计		向下累计	
			户　数	频　率	户　数	频　率
400 ~ 600	2	5.26	2	5.26	38	100.00
600 ~ 800	7	18.42	9	23.68	36	94.74
800 ~ 1000	13	34.21	22	57.89	29	76.32
1000 ~ 1200	6	15.79	28	73.68	16	42.11
1200 ~ 1400	4	10.53	32	84.21	10	26.32
1400 ~ 1600	4	10.53	36	94.74	6	15.79
1600 ~ 1800	2	5.26	38	100.00	2	5.26
合　计	38	100.00	—	—	—	—

组距数列中，向上累计表示各组上限以下总共所包含的总体次数或频率的数值；向下累计表示各组下限以上总共所包含的总体次数或频率的数据。单项数列、定序尺度的品质分配数列中，向上累计表示各组（包含该组）以下总共所包含的总体次数或频率的数值；向下累计表示各组（包含该组）以上总体次数或频率的数据。

第四节　统计数据的展示

一、统计表的制作

（一）统计表的意义

统计表是用表格显示统计资料的一种基本形式。广义的统计表包括统计工作各个阶段的一切表格，包括调查表、汇总表、整理表与分析表。本节所讲的统计表是狭义的，介绍的主要是显示资料整理结果所用的统计表。它既表明前述资料整理工作的终结，又是后续资料分析工作的开始。统计表的主要作用表现在以下几个方面：（1）它把大量的统计资料有条理地组织与安排，使资料系统清晰，直观易懂，让人一目了然。（2）统计表内的数字组织科学、排列有序，因而便于统计资料的比较对照。（3）它是分析研究各指标之间的数量关系，进行统计分析的有效工具。

（二）统计表的结构

统计表的结构有形式结构和内容结构之分。形式结构一般由总标题、横行标题、纵栏标题、指标数值四部分构成。内容结构由主词、宾词组成。如表 12–7 所示。

1. 统计表的形式结构

从表的形式上看，统计表由如下四个部分组成：（1）总标题。用以概括说明全表内容，置于表的上端正中位置。（2）横行标题。通常用来表述表内各组的内容，一般写在表的左边。（3）纵栏标

表号→ **表12-7 中国大陆 2010 年人口统计资料** ←总标题

性别	总 人 口		纵栏标题
	绝对数(万人)	比重(%)	
男	68685	51.27	指标数值
女	65287	48.73	
合计	133972	100.00	

横行标题 { 对应男女行

主词栏 　　　　　　　宾词栏

题。通常用来表述总体各组的统计指标名称,一般写在表的右上方。(4)指标数值。用来说明总体特征的各种综合指标值,填写在横行标题和纵栏标题相对应的空白处。

2.统计表的内容结构

从表的内容结构看,统计表包括主词和宾词两部分:主词是统计表所要说明的总体或总体的各个组,通常写在表的左边。宾词是用来说明主词的一系列统计指标的名称和数值,通常写在表的右边。主词、宾词按通常位置排列,有时会使统计表的表式过分狭长或过于扁大,此时可将主词宾词合并排列或互换位置排列。如表 12-8 所示。

表 12-8 2002—2010 年全国结婚率与离婚率统计

年 份	2002 年	2003 年	2004 年	2005 年	2006 年	2007 年	2008 年	2009 年	2010 年
结婚率(%)	6.10	6.30	6.65	6.30	7.19	7.50	8.27	9.10	9.30
离婚率(%)	0.90	1.05	1.28	1.37	1.46	1.59	1.71	1.85	2.00

资料来源:民政部网站《2010 年社会服务发展统计报告》。

(三)统计表的种类

1.简单表

简单表是主词未作任何分组的统计表。它包含三种情况:主词按时间顺序排列的统计表;主词只列出调查单位名称的统计表;主词由地区、国家、城市等目录组成的区域表。如表 12-8、

表 12 - 9 所示。这种表可用来反映调查单位的基本情况，也可用来分析现象发展变化的趋势。

表 12 - 9　2010 年中国各地区农村贫困人口

地　区	贫困人口 （万人）	占全国农村贫困人口的比重 （％）	贫困发生率 （％）
西部地区	1751	65.1	6.1
中部地区	813	30.2	2.5
东部地区	124	4.7	0.4
合　计	2688	100.0	—

资料来源：根据国家统计局网站《2010 年我国农村贫困人口 2688 万》文字资料编制。

2. 简单分组表

简单分组表是主词只按一个标志分组形成的统计表。本章表 12 - 1 至表 12 - 7 诸表都是简单分组表。利用简单分组表可以分析不同类型现象的特征、内部结构和现象之间的相互依存关系。

3. 复合分组表

复合分组表是指主词进行复合分组所形成的统计表。如表 12 - 10 所示。

表 12 - 10　某系 2011 年下学期在校学生人数构成

按专业、性别分组		人　数 （人）	比　重 （％）	合　计	
				人数（人）	比重（％）
社 会 保 障	男	756	30.4	1454	58.4
	女	698	28.0		
社 会 工 作	男	345	13.9	634	25.5
	女	289	11.6		
人 力 资 源	男	194	7.8	401	16.1
	女	207	8.3		
合　计		2489	100.0	2489	100.0

复合分组表由于是将几个标志结合起来进行分组，故能更深入地显示社会现象的特征和规律。

（四）统计表的宾词设计

1. 简单设计

这是将宾词指标名称作平行排列的一种设计。如表 12－11 所示。

表 12－11 某地区强制戒毒所 2011 年戒毒人员性别和文化程度（简单设计）

戒毒所名称	性 别			文 化 程 度				合 计
	男	女	小计	小学	中学	大专	小计	
（甲）	(1)	(2)	(3)	(4)	(5)	(6)	(7)	(8)
甲戒毒所 乙戒毒所 丙戒毒所								
合 计								

2. 复合设计

复合设计是将宾词有关指标做重叠排列。与简单设计相比，复合设计能更全面、细致、深入地说明研究对象的数量特征。如表 12－12 所示。

表 12－12 某地区强制戒毒所 2011 年戒毒人员性别和文化程度（复合设计）

戒毒所名称	小 学			中 学			大 专			全部戒毒人员		
	男	女	小计	男	女	小计	男	女	小计	男	女	合计
（甲）	(1)	(2)	(3)	(4)	(5)	(6)	(7)	(8)	(9)	(10)	(11)	(12)
甲戒毒所 乙戒毒所 丙戒毒所												
合 计												

宾词指标是采用简单设计还是复合设计，应根据统计研究的目的来确定。但在复合设计中应尽量防止分组过多过细。否则，不仅增加汇总工作量，还有可能使统计表失去一目了然的作用。

（五）统计表的编制规则

为使统计表能更清晰地反映所研究现象的数量特征，便于分析比较，在编制统计表时应遵守下列各项规则。

1. 统计表的标题应简明确切，总标题要能概括表的基本内容，并表明资料所属的地区和时间。

2. 表中主词各行和宾词各栏，一般按先局部后总体的顺序排列，但当各部分栏不需要全部列出时，可以把合计栏或总计栏排在最前面。

3. 如果统计表栏数较多，可在主词栏用甲、乙、丙、丁等文字标明，在宾词指标各栏用数字编号。

4. 统计表中的数字应注明计量单位。表中只有一种计量单位时，可将单位写在表头的右上方。需要分别注明不同的计量单位时，横行的计量单位可以专设一栏；纵栏的计量单位可标在纵栏标题的右边或下方。

5. 表中数字应排列整齐，对准位数。如有相同的数字要全部照写。当客观不存在数字时，应划"－"符号表示；缺乏某项资料时用符号"…"标示；数字为0时，要填0，表明不是漏填。

6. 统计表，一般为"开口式"，即表的左右两端不划纵线。上下基线则用粗横线封闭。

二、统计图的制作

统计图是表现数字资料的一种重要形式。它一般是根据统计表的资料，用点、线、面或立体图像鲜明地表达其数量或变化动态。统计图具有形象、生动、直观、活泼、醒目，易于理解和接受等特点。社会统计常用的统计图有：条形图、直方图、圆形图、折线图、曲线图等。条形图是以条形的长短来表示各个标志下数字变动情况的图形，适用于定类、定序测度的变量。直方图是由相接的条形组成的表示次数分布的图形，适用于定距测度的变量。圆形图是用圆形代表分析总体，圆内根据资料类别及其构成比例分成几个扇形，各扇形面积反映各类别在总体中所占比重多少的图形，适用于定类测度的变量。折线图是以折线的高低升降表示各组标志值下的数字多少的图形，它表示频数分布和累计频数分布。曲线图是在折线图的基础上，当变量数列的组数无限增多，组距无限缩小时，折线便近似地表现一条平滑的曲线，形成曲线图，它是反映数据分布规律的有效方法。

统计图绘制的基本要求是：（1）根据资料性质和分析目的正确选用图形；（2）图示的内容要简明，数据计算要准确，图示表示要真实；（3）图形设计要科学、美观、大方、生动、鲜明、醒目；（4）图示的标题和编号要确切，其位置通常安排在图体下方。

利用计算机相关软件，可准确地绘制出各种统计图。对此，读者可参阅有关计算机制图的书籍。

第五节　计算机对问卷资料的整理

大规模的问卷调查，一般需运用计算机整理。为此，首先需先对资料进行预处理，即检查问卷，对问卷进行后编码，录入数据等，再执行各种计算机整理指令。

一、问卷审查

审查问卷，旨在保证进入计算机整理程序的问卷能有较高的真实性、准确性和完整性。审查的内容，主要检查是否有错填、误填、漏填、乱填、空填等。对于错填、误填答项应根据情况进行矫正；对于乱填、空白、严重缺答的，应作废卷处理，予以剔除；对于漏填答项，可作缺失值计，如果漏填数量大，则只能当作废卷处理；等等。

二、问卷编码

计算机整理问卷资料，必须对其进行编码。问卷编码有前编码和后编码。前编码在调查设计时已经确定，并在调查时填写。对于问卷中开放型问题，由于调查之前无法事先确定答项的种类，故只能在调查结束之后对其进行后编码。后编码的操作步骤是：第一步，先任意抽取约10%～15%的问卷，将所有开放型问题的回答内容进行较为详尽的分类罗列，并作预编码；第二步，按照第一步预分的类别，将所有问卷的回答内容进行归类，并编码，如果问卷的有关回答内容，不能归纳入第一步罗列出来的类别中，则增加一个新的类别，并增加一个新的代码；第三步，对已分类别进行选择、合并、删除等工作，即将相近类别合并，有用类别保留，无用类别删除，确定之后作出后编码的定型类别和正式编码；第四步，按照第三步确定好的后编码类别和编码，对全部问卷中的开放型问题的回答内容进行编码。

三、数据录入

数据录入是将问卷编码表中的每一个项目对应的代码转化成计算机能够识别的形式。对问卷进行录入计算机的操作，可以通过SPSS统计软件或Excel电子表格软件（SPSS和Excel在第十三章将作简单介绍）来进行。值得注意的是，数据录入一定要思想上高度重视，工作上认真负责，并反复校对，以消除数据录入差错，保证数据录入质量。为了保证数据录入正确无误，录入数据后进行统计分析前，还应借助计算机进行数据清理。

四、执行指令

对问卷资料进行以上预处理之后，统计分析人员便可通过计算机执行统计整理指令，展示统计整理结果，获得所需统计图表。

五、应用示例

下面以一个实例说明计算机对问卷资料进行汇总整理的具体步骤。

例：某次问卷调查的某个问题及备选答案如下：

A3 您的婚姻状况：

1. 从未结过婚　2. 已婚有配偶　3. 离异未再婚

4. 丧偶未再婚　5. 其他

若此次调查共回收了 60 份有效问卷，试对其进行资料整理。

操作步骤如下：

第一步：将问卷中的问题答案编码后，按顺序录入到 Excel2003软件中，并录入接收区域数据，如图 12－1 所示。

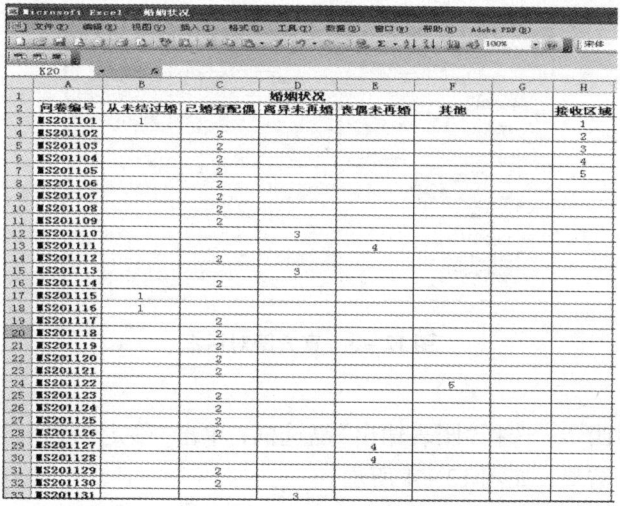

	A	B	C	D	E	F	G	H
1				婚姻状况				
2	问卷编号	从未结过婚	已婚有配偶	离异未再婚	丧偶未再婚	其他		接收区域
3	MS201101	1						1
4	MS201102		2					2
5	MS201103		2					3
6	MS201104		2					4
7	MS201105		2					5
8	MS201106		2					
9	MS201107		2					
10	MS201108		2					
11	MS201109		2					
12	MS201110			3				
13	MS201111				4			
14	MS201112		2					
15	MS201113			3				
16	MS201114		2					
17	MS201115	1						
18	MS201116	1						
19	MS201117		2					
20	MS201118		2					
21	MS201119		2					
22	MS201120		2					
23	MS201121		2					
24	MS201122					5		
25	MS201123		2					
26	MS201124		2					
27	MS201125		2					
28	MS201126		2					
29	MS201127				4			
30	MS201128				4			
31	MS201129		2					
32	MS201130		2					
33	MS201131			3				

图 12－1　问卷数据录入

第二步：选择"工具"下拉菜单，并单击"工具"菜单中的"数据分析"选项，在数据分析对话框中选择"直方图"，如图 12－2 所示，单击"确定"按钮。

图 12－2　数据分析对话框

第三步：在输入区域内输入代码 $ B $ 3：$ F $ 62；在"接收区域"内输入代码上限 $ H $ 3：$ H $ 7；在"输出区域"输入 $ G $ 11，如图 12－3 所示。

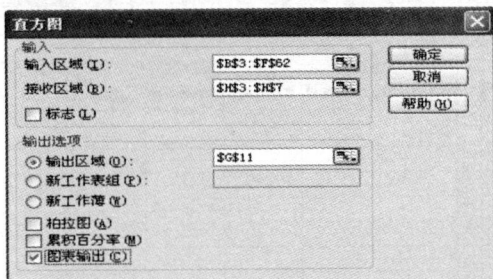

图 12－3　直方图对话框

第四步：选择"图表输出"复选框，单击"确定"按钮，得到统计汇总结果，如图 12－4 所示。

第五步：计算频率，编制按婚姻状况分组的统计分组表，如表 12－14 所示。

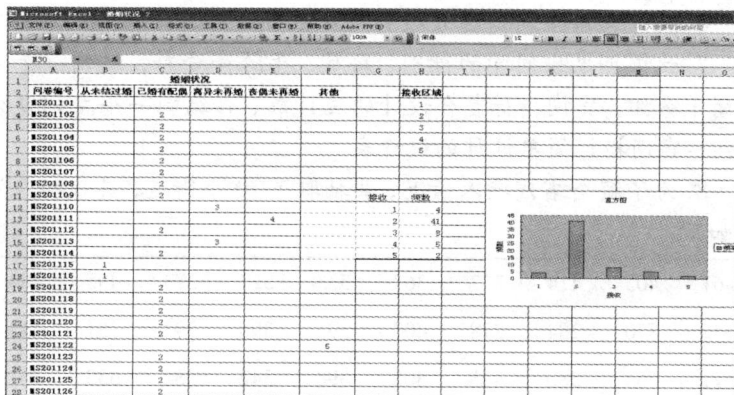

图 12-4 Excel 统计汇总结果显示

表 12-14 婚姻状况统计分组表

婚姻状况	频数(人)	频率(%)
从未结过婚	4	6.67
已婚有配偶	41	68.34
离异未再婚	8	13.33
丧偶未再婚	5	8.33
其　他	2	3.33
合　计	60	100.00

思考练习题

1. 资料整理的意义和程序是什么？
2. 资料审核的一般要求及方法是什么？
3. 资料分组有什么作用？怎样正确选择分组标志？
4. 确定组数和组距应注意什么问题？
5. 什么是等距分组和异距分组？它们各自适用于何种情况？

6. 统计表按主词是否分组有几种类型？

7. 试根据本班同学的性别、籍贯、年龄等资料，编制一个主词简单分组，宾词指标复合设计的统计表；再编制一个主词复合分组，宾词指标简单设计的统计表。

8. 为了解全省残疾人情况，共抽取了70个街道，其残疾人资料如下：

461	403	414	377	367	333	327	373	495	484
632	370	284	278	400	396	390	393	381	413
571	564	580	425	409	398	342	382	353	361
161	263	423	247	307	383	227	173	395	294
532	324	354	178	404	196	320	297	481	313
474	364	280	225	309	398	372	282	353	461
376	294	182	127	401	298	300	200	350	360

根据上述资料进行适当的分组，编制统计表。

第十三章　调查资料的统计分析

一种科学只有在成功地运用了数学时，才达到了真正完善的地步。

　　　　　　　　　　　　　　　　　　　　——马克思

社会调查的历史是与统计学的发展密切相联的。

　　　　　　　　　　　　　　　　　　——邓肯·米切尔

对于追求效率的公民而言，统计思维总有一天会和读写能力一样必要。

　　　　　　　　　　　　　　——威尔斯（H. G. Wells）

我们有许多同志至今不懂得注意事物的数量方面，不懂得注意基本的统计、主要的百分比，不懂得注意决定事物质量的数量界限，一切都是胸中无'数'，结果就不能不犯错误。　　　　——毛泽东

统计调查是从社会实际生活中(母本)抽出很少一部分样本，进行统计分析的。……母本的特性，在统计中是用比率、均值、相关系数等来表示的，所以统计检验一般能进行比率检验、均值检验、相关系数检验等。

　　　　　　　　　　　　　　　　——[日] 福武直

　　调查阶段搜集得来的大量、零星而分散的资料在进行了审核和整理之后，社会调查就进入了资料分析的阶段。这一阶段是进一步深化认识的过程。资料分析包括统计分析和理论分析。统计分析从量的方面研究社会调查获得的数据资料，并作出科学的有效的定量判断，同时为理论分析提供数据支持。

第一节　统计分析的意义与应用

一、统计分析的意义

辩证唯物主义认为，社会现象与自然现象一样，都是质与量的统一体，在具有质的规定性的同时，无不具有量的规定性。因此，在探索客观事物的规律，认识事物本质时，必须掌握事物的数量的规定性。马克思曾经指出，一种科学只有在成功地运用了数学之后，才算达到了完善的地步。社会调查中的统计分析，就是应用数学的分支——统计学方法，对调查得到的数据进行资料整理、综合、计算与分析，从量的方面分析事物之间的相互联系和相互作用，揭示社会现象的内在的数量规律，从而达到认识社会现象本质的方法。即通过对社会现象的量的规定性的分析来把握社会现象质的规定性。

二、统计分析的作用

（一）统计分析能使人们对社会的认识建立在科学的基础之上

社会错综复杂，要在生活中找出个别事例来说明问题都有可能。但是在事物的偶然性中潜藏着必然性，如果通过对同类现象的大量观察和统计，就会理出寓于大量社会现象偶然性中的必然性联系，不至于用个别来代替一般。所以，有了统计分析，了解了事物的一定的量，事物的性质就不会被歪曲了。可见，统计分析能使人们对社会的认识建立在科学的基础之上。

（二）统计分析能为人们提供一种清晰而精确的形式化语言

由于数学向社会科学领域日益渗透，使得一些社会科学的理论有可能用数学方法来表达。现代社会调查采用统计分析既可以使问题变得简明、清晰，而且可以使对问题的分析变得十分精确和深刻。例如，经过调查统计分析，建立反映某地经济收入总额与其社会保障费用支出之间一般数量关系的回归直线方程为 $y_c = -9.26 + 0.18x$，那么这个方程从理论上表明，在调查总体范围内，该地区经济收入总额每增减 1 个亿（假若单位为亿元），其社会保障费用支出就会增减 0.18 个亿。显然，统计分析可以使问题的陈述变得清晰、简洁、准确。

（三）统计分析有助于人们科学地预测社会现象的发展趋势

任何事物的发展都有它的过去、现在和未来。人们可以根据过去和现在的实际资料，根据某事物过去的发展规律性来预测或推测其未来。预测有定性预测和定量预测之分。定性预测是一种较为直观的预测，预测的主要目的不在于准确地推算具体数字，而在于判断事物的未来发展方向。定量预测则根据数据、统计资料，侧重从事物的数量方面进行预测。无论是定性预测还是定量预测都要用统计分析方法，只是定量预测需要运用更多的数量方法。

（四）统计分析使人们运用抽样调查成为可能

抽样调查能节省调查所需的人力、物力、财力和时间，增强调查资料的时效性，收到事半功倍的效果。正因为这样，抽样调查是现代社会调查经常采有的一种方法。然而在利用样本资料对总体进行推论时，必须运用统计分析方法。正是由于有了统计方法和技术保证，抽样调查才得以进行。

三、统计分析的内容

统计分析的内容一般认为包括两个方面：描述统计与推论统计。描述统计是对已经初步整理的数据资料加工概括，并用统计量对资料进行叙述的一种方法。它主要包括相对数的计算、集中趋势、离散程度的测量以及相关关系的测定。推论统计是在随机抽样调查的基础上，根据样本资料推论总体的一种方法。它主要包括参数估计和假设检验。现代社会调查中，描述统计与推论统计通常是紧密联系不可分割的。因为现代社会调查大量地使用抽样调查，而抽样调查，只有在掌握了样本数据特征的基础上，才谈得上对总体特征进行估计和检验，而样本资料也只有在推论统计分析中才体现出它的价值。

　　统计分析为社会调查研究服务，而社会调查研究的目标，不单要记叙研究现象"是什么"，还要说明"为什么"，它既需要描述，更需要解释。解释是为了说明过去的社会过程与事件，或社会现状，预测则是为了描述将来的社会事件或状态。统计分析不仅有描述功能，而且有解释、预测功能。当统计分析涉及两个变量或多个变量时，便需要对它们之间的关系进行分析，予以解释，对其趋势变动进行预测。

　　统计分析涉的变量有多有少。据此，有单变量统计分析、双变量统计分析和多变量统计分析。单变量统计分析常用于资料的描述，而双变量和多变量统计分析则还有解释、预测功能。多变量统计分析非常复杂，本书不作叙述。其统计分析常需采用统计软件。值得注意的是，要正确使用统计软件，理解统计分析结果，必须掌握统计分析的基本原理和方法。

四、统计分析的问题

　　(一)必须注意统计分析与定性分析的结合运用

　　统计分析应当和定性分析相结合，按照认识的一般顺序来讲，只有在定性分析的基础之上，才能够进行定量的分析和判断。因此，进行统计分析前，应该先弄清楚所要研究的社会现象的性质。就是在测出了决定该现象的发生质变的数量界限时，还要以对社会的定性分析为指导，才能从其量变中寻找引起质变的因素。

　　(二)必须根据研究目的制定具体的统计分析计划

　　统计分析虽然是在统计整理阶段之后进行，但是统计分析任务却是在调查设计阶段就确定了，并要求与资料搜集计划相配合，一并考虑，为整个调查研究目的服务。这样，既可以避免一些不必要的资料分析所造成的人、财、物的浪费，又可以使整个统计分析有条不紊地进行。统计分析计划包括根据调查目的、任务及理论构架，确定具体的统计分析对象，涉及到的变项以及选用哪些统计方法等。

（三）必须根据不同的测量尺度选用恰当的统计方法

不同的测量尺度具有不同的数学性质，所以统计分析所运用的统计分析方法也就不同。不过，适用于较低测量尺度的统计方法，也可适用于较高尺度，这是由于后者具有前者的数学特质；反之，适用于较高测量尺度的统计方法，不能用于较低尺度，因为后者的数学特质不符合该统计方法的要求。尽管这样，每种统计方法均有其各自的特点，仍应注意选用。

统计分析方法众多，详细讨论需要由专门的社会统计学去完成，本章重在有关常用的社会统计知识在社会调查中的具体运用。

第二节　描述性的统计分析

一、调查资料总体分布特征的统计图表描述

统计表和统计图，从资料整理的角度看，是资料整理的结果，从资料分析的角度看，又成了一种常用的描述性统计分析方法。统计表描述，不仅使人在阅读时一目了然，而且能使人们在阅读时进行资料的对照比较。最常用的统计表描述，有简单表描述、简单分组表描述和复合分组表描述。统计图与统计表一样，可以从数量方面反映出研究现象的规模、水平、结构、发展趋势和比例关系，是展示统计数据，描述总体(样本，下同)分布特征的一种重要形式。常用的统计图描述形式有条形图、直方图、圆形图、折线图、曲线

图等。统计图表的上述特点，使得它成了描述性统计分析的一种重要的形式。因此在社会调查研究报告中，在条件允许的情况下应当适当地使用统计表、统计图，以较为直观与形象地显示调查资料总体数据分布情况。特别是统计图，从对描述统计资料的易读性分类，首推统计图，其次是统计表，然后才是文字描述。统计图表的制作在上一章已有说明，这里从略。

二、调查资料总体数量特征的相对程度描述

相对程度描述统计量是两个相互联系的指标数值的比值，又称之为相对数。它通过对比的方法反映现象之间的发展程度、结构、强度、普遍程度或比例关系，还可以使那些利用总量指标不能直接对比的现象找到可比的基础，从而判断事物之间的差别程度。对于两个相互联系的指标之间的对比，常有两种情况：一是差额比较，即用指标数值相减反映指标之间在绝对水平上的差别；二是程度比较，即用指标数值相除计算比值，用以反映指标之间相互差别的相对程度。社会调查使用的相对程度描述统计量有以下五种：

（一）结构相对数

它是总体部分数值与总体数值之比，用以说明研究现象总体内部各构成部分所占比重或分布。计算公式为：

$$结构相对数 = \frac{总体（样本）某部分数值}{总体（样本）全部数值} \times 100\%$$

例：

$$残疾人口比重 = \frac{残疾人数}{人口总数} \times 100\%$$

结构相对数各部分所占比重之和必等于100%或1，因此，当某一部分的比重减少时，其他部分的比重必然相应增大。

（二）比例相对数

它是指同一总体内不同部分数值之间的对比，反映总体中各

组成部分之间数量联系程度和比例关系的综合指标。其公式为：

$$比例相对数 = \frac{总体（样本）中某一部分数值}{总体（样本）中另一部分数值}$$

例如，人口性别比就是比例相对数。比例相对数一般以总量指标进行对比，根据分析任务和资料情况，也可运用现象总体（样本）各部分的相对数或平均值对比。

（三）比较相对数

它是指同类现象同一时间不同单位（国家、地区、部门、企业、个人等）的数量对比，用以表明同类现象在不同条件下的数量对比关系。其公式为：

$$比较相对数 = \frac{某条件下的某类指标数值}{另一条件下的同类指标数值} \times 100\%$$

例如：甲、乙两村人均年收入对比就是比较相对数。

计算比较相对数的要求是，其分子分母在指标类型、时间、计算方法、计量单位等方面都要有可比性，对比现象的性质要相同。

（四）动态相对数

它又称之为发展速度，是指同一指标在不同时间上的数值对比。其计算公式为：

$$动态相对数（发展速度） = \frac{报告期水平}{基期水平} \times 100\%$$

$$增长速度 = 发展速度 - 1$$

例如，某地区某年二季度离婚对数为1230对，一季度离婚对数为960对，求该地区离婚对数的动态相对数和增长速度：

$$动态相对数（发展速度） = \frac{1230（对）}{960（对）} \times 100\% = 128.13\%$$

$$增长速度 = 128.13\% - 100\% = 28.13\%$$

（五）强度相对数

它是两个性质不同但有一定联系的总量指标对比所得到的比

率，用来说明某一现象在另一现象中发展的强度、密度和普遍程度。其计算公式为：

$$强度相对数 = \frac{某种现象总量指标数值}{另一有联系而性质不同的现象的总量指标数值}$$

由于有些对比的指标有可能转换做分子分母，便有正逆两种强度相对数形式。例如：

$$社区服务网点密度 = \frac{社区服务机构数（个）}{人口数（人）} \quad （正指标）$$

$$社区服务网点密度 = \frac{人口数（人）}{社区服务机构数（个）} \quad （逆指标）$$

以上五种相对数，除了动态相对数以外，其他四种均属于静态相对数；除了强度相对数以外，其他四种均为同类指标对比。相对数的计量形式有两种：有名数和无名数。有名数主要用来表示强度相对数的数值（如人口密度用"人/平方公里"表示）。无名数是一种抽象化的数值，具体有系数、倍数（对比基数抽象化为1）、成数（对比基数抽象化10）、百分数（%）、千分数（‰）等，其中百分数的使用最为普遍。为发挥相对程度统计量对总体（样本）分布特征描述的作用，相对数的计算要注意两个指标（子项和母项）的可比性，正确选择基数指标（母项），并注意相对数和绝对数的结合使用。

三、调查资料总体分布特征的集中趋势描述

所谓集中趋势描述就是用一个代表值来反映总体（或样本，下同）数据在具体条件下的一般水平。常见的集中趋势描述统计量有算术平均数、中位数和众数。

（一）算术平均数

算术平均数是统计分析中，应用非常广泛的集中趋势统计量。它是用总体标志总量与总体单位数对比而求得的。根据掌握

的资料不同和计算的复杂程度,算术平均数可分为简单算术平均数和加权算术数。

1. 简单算术平均数

若资料未分组,计算算术平均数可把各单位标志值直接相加,再除以总体(样本)单位数,所得的平均数称为简单算术平均数。其计算公式为:

$$\bar{x} = \frac{\sum x}{n}$$

2. 加权算术平均数

若资料是经过分组的数量分配数列,应采用加权算术平均的方法计算其算术平均数。计算公式为:

$$\bar{x} = \frac{\sum xf}{\sum f}$$

式中:$\bar{x}$ 为算术平衡数;x 为各组标志值;f 为各组单位数(权数);$\sum$ 为加总符号。

(1)根据单项数列求算术平均数

例:根据表13-1资料计算家庭平均人口。计算过程如表13-1所示。

表13-1 某社区46户居民家庭人口统计表

按家庭人口分组 x(人)	家庭户数 f(户)	家庭人口数 xf(人)
1	2	2
2	10	20
3	40	120
4	20	80
合 计	72	222

$$\bar{x} = \frac{\sum xf}{\sum f} = \frac{222}{72} = 3.08(人／户)$$

（2）根据组距数列求算术平均数

组距数列资料计算算术平均数，与单项数列资料计算方法基本相同。不同的是，组距数列资料要计算组中值，然后再按单项数列资料计算方法计算。

例如，某地区老年人每月领取养老保险费资料如表 13 – 2 所示，求月人均领取养老保险费用额。

表 13 – 2   某地区老年人每月领取养老保险费分组情况表

按月领保险费分组 （元／人）	组中值 x（元）	人　数 f（人）	各组月领保险费 xf（元）
600 以下	500	120	60000
600 – 800	700	250	175000
800 – 1000	900	360	324000
1000 – 1200	1100	80	88000
1200 以上	1300	60	78000
合　计	—	870	725000

组中值是各组变量范围内的一个中间数值，一般由各组的上限和下限进行简单平均计算，即：组中值 =（上限 + 下限）÷2。

根据表 13 – 2 资料计算，该地区老年人月人均领取养老保险费用为：

$$\bar{x} = \frac{\sum xf}{\sum f} = \frac{725000}{870} = 833.3(元／人)$$

（二）中位数

中位数是将一组数据按大小顺序排列，居于中间位置的数值。常用 M_e 表示。中位数的概念表明，在其两边各有一半相同个数的数值，它是一组数据的中心值。因此，中位数能够反映社会现象的一般水平和集中趋势。根据所掌握的资料是否分组以及分组的情况，中位数的计算有四种情况。

1. 未分组资料确定中位数

这种情况下，先将各数值按大小顺序排列，然后根据 $(n+1)/2$ 计算中位数的位置，所求得的位置上的数值即为中位数。如果总体单位数 n 为偶数，则取中间位置上的两个数值的简单算术平均数为中位数。其具体计算简单，故此从略。

2. 定序数列确定中位数

定序数列求中位数，第一步需根据 $\sum f/2$ 确定中位数的位置（实际工作中，若数据量较大，可以用 $\sum f/2$ 来计算中位数位置），第二步计算累计次数，向上向下累计均可，第三步根据中位数的位置，结合累计次数，判断中位数所在组，该组标志值即为中位数。

例：某机构职员文化程度资料如表 13-3 所示，求中位数。

表 13-3 某机构职员文化程度分组资料

文化程度 x	人 数 f(人)	累计人数	
		向上累计	向下累计
中专	4	4	30
大专	14	18	26
本科	10	28	12
硕士	2	30	2
合 计	30	—	—

根据表中资料求得中位数的位置 $=\sum f/2 = 30/2 = 15$。本

例第 15 名职员的位置可从累计次数判断。从向上累计次数中观察，第 15 名职员是在大专组的 18 人之中；由向下累计次数看，第 15 名职员被包含在大专组的 26 人之中。因此，可确定该局职员具有代表性的文化程度是大专。

3. 单项数列确定中位数

例：根据表 13 – 1 资料计算中位数。累计次数的计算详见表 13 – 4。

表 13 – 4　某社区 72 户居民家庭人口中位数计算表

按家庭人口分组 x（人）	户　数 f（人）	累计户数（户）	
		向上累计	向下累计
1	2	2	72
2	10	12	70
3	40	52	60
4	20	72	20
合　计	72	—	—

先求中位数的位置 $= \sum f/2 = 72/2 = 36$。从表 13 – 4 可知，不论是向上累计还是向下累计，中位数的位次（第 36 户）都处在第三组，则该组的标志值 3 人，就是所要求的中位数。

4. 组距数列确定中位数

组距数列求中位数，前三步与定序数列、单项数列的计算方法完全一致。当中位数所在组的位置确定后，再用下限公式（也可用上限公式）计算中位数的值。下限公式为：

$$M_e = L + \frac{\dfrac{\sum f}{2} - S_{m-1}}{f_m} \cdot d$$

式中：M_e 为中位数；L 为中位数所在组的下限；$\sum f$ 为总体单位数；S_{m-1} 为中位数所在组下限以下各组累计次数；f_m 为中位数所在组的次数；d 为中位数所在组的组距。

例：根据表 13 – 5 所示资料，求该县农户家庭年收入的中位数。

表 13 – 5　某县农户家庭年收入资料

家庭年收入额 x(元)	农户数 f(户)	向上累计户数 $\sum f$
8000 以下	15	15
8000 – 10000	40	55
10000 – 12000	60	115
12000 – 14000	45	160
14000 – 16000	30	190
16000 以上	10	200
合　计	200	

由上表资料先计算中位数的位置：$\sum f/2 = 200/2 = 100$，再根据累计次数可以确定中位数处在第三组。最后将表中资料代入公式。

$$M_e = L + \frac{\dfrac{\sum f}{2} - S_{m-1}}{f_m} \cdot d = 10000 + \frac{100 - 55}{60} \times 2000 = 11500（元）$$

（三）众数

众数是总体中出现次数最多的标志值。用 M_o 表示。众数只与数值出现的次数有关，因而它可用于定比、定距、定序、定类测度的资料。

1. 非组距数列确定众数

如果是未分组资料，众数计算，只需观察某些数值出现次数的多少即可。次数出现多者即为众数。如果是品质数列或是单项数列，只要观察次数分布便可以确定众数。例如，求表 12 – 3 文化程度的众数，从表中人数栏观察，大专文化程度出现的人数最多，为 14 人，所以该机构 30 名职员文化程度的众数为大专。表12 –4 中 3 口之家的出现有 40 户，因而，该社区 72 户居民家庭人口的众数为 3 人。

2. 组距数列确定众数

组距数列确定众数，在经过观察确定了众数所在组之后，还需运用公式计算众数的近似值。计算公式为：

$$M_0 = L + \frac{\Delta_1}{\Delta_1 + \Delta_2} \cdot d$$

式中：M_0 为众数；L 为众数所在组的下限；Δ_1 为众数组次数与其下限相邻组次数之差；Δ_2 为众数组次数与其上限相邻组次数之差；d 为众数所在组组距。

例：根据表 12 – 5 资料求农户家庭年收入的众数。

从表中农户数一栏可看出，次数出现最多的是 60，因而，"10000 ~ 12000"这一组就是众数所在组。该组次数 60 与该组下限相邻一组次数 40 之差为 20，即 $\Delta_1 = 60 - 40 = 20$；该组次数 60 与该组上限相邻一组次数 45 之差为 15，即 $\Delta_2 = 60 - 45 = 15$。众数组组距为 10000。将数据代入公式（下限公式）计算，得：

$$M_0 = L + \frac{\Delta_1}{\Delta_1 + \Delta_2} \cdot d = 10000 + \frac{20}{20 + 15} \times 2000 = 11142.86(\text{元})$$

（四）算术平均数、中位数、众数三者的特点

算术平均数适用于定距、定比测量尺度的资料。其概念容易理解；计算简便，数学性质强；但它受极端值的影响较大。中位数不受极端值的影响，且能在定序测量尺度中应用。但它损失资

料较多，数学敏感性差，不便于作进一步的代数运算，因此在高级统计分析中很少使用。众数概念通俗易懂；与中位数相似，不受极端值的影响；且能在定类测量尺度中运用。但其稳定性差，在数据分布出现双峰时没有意义，且无法进行代数运算。诸如此等原因，严重地限制了众数在高级统计分析中的应用。算术平均数、中位数、众数各有优缺点，实际使用时应根据需要选择，没有一定之规。一般在条件允许的情况下，算术平均数应是首先被考虑的。

四、调查资料总体分布特征的离散程度描述

离散程度是指现象的某一数量标志的各项数值距离它的代表值的差异程度。它是反映总体（或样本，下同）标志数值分布特征的又一个重要特征。集中趋势统计量将总体各单位标志数值的差异抽象化了，从而反映出社会现象在一定条件下的一般水平。但是，同质总体中各单位标志数值之间的差异还是客观存在的，而且这种差异在有些问题的研究中非常重要。因此，统计分析在运用集中趋势法分析某一问题时，还必须进一步对被抽象化的各单位标志值的差异程度进行测定。这样，集中趋势和离散程度统计量分别反映同一总体在数量上的共性（集中范围和程度）与差异性（波动范围和差异程度），两者结合运用，有助于人们更全面地认识总体的分布特征。

实际应用中，可以根据离散程度统计量的大小，判断集中趋势统计量的代表性，二者关系成反比：数据的离散程度值越大，集中趋势值的代表性越小；反之，数据离散程度值越小，集中趋势值的代表性越大。由此可知，离散程度值是衡量集中趋势值代表性的一种尺度，也是反映社会活动过程均衡性的一个重要指标。常用的离散程度描述统计量有全距、四分位差、标准差等。

（一）全距

全距是一组数据中最大值与最小值之差。全距愈大，说明离散程度愈大，集中趋势值的代表性愈小；反之，全距愈小，说明离散程度愈小，集中趋势值的代表性愈大。全距的显著特点是计算简便且意义明确，容易理解。但它受极端值的影响较大，没有考虑一组数据中其他数值的差异情况，数据利用率低，准确性不够，因此，只可做为粗略量度。

（二）四分位差

四分位差是四分位数间距的半值。用 Q 表示。计算公式为：

$$Q = \frac{Q_3 - Q_1}{2}$$

式中：Q_1、Q_3 分别代表第一、三个四分位数。

1. 单项数列计算四分位差

单项数列求四分位数，第一步需根据 $\sum f/4$ 和 $3\sum f/4$ 分别确定 Q_1、Q_3 两个四分位数的位置（当 $\sum f$ 很大时，可以用 $\sum f/4$ 和 $3\sum f/4$ 来计算 Q_1、Q_3 所在的位置）；第二步计算累计次数，四分位数的位置在哪一个累计次数组内，则该组变量值就是四分位数；第三步将 Q_1、Q_3 值代入四分位差的计算公式中求其值。

例：以表 13 – 4 资料为例，计算四分位差。

先计算 Q_1、Q_3 的位置：

$$Q_1 = \sum f/4 = 72 \div 4 = 18; \quad Q_3 = 3\sum f/4 = 3 \times 72 \div 4 = 54$$

再根据表中累计次数，可以判断 Q_1、Q_3 两个四分位数的位置分别在第三组和第四组，则 $Q_1 = 3$（人），$Q_3 = 4$（人）

$$\therefore \quad Q = \frac{Q_3 - Q_1}{2} = \frac{4 - 3}{2} = 0.5（人）$$

2. 组距数列计算四分位差

组距数列求四分位差，前三步与单项数列的计算方法完全一

致。只是确定四分位数所在组后,还需运用插值公式计算四分位数的近似值。公式如下:

$$Q_1 = L_{Q_1} + \frac{\dfrac{\sum f}{4} - S_{Q_1-1}}{f_{Q_1}} \cdot d_{Q_1}$$

$$Q_3 = L_{Q_3} + \frac{\dfrac{3\sum f}{4} - S_{Q_3-1}}{f_{Q_3}} \cdot d_{Q_3}$$

式中:L_{Q1}、L_{Q3} 分别为 Q_1、Q_3 所在组下限;S_{Q1-1}、S_{Q3-1} 分别为 Q_1、Q_3 所在组下限以下各组的累计次数;f_{Q1}、f_{Q3} 分别为 Q_1、Q_3 所在组次数;d_{Q1}、d_{Q3} 分别 Q_1、Q_3 所在组组距。

例:以表 12 - 5 资料为例,求四分位差。

解:先求 Q_1、Q_3 两个四分位数的位置。

$$Q_1 = \sum f/4 = 200 \div 4 = 50$$

$$Q_3 = 3\sum f/4 = 3 \times 200 \div 4 = 150$$

根据表中向上累计次数资料(用下限公式须计算向上累计次数)可知,Q_1、Q_3 分别在第二组和第四组。再根据下限公式可分别计算得到 Q_1、Q_3 值。

$$Q_1 = L_{Q_1} + \frac{\dfrac{\sum f}{4} - S_{Q_1-1}}{f_{Q_1}} \cdot d_{Q_1} = 8000 + \frac{50 - 15}{40} \times 2000 = 9750$$

$$Q_3 = L_{Q_3} + \frac{\dfrac{3\sum f}{4} - S_{Q_3-1}}{f_{Q_3}} \cdot d_{Q_3} = 12000 + \frac{150 - 115}{45} \times 2000$$

$$= 13555.6$$

$$\therefore Q = \frac{Q_3 - Q_1}{2} = \frac{13555.6 - 9750}{2} = 1902.8(元)$$

四分位差虽然克服了全距的缺点，不受极端值的影响，但它仅以两数之差为基准，损失资料太多，所以也是一个比较粗略的离散程度统计量，因而用途有限。一般当用中位数表示数据分布的集中趋势时，就用四位差表示离散程度。

（三）标准差

标准差是一组数据中各个数值与算术平均数离差平方的算术平均数的平方根。标准差由于具备其他离散程度统计量不具备的诸多优点，因而在统计分析中得到广泛应用。根据所掌握的资料不同，标准差的计算有简单标准差和加权标准差。

1. 简单标准差

在资料未分组时，计算简单标准差。计算公式为：

$$\sigma = \sqrt{\frac{\sum (x - \bar{x})^2}{n}}$$

例：在某老年公寓抽查 5 位老人，获得其年龄分别为：60、65、68、72、75，试求标准差。

先求算术平均数：

$$\bar{x} = \frac{\sum x}{n} = \frac{60 + 65 + 68 + 72 + 75}{5} = 68(岁)$$

$$\sigma = \sqrt{\frac{\sum (x - \bar{x})^2}{n}}$$

$$= \sqrt{\frac{(60-68)^2 + (65-68)^2 + (68-68)^2 + (72-68)^2 + (75-68)^2}{5}}$$

$$= 5.25(岁)$$

2. 加权标准差

若资料已经分组，需运用加权的方法计算标准差。计算公式为：

$$\sigma = \sqrt{\frac{\sum (x - \bar{x})^2 f}{\sum f}}$$

例，某县 70 名中青年妇女生育意愿资料如表 13 - 6 所示，求加权标准差。

表 13 - 6　　某县 70 名中青年妇女生育意愿资料标准差计算表

生育意愿数 x(个)	人数 f	xf	$(x - \bar{x})$	$(x - \bar{x})^2$	$(x - \bar{x})^2 f$
1	20	20	- 1	1	20
2	35	70	0	0	0
3	10	30	1	1	10
4	5	20	2	4	20
合　　计	70	140	—	—	50

$$\bar{x} = \frac{\sum xf}{\sum f} = \frac{140}{70} = 2(人)$$

$$\sigma = \sqrt{\frac{\sum (x - \bar{x})^2 f}{\sum f}} = \sqrt{\frac{50}{70}} = 0.84(人)$$

上例为单项数列求标准差，若为组距数列求加权标准差，则应先求出各组组中值，然后按单项数列计算方法进行计算。

（四）离散系数

1. 离散系数的意义

离散系数是反映数据离散程度的相对指标。它是以绝对数形式表现的离散程度统计量与相对应的集中趋势值对比，从相对数的角度来反映数据的离散程度。前面介绍的全距、四分位差、标准差，反映的都是一组数据之间差异的绝对水平。它们的大小，不但取决于数值差异程度，而且也受数值水平高低和计量单位不同的影响。因此，在对比不同的变量水平或不同性质分布数列的离散程度大小时，不能直接用绝对量比较，而应计算反映数值差异程度的抽象化数值，即离散系数。离散系数小，说明数据的离散程度小，集中趋势值的代表性大；离散系数大，说明数据离散程度大，集中趋势值的代表性小。上述各种离散程度统计量都可计算离散系数，但最常用的是标准差系数，其次为四分位差系数。

2. 标准差系数

标准差系数是一组数据的标准差与其相应的算术平均数之比。用 V 表示。具体计算公式为：

$$V = \frac{\sigma}{\bar{x}} \times 100\%$$

式中：V 为标准差系数，它既可以用系数表示，也可用百分数表示。

例：甲、乙两福利院老人的年龄资料如表 13-7，试计算标准差系数。

表 13-7　甲、乙两福利院老人年龄情况分析表

福利院	人数	平均年龄（岁）$\bar{x}$	年龄标准差（岁）σ	标准差系数 $V(\%)$
甲院	22	73.2	11.8	16.12
乙院	26	76.8	12.1	15.76

从表中数字看出，乙福利院老年人年龄的标准差小于甲福利院，但不能由此断言，乙福利院老人平均年龄的代表性要比甲福利院老人的平均年龄的代表性要大。因为甲、乙两福利院老年人平均年龄不一样，人数也不一样，此种情况下，需要用标准差系数进行比较。结果表明，乙福利院老人年龄的标准差系数大于甲福利院老人年龄标准差系数，所以说，乙福利院老人平均年龄的代表性小于甲福利院。

3. 异众比率

异众比率是总体(样本)中非众数次数与总体(样本)全部次数之比。它虽也是一个相对指标,但与标准差系数不同,它不是由以绝对数形式表现的离散程度指标与其对应的平均指标众数所作的对比,事实上也没有与众数相配套的绝对数形式表现的标志变异指标。异众比率的计算公式为:

$$V_R = \frac{n - f_{mo}}{n}$$

式中: V_R 为异众比率; f_{mo} 为众数次数。

例:在某强制戒毒所抽取强制戒毒患者36人,其中男性27人,女性9人,试求异众比率。

$\because n = 36$, $f_{mo} = 27$

$\therefore V_R = \dfrac{n - f_{mo}}{n} = \dfrac{36 - 27}{36} = 0.25$

异众比率愈小,说明标志变异程度愈小,众数的代表性愈大;异众比率愈大,说明标志变异程度愈大,众数的代表性愈小。异众比率计算简单,只涉及到众数次数和总体全体单位数,因而,它能用于其他离散程度统计指标均无法测定的定类尺度的测量。

第三节　解释性的统计分析

上面介绍的是调查资料总体(样本)分布的单变量描述统计分析方法。而在社会调查中,经常可以发现许多事物或现象之间客观上存在着某种联系,它们之间都以一定的形式相互影响、相互作用和相互制约。这就要求统计分析不能只停留在对某一变量全貌的描述上,而必须探索与解释两个现象之间的相互联系与影响,进一步分析变量之间的关系。常用的解释性统计分析方法有相关分析、回归分析和指数分析。

一、现象之间相互依存关系的相关分析

若要分析现象之间有无关系，联系密切程度、方向及其具体形式，需要进行相关分析。

（一）相关关系的意义

相关关系是指现象之间的一种不完全确定性的关系。任何一种客观事物的存在和发展，都要受到它周围各种有关事物的影响和制约，它们之间关系的表现形式是各不相同的。然而，我们却可以将这许多不同的表现形式大致分为两类，即函数关系和相关关系。函数关系是指现象之间的一种完全确定性的关系。当其中一事物的各个测定值发生变化时，则另一事物必定有完全确定的数值与之相对应。例如，正方形的周长与边长的关系就是函数关系。相关关系与函数关系的区别在于：事物之间是一种不完全确定的关系，即当一事物的数量确定之后，另一种事物在数量上也会按一定趋势发生变化，但具体取什么值却表现出不确定性。例如，工资收入与工龄就具有不完全确定的性质，工龄长工资高，工龄短工资低，但工龄相同的职工其工资收入并不完全相同，也有可能工龄长的职工比工龄短的职工工资低，究其原因，影响工资高低的因素还有职务、职称等。这种非确定性的关系，在社会现象中广泛存在着。诸如家庭消费支出与家庭收入之间的关系，等等，都是相关关系。这种在数量上表现为依存关系的两个变量，有自变量和因变量之分。作为变化根据的变量，为自变量，一般用 X 表示；随自变量的变化而发生对应变化的变量，为因变量，一般用 Y 表示。

现象间的相关关系较为复杂，从不同的角度观察，有着不同的类型：一是按相关关系涉及的变量的多少，可分为单相关和复相关。例如，只研究家庭收入对消费支出的影响为单相关，如果研究家庭收入、家庭生活方式、家庭生活习惯诸因素对家庭消费支出的影响，就是复相关。二是按相关关系表现的形式不同，可

分为直线相关和曲线相关。直线相关是，当一个变量发生增减变化时，另一变量也随之发生大体均等的相应变化，从图形上看二者对应点的分布近似地表现为一条直线。曲线相关是，当一个变量发生增减变化时，另一变量也随之发生变化，却是一种不均等的变化，表现在图形上，二者对应点的分布近似地表现为各种曲线，如抛物线、双曲线的形式。例如，工资与工龄的关系是直线相关，死亡率与年龄的关系是曲线相关。三是按相关关系变动的方向不同，可分为正相关和负相关。正相关是指现象之间存在着同一方向变动的相关关系，即当一个现象的变量数值增加或减少，另一现象的变量数值也同向增加或减少。负相关是指现象之间存着不同方向变动的相关关系，即当一个现象的变量数值增加时，另一现象的变量数值却相应的减少；反之则增加。例如，国民生产总值与福利设施建设投资额，存在着同向增加的关系，属于正相关；而妇女受教育的年期与妇女生育子女数的关系，表现为反向变动的关系，为负相关。四是按相关关系的程度不同，可分为完全相关、不完全相关和完全不相关。完全相关实际上就是函数关系，也可以说函数关系是相关关系的特例。完全不相关是指两个现象的量变各自独立，互不影响。如调查者素质的高低与其身高的关系，就是不相关。不完全相关关系是指两变量间的关系处于完全相关和完全不相关之间的关系。相关分析的对象就是这种不完全相关关系。

　　进行相关分析，需要计算一个统计值来说明两变量是否有相关，以及相关的密切程度。描述两变量间相关程度的数值是相关统计量。相关统计量有多种不同的测算方法。测量尺度不同，相关统计量的测定方法也就有所不同。但不论何种测定方法，相关统计量的取值范围均在 $0 \sim 1$ 或 $-1 \sim +1$ 之间。相关统计量的绝对值越接近 1，则表示现象间的相关程度越密切；反之，当相关统计量的绝对值越接近 0 时，表示现象间的相关程度越小。相关统计量为正值，表示现象间为正相关；相关统计量为负值，表示现象间为负相关。下面介绍几种不同变量间相关系数的计算方法。

（二）定类变量间的相关测定：λ 系数（Lambda）

λ 测定适用于两个定类变量的相关测定，取值范围在 $0 \sim 1$ 之间。λ 值越大，表明 X 和 Y 两变量间的相关程度越大；反之，越小。计算公式为：

$$\lambda = \frac{\sum f_{im} - F_{ym}}{N - F_{ym}}$$

式中：f_{im} 表示 X 每一类别中 Y 分布的众数次数；F_{ym} 表示 Y 边缘分布中的众数次数；N 表示总体单位数。

例：考察老年人的性别与火葬态度之间的关系，获得资料如表 13 - 8，试测定相关程度。

表 13 - 8　60 名老年人的性别与其对待火葬的态度交互分类表

火葬态度 Y	性别 X		合计
	男	女	
赞成	29	7	36
反对	11	13	24
合　计	40	20	60

从表中可知，Y 的众数为"赞成"，众数次数为 36，即 $F_{ym} = 36$。再从 X 的每一分类中看，男性中 Y 分布的众数是"赞成"，众数次数是 29；女性中 Y 分布的众数是"反对"，次数是 13。将表中数据代入计算公式：

$$\lambda = \frac{\sum f_{im} - F_{ym}}{N - F_{ym}} = \frac{\left(\sum f_{1m} + \sum_{2m} \right) - F_{ym}}{N - F_{ym}}$$
$$= \frac{(29 + 13) - 36}{60 - 36} = 0.25$$

根据计算结果可作如下解释：这 60 名老年人的性别与其对待火葬的态度之间存在相关关系，性别影响着老人对待火葬的态度，但两者联系不密切，相关程度为 0.25，属于低度相关。

（三）定序变量间的相关测定：G 系数（Gamma）

G 系数适用于两个定序变量的相关测定，取值范围在 −1 ~ +1 之间。这种测定方法主要是从两变量的变化顺序是否一致去思考问题的。计算公式为：

$$G = \frac{N_S - N_d}{N_S + N_d}$$

式中：N_S——X 和 Y 两变量变化顺序一致的数目，即同序对数目；N_d——X 和 Y 两变量变化顺序相反的数目，即异序对数目。

例：研究管理者的管理能力与其声望之间的关系，获得资料如表 13 − 9 所示，求 G 系数。

表 13 − 9　管理人员的管理能力与声望交互分类表

声望 Y	管理能力 X			合计
	高	中	低	
高	60	12	1	73
中	30	26	7	63
低	20	12	6	38
合　计	110	50	14	174

由于表中两个变量的排列已经有了次序高低的特征，从左往右，是由高到低，而从右往左，是由低到高，故计算 N_S 和 N_d，可采用如下方法：

N_S 等于交互分类表中所有左上角与其对应的右下角和之积之总和；

N_d 等于交互分类表中所有右上角与其对应的左下角和之积之总和。

表 12 - 9 求 N_S 和 N_d 图示如下:

60		
	26	7
	12	6

\+

	12	
		7
		6

\+

30		
	12	6

\+

		26
		6

图 13 - 1　交互分类表计算同序对数图解

		1
30	26	
20	12	

\+

	12	
30		
20		

\+

		7
20	12	

\+

		26
20		

图 13 - 2　交互分类表计算异序对数图解

根据上面的方法计算表中 N_S 和 N_d 为:

$$N_S = 60(26 + 7 + 12 + 6) + 12(7 + 6) + 30(12 + 6) +$$
$$26 \times 6 = 3912(对)$$

$$N_d = 1(26 + 30 + 12 + 20) + 12(30 + 20) + 7(12 + 20) +$$
$$26 \times 20 = 1432(对)$$

$$G = \frac{N_S - N_d}{N_S + N_d} = \frac{3912 - 1432}{3912 + 1432} = \frac{2480}{5344} = 0.46$$

计算结果表明,管理人员的管理能力与其声望之间存在正相关关系,相关程度为 0.46,接近中度相关。

(四)定距变量间的相关测定: r 系数

两个定距或定比变量之间的相关测定,最常用的是所谓积差系数。它是由英国统计学家皮尔逊(Pearson)用积差方法推导出来的,所以也称皮尔逊相关系数,用符号 r 表示。其计算公式根据资料不同有不同的计算方法。

1. 未分组资料求 r 系数

计算公式为:

$$r = \frac{\sum (x - \bar{x})(y - \bar{y})}{\sqrt{\sum (x - \bar{x})^2 \cdot \sum (y - \bar{y})^2}}$$

例：某社区居民月人均收入与月消费支出资料如表 13 – 10 前两列所示，试计算相关系数 r。

表 13 – 10　月人均收入与月消费支出相关系数计算表

家庭编号	月收入 x(元)	月支出 y(元)	$(x - \bar{x})$ $\bar{x} = 800$	$(x - \bar{x})^2$	$(y - \bar{y})$ $\bar{y} = 500$	$(y - y)^2$	$(x - \bar{x})$ $(y - \bar{y})$
1	300	240	– 500	250000	– 260	67600	130000
2	460	260	– 340	115600	– 240	57600	81600
3	500	300	– 300	90000	– 200	40000	60000
4	540	300	– 260	67600	– 200	40000	52000
5	600	350	– 200	40000	– 150	22500	30000
6	800	400	0	0	– 100	10000	0
7	1000	600	200	40000	100	10000	20000
8	1100	700	300	90000	200	40000	60000
9	1200	800	400	160000	300	90000	120000
10	1500	1050	700	490000	550	302500	385000
合计	8000	5000	—	1343200	—	680200	938600

先求：$\bar{x} = 8000/10 = 800$，$\bar{y} = 5000/10 = 500$，再列表计算有关数据，计算过程如表所示。将表中有关数字代入公式，相关系数为：

$$r = \frac{\sum (x - \bar{x})(y - \bar{y})}{\sqrt{\sum (x - \bar{x})^2 \cdot \sum (y - \bar{y})^2}}$$

$$= \frac{938600}{\sqrt{1343200 \times 680200}} = \frac{938600}{955847.6} = 0.982$$

结果表明，居民家庭月人均收入与月消费支出之间存在高度正相关关系。

2. 分组资料求 r 系数

资料分组的条件下，计算相关系数需要采用加权的方法，计算公式为：

$$r = \frac{\sum (x - \bar{x})(y - \bar{y})f}{\sqrt{\sum (x - \bar{x})^2 f \cdot \sum (y - \bar{y})^2 f}}$$

例：根据表 13 – 11 的资料，计算妇女受教育年限与其生育子女数之间的相关系数。

表 13 – 11　30 名妇女受教育年限与生育子女数相关计算表

教育年限 x(年)	子女数 y(个)	人数 f	xf	yf	$x - \bar{x}$ $\bar{x} = 7$	$f(x - \bar{x})^2$	$y - \bar{y}$ $\bar{y} = 3$	$f(y - \bar{y})^2$	$f(x - \bar{x})$ $(y - \bar{y})$
2	7	3	6	21	– 5	75	4	48	– 60
2	4	4	8	16	– 5	100	1	4	– 20
3	4	2	6	8	– 4	32	1	2	– 8
4	3	1	4	3	– 3	9	0	0	0
6	3	3	18	9	– 1	3	0	0	0
8	2	5	40	10	1	5	– 1	5	– 5
9	3	4	36	12	1	16	0	0	0
10	1	2	20	2	3	18	– 2	8	– 12
10	2	4	40	8	3	36	– 1	4	– 12
16	1	2	32	2	9	162	– 2	8	– 36
合　计		30	210	91	—	456	—	79	– 153

$$\bar{x} = \frac{\sum xf}{\sum f} = \frac{210}{30} = 7(年)$$

$$\bar{y} = \frac{\sum yf}{\sum f} = \frac{91}{30} \approx 3(个)$$

将表中有关数字代入计算公式：

$$r = \frac{\sum (x - \bar{x})(y - \bar{y})f}{\sqrt{\sum (x - \bar{x})^2 f \cdot \sum (y - \bar{y})^2 f}} = \frac{-153}{\sqrt{456 \times 79}} = -0.81$$

计算结果表明，妇女受教育年限与生育子女数之间存在高度负相关关系，相关程度为 – 0.81。

二、现象之间平均变化情况的回归分析

相关分析虽能确定现象之间相互关系的程度及其具体形式，但无法从一个变量的变化推测出另一个变量的变化情况，对此，在相关分析的基础上，回归分析可以作出解释，分析现象之间平均变化的情况。

（一）回归分析的意义

回归分析，是对具有相关关系的变量之间数量变化规律进行测定，并确定一个与之相应的数学表达式，以据此对因变量进行估计和预测的统计分析方法。这个数学表达式称为回归方程或回归模型。

回归分析与相关分析之间有着密切的联系。它们的研究对象都是具有相关关系的现象。在具体应用上，回归分析需要借助相关分析，以测定相关现象之间相关程度的紧密程度，进而决定是否需要进行回归分析；相关分析则需要借助回归分析，拟合相应的回归方程，来表明现象之间的数量关系，以便进行推算和预测。因而可以说，相关分析是进行回归分析的基础，回归分析是把变量的相关关系转变为函数关系的手段。二者相辅相成。从广义上说，相关分析包括回归分析。

回归分析有简单回归与多元回归，线性回归和非线性回归之分。将以上两种分类结合，便有一元线性回归、一元非线性回归、多元线性回归和多元非线性回归四种不同的类型。本书只介绍一元线性回归，它是回归分析最普遍采用的形式。

（二）一元线性回归分析

现以表13 – 10资料为例，说明如何进行回归分析。根据表中自变量和因变量资料，可绘制相关图，如图13 – 3所示。

从相关图看，我们可作出通过上述相关点的许多直线来，但

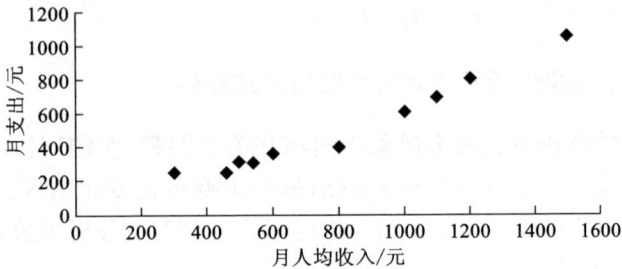

图 13 - 3　月人均收入与月消费支出相关图

每条直线都不会正好与所有相关点相连，说明无论用哪条直线进行预测都会存在误差。回归分析的目的，就是要找到一条最优的直线，使各个相关点与该直线的平均距离最短，这条直线叫回归直线，它的数学模型叫回归直线方程。显然，回归分析的关键问题是要建立回归方程。若以 X 表示自变量，Y 表示因变量，则一元线性回归方程的基本形式为：

$$y_c = \alpha + bx$$

式中：y_c 为 y 的估计值或预测值；α 为回归直线截距，表示 x 为 0 时，y 的估计值；b 为回归直线斜率，表示 x 每变动一个单位，y 的平均变化量，在回归分析中，b 又称之为回归系数。

利用有关的数学原理，可推算出待定参数 a、b 的计算公式：

$$b = \frac{n\sum xy - \sum x \sum y}{n\sum x^2 - (\sum x)^2} \quad a = \frac{\sum y}{n} - b\frac{\sum x}{n}$$

或　　$$b = \frac{\sum (x - \bar{x})(y - \bar{y})}{\sqrt{\sum (x - \bar{x})^2}} \quad \alpha = \bar{y} - b\bar{x}$$

求解回归方程 α、b 参数，需编制回归系数计算表。表 13 - 12 是根据表 13 - 10 的月人均收入与月消费支出资料编制的计算表。

将表中有关数字代入公式，得：

$$b = \frac{n\sum xy - \sum x \sum y}{n\sum x^2 - (\sum x)^2} = \frac{10 \times 4938600 - 8000 \times 5000}{10 \times 7743200 - 8000^2}$$

$$= 0.698779 \approx 0.7$$

$$a = \frac{\sum y}{n} - b\frac{\sum x}{n} = \frac{5000}{10} - 0.698779 \times \frac{8000}{10} = -59.0232 \approx -59$$

表 13 - 12　　回归系数计算表

家庭编号	月收入 x(元)	月支出 y(元)	x^2	xy
1	300	240	90000	72000
2	460	260	211600	119600
3	500	300	250000	150000
4	540	300	291600	162000
5	600	350	360000	210000
6	800	400	640000	320000
7	1000	600	1000000	600000
8	1100	700	1210000	770000
9	1200	800	1440000	960000
10	1500	1050	2250000	1575000
合计	8000	5000	7743200	4938600

将 α、b 值代入回归方程 $y_c = a + bx$，可得：

$$y_c = -59 + 0.7x$$

式中，$\alpha = -59$，是回归直线在 Y 轴上的截距；$b = 0.7$，表示月人均收入每增减一个单位(元)，月人均消费支出将增减 0.7 个单位(元)。

一元线性回归分析的目的是为了实际工作的应用预测。根据回归方程，当自变量取一定的数值时，就可以推算出相应的因变量的预测值。

本例,若人均月收入为1100元,月人均消费支出为:

$$y_c = -59 + 0.7 \times 1100 = 711(元)$$

预测值与实际值相差11元。

回归方程还可用于预测,若月人均收入达到1200元,在其他条件稳定时,预测月人均消费支出为:

$$y_c = -59 + 0.7 \times 1200 = 781(元)$$

需要说明的是,对上面所求的方程,只能给定自变量 x 的值去推算因变量 y 的值,而不能由 y 的值去推算 x 的值。若 x 与 y 互为因果,则可以建立以 y 为自变量,x 为因变量的回归方程,再据此以 y 的给定值去推算 x。

三、现象总体构成因素变动的指数分析

社会调查研究中,若要分析复杂现象变动中各种因素变动发生作用的影响程度,了解现象变动的具体原因,需要运用指数分析法。

所谓指数,即统计指数的简称。它是表明社会现象数量对比关系的相对数。从广义上看,指数泛指一切表明社会经济现象数量对比关系的相对数,从狭义上说,指数是反映多种不能直接相加的现象数量总体变动的相对数,它是根据指数编制原则和要求编制的报告期指标与基期指标之比。如劳动生产率指数、社会养老保险缴费工资总额指数、平均工资指数等。指数分析指的是狭义的指数。

指数分析需要借助指数体系。所谓指数体系,是由若干个有联系的指数结合形成的一个整体,它们构成一个数量关系式,即一个总量指数等于各因素指数的乘积。例如:

老年人口数指数 = 劳动力人口数指数 × 老年负担系数指数

利用指数体系进行指数分析主要包括两方面的内容:一是相对数分析。即若干因素指数的乘积应等于总指数,从指数计算结

果可指出现象总体总量指标或平均指标的变动是由哪些因素变动作用的结果。二是绝对数分析。即若干因素影响差额的总和，应等于实际发生的总差额。指数分析可以对总量变动中各因素的影响从相对数和绝对数两方面一一进行分析。

　　例如：分析某地区城乡人口变动和人口的粗死亡率的变动对死亡人口数的影响情况，如表 13 - 13 所示。表中 $q_1 p_0$ 是根据城乡报告期人口数和基期粗死亡率计算而得的假定死亡人口数。

表 13 - 13　某地区城乡死亡人数两因素分析表

地区	人口数／万人		粗死亡率 /‰		死亡人口数／人		
	基期	报告期	基期	报告期	$q_0 p_0$	$q_1 p_1$	$q_1 p_0$
	q_0	q_1	p_0	p_1			
城市	87.4	94.0	4.0	3.6	3496	3384	3760
农村	92.5	102.5	5.6	5.4	5180	5535	5740
合计	—		—		8676	8919	9500

　　根据表 13 - 13 的资料计算得出如下两个相对数指数体系等式和绝对数指数体系等式：

　　死亡人口数总指数 = 城乡人口变动指数 × 人口粗死亡率指数

$$\frac{\sum q_1 p_1}{\sum q_0 p_0} = \frac{\sum q_1 p_0}{\sum q_0 p_0} \times \frac{\sum q_1 p_1}{\sum q_1 p_0}$$

$$\frac{8919}{8676} = \frac{9500}{8676} \times \frac{8919}{9500}$$

$$102.8\% = 109.5\% \times 93.9\%$$

　　死亡人口变动的绝对数 = 城乡人口的变动对死亡人口数变动影响的绝对数 + 城乡粗死亡率的变动对死亡人口数变动影响

的绝对数。即：

$$(8919 - 8676) = (9500 - 8676) + (8919 - 9500)$$

$$243 = 824 + (-581)$$

计算结果表明，报告期与基期相比，城乡死亡人口数平均增长了 2.8%，这是由于城乡人口基数平均增长了 9.5% 和城乡人口粗死亡率平均降低了 6.1% 两个因素共同作用的结果。同时，城乡死亡人口数增加的绝对额为 243 人，是由于城乡人口基数提高使其死亡人数增加了 824 人，城乡粗死亡率降低使其死亡人口数减少了 581 人所致。

指数分析不仅适合两因素分析，也适合多因素分析；不仅适合总量指标的因素分析，也适合平均指标的因素分析。由于统计指数内容甚多，受篇幅所限，指数分析的具体计算请参阅相关社会统计学方面的书。

第四节　　预测性统计分析

预测性统计分析是以统计调查资料为基础，根据事物的联系及其发展趋势规律，运用适当的数学模型，预测所研究现象在一定时间内可能达到的规模和水平。预测性统计分析方法很多，最常用的主要有回归分析预测法和时间数列预测法。由于预测性统计分析较为复杂，且较之描述性统计分析和解释性统计分析，使用频率低，加之篇幅所限，故这里只作一简要介绍，具体的分析计算还请参阅相关统计学书。

一、回归分析的变量变化预测

回归分析不仅对现象之间的关系具有解释功能，还能预测一个变量的变化引起另一变量变化的情况。回归预测法包括如下三种形式：

（一）一元回归预测

例：根据表 13 - 12 某社区家庭月人均收入与月消费支出资料计算得到的回归方程（计算过程见上节）为：

$$y_c = -59 + 0.7x$$

根据此一回归方程预测，若该社区家庭月人均收入增加到 1500 元时，当其他条件稳定，可预测该社区家庭月人均消费支出为：

$$y_c = -59 + 0.7 \times 1500 = 991(元)$$

（二）多元回归预测

多元回归预测是分析因变量与若干个自变量之间的相关关系，运用多元回归方程从若干个自变量的变化预测因变量的变化。多元回归预测的数学模型为：

$$y_c = \alpha + b_1 x_1 + b_2 x_2 + \cdots + b_k x_k$$

（三）自回归预测

自回归预测是用因变量的滞后值作为自变量，建立回归方程进行预测。例如，根据被调查人群目前的消费水平，可以预测下一期的消费水平。

进行回归预测必须注意如下问题：（1）相关是回归预测的必要条件。只有当计算出两个变量具有相关关系，$|r| \geqslant 0.5$ 时才能进行回归预测，且相关程度愈高回归预测才愈准确。（2）回归预测一般不能使用超出资料所包括范围的自变量数值。如果超出这个资料范围很远，自变量和因变量的相关关系可能发生变化，回归方程也就不适用了。（3）回归预测只能反映一定时期内事物间的相互关系，因而使用历史资料预测未来变化时要考虑时过境迁的问题。

二、时间数列的变动趋势分析

时间数列变动趋势分析，就是根据时间数列采用一定的方法，找出现象数量变动的规律性。所谓时间数列是指某一统计指标数值按时间先后顺序排列而形成的数列。表13－14就是时间数列。影响时间数列变动的因素很多，若按其性质不同分类，通常将时间数列的总变动（Y）归纳为四个主要影响因素：长期趋势（T）、季节变动（S）、循环性变动（C）、不规则变动（I）。长期趋势是指现象在较长时期内增长或减少的变动趋势。季节变动是一种习惯说法，并不仅指随自然季节的变化，而是泛指一种年复一年的波动。如民工潮出现在春节过后，旅游景点的淡旺与学生假期有关。季节变动的周期，可以是日、周、月、季，最多不超过一年。循环性变动是指周期在一年以上的规律性变动，其周期长短不一，较多见于经济现象，如周期性的经济衰退。不规则变动是指现象由于临时的、偶然因素的影响，呈现出的非趋势性、非周期性的随机变动。

时间数列的变动趋势分析，就是要将上述影响时间数列变动的四种因素进行分解分析，从而测出各种不同因素对时间变动影响的大小及影响规律。按四种因素对时间数列的影响方式不同，可以提出多种分析模型，最常用的是加法模型和乘法模型。

加法模型：时间数列趋势 ＝ 长期趋势 ＋ 季节变动 ＋ 循环性变动 ＋ 不规则变动

$$Y = T + S + C + I$$

乘法模型：　　　　$$Y = T \cdot S \cdot C \cdot I$$

时间数列的变动趋势分析，主要侧重于对长期趋势和季节变动的测定。

（一）长期趋势分析

长期趋势的测定和分析是时间数列构成因素分析中最重要和最基础的部分，方法很多，其中移动平均法和最小平方法是两种基本的方法。

1. 移动平均法

移动平均法是按一定时间间隔长度逐项移动计算一系列序时平均数，由这些序时平均数形成一个新的时间数列，旨在通过移动平均，消除现象短期不规则变动的影响，从而呈现出现象发展的长期趋势。

例：某贫困村1999—2010年粮食产量如表13－14所示，采用移动平均法进行修匀，以测定该贫困村粮食产量长期变动趋势。

表13－14 某贫困村历年粮食产量移动平均计算示例表

年份	产量（万公斤）	三年移动总数	三年移动平均	四年移动总数	四年移动平均	
					第一次	第二次
1999	6.32	—	—			—
2000	5.28	18.62	6.21			—
2001	7.02	19.78	6.59	26.10	6.53	6.79
2002	7.48	22.89	7.63	28.17	7.04	7.70
2003	8.39	26.43	8.81	33.45	8.36	8.59
2004	10.56	27.74	9.25	35.22	8.81	9.41
2005	8.79	30.61	10.20	40.00	10.00	10.20
2006	12.26	31.00	10.33	41.56	10.39	10.65
2007	9.95	34.85	11.62	43.64	10.91	11.67
2008	12.64	37.46	12.49	49.72	12.43	12.59
2009	14.87	41.00	13.67	50.95	12.74	—
2010	13.49	—	—			—

表13－14中，三项移动平均的第一个数是1999—2001年三年的平均数，其值与时距的中间项，即与2000年对齐，第二个数是2000—2002年三年的平均数，其值与中间项，即与2001年对齐，其余各数依此类推。五项、七项、九项移动平均方法与三项移

动平均法相同，只是时距更大些。若采用偶数项移动平均，则要进行二次平均。如表中四项移动平均的第一个数是 1999—2002 年四年的平均数，其值写在时距中央位置，即写在 2000 年与 2001 年之间，第二个数是 2000—2003 年四年的平均数，其值放在时距中央位置，即 2001 年与 2002 年之间的位置上。由于偶数项移动平均没有与时间对齐，所以要进行第二次移动平均，即移正平均。如表中第二次移动平均的第一个数 6.79 是第一次移动平均的头两个数 6.53 和 7.04 的平均数，写在这两个移动平均数的中间，即与 2001 年对齐，第二次移动平均的第二个数是第一次移动平均的第二、第三个数的平均数，与 2002 年对齐。其余依此类推。从表 13 – 14 资料中可知，逐项移动平均形成的两个新的时间数列都消除了偶然因素的影响，由此明显地呈现出该村粮食产量向上增长的发展趋势。

2. 最小平方法

最小平方法，也叫回归分析法。它是通过一定的数学模型，对原有的时间数列配合一条较为理想的趋势线，以揭示现象发展趋势的方法。最小平方法既可以配合直线方程，又可以配合曲线方程。根据趋势方程求出各时期相应的趋势值，可得一新数列，该数列能明显地呈现出现象发展的长期趋势。

（1）直线趋势分析。当时间数列每期按大致相同的数量增减变化，则时间数列发展的长期趋势接近直线型，此时可对时间数列拟合一条趋势直线。直线趋势方程的一般形式为：

$$y_c = \alpha + bt$$

式中：y_c—— 时间数列的趋势值；t—— 时间序数值；α——趋势线在 Y 轴上的截距，是当 $t = 0$ 时 y_c 的值；b —— 直线趋势的斜率，表示 t 每变动一个时间单位，趋势值 y_c 平均增减的数量。

（2）曲线趋势分析。某些现象的发展的长期趋势不是直线型，而是曲线型，此时就应选择适当的曲线研究其长期趋势。常见的曲线模型有指数曲线和二次曲线。

指数曲线方程的一般形式为：

$$y_c = \alpha b^t$$

式中：a、b 为待估参数。

二次曲线方程的一般形式为：

$$y_c = \alpha + bt + ct^2$$

式中：α、b、c 为待估参数。

（二）季节变动测定

季节变动测定的常用方法有简单平均法和趋势剔除法。

1. 简单平均法

简单平均法又叫按月（季）平均法。这种方法不考虑长期趋势的影响，而是直接用时间数列原始数据计算季节指数。具体计算方法是：根据多年的同月（季）资料，计算出该月（季）平均数，然后将各年同月（季）平均数与全期所有月（季）份的总平均数对比，得到季节比率。计算公式为：

$$季节比率 = \frac{各年同月（季）平均数}{全期月（季）总平均数} \times 100\%$$

例：某地区结婚登记对数季节变动简单平均法的计算如表13 – 15 所示。

表13 – 15 中四年内四季总平均数 = 2720/16 = 170（对），依据季节比率计算第一季度季节比率 = （210/170）× 100% = 123.53%。其他季度季节比率计算依此类推。通过表中资料的计算可见，该地区结婚登记情况存在明显的季节变动，一季度处于高峰，四季度次之。

表 13 – 15   某地区结婚登记对数季节变动分析   单位：对

季 ＼ 年	2007	2008	2009	2010	四年合计	同季平均数	季节比率%
一	190	210	230	210	840	210	123.53
二	150	140	160	150	600	150	88.24
三	140	130	150	140	560	140	82.35
四	170	180	190	180	720	180	105.88
全年合计	650	660	730	680	2720	170	400.00

2. 趋势剔除法

趋势剔除法的基本思路是：先测定时间数列的长期趋势，将趋势值从原时间数列中消除，然后再测定季节变动。这里，长期趋势值的测定，可用最小平方法，也可用移动平均法。

第五节   推论性统计分析

社会调查的目的是要认识社会现象总体的情况，然而，很多情况下人们没有必要或根本不可能对现象总体的全部单位进行观察，这时，便需要在对抽取的一部分单位情况了解的基础上，对总体进行统计推断，以达到认识总体的目的。统计推论包括两方面内容：参数估计和假设检验。

一、参数估计：样本统计值推断总体参数

参数估计是根据随机样本的统计值，估计总体参数值，包括"点估计"和"区间估计"两种方法。

点估计又叫定值估计，它是在不考虑抽样误差的条件下，直接用样本指标作为总体指标的估计值。其推断形式用符号表示为：$\bar{x} \rightarrow \bar{X}$；$p \rightarrow P$。例如，对某地 68 名吸毒者进行抽样调查，描述统计

表明，这 68 名吸毒者初次吸毒时的平均年龄为 19.2 岁，戒毒后的复吸率为 98.5%，以此我们便认为，该地所有吸毒者初次吸毒的平均年龄为 19.2 岁，复吸率为 98.5%。这就是点估计。显然，点估计的优点是简便易行，原理直观，但这种估计只用一个数值来推断总体指标，未能表明估计的误差大小，以及抽样推断的准确程度和把握程度。要解决这些问题，必须采用总体参数的区间估计方法。

（一）区间估计的含义与程序

区间估计是以数值的区间形式来确定总体参数的可能范围。它根据概率抽样理论，以一定的概率即可信程度来保证真正的总体指标落在某一区间内。社会调查推论统计中，区间估计主要用于两种情况：用样本平均数 $\bar{x}$ 估计总体平均数 $\bar{X}$；用样本比例 p 估计总体比例 P。

区间估计的一般程序是：

第一步，规定概率，查表求 t 值。

t 是概率度。由于概率是概率度 t 的函数，故给出了 t 值，概率也就确定了，同样规定了概率，也就能查表求 t 值。一般来说，社会调查推断统计实际工作中，常取 90%、95% 或 99% 的概率保证程度。可信度的取值范围在 0 ~ 1 之间，它与错判情形的概率（显著水平）α 之和为 1。

第二步，计算抽样极限误差。

极限误差 Δ 是根据概率论原理，用一定的概率保证抽样误差不超过某一给定的范围。它与抽样平均误差 μ（平均误差是所有可能出现的样本指标与总体指标的离差，它是一个定值）的关系是 $\Delta = t \cdot \mu$。

第三步，用样本指标结合极限误差推算出总体参数的可能范围。如：

$$\bar{X} = \bar{x} \pm t \cdot \mu_{\bar{x}}$$

$$P = p \pm t \cdot \mu_p$$

从上面公式可知，进行区间估计的关键是计算抽样极限误差 Δ。而抽样极限误差等于 $t \cdot \mu$，当抽样平均误差 μ 一定时，概率度 t 愈大，概率保证程度愈大，抽样极限误差愈大，推论的区间愈大，抽样推断的精确性愈低；反之，概率度 t 愈小，概率保证程度愈小，抽样极限误差愈小，推论的区间愈小，抽样推断的精确性愈高。由此说明，在样本容量一定的条件下，抽样推断的精确性与可靠性是一对矛盾。也就是说，提高区间估计的精确性，估计的概率保证程度就会随之降低；而要提高区间估计的概率保证程度，估计的精确性又必然会随之降低。因此，在进行统计推断时，要将估计的可靠性与精确性结合起来，权衡得失，全面考虑，以满足调查研究的目的和要求为原则。

（二）总体均值的区间估计

1. 大样本

在社会调查中，常视 $n \geqslant 30$ 为大样本，$n < 30$ 为小样本。大样本分布近似正态分布。

例：对某县农户的家庭年人均收入进行抽样调查，随机抽取 196 户，测得其年人均收入为2620元，标准差为420元，现以90%的概率保证程度估计该县农户年人均收入的区间范围。

解：根据题中资料已知：$n = 196$，$\bar{x} = 2620$，$\sigma = 420$，$F(t) = 90\%$，查正态分布概率表得 $t = 1.65$。

$$\mu_{\bar{x}} = \frac{\sigma}{\sqrt{n}} = \frac{420}{\sqrt{196}} = 30$$

$$\therefore \overline{X} = \bar{x} \pm t \cdot \mu_{\bar{x}} = 2620 \pm 1.65 \times 30 = 2620 \pm 49.5$$

即：$2570.5 \leqslant \overline{X} \leqslant 2669.5$

计算结果表明，该乡农户家庭年人均收入在2570.5至2669.5元之间，作出这个估计的可信程度为90%。

2. 小样本

小样本$(n < 30)$服从t分布原理，此时应依不同的自由度(df)查出t值。且平均误差的计算应使用修正公式。

例：在某地随机抽取26名流浪儿童，测得其平均年龄为12.8岁，标准差为2.5岁，试以95%的置信度估计总体中平均年龄的可信区间。

根据题意已知：$n = 26$，$\bar{x} = 12.8$，$\sigma = 2.5$，$F(t) = 95\%$

当$F(t) = 95\%$，$\alpha = 5\%$，$df = n - 1 = 26 - 1 = 25$，查t值表，得$t = 2.06$。

$$\mu_{\bar{x}} = \frac{\sigma}{\sqrt{n-1}} = \frac{2.5}{\sqrt{26-1}} = 0.5$$

$$\therefore \overline{X} = \bar{x} \pm t \cdot \mu_{\bar{x}} = 12.8 \pm 2.06 \times 0.5 = 12.8 \pm 1.03$$

即：$11.77 \leqslant \overline{X} \leqslant 13.83$

计算结果表明，在95%的把握程度下，该中心救助的全体流浪儿童的平均年龄在11.77岁至13.83岁之间。错判概率为5%。

（三）总体比例的区间估计

例：为了解某地大学生就业情况，随机抽取当年毕业的大学生160人为样本，发现有136人当年年底已就业，试以95%的概率估计该地大学生毕业时当年年底的就业率。

解：$n = 160$，$p = 136/160 = 0.85$，$F(t) = 95\%$，$t = 1.96$。

$$\mu_p = \sqrt{\frac{p(1-p)}{n}} = \sqrt{\frac{0.85(1-0.85)}{160}} = 0.028$$

$$\therefore P = p \pm t \cdot \mu_p = 0.85 \pm 1.96 \times 0.028 = 0.85 \pm 0.055$$

即：$0.795 \leqslant P \leqslant 0.905$

计算结果表明，该地大学生毕业时当年年底的就业率在79.5%至90.5%之间，作出这种推断的把握程度为95%。

二、假设检验：样本统计值验证总体假设

（一）假设检验的基本概念与一般步骤

假设检验，是对总体的某一参数作出某种假设，然后根据随机样本提供的信息来验证这一假设的可信性的一种数理统计分析方法。

在社会调查中，人们常需了解社会现象总体的某个特征，例如，假设某地退休老人平均退休金为2800元，为了证实这一假设是否可靠，需随机抽出一个样本调查。若调查结果显示，样本均值2896元，能否说明假设正确呢？还不能。因为样本值与假设值之间的差异，有可能是由抽样误差引起的，也有可能是由总体的假设错误引起的，到底原因是什么？这就需要对假设进行检验。

1. 原假设与备择假设

原假设 H_0 是被检验的那个假设，一般指检验者需要着重考察但没有充分根据就不能轻易推翻的假设；备择假设 H_1 是与原假设相对立，在原假设被推翻时所接受的假设，也是研究者的兴趣所在。原假设与备择假设相互对立，二者必居其一。

假设检验的依据是样本，它通过计算和分析样本统计量与参数假设值的差距，来判断假设的可信性。差距越小，假设值真实性的可能性就越大；反之，差距越大，假设值真实性的可能性就越小。因此，只要分析结果显示它们之间的差距是显著的，就可以否定原假设，故假设检验又称显著性检验。值得注意的是，如果不能否定原假设，仅仅意味着没有足够的证据否定它，才接受了原假设，并不意味着它完全正确。

2. 小概率原理与显著性水平

小概率原理是指发生概率很小的随机事件在一次实验中几乎不可能发生。显著性水平是指根据小概率原理所规定的小概率事件的概率界限值。前已述，假设检验的目的是判断样本统计量与

假设总体参数的差距是否显著。若显著，则说明原假设真实性的可能性很小，应拒绝原假设；若不显著，则应接受原假设。而判断两者差距是否显著，其标准由显著水平 α 决定。α 为判断发生错误的小概率。显著性检验是建立在原假设为真的基础上，而规定的 α 概率很小，在一次试验或观察中几乎不可能发生，但是经过抽样观察，概率 α 很小的事件居然发生了，这就要怀疑原假设的真实性，由此否定原假设。社会统计研究中，显著性水平 α 常取 0.05、0.01 和 0.001。

3. 否定域与检验临界值

否定域是指在抽样分布中分属两端的能够否定原假设 H_0 的小区域，否定域的大小由显著水平 α 决定。检验临界值是对原假设作出判断的临界值，简称临界值。将根据样本资料而计算出来的检验统计量的数值与临界值加以比较，对原假设作出肯定与否定的判断。

4. 双侧检验和单侧检验

检验原假设 H_0 时，否定域在抽样分布的双侧，称为双侧检验；若在一侧，称为单侧检验。采用双侧还是单侧检验，取决于研究假设有无方向。原假设的提出常采用 $H_0 =$ ，或 < ，或 > 参数假设值；而备择假设则使用 $H_1 \neq$ ，或 > ，或 < 参数假设值。若 H_1 采用 " > " 或 " < " 的符号表示，用单侧检验；反之，双侧检验。

5. 两种错误

假设检验中，对原假设不论作出何种判断都有可能犯错误，区别在于发生错误的概率大小。当原假设 H_0 实际上是正确的，却被否定了，此时犯的是甲种错误；若原假设 H_0 实际上是错的，却没有否定，此时犯的是乙种错误。发生甲种错误的概率就是显著性水平 α，而乙种错误的概率为 β。两种错误不可能同时发生，其发生概率也不可能同时为 0。在一定的样本容量下，若减小一类错误的概率将会引起另一类错误的概率增大。这是一对矛盾。只要以样本为依据进行统计推断，就存在发生两类错误的风险。

6. 假设检验的一般步骤

第一步，建立原假设和备择假设；

第二步，规定显著性水平 α，查表得到否定域的临界值；

第三步，根据样本数据计算出检验用的统计值；

第四步，将实际计算的统计量与临界值比较，决定原假设的取舍。

如果样本结果落在否定域内，否定原假设，此时有可能犯甲种错误，其概率为显著性水平 α；如果样本结果落在否定域外，则不能否定原假设，此时则有可能犯乙种错误，其概率为 β。

（二）总体均值的假设检验

1. 大样本

总体均值的假设检验，在大样本的情况下，使用 Z 检验法。应用 Z 检验法时常用的显著性水平和否定域如表 13 - 16 所示。

表 13 - 16　Z 检验常用显著性水平及其否定域

显著性水平 α	否定域 $\mid Z \mid \geqslant$	
	单侧检验	双侧检验
0.05	1.65	1.96
0.01	2.33	2.58
0.001	3.09	3.30

例：在某地随机抽取 100 户农户进行调查，测得人均承包收入 8680 元，标准差 380 元，这是否说明该地农户人均承包收入在 8500 元以上，试以 0.05 的显著性水平加以检验。

已知：$n = 100$，$\bar{x} = 8680$，$\sigma = 380$，$\alpha = 0.05$

根据题意建立假设为：

$H_0 : \mu \leqslant 8500 \quad H_1 : \mu > 8500$

$\alpha = 0.05$，根据表 13 – 16 可知 Z 的临界值 $Z_\alpha = 1.65$

$$Z = \frac{\bar{x} - \mu_0}{\sigma / \sqrt{n}} = \frac{8680 - 8500}{380 / \sqrt{100}} = 4.74$$

$\because |Z| = 4.74 > Z_\alpha = 1.65$

$\therefore$ 否定原假设 H_0，接受备择假设 H_1，即该地农户人均承包收入超过 8500 元。

2. 小样本

总体均值的假设检验，在小样本的情况下，使用 t 检验法。

例：某康复医院往年前来就诊的康复患者平均候诊时间为 30 分钟，为了解现在候诊时间与往年相比是否发生了显著变化，康复医院随机抽取了 26 人进行调查，经计算，平均候诊时间为 33 分钟，样本标准差 10 分钟，试以 0.05 的显著性水平检验该康复医院当年与往年相比患者就诊时间是否发生了显著变化。

已知：$n = 26$，$\bar{x} = 33$，$\sigma = 10$，$\alpha = 0.05$

根据题意建立假设为：

$H_0 : \mu = 30 \quad H_1 : \mu \neq 30$

根据 $\alpha = 0.05$，$df = 26 - 1 = 25$，查 t 分布表可知 t 的临界值 $t_{\alpha/2(n-1)} = 2.06$；

$$t = \frac{\bar{x} - \mu_0}{\sigma / \sqrt{n - 1}} = \frac{33 - 30}{10 / \sqrt{26 - 1}} = 1.5$$

$\because |t| = 1.5 < t_{\alpha/2} = 2.06$

$\therefore$ 接受原假设 H_0，即在 0.05 的显著性水平上，该康复医院患者平均就诊时间与往年相比没有显著变化。

（三）总体比例的假设检验

某地区 2011 年进行晚婚调查，随机抽取初婚女子 100 人，测得其中 58 人为晚婚。以往情况表明，晚婚妇女初婚率为 35%，试以 0.05 的显著水平检验 2011 年晚婚率与往年相比是否有所提高。

已知：$n = 100$，$p = 58/100 = 58\%$，$\alpha = 0.05$

根据题意建立假设为：

$H_0 : P \leqslant 35\%$ $H_1 : P > 35\%$

根据 $\alpha = 0.05$，查表得 Z 的临界值 $Z_\alpha = 1.65$

$$Z = \frac{p - P_0}{\sqrt{\dfrac{P_0(1 - P_0)}{n}}} = \frac{0.58 - 0.35}{\sqrt{\dfrac{0.35(1 - 0.35)}{100}}} = 4.82$$

$\because | Z | = 4.82 > Z_\alpha = 1.65$

$\therefore$ 否定原假设 H_0，接受备择假设 H_1，即在 0.05 的显著性水平上，该地区妇女 2011 年晚婚率与往年相比有所提高。

（四）相关关系的假设检验

1. 定类变量间的相关检验

如果要检验两个定类变量间是否存在相关，需采用 x^2 检验法。它是由卡尔·皮尔逊提出来的。计算 x^2 值的公式一般可表示为：

$$x^2 = \sum \frac{(f_0 - f_e)^2}{f_e}$$

式中：f_0 为实际观察所得的次数；f_e 为根据原假设而定的理论次数。

相关关系的 x^2 检验中，理论次数是某一实际交互分配次数所对应的自变量和因变量的边缘分布次数的乘积除以 N 所得的商。

例：研究男女性别与其最大志愿的相互关系。在某单位随机抽取 80 人，资料如表 13 - 17 所示，经相关分析，相关系数 $\lambda = 0.32$，表明两变量间存在相关关系，现以 0.01 的显著性水平检验，问这 80 人所在总体职工的性别与其最大志愿之间是否也存在相关关系？

表 13 – 17   男女性别与最大志愿交互分配的实际次数与理论次数

最大志愿 Y	性别 X		合计
	男	女	
事业成就	34(25.875)	12(20.125)	46
幸福家庭	11(19.125)	23(14.875)	34
合　计	45	35	80

根据题意建立假设为:

H_0:总体中全体职工的性别与最大志愿之间不存在相关

H_1:总体中全体职工的性别与最大志愿之间存在相关

根据表中有关资料计算理论次数, 得:

$$f_{e11} = \frac{F_{X1} \cdot F_{Y1}}{n} = \frac{45 \times 46}{80} = 25.875$$

$$f_{e12} = \frac{F_{X1} \cdot F_{Y2}}{n} = \frac{45 \times 34}{80} = 19.125$$

$$f_{e21} = \frac{F_{X2} \cdot F_{Y1}}{n} = \frac{35 \times 46}{80} = 20.125$$

$$f_{e22} = \frac{F_{X2} \cdot F_{Y2}}{n} = \frac{35 \times 34}{80} = 14.875$$

将实际次数与理论次数代入求 x^2 的公式中, 得:

$$x^2 = \sum \frac{(f_0 - f_e)^2}{f_e} = \frac{(34 - 25.875)^2}{25.875} + \frac{(11 - 19.125)^2}{19.125}$$

$$+ \frac{(12 - 20.125)^2}{20.125} + \frac{(23 - 14.875)^2}{14.875}$$

$$= 13.72$$

当 $\alpha = 0.05$, $df = (c - 1)(r - 1) = (2 - 1)(2 - 1) = 1$, 查 x^2 分布表可知, x^2 的临界值 $x^2_{0.01(1)} = 6.635$

$\because x^2 = 13.72 > x^2_{0.01(1)} = 6.635$

∴ 否定原假设 H_0，接受备择假设 H_1，即在显著性水平 0.01 上，总体中全体职工的性别与其最大志愿之间存在相关关系。

2. 定距变量间的相关检验

如果要检验两个定距变量间是否存在相关，应采用相关系数的 F 检验法。其计算公式为：

$$F = \frac{r^2/df_1}{(1 - r^2)/df_2}$$

式中：df_1 为分子的自由度，$df_1 = 1$；df_2 为分母的自由度，$df_2 = n - 2$。

例：研究某地农村青年的家庭经济收入与其办婚事的消费支出之间的关系，随机抽取 26 名青年为样本，经测定 $r = 0.8$，$r^2 = 0.64$，试以 0.01 的显著水平检验总体两变量之间是否存在相关关系。

根据题意建立假设为：

H_0：总体内两变量无相关关系

H_1：总体内两变量有相关关系

已知：$n = 26$，$r^2 = 0.64$，$df_1 = 1$，$df_2 = n - 2 = 26 - 2 = 24$，$\alpha = 0.01$，则

$$F = \frac{r^2/df_1}{(1 - r^2)/df_2} = \frac{0.64/1}{(1 - 0.64)/24} = 42.67$$

当 $\alpha = 0.01$，$df_1 = 1$，$df_2 = n - 2 = 26 - 2 = 24$ 时，查 F 表，得 $F_{0.01(1,24)} = 7.82$

∴ $F = 42.67 > F_{0.01(1,24)} = 7.82$

∴ 否定原假设 H_0，接受备择假设 H_1，即在显著性水平 0.01 上，总体内全体青年的家庭经济收入与其办婚事的消费支出之间存在相关关系。

第五节　计算机在统计分析中的运用

一、计算机统计分析的意义

统计分析在现代社会调查中具有重要的作用，越来越受到人们重视。而电子计算机的产生及其在社会调查中的运用则为统计分析这一定量方法开辟了广阔的前景。电子计算机在统计分析中的作用主要体现为：

第一，它能极大的提高资料整理的效率。计算机处理资料的功能是多方面的。它可以迅速、快捷地对原始资料进行分析、比较、筛选、排列、存贮、合并、归类、分组、计算、检验直至打印出各种统计表和统计图，因而极大的提高了资料整理的效率。

第二，它能极大的提高统计分析的效率。计算机处理数据的效率是手工方式无法比拟的。越是大规模的社会调查，越是复杂的数据处理，计算机进行统计分析的效率越是突出。

第三，它能极大的提高统计分析的精确度。计算机处理数据都有经过精心设计的严格的计算程序，因此，它可以对调查数据进行科学计算，只要统计分析人员在使用计算机过程中严格按照规定的计算程序进行，一般均能得到准确无误的计算结果。

第四，它能以最佳形式组织统计数据。计算机进行统计计算后所形成的数据文件，可按照调查者的要求进行分类、合并、判断、检索等，并将统计、计算的结果通过计算机的输出设备输出，以供调查者使用。

第五，它能促进社会调查的定性分析与定量分析的结合。计算机出现以前，社会调查很少去调查搜集大量的数据资料来进行精确的定量研究，大多以定性研究为主。这样，不仅得出的结论十分模糊，准确度不高，说服力不强，而且难以对社会进行整体的、系统的、综合的描述。计算机的出现和应用,逐步将社会调查推进到日臻迅速、准确、完善的地步。

计算机虽然正在成为现代社会调查不可缺少的精确而有效的工具。但它却无法代替定性分析和人的思维加工。社会调查只有将定性分析和思维加工与计算机在统计分析中的运用结合起来,才能真正提高社会调查的效率与质量。

二、计算机统计分析软件介绍

使用计算机对数据资料进行统计分析一般需要有专门的统计软件或软件包。伴随着计算机科学的发展,各种统计软件应运而生。其中,常用的有 SPSS、SAS、LISREL、AMOS、Excel 等。

（一）SPSS 软件

社会调查统计分析常用的软件是 SPSS。SPSS 最初是 statistical package for social science 的英文缩写,即社会科学应用统计分析软件包。它于 20 世纪 60 年代由美国斯坦福大学三位研究生研制,最初研发的只是一个小型软件包,统计功能不多,经过几十年的发展,逐步扩展成了集统计分析、决策支持、管理咨询等功能于一身的巨型服务系统,因而其英文名字变成 statistical system and service solution。由于 SPSS 统计功能强大,表格和图形制作方便,入门相对比较容易,因而成为当今世界流行最广的统计分析系统之一。在我国,由于 SPSS 影响巨大,因而它几乎成了统计软件的代名词。在国际学术界有条不成文的规定,在国际学术交流中,凡是用 SPSS 软件完成的计算和统计分析,可以不必说明算法,由此可见其影响之大和信誉之高。SPSS 虽说入门容易,但要真正运用它,使其充分发挥各种功能,却并非易事。此外,SPSS 价格昂贵,非专业用户一般不会购买。

（二）Excel 软件

Excel 是微软公司推出的办公软件 Office 系统中的一种。它具有功能强大、技术先进、使用方便等特点。广泛应用于会计、财务、金融、营销、贸易、统计、行政等领域。就统计功能来说，Excel 虽然比不上 SPSS 等专业统计软件，但它也有相当丰富的统计功能，它能完成许多复杂的数据运算、进行数据的分析和预测，并且具有强大的制作图表的功能等，足以满足大多数用户统计分析的需要。更重要的是，Excel 使用简便，能够与 Windows 操作系统以及 Office 中的其他软件良好结合。例如，用 Excel 分析完数据后，撰写研究报告时其统计结果可直接进入 Word，而不必象使用其他统计软件那样需要转换。正因为此，Excel 在我国已被越来越广泛地使用，社会调查统计分析亦可考虑使用之。

　　利用 Excel 进行统计分析主要是利用 Excel 中的统计函数、数据分析工具和图表。Excel 内置的函数中有很多可用于统计，其中常用的统计函数有：AVERAGE（算术平均数）、MEDIAN（中位数）、MODE（众数）、STDVE（样本标准差）、STDEVP（总体标准差）、CONFIDENCE（总体平均数的置信区间）、ZTEST（Z 检验的双尾 P 值）等。在工作表中插入这些函数即可得到相应统计指标或估计量的数值。

　　Excel 提供了一组可直接使用的数据分析工具，称为"分析工具库"。其使用方法是：选择菜单栏中的"工具"→"数据分析"命令，在弹出的对话框中选择所需的分析工具，再在所选工具的对话框中填写必要的数据或参数的信息后单击"确定"按钮，即可得到所需的输出结果。

三、计算机统计分析应用示例

　　分组数据资料计算有关集中趋势和离散程度指标，可用Excel 的公式与复制功能来实现。下面以表 13 - 2 的资料来说明有关指标计算的具体操作过程。

　　（1）输入数据，如图 13 - 4 的 A、B、C 列所示。

（2）算术平均数的计算：在单元格 D1 中输入符号"xf"（旨在提示 D 列的数值是各组组中值 x 与权数 f 的乘积），在单元格 D2 中输入公式[①]"= C2 * B2"，按 Enter 键后将单元格 D2 的公式向下复制到 D6，在单元格 D7 中输入公式"= SUM（D2・D6）"（或单击自动求和图标），按 Enter 键后计算算术平均数所需的分子的数值（本例为 725000），显示在 D7 中。在单元格 A9 中输入"算术平均数"，在单元格 B9 中输入公式"= D7/B7"，按 Enter 键后单元格 B9 中显示的数值（本例为 833.333）就是所求的算术平均数。

（3）平均差的计算：在单元格 E1 中输入"加权的离差绝对值"（旨在提示 E 列所计算的是 $|x - \bar{x}|f$），在单元格 E2 中输入公式"= ABS（C2 - \$ B \$ 9）* B2"，按 Enter 键后将单元格 E2 的公式向下复制到 E6，在单元格 E7 中输入公式"= SUM（E2・E6）"，按 Enter 键后计算平均差所需的分子的数值（本例为 146666.7），就显示在单元格 E7 中。在单元格 A10 中输入"平均差"，在单元格 B10 中输入公式"= E7/B7"，按 Enter 键后单元格 B10 中显示数值（本例为 168.58238）就是所求的平均差。

（4）方差的计算：在单元格 F1 中输入"加权的离差平方"（旨在提示 F 列所计算的是 $(x - \bar{x})^2 f$），在单元格 F2 中输入公式"=（C2 - \$ B \$ 9）^2 * B2"，按 Enter 键后将单元格 F2 的公式向下复制到 F6，在单元格 F7 中输入公式"= SUM（F2・F6）"，按 Enter 键计算方差所需的分子的数值（本例为 38133333.333）显示在单元格 F7 中。在单元格 A11 中输入"方差"，在单元格 B11 中输入公式"= F7/B7"，按 Enter 键即可在单元格 B11 中得到所求方差数值（本例为 43831.418）。

---

① Excel 中所述输入公式是指输入一个运算公式，其所有公式都以等号（=）开头。例如，"= A1/12 + A2"表示单元格 A1 的数字除以 12 再加上单元格 A2 的数字。再如，"= SUM（D2：D6）"表示分别对 D2 到 D6 单元格的所有数值求总和。

（5）标准差的计算：由于标准差等于方差的平方根，所以在单元格 A12 中输入"标准差"，在单元格 B12 中输入公式" = B11^0.5"或" = SQRT(B11)"，按 Enter 键即可在单元格 B12 中得到所求标准差的数值（本例为 209.35954）。

计算上述指标的中间数据和最终计算结果如图 13 - 4 所示。

	A	B	C	D	E	F
1	按月领养老保险费分组	人数 f	组中值 x	xf	加权的离差绝对值	加权的离差平方
2	600以下	120	500	60000	40000	13333333.07
3	600-800	250	700	175000	33333.33	4444444.22
4	800-1000	360	900	324000	24000	1600000.16
5	1000-1200	80	1100	88000	21333.33	5688889.03
6	1200以上	60	1300	78000	28000	13066666.85
7	合计	870		725000	146666.7	38133333.33
8						
9	算术平均数	833.33333				
10	平均差	168.58238				
11	方差	43831.418				
12	标准差	209.35954				

图 13 - 4 依据分组资料计算的平均指标与标志变异指标

对于众数、中位数和离散系数等统计指标的计算，同样只需要将相应的计算公式在 Excel 中实现即可。

思考练习题

1. 什么是统计分析？在社会调查中，为什么要加强统计分析？应用统计分析方法应注意什么问题？

2. 试根据下表资料，求中位数、众数、算术平均数、四分位差和标准差。

家庭年收入(元)	户数(户)
10000 以下	6
10000－15000	34
15000－20000	58
20000－25000	82
25000－30000	126
30000－35000	117
35000－40000	76
40000 以上	41
合　计	540

求中位数、众数、算术平均数、四分位差和标准差。

3. 试根据下表资料进行相关分析,分别计算 λ。

生活理想 Y	文化程度 X			合　计
	高	中	低	
幸福家庭	10	15	22	47
理想工作	15	20	18	53
事业成就	35	12	3	50
合　计	60	47	43	150

4. 设对 180 名居民进行住房人口密度与婆媳冲突关系的调查,获得资料如表所示,试作相关分析。

婆媳冲突 Y	住房人口密度 X			合　计
	高	中	低	
较多	28	16	10	54
一般	10	50	30	90
较少	8	15	13	36
合　计	46	81	53	180

5. 10 名男子的身高与体重资料如表所示：

序号	身高(cm)	体重(kg)
1	162	55
2	165	58
3	168	56
4	169	62
5	170	65
6	172	63
7	174	66
8	175	70
9	177	68
10	179	72

要求：(1)计算相关系数；

(2)建立回归方程。

6. 某制鞋厂生产一批旅游鞋，按 1% 的比例进行抽样调查，总共抽查 600 双，结果如表，试在概率为 90% 的条件下，求：

(1)这批旅游鞋的平均耐穿时间(天)的可能范围；

(2)如果耐穿时间在 400 天时间以上的才算合格品，求这批旅游鞋合格率的可能范围。

耐穿时间(天)	双 数
250~300	40
300~350	80
350~400	310
400~500	100
500 以上	70
合 计	600

7. 设某地区根据人口统计资料，在过去一年内的死亡人口中，随机抽取 100 名死亡者为样本，经测定平均寿命为 71.8 岁，

标准差为 8.9 岁, 这是否说明现在人口的平均寿命仍能超过 70 岁, 试以 0.05 的显著性水平加以检验。并解释原假设被接受的含义, 或原假设被拒绝的含义。

8. 研究某村委会自治改革后, 村民的满意程度如何。在改革前, 该村委会村民只有 51% 的居民满意村委会的工作, 改革后, 经抽取 40 人调查, 其中有 32 人表示满意, 现要求以 0.01 的显著性水平检验, 问改革后是否有更多的村民满意村委会的工作?

第十四章　调查资料的理论分析

　　无论对一切理论思维多么轻视，可是没有理论思维，就连两件自然的事实也联系不起来，或者连二者之间所存在的联系都无法了解。
　　　　　　　　　　　　　　　　　　　　　——恩格斯
　　简单地说，资料分析的过程是一个对结果逐渐提炼、逐渐修正，直到结论与资料完全一致的过程。　　　　　　——[英] G·罗斯
　　经验研究远远超出检验理论的被动功能，它不仅仅是证实或反驳假设。研究在发展和形成理论方面至少发挥着四种主要的积极功能：即创造、改进、反思和澄清理论。　　　——[美] 罗伯特·默顿
　　逻辑学将归纳推理(即从个别事例到一般原则，从事实到理论)和演绎推理(即从一般到个别，将理论运用于具体事例)区分开来。进行归纳的时候，人们从观察到的资料出发，加以概括从而解释观察到的事物之间的关系。而在运用演绎推理时，人们从某一普遍法则出发，将其运用于具体事例。　　　　　　　　　　　　——[英] 贝弗里奇

　　理论分析是社会调查的重要环节。根据社会调查过程的一般程序，在对资料进行整理、统计分析的基础之上，还必须对调查中所获的各种现象资料进行理论思维的加工处理，站到理论的高度，认识事物的内在联系、本质和规律，以便社会调查研究获得较为完整的科学结论。

第一节　理论分析的基本问题

一、理论分析的突出特点

理论分析,是建立在统计分析的基础上,运用概念、判断和推理等思维形式,对客观事物的本质和内在联系进行系统的分析,使之上升为系统化的理性认识的过程。理论分析的突出特点有:

（一）概括性和揭示性

理论分析不同于定性分析。定性分析重在对事物的概括,而理论分析重在对事物本质的揭示。就其广义而言,理论分析包含定性分析。所谓定性分析,是运用抽象概念对同类事物作出概括,其目的和任务在于确定事物的性质,区分事物的类型,它是理论分析的必要准备和基础。理论分析包含定性分析,但并非简单的等同于定性分析,它虽也需要对同类事物作出概括,并在对事物进行分类的基础上,对调查材料进行"去粗取精、去伪存真、由此及彼、由表及里"的加工制作,进行全面深入的理论探讨,但它不满足于对客观事物的现象和外在联系的认识,而是要揭示客观事物的本质和内在联系,进而揭示事物发展变化的规律性,并概括性的总结出一项调查研究的结果。

（二）解释性和系统性

理论分析不同于统计分析。统计分析重在对事物的数量方面进行描述,理论分析需要对事物的数量差异进行解释。统计分析着重于对事物的数量的方面进行分析,发现和描述事物的规模、发展程度以及事物之间的相互关联性,通过对事物量的规定性的分析来把握事物质的规定性。但是,统计分析本身不能说明事物为什么会具有不同的状态,为什么会存在相互联系,即统计分析无法对事物质与量的差异作出解释。而这正是理论分析的任务。

理论分析的系统性特点表现在两方面：一是对客观事物的本质和内在联系的分析是系统性的，其理论分析过程是有步骤、有阶段的系统化的思维活动；二是对客观事物的认识是系统性的，而不是支离破碎的杂乱无章的认识，它通过对材料的深入分析，得出一般性的、带普遍意义的系统的理性认识。

（三）间接性和抽象性

理论分析的间接性表现在：理论分析不象统计分析那样，对调查资料进行直接总结归类，而是在统计分析的基础上，透过材料揭示客观事物的本质和内在联系，它是通过统计分析这一中间环节与调查资料发生联系的。理论分析的抽象性表现在：理论分析是对调查资料的内在本质和一般规律的把握，因而必然失去感性具体的特点。理论分析是借助抽象概念、判断和推理的形式作出判断，而不是运用感觉、知觉和表象作出判断。理论分析经常使用的抽象思维方法有：分析与综合、归纳与演绎、抽象与概括、形式逻辑、唯物辩证法等。

理论分析的上述特点表明：理论分析虽然不同于统计分析、定性分析，但它们不是相互对立的，而是相互联系的。进行理论分析，应结合统计分析、定性分析，只有这样，对社会现象的认识才能做到深刻、准确。

二、理论分析的主要作用

（一）弥补统计分析数据对事物描述的不足

社会调查对资料的分析分为密切相联的两个步骤：一是对调查资料进行统计分析，旨在描述调查对象的各种状态，揭示事物变量间的数量关系，等等；二是对统计分析的结果做出合乎逻辑的理论解释。由于统计分析数据本身比较抽象，其说明的问题难以显现，而通过理论分析，可以帮助人们看懂资料，使人们对现象的基本情况有较深入的了解，准确地把握数据中所隐含的规律性的东西，因而理论分析可以弥补统计分析数据对事物描述的不足。

（二）对研究假设从理论上进行检验和论证

某些解释性和学术性的调查研究，需要在调查之前针对调查课题提出明确的研究假设，并据此搜集资料，以此检验和论证研究假设。因此在资料分析阶段，需要将搜集到的资料与研究假设相对照，结合统计分析的结果，对资料与研究假设的关系进行说明和解释。如果对依据假设所搜集到的资料进行统计分析所得出的结论，与研究假设不一致，则要分析为什么会不一致；即使统计分析结果与研究假设一致，也要结合具体资料进行具体的理论分析，以便找出这种一致的内在必然性，从多角度、多方面、多层次来论证、发展和完善理论。

（三）由经验材料上升到普遍的理性认识

与统计调查不同，实地研究搜集的资料是少数个案资料或典型事例，对它们无法进行统计分析，因此，由少数个案或典型资料对所研究现象形成的初步认识只能是个别的、具体的、片面的，此时，需要通过理论思维，从具体现象中发现问题、抓住主要矛盾，从具体的、个别的资料中发现事物的本质特征和普遍联系，将个别的、具体的经验事实概括上升为抽象的带普遍意义的理性认识。

（四）提出研究结论，并解释研究成果

结论是调查研究的最终成果，一项调查研究，总要有自己的研究结论。要想得出科学结论，既要以客观事实、以确凿的调查资料为依据，又要以正确的理论分析为指导。理论分析是否深入，是否充分，决定了研究结论的价值和意义。而社会调查最终研究成果具有什么实用价值，在理论上有哪些突破，需要理论分析对此加以说明，解释成果价值和理论贡献的意义，使人们理解它，接受它。

三、理论分析的基本原则

（一）实事求是的原则

理论分析由感性认识上升到理性认识，必须以真实、准确的调查资料为基础，而不能作没有事实根据的主观随意性的分析。遵循实事求是的原则，必须特别注意如下两点：一是理论分析只能从事实材料出发，而不能使用虚假的资料。社会调查的目的在于，建立科学的理论以指导社会实践，或提供有效的建议与措施以解决实际问题。如果使用虚假的资料，则必然把理论分析引入歧途，最终贻害社会。二是理论分析必须从调查资料的全部事实出发，而不应从个别事实出发。凭个别事实得出的结论，容易出现以偏概全的问题，而若从事实的全部总和、从事实的联系中去掌握事实，那么，事实不仅仅是胜于雄辩的东西，而且是证据确凿的东西。

（二）理论指导的原则

任何分析均是在一定的理论观点（如各种经典学说、各门学科理论或各个学派的观点）指导下进行的，理论分析亦如此。问题是，用什么样的理论予以指导。对于相同的资料，研究者所持的理论观点不同，得出的结论也会不同，甚至于完全相反。要想使得到的研究结论具有科学性，必须以科学的、正确的理论为指导，即以辩证唯物主义和历史唯物主义哲学与各门现代科学的具体理论和方法为指导。

（三）全面完整的原则

理论分析要想得到科学的结论，必须以全面完整的资料为基础。社会现象虽然错综复杂，但是，各种社会现象又都不能脱离周围的事物而孤立的存在，它们总是以各种方式相互依赖，相互制约，相互作用，形成一个普遍联系的整体。因此，对调查资料进行理论分析，应从资料的多方面的联系和比较中去加以综合考察，全面分析，不仅要分析每个事物本身的各个侧面，而且要分析它与其他事物相互联系、相互依存、相互作用的关系，不仅要考察事物的非本质方面的联系，而且要考察事物的本质方面的联系。如此，理论分析结果才能与调查资料的全部事实取得一致，得出科学结论。

（四）历史比较的原则

理论分析应当坚持历史比较的原则。因为一切事物都处于发生、发展和衰亡过程之中，要认识事物的本质和规律性，就必须坚持用发展变化的观点去分析事物。用发展的观点看问题，既要看到事物的过去，又要看到事物的现在和未来；既要分析事物存在与发展的主要根据，又要分析促使事物发展变化的外部条件；既要把握事物的现实性方面，又要掌握事物的可能性范围。历史的分析问题，就能克服静止、僵化的思想，就有可能获得对被研究事物的科学的认识。

四、理论分析的一般步骤

（一）审阅调查资料

作为理论分析的调查资料，虽然已是经过初步整理的系统化、条理化的文字资料和经处理的数据资料，但是，仍需要对其进行审查和阅读。这种审读包括五个方面的工作：一是对调查资料进行认真的甄别；二是将研究资料作进一步分类、筛选；三是对各种综合统计资料做出简单的文字说明；四是注意选取有意义的事例；五是认真收集和阅读对理论分析有直接意义的资料，以开拓视野，启迪思维。据此，为实际的理论分析工作做准备。

（二）确立分析目标

所谓分析目标是理论分析的实际内容和所要达到的目的。由于社会调查有着严密的计划性和目的性，因而社会调查的准备阶段就已经拟定了调查提纲和分析方案。但因各种原因，按照预定的调查提纲和分析方案搜集到的资料与原来的要求可能会不一致，这就需要根据现有资料检查原分析方案的可行性，重新确定理论分析的目标。即使搜集到的资料与原分析方案的要求一致，也有一个将原分析方案具体化的问题。对分析目标重新确定和具体化是建立在资料审读的基础之上的。分析研究人员经过反复酝酿，形成对资料的总的判断：总的分析目标和理论假设是什么，需要分析什么，进行哪些分析，根据现有资料能分析什么，能得出什么结论，分析结论有何意义，等等。

（二）准备理论知识

理论分析要有理论知识作准备。研究人员不仅要具备哲学、逻辑学的思辨、思维知识和方法的修养，而且要对所要进行理论分析领域的理论知识比较熟悉。当然，用于理论分析的有关理论和知识，在社会调查之初和实地调查中，会有一定的涉及与储备，不过，在对分析目标予以确定和具体化的同时，需要作"进一步"准备。因为，在社会调查过程中，往往会出现一些原先未预见的新问题，由此，需要补充新的理论知识准备，方能对新问题进行理论分析。即使没有出现什么新问题，但由于社会调查的准备阶段只是建立研究假设和构建理论构架，因而理论知识准备不必过深过细，而在理论分析阶段需要有细致深入的理论准备。

（四）选择分析方法

理论分析方法多种，各有其适应情况。调查资料不同，采用的理论分析方法也就应当有所不同。只有运用恰当的方法，才有助于理论分析的正确。由此就有一个方法选择的问题。要正确地选择分析方法，一要了解和熟悉各种理论分析方法的作用、特点以及局限；二要了解和熟悉被分析的资料适宜于采用何种方法。作为一种理论研究，对资料的分析不能只考虑单一的层次、角度、方法，而要在考虑多种层次、角度、方法之后，确定最适当的层次，最能说明问题的角度，最有利于达到认识研究对象质的规定性的方法。理论分析所使用的方法既包括抽象思维的一般方法，如分析与综合、归纳与演绎等，也包括各门学科具体的分析方法。后者是一般思维方法在各学科研究中的具体应用。

（五）实施资料分析

理论分析经过了上述四个步骤之后，就可对调查资料开展实际的理论分析。一般说来，实际理论分析是从对最基本的个体资料的分析开始的，然后对分类资料和具体假设、整体资料和中心假设展开分析。有了理论分析实施的认识结果，还要将其与社会调查准备阶段建立的研究假设相对照，看是否相符，若相符，则证明研究假设正确，从而需要说明相符的意义；若不一致，则证明研究假设的不正确，从而需要说明不一致的原因。理论分析实施的认识结果，还应与调查设计阶段构建的理论构架相对照，看是否有新的理论发展，如有，需要解释理论贡献的意义。

第二节　理论分析的不同视角

描述、解释、预测与规范等资料分析方法，是理论分析的不同视角。其中，描述记述的是"是什么"，解释说明的是"为什么"，预测阐明的是"将会如何"，规范的内容是"应该如何"。描述是其他各种分析的基础，解释是预测分析的基础，规范设计的前提，预测是规范设计的依据，规范是调查研究的终极目的。但它们并非一定一齐上阵，也非平均用力，其使用频率按照上述排列顺序依次递减。

一、描述性分析

描述性分析是通过呈现汇总整理资料，以说明研究现象"是什么"。其分析的对象是客观的社会事实，分析的内容是社会现象与问题形成、存在、变化的具体情况。它是解释性分析、预测性分析和规范性设计的基础，只有准确、完整地描述，才有可能进行正确地解释，科学的预测，合理的规范设计。描述性分析有不同的类型，包括现象描述、类型描述、概貌描述和本质描述等。

现象描述在于准确地表述社会存在的状况。例如，"中国城乡老年人口一次性抽样调查"总报告，对老年人精神生活状况作了如下描述："物质生活得到基本满足后，老年人对精神生活有了更多的追求。老年人最多的闲暇活动是看电视，城市达到91.0%，农村为78.4%。其次是散步，城市为79.1%，农村为59.7%。第三为听广播，城市为48.7%，农村为40.2%。其他的闲暇活动老年人也积极参加，如打麻将、打牌、下棋、看电影、听戏、逛公园等。在城市，老年人读书看报的达到45.1，种花养宠物的达到35.1%，做保健操的达到19.0%。经常或偶尔到老年活动室活动的老年人在城市为21.9%，农村为9.1%；到运动场所活动的老年人在城市为22.0%，农村为4.1%。近几年，城市老年人的闲暇生活还增加了新内容，如有8.8%的人外出旅游，1.2%的人学电脑。"[①]

类型描述是对研究现象的基本特征所作的分类表述与分析。例如，《"弱势"缘何成了普遍心态》就描述了部分党政干部弱势心态的四种类型，即"惊弓之鸟"型、"'天花板'困局"型、"心力交瘁"型和"望房兴叹"型。"45.1%的受访党政干部认为自己是'弱势群体'，其'弱势'心态主要来源于以下几个方面：一是在激烈的官场竞争、严厉的问责制度和强大的网络监督面前，一些官员成了'惊弓之鸟'，生怕因做错一件事，说错一句话而成为众矢之的，每天都谨小慎微，如履薄冰；二是虽然干部人事制度改革正在逐步推进，但是在某些地方依然存在论资排辈现象，甚至

---

① 银浪老龄产业网.www.yinlangcn.com.

'潜规则'盛行，很多官员因没有背景，'不跑不送'，处于'天花板'困局之中，得不到重用和提升，成为官场'弱势群体'；三是公务繁杂，既要有让上级看得见的政绩，又要有能让老百姓满意的民心工程，想要有所作为却困难重重，不少官员甚至出现了焦虑症，心力交瘁，倍感'弱势'；四是一些贫困地区的公务员的工资收入有限，在物价尤其是房价快速上涨的背景下，只能'望房兴叹'。"①

概貌描述是对研究现象总体面貌所作的记述，常用于对地域、社区、群体、组织等的基本面貌与一般特征作素描式的表述。例如，"YY建筑工地的工人生活区是工棚区内临时搭建的三排板房，其中两排两层的板房用做宿舍，另一排平房做伙房。每间宿舍的面积不足20平方米，通常放置6张上下铺的床，每间房住有8～12名工人，工人的劳动工具和生活用品全部堆放在宿舍。女工们通常跟丈夫住在一起，个别房间是专门的夫妻档，但他们保护隐私的唯一方式就是安装床帘。"②

本质性描述是对事物本身所固有的、决定事物性质、面貌和发展的根本属性所作的分析。例如，"打工族作为社会结构中较为独立地一元，它的特征就在于他既不是纯粹意义上的农民，又不是法律意义上的市民。市民的权利他无法享受，农民的负担他却无法逃脱。再加上这一群体自身的局限，诸如文化程度低，技术技能不太强，进入市场时除了自己所拥有的劳动力以外，可谓一无所有。因而在社会转型期，我国三元社会结构中农民这一元处于竞争的劣势。如果说，城乡分割的二元社会结构曾经掩盖了

---

① 人民论坛问卷调查中心：《弱势缘何成了普遍心态：——不同群体"弱势"感受对比分析报告》，载《人大复印报刊资料·社会学》，2011年第2期，第35页。
② 任焰、贾文娟：《建筑行业包工制：农村劳动使用与城市空间生产的制度逻辑》，载《人大复印报刊资料·社会学》，2011年第3期，第86页。

我国社会的许多矛盾,那么三元社会结构则将二元结构社会中所潜存的各种不合理因素显性化。这正如李昌平所说的:'农民进城打工,不仅要交城市里的各种费用和额外费用,还要交农民户口的人头负担。脑力劳动者和城市人月收入达到一定数目后,才征个人所得税,农民种地亏本也要各种税费和人头税;工人失业后有失业保障费,农民失业还要交钱;城里可以申请贷款消费,利率极低且多年偿还,在农村农民贷款生产谈何容易,且高利息,当年还;城市的水、电、路一切基础设施都是国家包办,而农村的基础设施都是农民自己出钱办……'农民工除了受到上面所提到的各种农民负担以外,而且还要承受城里人所施加的各种有形无形的压力,诸如观念上的社会歧视、与城里人同工不同酬等等问题"。①

二、解释性分析

解释性分析是回答研究现象存在与变化的原因,即"为什么"。它是对研究现象受内外因素影响情况的说明。社会调查的目标不仅对研究现象与问题要记述"是什么",还需要提供系统的确定可靠的解释。虽然调研者把大量精力放在对社会现象的发现和描述上,但人们对社会事实不仅要"知其然",还要知其"所以然",因而一般都不会放弃对研究现象所作的解释。

解释性分析具有三个特性:一是解释的可检验性。既然解释性分析的对象是已经发生或正在发生的社会事实,那么,解释得正确与否,也就可以运用逻辑方法来证明,或通过实践活动来加以检验。二是解释的不完全性。解释的内容是社会事件或社会状况,而社会现象发生、发展与变化的原因极其复杂,加之客观事

---

① 邓建伟著:《田野调查四记:劳务经济——新的经济、社会结构的生长点》,长沙民政职业技术学院学报 2004 年增刊,第 6 页。

物的暴露有一个过程，人们受调查资料和认识能力等方面的限制，因而调研者不可能把一定的社会事件或社会状况发生、发展、变化的所有参量都揭示出来，对一项社会调查研究的解释，一般也就是不完全的。但解释的不完全性并不等于解释的片面性。解释的不完全性是由事物的隐蔽性和人们主观认识的局限性所造成的，而解释的片面性是人们认识事物时，不是全面地去分析具体事物的矛盾，而是抹煞事物所固有的共性与个性，绝对与相对的辩证关系所形成的。正是解释的不完全性，才推动着人们不断地调查新情况，研究新问题。三是解释的有效性。正确的解释是对所研究的社会事件或社会状况发生发展规律的逻辑表述，因而是有效的，经得起检验的。解释的不完全性并不影响解释的有效性，因为它克服了解释的片面性。解释的有效性表现在，一方面它正确地反映了社会事实发生、存在的状况与发展的规律，另一方面它正确地引导着人们适应与改善社会。这也正是调研者对解释感兴趣的主要原因之所在。

解释性分析具有不同的分析层次，即充分解释、部分解释和雏形解释。无论哪种层次的解释，都包含解释项和被解释项。解释项包括：社会现象的一般性定律或普遍性法则、通则；先决条件的句子。被解释项是一种社会事实。第一层次是充分解释。当对被解释事实的描述，符合解释项的普遍性或概然性通则的先决条件时，其所作结论便是充分解释。自然科学中存在着严格意义上的充分解释，但社会科学很难形成，这是因为社会现象极其复杂，人们受主观认识的局限，对其存在方式的描述往往是不完全的，加之人们发现社会现象的一般性定律与普遍性通则非常困难，所以，社会科学难以形成充分解释。正因为如此，社会学通常所作的解释，多属于第二层次的解释，即部分解释。部分解释的特点是，它没有明确地阐述解释所需要的所有通则，或没有完整地阐述被解释项。例如，根据住房条件的不断改善会导致家庭结构日益小型化这一通则，当对被解释事实的描述符合这一通则时，所作的结论：当前家庭结构日趋小型化是因为居民住房条件得到了极大的改善，就是部分解释。因为家庭结构日益小型化，除了住房条件的改善外，还有生产率的提高、生产方式的改变、婆媳关系的变化等。解释的第三层次是雏形解释。所谓雏形，《现代汉语词典》表述为：未定型前的形式。这是一种不成熟的、只具启发性的解释。雏形解释是，它的解释项所应阐述的通则没有得到证明，或只在有限的范围内才能成为通则，或根本就没有明确阐述通则。上述三种解释的主要区别是，对其解释项所包含的普遍性通则的阐述情况：通则是否阐述，是否完整地阐述，是否在有限的范围内适用。其中，部分解释、雏形解释在社会调查研究中使用较多，尤以雏形解释所占比重大。

解释性分析有不同的形式。它一般分为个性解释和共性解释。个性揭示事物之间的差异性，个性解释便是对特定事物的特殊性或独特性的解释；共性决定事物的基本性质，共性解释则是对影响某一类型行为和现象主要因素所作的解释。个性解释一般与实地研究、个案研究相联系，适于说明现象的独特性，有助于从具体的、特殊的现象入手发现事物的普遍性。个性体现并丰富着共性，科学解释需要从个性到共性，从个别到一般。科学的最终目的是得到共性解释。由于共性解释是试图从对某一类型行为和现象有影响的众多因素中找到主要因素，旨在用最少的原因变量，最大限度地解释因果关系，因而一般来说需要调查大量样本以便说明事物总体状况。

解释性分析有着不同的方式。诸如发生性的解释、意向性的解释、倾向性的解释、原因性的解释、因果性的解释、结构与功能的解释、系统与要素的解释、有序与无序的解释、经验概括作出的解释等。发生性的解释是通过追寻某一社会现象发生发展的过程，以说明该现象之所以是现存状况的原因。意向性的解释涉及人的动机、目标、价值、态度等内容，它试图寻找引起人的行动与社会事件的动机的根源。倾向性的解释，也是用以分析个人的行动。原因性的解释也与此相类似。由于社会调查研究并不满足于对个别事例的了解，而是希望通过概括以便解释一般事例，故较少使用上述几种解释方式，更多是使用因果性的解释、系统与要素的解释、结构与功能的解释、有序与无序的解释等形式。因为通过因果性的解释，可以探寻到研究事物或现象之间的因果联系；通过结构与功能的解释，可以揭示出事物的内部联系和作用以及事物外部的联系和作用；通过系统与要素的解释，不仅有助于了解相互作用和相互联系的若干部分组成的具有确定功能的有机整体，以及构成整体的各个特定事物的各个部分的状态，而且有助于把握社会系统与社会要素之间的关系；通过有序与无序的解释，有助于正确把握广泛存在于社会领域中的有序状态和无序状态（或混乱状态）及其对立统一关系。

三、预测性分析

预测性分析要说明的是特定的社会事件或社会状态"将会如何"。预测与解释的区别在于：解释是对过去的社会过程与事件所作的表述，预测则是对未来的社会事件或状态所作的说明。由于现代社会发展变化速度极快，瞬息万变，进行科学的社会管理与控制，需要以科学的社会预测为基础，因此，预测性分析在社会研究中便愈来愈显得重要。

预测性分析方法多种多样，据统计有200余种，主要的、常用的现代预测方法有20种左右。包括利用专家进行预测的方法、通过趋势外推进行预测的方法、运用系统分析进行预测的方法、用类比推理进行预测的方法及其他预测方法。头脑风暴法和德尔菲法便是专家预测法。

趋势外推法是把预测对象从过去到现在的发展趋势外推到未

来的一种方法。趋势外推法又有几种类型，如线性外推、曲线外推和时间序列外推。无论哪一种外推，都以预测对象发展的连续性原理为根据。它们均是一种定量预测分析方法。

系统分析预测方法，是将预测对象视为一个完整的系统，将其变化看作是本系统与其他系统，本系统与本系统的子系统、子系统与子系统之间相互作用、相互影响的结果，并运用这种观点进行分析从而作出预测的方法。系统分析预测方法有交互影响矩阵、关联树、形态模型、任务流程图、系统动态分析、多观点分析等形式。

类比推理的方法，是对甲、乙两个不同事件的情况进行比较，通过某些相似性类推出其他相似性，从而作出预测的方法。例如，已知甲事件是第一次经济大危机，乙事件是正在出现的第二次经济大危机，对这两次经济大危机加以比较，发现它们有许多相似处，据此，预测者便类推出第二次经济大危机将出现与第一次经济大危机相似的其他情况，从而可以对第二次经济大危机的未来发展趋势作出预测。值得注意的是，进行类比推理时，必须对被类比事件和预测事件的各个项目、各个方面加以比较。若一系列相似的状况得到相似的发展结果的情况越经常发生，就越可以据此作出类推。为降低类推预测的不可靠程度，预测者必须明确被类比对象在以往是否有先例，它与以往先例是否类似，发展结果有无不同，结果是否受人欢迎，以往类似事件的影响是否逐步下降，人们的行动是否受以往类似事件的影响，等等。

社会预测对于社会发展的重要性，促使许多社会学者投身于探索未来的方法，并在未来研究中探索社会学方法的特性方面作了许多努力。诸如贝尔和莫乌为社会学者进行未来研究提出了十点指导，苏珊尼·凯勒提出了社会学用在未来研究中去的 8 条途径，Ｊ·Ｐ·马梯诺提出了预测被运用于政策制定过程中去的时候，预测需要具备的特性，等等。对于社会预测的客观依据，美国社会学家丹尼尔指出：一个是规律性与重复性，另一个是连贯性与持续性。社会学者常依据预测的连贯性原则和预测的类推性原则对未来事件作出预测。

四、规范性分析

规范性分析的基本内容是"应该如何"。这种分析是建立在对社会事实或社会状态"是什么""为什么""将会如何"，即建立在对现状的客观描述、正确解释和科学预测的基础之上的。规范性分析要对达到预定社会目标，需要确定采取何种行动与手段，以及对其合理性和可行性作出评价。它需对"应该如何"的方案加以论证，对"应该如何"的假设作出检验。

规范性分析的主要形式有：价值定向和政策设计。所谓价值定向，是解决社会现实问题所确定的基本方向或基本途径。例如，《我国农地制度创新模式构想》关于其价值定向，是如此表述的：

【描述】　传统农地制度对农村土地利用效率的影响表现在四个方面：土地利用不合理，土地规模不经济，土地市场不完善，土地管理不科学。

【价值定向】　提高农村土地利用效率的农地制度创新模式，就是要创新一种弱化集体土地所有权，突出农户承包经营权，在把农地产权固化到农民个人手中的同时，活化农地产权，使农地使用权在与社会主义市场经济发展相适应的农地市场中自由流动，实现土地资产增殖最大化，土地资源配置最优化的新型农地制度。①

价值定向还只是明确了解决社会问题的基本方向，并没有确定应当采取的行动与手段。因而在价值定向之后，还需进行政策

① 　高扬、武深树：《湖湘论坛》，2002 年第 3 期，第 73—74 页。

设计。所谓政策设计是根据一定的目的和要求，为解决一定时期的社会现实问题而在确立行动准则之前，制定行动的具体方法，明确行动的具体设想以及基本准则。社会调查有应用研究与理论研究之分，应用研究侧重解答实际工作部门以及社会领域中的具体问题，理论研究旨在通过对社会现实问题的调查来丰富和发展社会理论，包括建立学科理论、解答社会科学领域和实践领域中的理论问题。无论哪种类型的调查研究，都终将直接导致或间接影响到政策设计。政策的制定是一项复杂工程，需要整体设计。有人认为，制定政策需要科学，实施政策需要艺术，成功的政策设计便是科学和艺术的结合。政策是要实施的，因而政策设计便要考虑三个基本要求：操作性、延续性、科学性。操作性是指政策设计要具体，在社会现实生活中要能得到执行，且操作简便；延续性是指要减少政策实施的随意、多变，为此，政策要有超前性，设计要有洞察力和超前意识；科学性是指设计的行动与手段应符合客观实际，衡量政策设计好坏的重要标准，是政策能否将政策目标内化到行为主体的价值目标之中。上例《我国农地制度创新模式构想》根据其价值定向进行的政策设计是：

农地制度创新模式的相关政策性建议：明确土地使用权限，以法律形式确定农民的土地承包权是农民的个人财产权；规范土地经营模式，逐步推动家庭承包经营制向土地使用权私有化过渡；搞好农地市场体系建设，发挥市场机制配置农地资源；健全农地制度创新配套机制，保证农地利用效率稳定增长。

下面再以《全国城乡失能老年人状况研究》为例，说明规范性分析的价值定向与政策设计①。

---

① 全国老龄办和中国老龄科学研究中心：《全国失能老年人状况专题研究》，2010 年。

【描述1】 我国城乡完全失能老年人占老年人的比例，分别为5.0%和6.9%，农村高于城市，完全失能老年人，特别是中度、重度完全失能老年人的规模不断增加。

【解释1】 这是伴随着我国人口老龄化、高龄化的不断深入发展而产生的。由于老龄群体中高龄老年人比例的上升，由此就造成中度和重度完全失能老年人的相对比例增大、绝对数上升。

【预测1】 这一趋势今后三、五十年内不仅不会缓解，还会进一步加重。

【描述2】 城市完全失能老年人中，有照料需求的占77.1%；农村完全失能老人中，有照料需求的占61.8%。农村完全失能老年人照料需求从2000年到2006年相对上升了51.0%，显著大于城市完全失能老人照料需求相对增长的15.2%。

【解释2】 计划生育政策使得传统家庭照料的人力资源出现匮乏，随着"独生子女"成为家庭主力的时代到来，我国几千年来家庭养老的传统模式将面临巨大的挑战。由于受多元文化的影响，特别是受家庭规模小型化的现实和发展趋势的影响，不仅空巢家庭老人身边无子女照料，而且大量和子女生活在一起的老年人由于子女工作、生活压力的增大，也很难得到儿女和其他家庭成员的精心照护。

【预测2】 完全失能老人对长期照料护理的专业化、规范化要求日趋强烈，子女对于承担家庭长期照料护理将越来越力不从心，难以为继。

【价值定向】 随着我国工业化、城镇化的发展，劳动力人口的迁移，家庭规模的小型化，尤其是计划生育政策不断深入贯彻实施，使得建立在多子女条件下的传统家庭照料模式，已经不能适应我国当前的经济社会发展要求。应对这一挑战，需要从更全面、更系统、更深入地推动养老服务发展来破题化解。

【政策设计】 (1)建立长期的观测网络，为失能老年人社会支持网络的责任主体，提供丰富的资讯，增强政策的针对性和时效性；(2)积极推进养老机构管理体制和运行机制改革；(3)加快研究制定促进养老护理机构发展的法规与政策；(4)引导家庭、社区、机构继续发挥应有的作用；(5)研究建立长期护理保险；(6)加强服务队伍专业化建设。

在社会调查研究规范性分析中，价值定向是政策设计的必经过程，行动先导；政策设计是价值定向的后继程序，具体设想。

第三节　理论分析的常用方法

理论分析方法很多，这里介绍几种常用方法。值得指出的是，在实际的理论分析过程中，经常是几种方法同时并用，或交替使用，只不过以其中一种方法为主，其他方法为辅罢了。

一、比较分析

(一)比较分析的含义

比较分析法，就是将客观事物加以对比，从而确定它们的相同点和相异点，找出它们相互区别的本质特征的逻辑思维方法。在调查资料的理论分析中，当需要通过比较两个或两个以上事物或者对象的异同来达到对某个事物的认识时，就需要采用比较分析的方法。作为一种逻辑分析方法，它有着自己鲜明的特点：一是比较分析是在两个特殊事物之间进行分析比较，二是比较分析具有形象思维的特征，它是将抽象思维和形象思维熔为一炉的一种独特的逻辑思维方法。比较分析在资料分析中具有重要的作用。运用比较方法，可以区分不同的事物，概括事物的共同点和相异点，从而有助于建立抽象的理论概念和一般类型；可以对调查资料进行定性鉴别和定量的分析；还可以对调查对象的理论分析与调查对象的客观事实是否一致，作出明确的判断。但比较分析只是将事物的某一方面或某几个方面与其他事物相比，因此它无法全面地认识事物之间的各种联系，也无法对事物产生的原因作出说明和解释。

（二）比较分析的类型

比较作为一种逻辑分析方法，其类型多种多样，诸如历史比较、现实比较、动态比较、纵向比较、横向比较、数量比较、质量比较、外形比较、结构比较、功能比较、因果比较、系统比较、共同点比较、差异点比较、现象比较、本质比较、理论与事实相比较，等等。究竟采用何种比较法，取决于人们的客观需要。社会调查中常用的有以下几种比较方法：

1. 类型比较

类型比较是一种横向比较。其作用之一是由点到面，由个别到一般，逐步地建立类型，由此上升到对整体的一般性认识。费孝通指出"应用类型比较法，我们可以逐步地扩大实地观察的范围，按照已有类型去寻找条件不同的具体社区，进行比较分析，逐步识别出中国农村的各种类型。也就是由一点到多点，由多点概括更大的面，由局部接近全体。类型本身也可以由粗到细，有纲有目，分出层次。这样积以时日，即使我们不可能一下认识清楚千千万万的中国农村，但是可以逐步地增加我们对不同类型的农村的认识，步步综合，接近认识中国农村的基本面貌。"①类型比较的另一个作用是抽象出事物的本质特征，以便比较和认识表面上差异极大或表面上很相似的社会现象。类型比较包括两个步骤。第一步，对各种事物进行分类或建立类型。但是区分事物的类别并不是类型比较的主要目的。类型比较的最终目的是为了更深入地认识客观事物，因而类型比较的第二步，便是在区分事物

---

① 费孝通："学术因缘五十年——编《云南三村》书后"，《读书》1988 年第二期，第 68 页。

类别的基础上，对各种类型进行比较，以确定它们的异同点，由此抽象出每一类型的本质特征。

2. 历史比较

历史比较是一种纵向比较，它是对不同历史时期的社会现象的异同点进行比较和分析，由此揭示社会现象的发展趋势或发展规律。历史比较常用于宏观社会研究。其目的在于通过对比，发现社会现象在历史演变过程的变化规律，从而获得对社会变迁的科学认识。在具体的社会调查中运用历史比较法，是将搜集到的具体事实分为不同时期进行对比，并具体分析它们的差异，概括出一些本质差异，然后上升到某种社会历史理论的高度对这种差异作出说明和解释，或者是提出一些新的理论观点。历史比较多为定性分析，但现代社会调查正越来越多地采用数据资料进行历史比较分析，或将定量分析与定性分析结合起来，如对吸毒问题、离婚状况、犯罪现象、消费水平等某些同一类事物或现象在不同时期的数量特征进行历史比较，以探寻现象的发展变化趋势。

（三）比较分析的原则

1. 客观事物之间的可比性原则

所谓可比性，是指不同事物比较应有统一的、科学的比较标准，又要在有可比性的同类事物之间进行比较。例如，可以将民营企业与国有企业的经济效益进行比较，但不可将企业的经济效益与政府部门的工作效率进行比较，因为经济效益与工作效率是两种不同的指标。

2. 横向比较和纵向比较相结合的原则

横向比较是对同一时期的不同对象进行比较。它可在同类事物内部的不同部分之间比较，如大型福利机构与小型福利机构的比较；它也可以在不同事物之间比较，如福利机构与教育机构的比较。需要注意的是，由于类型的划分有粗有细，因此，"同类"

与"异类"只是相对的。横向比较侧重分析不同事物在质与量上的异同点。纵向比较是在不同时期对同一对象的具体特点进行比较。如比较当前流浪乞讨现象与解放初期的流浪现象，比较某一农村改革前后生活状况等。纵向比较侧重分析事物的发展与变化。横向比较和纵向比较各有其特点与局限性。横向比较的优点是现实性强，容易理解，便于掌握，它侧重从质与量上对认识对象加以区分；缺点是，难以揭示事物的本质规律及发展趋势。纵向比较的长处在于能够揭示事物之间的有机联系，认识事物之间的发展趋势；但它往往对事物之间横向联系不够。因此，需要将横向比较和纵向比较结合起来，以达到对事物的深入了解和认识。

3. 异中求同和同中求异相结合的原则

比较分析就是要在各种不同的事物中找出其共同点，或者在同一类对象中找出其差异，即"异中求同""同中求异"。"异中求同"的目的在于把具有同一性质的对象归入同一类别，从而有助于人们认识事物的本质特征。例如，重婚、早婚、包办婚姻、买卖婚姻、近亲婚配、非法同居等婚姻关系，虽然形式各异，但异中求同，从法律的角度看，它们性质一样，都是违法婚姻。"同中求异"有助于区分和鉴别事物的不同类型，分析各种类型的不同特点。例如，通过比较各个福利机构的规模、服务对象、服务范围、社会效益、经济效益的差异，可以把这些福利机构区分为不同的类型。比较分析既比较事物的共同点，又比较事物的相异点，两者结合，对事物的认识也就更深刻。

4. 现象比较和本质比较相结合的原则

任何事物之间都是可比的，只不过可比的方面和层次不同。对调查资料进行理论分析，不仅要注意事物现象的比较，而且要重视事物本质深层次的比较，以便透过现象发现事物本质的异同。例如，城市最低生活保障与农村合作医疗，可以从制度含义、保障性质、资金来源、运作机制等方面比较分析出它们的明显差异。但是这两种表面上差异较大的制度都具有一个本质上的共同点，即它们都是社会主义市场经济条件下社会保障制度改革后出现的一种新的保障制度。又如，两个经济富裕程度相差悬殊的社区，居民牢骚的形式相似、程度相近，但经过比较发现，牢骚的具体内容却存在着本质差异，即富裕社区居民抱怨的主要是社会风气恶化，而不富裕社区居民抱怨的主要是生活难以为继。因而，对调查资料的比较分析，要由事物现象的比较而深入到事物的本质的比较，要重视从表面上极为相似的客观事物之间找出它们的本质差异，或从表面上差异极大的事物之间发现它们的共同本质。

二、因果分析

（一）因果分析的含义

因果分析，是一种探寻现象之间因果关系的方法。因果联系是客观事物之间普遍存在的一种现象。其特点：一是因果联系具有先后相继性。因果联系总是原因在前，结果在后。二是因果联系具有必然性。"因"与"果"之间的联系是客观的、必然的。只要在相同的条件下，同样的原因会产生同样的结果。三是因果联系具有复杂性。有一因一果、一因多果、多因一果、多因多果等多种情况，因而认识现象间的因果联系是一个十分复杂的过程。社会调查的目的，就是要弄清各种现象之间的因果关系，认识各种现象发展变化的因果规律。因而，因果分析法也就成为理论分析的一种重要方法。

（二）因果分析的类型

社会调查中因果分析有多种类型。1872 年，英国哲学家、逻辑学家穆勒总结了从洛克到他所在的时代以来的认识经验，提出了探寻因果关系的五种方法：求同法、求异法、求同求异法、共变法、剩余法。

1. 求同法

求同法的基本规则是：如果被研究现象在各种不同场合出现，而在这些不同场合中只有一个共同情况，那么，这个唯一的共同情况就可能是被研究现象的原因。它的分析模式是：

场合	先行情况	被研究对象
（1）	A，B，C	a
（2）	A，D，E	a
（3）	A，F，G	a
⋮	⋮	⋮

所以，A 是 a 的原因。

求同法的特点是"异中求同"，它所依据的主要方法是经验观察，因而其结论只能是一种或然性的结论，它不能保证结论的必然正确。为了提高结论的可靠程度，运用求同法时，应有足够多的事例，否则就不能使用求同法。虽然如此，求同法仍不失为一种探寻因果关系的初步方法，若再配合其他方法，有助于我们找到真正的因果关系。

2. 求异法

求异法的基本规则是：如果某一被研究现象在第一个场合出现，在第二个场合不出现，而这两个场合中的其他情况完全相同，只有一个情况不同，那么，这个情况就是被研究现象的原因。它的分析模式是：

场合	先行情况	被研究对象
（1）	A，B，C	a
（2）	—，B，C	—

所以，A 是 a 的原因。

求异法的特点是同中求异。由于它是从先行情况的有无两个方面进行考察的，因而较之求同法优越，其结论的可靠程度相对较高。但它的前提和结论的联系依旧是或然的，与求同法一样，有可能把真正的原因忽略掉。

3. 求同求异法

求同求异法的基本规则是：如果在出现所研究的现象的若干场合(第一组)中，只有一个情况相同，而在所研究现象不出现的若干场合(第二组)中，却没有出现这个情况，其他情况不尽相同，那么，这个情况可能是所研究现象的原因。它的分析模式是：

	场合	先行情况	被研究对象
第	(1)	A, B, C	a
一	(2)	A, D, E	a
组	(3)	A, F, G	a
第	(1)	E, M, N	——
二	(2)	D、O、P	——
组	(3)	F, Q, R	——

所以，A 是 a 的原因。

求同求异法是把求同法与求异法结合起来运用，其正反场合使用的事例越多越好，场合越多，可靠性也就越高。由于求同求异法实际上是从正反两方面进行考察和比较，因而结论虽然仍是或然性的，但比单纯用一种求同法或求异法所得的结论要可靠得多。

(四)共变法

共变法的基本规则是：如果某一被研究现象发生一定程度的变化时，另一现象随之发生一定程度的变化，那么，前一现象可能是后一现象的原因。它的分析模式是：

场合	先行情况	被研究对象
（1）	A_1, B, C, D	a_1
（2）	A_2, B, C, D	a_2
（3）	A_3, B, C, D	a_3
⋮	⋮	⋮

所以，A 是 a 的原因。

共变法比求同法和求异法有更多的优点：共变法不但能探寻原因，还能找出因果的数量关系；共变法较求异法更简单，只要共变，便可得出结论，不必像求异法那样要从无到有，比较有、无两个方面。但是，共变法的结论也是或然性的。

（五）剩余法

剩余法的基本规则是：如果已知被研究的某复合现象是由另一复合原因引起的，同时又知此复合现象的一部分是由彼复合原因中的一部分引起的，那么此复合现象的剩余部分和彼复合原因的剩余部分也有因果联系。它的分析模式是：

复合原因 ABCD 是复合现象 abcd 的原因
已知：B 是 b 的原因
　　　C 是 c 的原因
　　　D 是 d 的原因

所以，A 是 a 的原因。

剩余法的特点是"从余果求余因"，其结论也是或然的。在社会调查的理论分析中，剩余法一般难以得到应用，因为在影响因素很多的情况下，人们很难直观地把某种原因与某一部分结果对应起来。

上述五种方法，是探求事物之间因果关系的一些初步方法，实际运用时，往往相互补充，交互使用。它们只能发现而不能解释事物之间的因果联系，且它们的结论都只具有或然性，因此，要对因果关系作出解释，还必须借助于其他的理论分析方法。

三、结构功能分析

（一）结构功能理论的基本观点

结构功能分析法就是通过分析事物和现象的结构和功能来认识事物和现象的方法。所谓结构，是指事物各因素及其相互联系与相互作用的组合方式。事物各因素及其相互联系与相互作用的组合方式不同，其结构就会呈现出不同的类型。所谓功能，是指研究对象特定结构在内部与外部的联系或关系中表现出来的特性和功效。功能和结构是对应的，有什么样的结构就有什么样的功能，结构不同，功能各异，功能不能脱离结构而存在。

结构功能分析的理论依据，来源于社会学的一大理论流派——结构功能理论。结构功能理论认为，任何社会事物都是由一定组成部分或要素构成的，这些部分或要素组成了一个社会系统，它们之间的相对稳定的联系就是这一系统的结构。每一系统要存在和发展下去，就必须满足一些基本的条件或需求，这些条件或需求是由系统的某一特定部分来满足的，换句话说，系统组成部分担负着特定的社会功能。在此分析基础之上，结构功能理论认为每一社会现象的产生、发展和变化，都是与它担负的社会功能紧密相关的。某一社会事物所担负的社会功能发生变化，得到强化、削弱甚至丧失，或者产生某种新功能，必然会导致这一社会事物内在结构的变化。因此，要解释这一社会现象的产生和变化，就必须将这个社会现象置于它所在社会系统中，说明它在社会系统中所处的位置，它对其他社会现象有什么影响和作用，即它具有什么功能。

结构功能理论还认为，一个系统总是处于动态平衡过程中，如果结构在内外因素的作用下发生失调，也会刺激结构自身重新调整。由于结构处于不断变动之中，而功能也是在运动中体现出来的，因而功能受到结构的限制，系统结构影响着、规定着社会事物功能的性质，限制着它的范围和大小，社会系统结构的改变必然引起社会功能的改变，社会系统结构的有序化则促进功能的有序化。进行结构功能分析，应该是动态的而不是静态的。

结构功能分析法随着系统分析的兴起，得到了充分的重视和发展。它的主要作用在于：解释某一现象为什么会出现或为什么会发生变化。例如，大量调查表明，我国家庭由多代家庭迅速向核心家庭发展，何以说明家庭的这一变化呢？可从家庭功能的部分丧失或外移得到解释。此外，结构功能分析还可解释说明社会系统中各种现象的相互关系以及现象间的作用机制等。

（二）结构功能分析的主要内容

从结构功能理论的基本观点可以看出，结构功能分析是一种系统分析，它以系统论为依据，侧重从整体的结构和运行上说明具体现象。系统分析的关键，主要包括以下几个方面的内容：

1. 系统结构和功能的承载物

系统结构和功能的承载物，也就是分析对象，如家庭问题中的家庭，犯罪问题中的犯罪团伙，人事管理制度改革问题中的人事管理制度等。同时，还应该进一步明确是就分析对象的哪些方面进行分析。

2. 系统的内部结构和功能

系统的内部结构是指系统内部各组成要素间在形式上的排列和比例。例如分析犯罪团伙的内部结构，就要分析骨干与协从、唆使者与被唆使者等各种人员的构成，及其在团伙中的地位排列，以及他们之间是如何协调和联络的，等等。

系统的内部功能是指系统内部各组成要素之间的相互影响和相互作用。内部功能分析的内容包括三方面：一是内部功能关系的性质，即各组成要素之间是相互影响、相互作用，还是某一因素影响和作用于另一因素；二是内部功能建立与存在的必要条件，即在满足什么样的条件时，各要素间的相互影响和作用才能存在和建立起来；三是满足内部功能的机制，即促使各要素之间发生相互影响和相互作用的手段和方法。

3. 系统整体和各组成部分的特征

进行结构功能分析，不仅要考察系统各组成部分的特征和功能，即分析系统每一部分的特点以及它对整个系统和其他部分的作用和影响；而且需要分析系统的整体特征，但整体特征并不等同于各个组成部分的特征的总和。例如，一所高校的特点，不是由其所属的院系、处室的特点合成的，它还应包括高校自身的特点，如学校的管理方式、领导方式、运作机制、管理目标、校园环境、校园文化，等等。

4. 系统的外部结构和功能

系统外部结构和功能分析，主要包括三部分的内容：一是系统在其外部环境中所处的位置。如一个企业在整个地区或整个公司中的位置和作用。二是它对外部环境的影响和作用有哪些？如一个企业与其他企业和其他单位的相互关系、相互作用如何，它与其外部环境，诸如制度、政策、市场、社会治安、社会风气等方面之间的相互影响和相互作用的程度。三是系统外部功能的性质。即其对外部环境的作用哪些是积极的，哪些是消极的，哪些是明显的，哪些是潜在的，哪些是长期的，哪些是短暂的。

（三）结构功能分析的一般步骤

第一步，将所研究现象置于一定的社会系统之中，说明这一系统的内部结构与外部结构，分析这一现象在社会系统中的地位和作用，分析它对社会运行和社会发展具有何种功能。例如，研究职业报酬，就可将其置于职业系统中考察，分析它在职业结构及其变化过程中所处的地位和所起的作用等。

第二步，从性质上和数量上分析这一现象与其他现象的相互联系、相互影响和相互制约的关系。例如，研究职业报酬问题，需要分析职业报酬的高低与工作效率、职业声望、择业意愿、职业训练、职业地位等方面的关系。

第三步，结合各种分析，对所研究现象作出说明和解释。包括说明和解释所研究现象是如何产生的，是必然的还是偶然的，所研究现象与社会结构的哪些部分"配套"，即社会结构的何种变化会导致它的变化，或它的变化会导致社会结构的哪些部分的变化，等等。

按照上述步骤和内容对调查资料实施结构功能分析，能使我们把握所研究现象的各种相互联系和相互制约的关系，由此全面、系统地认识社会现象，从而达到认识社会整体的目的。

四、归纳演绎推理

归纳和演绎是相互联系的两种逻辑推理方法。对调查资料进行分析时，这两种方法各有所用。一般来说，在概括个别经验事实上升为理性认识，形成研究结论时，需要运用归纳法；而在表述研究结论并力求说明研究结论的普遍指导意义时需要运用演绎方法。

（一）归纳法

归纳是由个别、特殊到一般的思维方法。它将大量的个别事实归纳形成一般性的理论认识，其所包含的前提没有固定的数量，需根据实际需要而定，可以是两个，也可以是两个以上，不过有个前提，首先要有一点共同的东西联系起来，然后才能推出结论。依据归纳对象的不同特点、归纳法可分为完全归纳法和不完全归纳法。

1. 完全归纳法

完全归纳法就是根据某类事物中每个对象都具有（或不具有）某种属性，从而概括出该类事物的全部对象都具有（或不具有）某种属性的方法。它的分析模式是：

S_1是(或不是)P,

S_2是(或不是)P,

S_3是(或不是)P,

⋮　　　　　　　　　　　⋮

S_n是(或不是)P,

(S_1，S_2，S_3，…，S_n是 S 类的全部对象)

所以，所有 S 都是(或不是)P。

　　分析模式中：S 表示某类事物，S_1，S_2，S_3，…，S_n 表示 S 类事物中的每一个对象，P 表示某种属性。例如，武昌有禁毒戒毒工作做得好的社区，汉口有禁毒戒毒工作做得好的社区，汉阳有禁毒戒毒工作做得好的社区，可见，武汉三镇都有禁毒戒毒工作做得好的社区。这就是一个完全归纳法。因为，对武汉三镇来说，武昌、汉口、汉阳是它所包括的全部对象。

　　完全归纳法，只要前提是真实的，其结论也一定可靠。但由于一类事物的全部对象可能很多，难以一一加以考察，因此，完全归纳法一般在包括的对象不多，并且对每一个对象都进行了调查，确知每一个对象都具有或不具有被研究的那种属性时予以运用。

　　2. 不完全归纳法

　　运用归纳法，有时不可能将全部对象列举出来，所列举的作为前提的事例只是一类事物里的一部分对象，这就是不完全归纳法。它又分为简单枚举法和科学归纳法两种形式。

　　(1)简单枚举法

　　简单枚举法是根据某一属性的重复出现，又没有遇到相反的事例而推论出该类事物都具有(或不具有)某种属性的方法。它的分析模式是：

$$S_1 是（或不是）P，$$
$$S_2 是（或不是）P，$$
$$S_3 是（或不是）P，$$
$$\vdots \qquad \vdots$$
$$S_n 是（或不是）P，$$
所以，所有 S 都是（或不是）P。

分析模式中，S_1，S_2，S_3，…，S_n 是 S 类中的部分对象；在考察中没有遇到相反的情况。例如，湖南反腐倡廉活动取得了一定的成效，湖北反腐倡廉活动取得了一定的成效，广东反腐倡廉活动取得了一定的成效，四川反腐倡廉活动取得了一定的成效，辽宁反腐倡廉活动取得了一定的成效，所以，全国凡是开展了反腐倡廉活动的地区都取得了一定的成效。

简单枚举法简便易行，但这种归纳法是对现象进行观察的概括，是带经验性的，只知其然而不知其所以然，它的结论具有或然性，是否正确可靠，需要作进一步的检验。其结论容易犯"轻率概括""以偏概全"的错误。为了提高其可靠性，应尽可能多地占有材料，同时注意搜集可能出现的反面事例。一般说来，占有的材料越多，出现相反情况的可能性越少，结论的可靠性就越大。

（2）科学归纳法

科学归纳法是根据某类事物中的部分对象与某种属性之间所产生的某种联系而推出结论的不完全归纳法。它的分析模式是：

$$S_1 是 P，$$
$$S_2 是 P，$$
$$S_3 是 P，$$
$$\vdots \qquad \vdots$$
$$S_n 是 P，$$
所以，所有 S 都是 P。

分析模式中，S_1，S_2，S_3，…，S_n是 S 类的部分对象；并且 S 与 P 之间的联系是必然的。例如：甲地农村推行了低保制度，使特困家庭生活有了保障；乙地农村推行了低保制度，使特困家庭生活有了保障；丙地农村推行了低保制度，使特困家庭生活有了保障（甲、乙、丙三地是调查区域范围内的一部分地区；经分析得知，推行低保与特困家庭生活之间有必然的联系）；所以，凡是推行了低保制度的农村，特困家庭生活就会有保障。

科学归纳法，不仅使人们的认识由个别扩展到一般，而且使人们既知其然又知其所以然，它的结论是带必然性的。因此，它在调查资料的理论分析中运用得较为广泛。

（二）演绎法

演绎法是从一般性前提推出个别性结论的逻辑方法。在资料的理论分析中，我们可以利用已经获得的一般知识，去指导对同类的新的个别事物的认识。例如。我们已经知道，社会保障具有社会稳定机制，就可以根据这种一般的认识，去说明某一项具体的社会保障工作对社会起稳定作用的性质。它的分析模式是：

∵　　所有 M 是 P，M→P

　　　　所有 S 是 M，S→M

∴　　所有 S 是 P，S→P

演绎推理一般包含两个前提，一个前提代表一般原理，叫大前提；一个前提代表某种事实同一般原理的关系，叫小前提。由大前提、小前提到结论，是用一般的原理推断特殊的事实。例如：如果我们的社会保障制度不能力所能及地保证这些新增孤老老有所养，病有所治，残有所帮，难有所助，那么，将直接影响着计划生育政策在农村的贯彻实施（大前提），甲县 226 名新增孤老中有近 200 名要求吃五保或入住敬老院，至今未能如愿以偿（小前提），所以，甲县的计划生育不能得到很好地贯彻落实（结论）。

总之，归纳是认识的基础，它从个别调查材料概括出一般性结论的过程中，起着特殊重要的作用。但是，如果片面强调归纳而否认演绎的重要性，就会陷入狭隘的经验论。而演绎在理论思维阶段，特别是在建立理论体系的过程中，却起着越来越重要的作用。归纳和演绎在认识过程中的对立统一，是客观现实中个性和共性的对立统一的反映。

思考练习题

1. 试述理论分析的特点、作用与一般步骤。

3. 什么是描述性分析？它有哪几种分析类型？

4. 什么是解释性分析？它有哪些特性？三种不同层次解释的主要区别是什么？

5. 试述比较分析法的原则。

6. 简述因果分析法的几种不同类型。

7. 简述结构功能分析的实施步骤。

8. 谈谈归纳法的内容。

10. 搞一次小型调查，试用学过的一、二种方法进行资料的理论分析。

第十五章　调查报告的撰写

意犹帅也，无帅之兵，谓之乌合。　　　　　　　　——王夫之

总文理，统首尾，定与夺，合涯际，弥纶一篇，使杂而不越者也。

——刘　勰

从事实的总和，从事实的联系去掌握事实，那么，事实才不仅是"胜于雄辩的东西"，而且是证据确凿的东西。如果不是从联系中去掌握事实，而且是片断的和随便挑出来的，那么事实就只能是一种儿戏，或者甚至连儿戏都不如。　　　　　　　　　　　　——列　宁

言简意赅的句子，一经了解，就能牢牢记住，变成口号。而这是冗长的论述绝对做不到的。　　　　　　　　　　　　——恩格斯

修改是天才的标志。　　　　　　　　　　　　——[法]福楼拜

　　社会调查在完成了资料搜集和资料分析之后，需要对调查成果进行总结。调查报告作为社会调查研究的书面报告，既是整个社会调查过程的全面总结，又是社会调查成果的集中体现。调查报告撰写的质量高低，直接关系到社会调查成果质量的高低和其社会作用的大小。因此，写好调查报告，是整个调查研究过程中必不可少的重要环节，调查者必须高度重视调查报告的撰写，掌握调查报告的文体特点、结构、类型及写作要求。

第一节　调查报告的意义与类型

一、调查报告的特点

（一）真实性

撰写调查报告的目的是为了解决实际问题，它通过实际调查所获得的大量事实、材料、数据去揭示客观事物的规律，证明自己的观点。因此，用事实说话是它最基本的手法，真实性是它最基本的特点。客观事实是调查报告赖以存在的基础。从调查对象的确定，到开展调查活动，从对问题的分析研究，到提出解决问题的途径，从调查报告的基本内容到最终得出的结论，都必须以大量的事实作为依据，准确地反映客观实际。行文中所引用的事实、数据、材料必须准确、真实、具体，否则就失去了调查报告的意义。

（二）针对性

调查报告是应社会的实际需要而产生的。目的都是为了解决某一领域带有普遍意义的社会问题，或者是理论问题，或者是实际问题。例如，党和国家的各项方针、政策在贯彻执行中，出现了新情况、新问题需要研究解决，或者产生了某些好的经验需要推广，调查报告正是从这一客观需要出发，就现实工作中急需解决的各种问题，有针对性地进行调查研究，从中获取带规律性的东西，用以指导和帮助工作。调查报告强调的是目的明确，有的放矢。没有针对性的调查报告是不存在，也是没有意义的。

（三）平实性

调查报告要求内容平实，所反映的情况或问题，必须是调查者以认真负责的态度开展深入细致调查后获得的，绝不允许有弄虚作假的现象。另一方面要求语言平实。不夸张、不修饰、不片面追求文采。力求准确、明快、简洁。同时，调查报告的行文结构要平实，行文要求相对稳定，不刻意追求变化，不故意制造悬念。

（四）时效性

社会调查是立足现实的科学实践，绝大多数的社会调查面对的是现实的人、现实人的活动、现实的事情。调查报告要反映现实状况，解释、回答现实问题，就必须讲究时间效果。由于现代社会瞬息万变，调查报告如果不能及时回答人们迫切需要了解的问题，就会时过境迁，成为"马后炮"，那么，调查报告就会失去应用的社会价值。

二、调查报告的类型

调查报告属于应用性文体，它的分类较为复杂。由于对象、目的、标准和侧重点不同，分类也就不同。按照不同的标准，调查报告可以分成许多不同的类型，同时每一种分类又有交叉。如有的将调查报告分为普通调查报告与学术性调查研究报告，描述性调查报告与解释性调查报告，综合性调查报告与专题性调查报告六大类；有的将调查报告分为学术性调查报告和应用性调查报告，综合性调查报告和专题性调查报告四大类等。为了理解和叙述的方便，这里我们从调查目的和对象出发，结合最终形成的书面报告的内容综合评价，将调查报告分为应用性调查报告和学术性调查报告两大类。

（一）应用性调查报告

应用性调查报告以满足实际工作需要，解决社会问题为出发点。它一般分为以下几种。

1. 总结典型经验的调查报告

这类调查报告主要为了起到总结、推广先进经验，指导工作的作用。其调研对象是一个或一类特定的先进典型。其写作应着重说明事物产生的历史条件，叙述其发展经历和过程，着重介绍在发展过程中遇到的问题和解决这些问题的具体作法以及所取得的成绩和指导意义。写成之后，要衡量所概括的经验是否可以为有关人员或单位所借鉴，使读者从中受到启发、教育。反映新鲜事物的调查报告则要起到肯定和支持新鲜事物，扶持新鲜事物发展的作用。写作这类调查报告要求作者有敏锐的目光、饱满的热情、一定的洞察力和判断力。能及时发现新经验、新事物，把握其性质，预测其生存、发展趋势，认识其存在的价值和社会意义。

2. 反映基本情况的调查报告

反映基本情况的调查报告又称为专题调查报告。它因不同的调查目的、调查范围和用途又可以分为两种不同的情况：一种是反映具体情况的个案性质的调查报告。其目的是为了界定某一个具体问题，调研范围单一而具体，报告的内容一般用来作为处理某一具体问题的依据或参考。另一种是反映基本情况的综合性调查报告。调研的目的是为了掌握某一领域或某一方面的概貌，调研范围相对宽广，涉及的对象较多，报告的内容主要用于有关部门宏观决策时作参考，也可用于说明某种客观现象，某一学术观点。

3. 揭露问题的调查报告

揭露问题的调查报告主要用于揭露社会生活中的阴暗面、消极面，以达到提高认识、吸取教训、解决问题、改进工作的目的。它不仅可以用来澄清是非，辨明真伪，教育群众，还可直接用作对有关责任单位和责任人进行处理的重要依据。因此，其写作不仅要如实地揭露问题，而且要客观地分析原因，准确地判明性质，既要指出问题的严重性和危害性，也要提出解决问题的办法和处理问题的具体建议。

（二）学术性调查报告

学术性调查报告是以学术或学科研究为出发点，主要以专业研究人员为读者对象，着重于对社会现象的理论探讨。绝大多数学术性调查报告重在调查、分析各种社会现象之间的相互关系和因果关系。目的是通过对实地调查资料的分析，或归纳、提出、证明学术、学科的某一理论观点，或就某一学术观点提出质疑或补充，或揭示某一事物、某一社会现象的本质和发展规律。它的特点是学术性、理论性和科学研究性很强，往往需要运用各个学科的有关理论和概念，运用学科理论去分析、理解，从理论的高度揭示所调查了解的事物或社会现象中的矛盾、规律。它一般不就实际工作提出太多的具体建议。在调查研究过程中，特别注重资料的真实、系统和完整，在论证上讲究严密的逻辑体系和科学的分析，在形式上有比较固定、比较严格的格式，结构更加严谨，论述的语言也更加客观、更加严密。

需要强调的是，调查报告的分类不是绝对的，如学术性的调查报告和应用性调查报告就难以有准确的界限。一方面调查报告的任何具体意见和建议，都必须通过一定深度的理论研究才能提出来，应用性调查报告往往也要作出理论性的分析与概括；另一方面，任何学术性调查报告的理论研究都必须为实际服务，研究的目的最终是为了指导实际。

三、调查报告的作用

（一）认识世界指导社会实践的显著作用

社会调查，无论其课题大小，也不论其属于何种类型，其根本的出发点都在于认识世界，而认识世界的根本目的在于指导社会实践，进而改造世界。调查报告的这种作用，集中地表现在发现问题、反映情况、总结经验、树立典型，进而得出具有方向性和普遍经验来指导和推动工作。如毛泽东的《湖南农民运动考察报告》就曾对中国革命的具体实践起到了巨大的指导作用，费孝通的《小城镇大问题》，则对我国小城镇的建设起到过极大的指导作用，由此推动了我国小城镇的快速发展。

（二）有关部门决策制定政策的参考作用

社会的发展有赖于科学的决策、政策的正确制定、调整、修改与实施。而其前提必须是随时掌握新情况、发现新问题、总结新经验，它植根于社会实际，来源于及时、深入的调查研究。调查报告是在调查研究的基础上，针对社会现实提出的具有明确观点和事实根据的书面报告，它从不同的侧面和角度真实地反映社会情况和存在的问题。因而，调查报告为科学决策、政策制定提供事实的和理论的依据，它为决策的科学化奠定了基础。

（三）促进科学理论丰富发展的重大作用

调查报告不仅为理论研究提供大量的客观事实和有价值的资料，更重要的是，它通过对客观事实的分析，揭示了社会现象的本质和社会发展的规律，从而不断促进科学理论的丰富与发展。如毛泽东的《湖南农民运动考察报告》丰富与发展了马克思主义理论，美国社会学家威廉·怀特根据参与观察写成的《街角社会》，丰富与发展了社会学关于小群体研究的理论，费孝通的《小城镇大问题》促进了我国城市化理论的发展。大量事实说明，调查报告是人们发现真理、推动真理发展的重要途径和形式。

第二节　调查报告的基本结构

调查报告没有固定不变的模式。这就是所谓"文无定法"。但是各种类型的调查报告，其基本结构和内容安排仍然存在着一定的共性，是有一定的规律可循的，即"定体则无，大体则有"，一般说来，调查报告都包括标题、前言、主体、结尾四个部分。也有的调查报告有附录。

一、标题

调查报告的标题和其他文章标题一样十分重要，它是调查报告能否吸引读者的首要因素。一个好的题目，既能准确地概括反映文章的主旨，又能吸引读者的目光。所谓"题好一半文"就是这个道理。

（一）从形式上划分标题的写法

调查报告的标题，从形式上分析，有两种类型：一是单行标题，二是双行标题。单行标题如《关于××市残疾人就业情况的调查》。双行标题如《要求平等相待　渴望理解与支持——关于××市残疾人就业问题的调查与思考》。单行标题又可分为公文标题式写法和一般文章标题式写法。公文式标题如《关于××县农村基层党组织情况的调查报告》。这种公文式标题写法的优点是能使人尽快了解调查的对象和调查报告的目的，缺点是容易流于平淡，不利于诱发读者的阅读欲望。文章式标题如《带领村民共同致富的战斗堡垒》《婚姻登记工作中存在的问题及其对策》。这类标题，虽不能让人由标题一眼看出文种，但处理得好，能使人看了标题便对调查对象和调查报告的目的有所了解，而且标题可长可短、可庄可谐、可描述可设问，形式灵活，容易写得生动有趣，引人注目。例如《这里的干群关系为什么这么好？》。

（二）从内容上划分标题的写法

1.用调查对象和主要问题作标题

点明调查对象，或概括调查的主要问题，以此作为标题。如《北京市城市居民最低生活保障制度实施情况的调查报告》《当代大学生思想状况》。这类标题的优点是调查的对象和报告的主要内容简单明了，便于读者尽快掌握调查报告的对象和调查的目的，并根据自己的需要决定是否阅读。缺点是题目形式显得较为呆板，不够灵活，缺乏一定的吸引力。

2. 以一定的判断或评价作标题

对所调查的事物作出一定的判断或评价，并将这一判断或评价作为标题。如《社会救助要向政府"中心工作"靠拢》《托起明天的太阳——对贫困地区儿童失学问题的调查》。这类标题的优点是一方面揭示了主题，另一方面也表明了作者的态度，且在遣词造句上有一定的灵活度，容易吸引人。缺点是研究的主要问题不易在标题中体现，有的还需借助于副标题。采用正、副标题的，一般说来，正题揭示调查报告的中心思想，副题说明调查的事由或调查范围。

3. 用提问的形式作标题

提问式标题即调查报告的标题是一个设问句。如《为什么保障范围是"逐步扩大"而不是"一步到位"》。这类标题往往较多地用于揭露某些问题或分析某些社会现象的调查报告，其特点是语态尖锐、观点鲜明，具有较强的吸引力。

调查报告的标题和其他文章标题一样，形式多样，写法灵活。无论采取哪种形式的标题，首先，要求必须概括、贴切，服从内容需要，与报告的内容相符；其次，是要有鲜明、恰当词语的逻辑组合，简明、新颖，富有感染力和吸引力。

二、前言

前言是调查报告的开头部分，也称为导言、引言或绪论，主要有如下四种写法：

第一，主旨直述法。即在前言中阐述调查报告的主要目的和意义。如交待为什么选择这个课题进行调查和研究，它有什么现实意义或研究价值，以往研究状况如何，这次调查有何独到之处等。这种写法，有利于读者准确地把握调查报告的主要宗旨和基本精神。

第二，结论先行法。结论先行法也称结论前置，即在前言中先把结论写出来，然后再在主体部分去加以论证。这种写法的优点是开门见山，使读者一眼就能看出调查报告的基本观点，一目了然。

第三，情况交待法。即在前言中介绍有关调查报告的具体情况，或调查时间、地点、对象、过程、方法，或调查对象的概况等。这种写法的优点是有利于读者了解调查的背景、条件和进行调查研究的过程。这种方法多用于大型的调查研究，学术性的调查报告也往往使用这种方法。

第四，提问设悬法。即在前言中提出问题，设置悬念，以吸引读者。这种方法的优点是增强吸引力，吸引读者迫不及待地读下去，多用于总结经验或揭露问题的调查报告。

三、主体

主体是调查报告的正文，是表现调查报告主题的主要部分。这一部分写得好坏、直接决定调查报告质量的高低和作用的大小。主体写作要注意四点：一是要确定好主题，做到主题集中、深刻；二是要安排好结构；三是做到观点和材料相统一，善于运用数字说明问题；四是要正确地表达。为了叙述的方便，本节主要讨论观点材料的组织与布局结构的安排。

（一）观点材料的组织

写任何调查报告都要确立明确的观点，首先，全篇要确立总观点，总观点是全文的灵魂。其次，各个组成部分也要确立服从总观点的分观点。总观点应当具有典型性、普遍性和针对性，应当反映客观事物的本质和社会现实的主流，应当具有较强的指导性和教育意义。总观点要包容分观点，分观点要说明总观点。总观点和分观点都是从调查的材料中经过分析研究而得出的，但要根据总观点和分观点去组织材料，使材料为观点服务，材料和观点要有机地统一起来。共同反映主题。

（二）布局结构的安排

调查报告是文字篇幅较长的应用文体，应当精心地安排好布局结构。一般来说，调查报告的结构主要有横式结构、纵式结构、综合式结构三种。

1. 横式结构

横式结构是把材料分成几个部分来写，如毛泽东《湖南农民运动考察报告》全篇用了八个小标题，分别阐述八个问题；所有八个不同的方面集中起来说明一个总的观点：农民运动好得很。这是一种典型的横式结构。采用这种结构形式，要处理好各部分之间的关系，如并列关系、因果关系、分总关系、主从关系等，都应妥善安排。这种结构的优点是问题展得开，对事物分析全面；论述较集中，说理透彻；观点突出，说服力强；而且条理清楚，便于阅读和理解。

2. 纵式结构

纵式结构是按调查事件发生、发展的先后顺序，或调查过程的先后顺序组织材料，从头至尾，层层递进，依次叙述。这种结构的优点是事实完整、条理清楚、脉络清晰、结构畅通，便于读者从动态上把握事件的来龙去脉、前因后果。

3. 综合式结构

综合式结构兼有横式、纵式的特点。在具体写作过程中，根据材料和主题的需要，二者可灵活运用，有的以纵为主，纵中有横；有的以横为主，横中有纵。这种结构的优点是既有利于按照事物发展历史的脉络写清事件的来龙去脉，又有利于按照事务的性质、分类等展开全面的论述。因此，许多大型的调查报告的主体部分多用这种结构方式。

四、结尾

结尾部分是调查报告的结束语，不同内容的调查报告，结尾也不同。根据主题的需要，有的没有结束语，主体部分结束，文章也结束；有的有极简短的结束语；有的则有较长的结尾。一般来说，结尾主要有以下几种写法：

第一种，概括式。结尾或综合说明调查报告的主要观点，深化文章的主题；或在对资料进行深入细致的科学分析的基础上，得出报告结论；或针对某些问题表明意见、提出看法。

第二种，总结式。总结经验，形成结论，对于推广某些成熟的典型经验的调查报告，结尾部分往往集中概括某些经验，形成调查的基本结论，以便推广。

第三种，建议式。针对所调查的材料内容、观点等，通过分析，形成对事物的看法，在此基础上，结尾提出建议或可行性方案，以供有关部门参考。

第四种，预测式。即根据调查报告正文中关于调查研究对象的研究分析，作出合乎逻辑的科学推论，预测对象未来的发展趋势及其重要意义。

第五种，补充式。有些情况和问题，与调查报告的中心内容和主旨关系不大，在正文部分没有提及，但又需要讲清的，可以在结尾处附带加以补充说明。

五、附录

附录是调查报告的附加部分，是对正文报告的补充或更详尽的说明。由于主题、篇幅，或表述等原因的限制，调查者对于在调查过程中获得的一些有价值的资料，或遇到的一些基本情况，未能将其收入到报告中去，可以在报告正文之后以附录的形式写出来，以便参考。附录的内容一般包括有关材料的出处、参考资料和书籍、调查统计图表的注释和说明、调查中使用的测量表和其他工具、旁证材料以及作者对调查的评价或提出需要继续研究的问题等。

第三节　调查报告的撰写程序

一、提炼和确定主题

主题是整个调查报告的灵魂，是作者基本思想和观点的体现。主题一经确定，就必须贯穿全文，起统帅全篇的作用。提炼和确定主题，要考虑以下因素。

（一）调查报告的主题与调查的主题一致

一般情况下，调查报告的主题就是该项调查的主题，即调查报告所要反映的中心问题也就是整个调查的中心问题，二者往往是一致的。在这种情况下，主题的确定就比较容易，因为在一般情况下，调查一开始，主题就已经明确了。只要围绕主题搜集材料，掌握数据，精心组织安排即可。

（二）从材料中提炼和确定调查报告的主题

这里涉及到主题和材料之间的关系，前面说到主题是占主导地位的。但只有这样的认识还是片面的，我们对主题是从哪里来的必须有全面的、辩证的认识。可以说主题来源于实践，也可以说主题来源于材料。它是在深入的社会实践或者说是在丰富的材料的基础上，摒弃表面现象，努力开掘事物内在的本质，经过大脑的分析、综合、归纳、比较，将丰富的感性材料"去粗取精、去伪存真、由此及彼、由表及里"进行加工提炼，完成从感性认识到理性认识的飞跃之后形成的。这样看来，材料和主题之间的关系，就是一个双向互动的辩证关系。在主题尚未产生、确定之前，材料是第一位的，它代表着存在和现实。而主题是意识，是第二位的。但主题一旦确定，也就是说，一旦完成了感性认识向理性认识的飞跃，主题就要根据自己的需要来选择材料。这时，主题又取得了支配材料的统帅地位。在主题产生的过程中，材料是否全面、丰富，直接决定着主题是否正确、深刻。所以我们说，主题的提炼，首先要基于深入的实践和丰富的材料。

（三）主题提炼要求做到正确、集中、深刻、鲜明

主题正确是对主题的思想性、科学性和审美价值的综合要求。主题要如实地反映客观现实，要符合科学的规律，要合乎正确的世界观，要反映健康积极的审美趣味。这样的主题才能给读者以正面的启发、教育和影响，才能发挥积极的社会作用。

主题集中主要指主题的简明和单一。一般说来，一篇调查报告只能有一个主题，不要同时存在两个或更多的主题。古人说"意多则乱文""立意要纯"。只有主题集中，文章才会不枝不蔓，重点突出，把问题说清说透。

主题深刻是指主题揭示事物本质的深度。主题不能停留在事物表面现象的罗列和基本事实的叙述上，而应该揭示事物的某种本质，反映事物的内在规律。主题是否深刻反映了作者对生活认识的深刻程度，能否善于从个别事物中开掘其本质。没有较好地掌握分析、综合事物的基本方法，或者认识上存在某种局限，就难以做到主题深刻。

主题鲜明主要是指主题的倾向性。作者对写到报告中去的事物或问题性质，应表示出明确的态度，并且鲜明清晰，不能似是而非、模棱两可。要避免朦胧、含糊，或材料的堆砌和相互干扰。

（四）要有时代的眼光，选择新颖的角度

提炼主题，要有时代眼光。作者必须站在时代的高度，把反映对象置于广阔的时代背景之中去考察、去思索、去表现。才能敏锐地感应时代气息，体现时代精神，准确地把握住事物的本质意义。主题新颖是指主题要有新意，表现作者独到的见解。"言前人所未言，发前人所未发"。一篇调查报告要告诉读者一个不曾了解的情况或意想不到的观点，才能吸引读者，打动读者，才能引导读者作以前不曾有过的思考。要做到主题新颖，作者首

先，要正视现实，及时、准确的反映客观实际，其次，要对社会实际有新的发现和独特的感受。另外，还必须有胆识，敢闯一时还让人不敢涉足的"禁区"。

二、审读和选择材料

社会调查获得的资料很多，但不是所有资料都可以用于调查报告，必须有所选择。我们把调查资料搜集中的全部所得称之为资料，而把用于调查报告撰写的资料称为材料。为了使调查报告具有最大的社会价值，认真审读和选择材料是关键的一环。

（一）材料的类型

1. 定向材料

"向"即主题，也就是围绕主题来选择材料，调查初期所得资料一般比较杂乱，需要作者根据主题的需要加以选择。凡是与主旨有关系的材料都可以暂且留下，而且越丰富越好；与主旨无关或关系不大，可用可不用的资料都要剔除。在这一过程中要有"慧眼识珠"的智慧和"忍痛割爱"的精神。

2. 典型材料

典型材料是在定向选材的基础上，在众多的材料中通过比较、筛选，选取的最有代表性的典型材料。这样的材料具备以下特征：一是能够最充分地反映事物的本质特征，可以以少胜多；二是能促人深思，给人启迪；三是对读者有吸引力，可以使读者耳目一新。

3. 综合材料

如果说典型材料是点上的材料，那么综合材料就是面上的材料；如果说典型材料反映了事物的深度，那么，综合材料的目的就是反映事物的广度。调查报告只有处理好两种材料的关系，把两种材料有机地结合起来，有点有面，点面结合。才能从整体上反映事物的全貌，全面客观地反映事物的本质。

4. 对比材料

对比材料是用若干具有可比性的材料从不同角度、不同侧面进行比较，说明观点。如历史与现实、成功与失败、新与旧、好与坏、先进与落后等。通过对比，可以使人认识更深刻，观点更清楚，主题更突出。

5. 统计材料

统计数字具有很强的概括力和表现力。如绝对数、相对数、平均数、离散系数、指数、相关系数、回归系数等统计数字材料，恰当地运用，可以增强调查报告的科学性、准确性和说服力。

（二）选材的要求

1. 选材要真实

材料真实是文章具有说服力和感染力的根本保证。所谓真实，一是指文章中的事实性材料要严格地尊重客观事物的原貌或实际情况，不能为了说明自己的看法而缩小、夸大甚至捏造事实。包括引用数字，也要绝对准确。二是指材料在本质上能反映事物的真实，具有一定的代表性，能从本质上反映生活的真实面貌。

2. 材料要符合主题的需要

调查报告的主题是依靠材料来表现和深化的，所以材料选择的任何失误都会自然地影响到主题，甚至歪曲主题。对表现主题无力、无关甚至有害的材料要坚决不用，特别要避免那些从材料自身看来还比较新鲜、生动，或者是自己花了大力气、好不容易弄到手的材料不忍舍弃，硬写进文章的现象。

3. 材料要典型

所谓典型材料，就是某一类事物中最有代表性的个体。它包括典型事件、典型例证、典型经验、典型事迹等。这些典型材料是具体的，体现个性与共性、具体性和普遍性的统一。典型材料的运用要为表现主题服务，只有这样，才能有助于说明事物的本质，增强说服力。典型材料的选取要在许多可用的材料中精选。如此，就得有眼光，而眼光的获取则有赖于思想和理论修养水平的提高。

4.材料要新颖、生动

新颖，是说材料要有新鲜感，避免选用过时的和众所周知的材料；生动，是说材料以及对于材料的具体表述要有感染力，能有效地增强读者的阅读兴趣，只有这样，才能很好地实现作者的写作意图。

三、拟订和锤炼提纲

(一)提纲拟订的意义

拟订提纲也就是事先考虑调查报告的布局。先写什么，后写什么，再写什么；哪里该详，哪里该略；每一层意思又将怎样阐明，提出一些什么论点，运用哪些材料；各层、各段、各点之间如何呼应，如何使主题、观点、材料相互联系成为一个有机的体系，等等。提纲拟订得好，思路展得开，调查报告就会层次分明、结构严谨、中心突出。当然，有的作者对调查报告的写作非常熟练，对所报告的主题、观点、材料胸有成竹，不必拟定提纲。但不管怎样，腹稿还是少不了的。就初学者而言，写好一篇调查报告，拟订一个扎实、细密、周详、合理的提纲，是非常必要和重要的。

(二)提纲拟订的类型

提纲拟订，从步骤上说，应首先拟订概略的提纲，然后分部分详细列出较细的提纲。从内容上说，主要有两种写法：一是条目提纲。条目提纲是按不同层次列出调查报告的章、节、目。也就是按总标题、大标题、小标题、子标题的形式将调查报告的内容分层排列。这种提纲的优点是层次清楚、结构严密。二是观点提纲。观点提纲是在列出条目提纲的基础上，把各章、节、目所要叙述的观点或中心内容概括地表达出来。这种提纲实际是条目提纲的深入。其优点是内容明确，表述完整。拟订提纲的过程实际上就是围绕主题设计结构，运用材料、表达观点的过程。不论何种形式的提纲，都应该做到结构层次的设计要突出主题，调查材料的使用要支撑结构，运用的材料要与观点相统一。

四、撰写和推敲内容

提纲拟订以后，就可以动手实施调查报告的写作了。为此，要注意两个问题：一是科学地使用材料，二是注意语言表达。

（一）科学地使用材料

调查报告与其他学术论文的显著区别就是调查报告大量地使用调查材料，用材料和事实说话。因此，科学、合理地使用调查材料，是增强调查报告说服力的重要一环。科学合理地使用材料，就是要注意材料的取舍、组合和搭配。

1. 综合材料和典型材料的结合

综合材料指的是反映全局的一般性材料。离开了综合材料就缺失客观事物的全局，也就没有了广度。典型材料是反映局部的最有代表性的材料，调查报告只有运用典型材料才能做深入的分析和研究，才能反映事物的本质，离开了典型材料就没有了深度。两者有机结合，才能明确的揭示主题，有力地证明观点，充分地说明问题。

2. 文献资料和现实资料的结合

调查材料除了深入实际掌握的第一手材料外，也包括查阅有关文献所获得的相关资料。适当的利用相关的文献资料，使之与现实资料有机地结合起来，更能深入地说明问题，增加深度，增强力度。

3. 文字材料与统计材料的结合

文字材料的特点在于叙述性、分析性和概括性，数字的特点在于精确性，图表则具有直观性和示意性的特点。三者有机结合，既能深入地分析和概括问题，又能准确地反映客观实际；既能增强说服力，又能增强表现力。

4. 材料和观点统一

材料是表现观点的手段，观点要由一定的材料来表现或证明。因而材料的取舍和组织必须受观点制约。在观点未形成时，材料对观点的形成起决定性作用；但观点一经确定，材料就应服从表达观点的需要，这就是用观点统帅材料，以材料证明观点。

(二)恰当地使用语言

调查报告是以叙事为主的实用性文体，对语言的使用有其独特的要求。

1. 语言要严谨

语言严谨要求选词造句精确、分寸感强，对事物进行准确、周密的描述和恰当的评价。为此，需做到：一是恰当地使用词语。词语在特定的语言环境中都有其特定的意义，撰写时要准确辨析词义。尤其要认真辨析同义词和近义词的细微区别，做到用词恰当，准确无误。二是使用语言要规范。要按照语法造句，做到语言通顺，合乎语法规范和语言习惯。三是陈述事实要真实可靠，引用数据要正确无误。对事物的分析、评价要缘事而发，注意掌握分寸，不可随意拔高或贬低。避免使用含义不明确或者容易产生歧义的概念或句子。引用的数据要核对准确，一般情况下不用模糊数据，对于有些非用不可的模糊数据，要作必要的说明。

2. 语言要简明

行文简洁是调查报告语言的又一要求，也就是要用较少的文字尽可能地表达最新、最重要、最丰富的内容，做到言简意赅。一是行文时要开门见山，不拐弯抹角；二是要注意锤字炼句，切不可追求文字的华丽而堆砌辞藻，用字坚持能少则少；三是段落要删繁就简,尽量压缩,能少一段则少一段;四是在叙述事实情况时,必须使用简述的手法,把事实浓缩,直接陈述事实,不作过多的描绘;五是对观点的阐释不作烦琐的论证,作到意尽则止。

3.语言要朴实

调查报告主要面向公众,其文体特点决定了它必须以事实为基础,语言应力求朴实严肃,平易近人;多使用大众化的语言,避免大多数人看不懂的生僻、深奥术语;不矫饰,不浮夸,不虚构。如反映情况的材料,主要是通过实实在在的事实说话。这就要求在语言文字的表达上,一定要善于选择那些实在、贴切的词语,不要过多地选用修饰成分或言过其实的形容词,不要讲空话、套话,不随便用夸张的手法和奇特的比喻。

4.语言要生动

语言生动是指行文要活泼、形象。强调调查报告语言的朴实,不事铺陈,并非不要语言的生动,朴实和生动并不矛盾。在保证准确的前提下,适当运用生动活泼的语言,可增强调查报告的可读性。如何使语言生动呢? 一是要正确运用词语。要善于运用动词表现处于静止中的事物,另外,在不影响读者理解的前提下恰当的运用一些形容词、附加词作修饰,可增加文采,增强文章的表现力。二是要适当运用修辞手法。调查报告不是文学作品,但也不是空洞的说教,在一定的语言条件下,适当地运用如拟人、比喻等修辞手法,有助于增强文章的生动美、活泼美,起到锦上添花的作用。三是要适当地运用群众语言。群众语言新鲜活泼,幽默有趣,运用得好,可以增强新鲜感、幽默感、形象性和吸引力。

五、检查和修改全文

调查报告的修改是完成调查报告的最后一项工作,只有精心修改，才能使调查报告得以完成并获得成功。否则，将"为山九仞，功亏一篑"。修改的过程是反复加工、反复锤炼的过程。这个过程是从初稿写就后直到定稿的一个过程。初稿写得好，改动就小，也许只需改动个别字、词或标点符号。初稿写得不好，改动就大，甚至全文重写。但无论如何，修改是必要的。只有通过反复修改，才能把曲折、复杂的客观事物反映得更准确、更恰当。修改可以改正错误或不当的字、词、句、段，达到改错为正、文从字顺的目的；修改可以检查主题，审视观点，达到主题突出、观点材料统一的目的；修改可以审查、补充材料，达到纠正错误、修补遗漏的目的。因此，修改是使调查报告的内容和形式精益求精、尽善尽美的保证。修改调查报告的主要方法是：

（一）检查标题

对初稿的题目进行检查和修改时，首先，要看文是否切题，题是否配文，如果文不对题，就要仔细推敲、修改，尤其要仔细推敲题目是否能覆盖全文；其次，是要琢磨题目的表现力，是否鲜明、精炼，能否概括地表达调查报告的中心内容，或有力地表达主题。

（二）检查主题

一般来说，修改调查报告应首先检查主题是否明确、突出，表达的思想、认识、观点、态度、感受等是否鲜明准确。此外，还应检查主题是否积极、健康、正确、深刻、新奇、别致。积极健康是指调查报告的主调健康向上，具有关注国事民生的热情和胸怀；正确深刻是指调查报告立意符合客观事物的特点和规律，思维超越了感性化的认识，具有理性的分析和探究，发掘出了现实事件中最具价值的东西，或揭示了事物的矛盾本质；新奇别致是指调查报告主题的确立突破了贯有的框框，突破了常规。修改主题时要综观全局，立足全篇去审视主题，看是否准确地把握了中心论点，是否揭示出了最典型、最具本质意义的思想和规律，有无失误或偏颇，有无新意。如果存在上述问题，则应根据需要重新构思和概括，或改变论证角度，进一步挖掘和提高。

（三）检查观点

主题正确，并不说明所有观点都正确。观点是否正确和深刻，主要取决于调查研究是否全面深刻，是否具备实事求是的科学性，因此，检查观点是否正确，首先，要看观点是否是从材料和事实的分析中自然提升出来的，是否有错误或偏颇，是否符合实事求是的科学原则，能否经得起推敲。其次，要看观点和主题是否一致。如果违背或偏离了主题，就必须删去，重新构思或改变论证角度。

（四）检查材料

检查材料一是要查核材料本身是否真实、可信、准确，包括对初稿中的数据、典型材料、引文出处等进行核对，发现疑点和前后矛盾的地方，一定要弄明白，一切失误、失实和有出入的材料都要删除或改写准确；二是要根据主题和各观点的要求，对材料进行增补、删除或调换；三是对于缺少材料或材料单薄、不足以说明主题的，就要增补有代表性、有典型性的新材料，使论据更加充实，使论证变得更充分有力；四是对材料杂乱、重复，或材料与观点不一致的，则要删除，以突出观点；五是对于陈旧、平淡、一般化的材料，则要换上新颖、鲜明的材料。

（五）检查结构

修改结构一是应从全篇着眼，要看层次是否清楚、思路是否通畅，一般可以先从大小标题之间的关系来看文章的思路和层次，如果未设小标题，则必须从内容去判断，看全文的布局、层次和段落的安排是否有条理，层次的脉络是否分明、顺畅，各段的分论点是否明确、协调，对杂乱无章的阐述要进行梳理，对重复和矛盾的地方要进行删除，缺少的部分则应补上，使全文意思连贯通畅。二是要看结构是否完整。调查报告要有一个完整的结构，要有引人入胜的开头，有材料有分析的论证，有鲜明、正确的观点和深刻有力的结尾，同时还要审视各个部分的主次、详略是否得当。三是要看结构是否严密。一篇调查报告必须是论点与论据之间，大论点与小论点之间有严密的逻辑性。如果结构松散，应使其紧凑，删去那些多余的材料，删去离题太远或无关紧要的句、段，为使结构严谨和谐，对全文各部分的过渡和照应、结构的衔接、语气的连贯等方面，也要认真地考虑和修改。

（六）检查语言

调查报告的作者在形成调查报告之初，往往将主要精力用在全文整体加工上，而语言、文字的加工往往较多地留到修改阶段来完成。所以，当调查报告形成后，一定要注重对语言的修改和加工。修改调查报告的语言，一是要尽可能利用准确、生动、简洁的语言，对那些生造词语、词类误用、词义混乱等用词不当、词不达意的语、词进行修改；二是要消灭错别字和不规范的简化字、自造词；三是改正结构残缺、结构混乱、搭配不当等不合语法的句子，使之合乎语言规范；四是要注意句子之间的逻辑联系，力求上下贯通，语气一致，通顺流畅。

（七）检查文面

文面是指文章的外表面貌。检查文面即指检查调查报告文字、标点符号、行款格式等。一是检查调查报告是否符合行款格式要求；二是检查是否符合标点符号书写规定；三是检查数目字的书写有没有不合要求、规定的；四是检查调查报告中的图表、符号、公式是否合乎规范，对比较复杂的容易出错的，更应仔细校正。凡检查出的错误，都要认真改正。

第四节　调查报告撰写应注意的问题

一、树立明确的读者意识

调查报告的读者主要是三类人：一是领导、决策机关、职能部门；二是科研工作者；三是一般群众。这三类读者对调查报告的具体要求不同，因此，撰写调查报告，要有读者意识。如领导和职能部门，由于他们所从事的工作，肩负的责任以及职业习惯等原因，较多地关心社会动态，关心人们对现行政策、措施的意见和明确的评价，他们对针对性强的意见和措施比较感兴趣；科研工作者则比较注重调查报告的理论价值，较多地关心研究手段，研究成果对原有理论的补充、发展和提高，重视调查报告论据的有效性、真实性；一般群众较多关心的则是和自己切身利益有关或有新鲜感的调查报告，希望看到具有说服力的解释，他们对于调查中采用了何种手段，使用了哪些调查技术，调查过程如何不是很关心，而较多地重视调查结论。因此，读者不同，调查报告的内容侧重点、发表形式也就不同。只有认真考虑读者群，写出来的调查报告才为读者所接受。如读者群是党政领导或职能部门，调查报告就不宜太长，能在较短的时间里阅读完为宜，这就要求以较短的篇幅容纳较多的信息，写作重点应放在总结经验教训、提出意见和建议上。如果读者主要是科研工作者，就应详细介绍调查报告形成的过程，包括调查背景、调查过程、调查方法和采用的调查手段。理论分析要有深度，文章结构要严谨，专业性要强。如果读者群是一般群众，则应考虑普遍的接受能力，尽量避免专业性太强的表现方法。图表、数据等要求简单明了，文字要求通俗易懂。

二、注意报告的文体特点

不同的文体有不同的特点，只有把握好了不同文体的特点，才有可能在写作程中依据这些特点有条理地进行撰写。调查报告也一样，要写好调查报告，必须把握好调查报告的特点，注意调查报告与其他文体的区别，尤其要注意调查报告与总结。调查报告与总结的区别表现为：一是着眼点不同。总结是对某项工作任务完成的回顾，目的是要肯定成绩，找出缺点，为了巩固成绩，克服缺点，总结时须对以往工作的经验、教训进行分析、研究、概括、集中，同时针对存在的问题提出今后改进的意见或努力方向，它主要偏重于过去。而调查报告是基于检验原有理论、探求新的理论，或针对现实生活中出现的新情况和提出的新问题，通过调查报告作出科学的回答，主要着眼于未来。二是使用材料不同。总结是对自身实践的回顾，其内容要完全忠实于自身的客观实践，其材料不允许东拼西凑，其观点要从工作实践中抽象概括出来，观点的概括和提炼，都要以实际工作活动为依据。而调查报告的材料则是从深入调查中获取的他人的实践材料，既包括第一手也包括第二手材料；三是人称不同。总结用第一人称，调查报告一般用第三人称；四是目的不同。总结是从实践中找出经验或教训，引出规律性的东西，用于指导下一阶段的实践。调查报告重在研究问题，得出科学结论，或为领导、决策机关、有关部门制定方针政策、采取行动措施、指导工作等提供依据。

三、强调调查的客观事实

撰写调查报告一个十分重要的原则是实事求是，真实地反映客观事物，不得隐瞒真实情况，不得曲解和删改资料，一是一，二是二，准确无误。要做到这一点，一是必须掌握大量的第一手材料，要深入群众，了解调查对象各方面的材料，包括正面的、反面的，直接的、间接的，历史的、现实的，弄清它的来龙去脉，为分析研究提供大量可靠的事实依据。二是要善于作认真的分析与研究，对掌握的大量材料做去粗取精、去伪存真、由此及彼、由表及里的处理，要透过表面现象，看到事物的真实面目，抓住它的本质，从而得出正确的判断和结论。三是要选用切实、可靠的材料说明观点，调查报告所揭示的结论，必须通过对具体情况、具体事实作客观的叙述和分析后很自然地得出。更重要的是要善于用精确、充足的材料来说明观点。不能脱离材料空发议论；当然也不能只摆一大堆材料，而不提出明确的观点和结论。

四、突出调研的时代气息

调查报告是一种具有极强的针对性，目的性和实用性的新闻文体。撰写调查报告的目的是通过典型的材料，鲜明的观点来揭示现实生活中的新情况、新问题、新经验。因此，它必须紧跟时代步伐，体现时代气息，才能达到为社会提供服务的目的。调查报告体现时代气息必须做到以下几点：其一，提出新问题。调查研究者必须深入社会实际，认真研究、考察，发现新的问题，跟上时代的发展。同时还要认真查阅相关资料，掌握相关领域里最新研究成果，以免出现重复研究现象。其二，寻找新角度。凡调查研究的社会现象，多带有普遍性，研究人员众多，为避免雷同或步人之后，要注意寻找新的突破口，力求从不同的角度、不同的侧面深入研究。达到推陈出新的目的。其三，搜集新资料。由于社会飞速发展，新的矛盾、新的问题不断出现。解决问题的手段、措施、办法、技术也不断进步。因此，撰写调查报告应该尽可能地搜集和使用新的资料，新的数据。只有这样，调查报告才能及时的反映最新的情况，为解决社会问题及时提供参考依据。其四，采取新方法。随着社会的发展，科学技术和人们认识水平的提高，调查方法，研究手段，分析方法也在不断发展，调查研

究者要善于学习和运用当代最新的研究手段、方法来调查、研究
社会问题和分析、总结调查所获得的资料。

五、注重实地调查的写作

调查报告的撰写虽是整个社会调查研究的整合与总结，从社
会调查的程序来看，总的来说它处于最后一个阶段，即总结阶
段，但实际上它在实地调查搜集资料时就应该动笔，不必等到所
有的资料都搜集好了，所有的问题都想清楚了才开始。这是因为
实地调查时，调研者有很多想法和感受，而这些想法和感受可能
是最真实的。它们是最原始的、未加修饰的想法，最能够反映自
己当时的反应。如果不及时地把它们写出来，很可能稍纵即逝。
此外，提前写作还能够为调查报告的撰写提供一个初步的体例、
内容的顺序，以及研究的焦点，为整个调查报告的撰写建立一个
初步的基础。写作本身便是思考，调查报告的撰写也就是一个分
析和建构被研究现象的过程，因此，社会调查开始的同时就需要
开始写作，一步一步地进行，而不是一蹴而就。[①]

六、重视写作中的再研究

写作中的再研究指的是在撰写调查报告过程中的再研究工
作。从调查研究过程的阶段看，撰写调查报告是调查研究的最后
一个环节，但从调查研究的全过程看，撰写调查报告的过程仍然
是整个研究过程的一个部分。也就是说，从确定调查范围开始，
到调查成果的产出，是一个完整的研究过程。而这个研究过程往
往要经过多次反复，即立足调查、研究、写作、形成调查报告初
稿，再调查、再研究、再审阅修改调查报告、最后定稿。写作中
的再研究非常重要，它可以起到进一步审查、筛选资料，核实论

---

① 　陈向明：教师如何作质的研究，北京：教育科学出版社，2003 年，第 10 页。

据，纠正谬误的作用，需要引起特别重视。写作中的再研究，主要应作好以下工作：一是进一步审查、判断所用材料的真实性与准确性。在写作的同时，对调查资料作进一步的筛选，对选用的材料作进一步的审查、核实，判断报告中使用的资料是否真实、准确，数据是否可靠。二是进一步审查论证是否充分。在调查过程中搜集资料时是以多为胜，尽可能地掌握更多、更全面的情况。但并不能保证有充足的论据充分地论证主题与观点，在写作过程中仍需要进一步研究，或者进一步审视、提炼已确定的主题和论点，对不适当的地方进行修正，或进一步搜集、筛选材料，保证论证严密；三是要在原来认识的基础上进一步深化认识。人们的认识是不断深化的，写作过程是一个再思考、再认识的过程。在这个过程中，由于作者需要统观全局，把所有调查所得进行全局性的思考，必将在原认识的基础上产生一些新的认识，作者必须充分把握，使报告臻于完美。

第五节　调查报告撰写的后续工作

撰写调查报告并非社会调查的终结，就每一次社会调查过程而言，它先要经历一个从搜集调查资料到形成调查结论的调研阶段，之后，还要经历一个评估调查结论、应用调查结论、检验调查结论、发展调查结论的实践阶段。因此，撰写调查报告、评估调查报告、应用调查成果，是社会调查实现其目的由调研阶段到实践阶段必经过程的三部曲。"写"的质量决定是否能"用"，"用"的前提需要"评"，"评"的角度着眼前期"研"。三者密切相联。

一、评估调查报告

调查报告是调研成果的集中体现，因此，评估调查报告是评价调查工作成败得失、推广应用调研成果的需要。从学习和应用社会调查方法的角度来说，它还是提高学习和应用者调研素质的需要。评估调查报告的基本原则是客观、科学、创新、应用。其中，客观是根本标准，调查报告反映的事实和数据必须客观、真实、准确，否则，不是一份合格的调查报告，也就谈不上理论价值和应用价值。评估调查报告一般从四个方面进行：一是评估调查报告的可靠性。可靠性评估主要是检查调查报告的选题、叙述的事实、引用的数据、统计的使用、逻辑的推理、报告的结论等是否存在问题。二是评估调查报告的有效性。有效性评估主要是分析研究假设提出的科学性、调查对象选择的适切性、调查指标设计的合理性、调查工具制作的适用性、调查资料整理的准确性、理论分析过程的逻辑性、调查结论得出的严谨性等。三是评估调查报告的理论价值。评估调查报告是否提出了新的概念、新的观点、新的理论，或修正、完善了哪些理论。四是评估调查报告的应用价值。包括调查报告的发表、转载、引用、采纳、应用的情况。评估调查报告的方法主要有：比较评价法、分析评价法和综合评价法。评估途径包括自我评估、专家鉴定、社会评价和实践检验。

二、总结调查工作

总结调查工作是对社会调查各阶段、各环节、各方面工作的全面回顾和反思。其目的在于为今后的社会调查提供经验、教训。整个调查研究过程的回顾与总结，其依据是原设计调查方案。内容主要围绕调查课题的选择、调查目标的确定、研究假设的提出、调查指标的设计、调查工具的制作、调查对象的界定、调查地域的选择、调查范围的确定、调查时间的安排、调查方法的选用、调查资料的整理、调查队伍的组建、调查人员的培训、调查经费的筹措、调查工作的安排、调查报告的评估等方面进行。总结成功之处，分析问题之因，反思解决之道，寻找困难之源，探寻改进之策。

总结调查工作，还包括调查人员的个人总结。个人总结主要从调研方法的运用、理论观点的形成、社会知识的增长、实践经验的积累、人生态度的感悟等方面展开。个人总结有助于增强社会调查的责任感，提高学习和应用社会调查方法的能力，积累社会调查经验，开拓社会调查的视野，提高社会调查的水平。

三、实现成果应用

社会调查不是为调查而调查，为评估而评估，为总结而总结，而是为着调查成果的应用。调查成果的应用是整个调查研究工作最具有实际意义的环节，是整个社会调查工作的归宿。调查成果的形式大体可分为原始资料、综合统计数据以及调查报告、论文、专著。一般而言，调查成果可在以下几个方面得到应用：一是应用于政府机关作为工作决策的依据；二是应用于认识社会、改造社会、建设社会的社会实践；三是应用于认识社会、改造社会、建设社会的理论研究。调研成果的应用受制于诸多因素：调研成果的质量是决定成果能否应用及应用成效大小的决定性因素；相关决策部门和成果具体应用者是调研成果能否得到应用的主观条件；社会环境的优劣是调研成果能否得到应用的外在因素；社会信任度和客观评价标准是调研成果应用是否冷遇的不可忽视的因素，等等。因此，要实现调查成果的应用，应努力提高调研成果的质量，创造良好的社会环境，提高人们对调研成果应用意义的认识和积极性，采取切实可行的措施，改革调研体制，创造应用条件，加快学科的发展，促进调研成果的应用。

四、探寻新的课题

调研成果的应用，既是一项调研活动的终结，又是新的调研活动的开始。事物是不断发展变化的，对一些问题需要经过多次调查研究才能搞清楚。同时，有一些情况，经过调查研究搞清楚了，但在应用调研成果时，又会遇到新情况。这就要求我们应当随时关注调研成果的应用，注意调研成果应用过程中遇到的新情况，探寻新的调研课题。人类对社会的认识，总是循着实践—认识—再实践—再认识这种形式不断反复和无限发展的。作为科学认识方法的社会调查，则是循着调查—实践—再调查—再实践这种形式不断反复和无限发展的。它是社会调查对社会取得科学认识的重要前提、基本途径、有效手段。

思考练习题

1. 什么是调查报告？它有哪些特点与主要类型？
2. 简述调查报告的基本结构及其撰写程序。
3. 如何提炼调查报告的主题？拟定写作提纲有何要求？
4. 如何精选调查材料？调查报告在语言上有哪些要求？
5. 调查报告撰写应注意什么问题？
6. 阅读一篇调查报告，分析其类型、结构，写出其提纲。
7. 结合所学专业工作实际，在家乡作一次社会调查，并写出调查报告。
8. 调查报告撰写的后续工作有哪些？各自主要内容包括哪些方面？

附录

附表 1　　　　　　　　　　　正态分布概率表

t	$F(t)$	t	$F(t)$	t	$F(t)$	t	$F(t)$
0.00	0.000	0.33	0.2586	0.66	0.4907	0.99	0.6778
0.01	0.0080	0.34	0.2661	0.67	0.4971	1.00	0.6827
0.02	0.0160	0.35	0.2737	0.68	0.5035	1.01	0.6875
0.03	0.0239	0.36	0.2812	0.69	0.5098	1.02	0.6923
0.04	0.0319	0.37	0.2886	0.70	0.5161	1.03	0.6970
0.05	0.0399	0.38	0.2961	0.71	0.5223	1.04	0.7017
0.06	0.0478	0.39	0.3035	0.72	0.5285	1.05	0.7063
0.07	0.0558	0.40	0.3108	0.73	0.5346	1.06	0.7109
0.08	0.0638	0.41	0.3182	0.74	0.5407	1.07	0.7154
0.09	0.0717	0.42	0.3255	0.75	0.5467	1.08	0.7199
0.10	0.0797	0.43	0.3328	0.76	0.5527	1.09	0.7243
0.11	0.0876	0.44	0.3401	0.77	0.5587	1.10	0.7287
0.12	0.0955	0.45	0.3473	0.78	0.5646	1.11	0.7330
0.13	0.1034	0.46	0.3545	0.79	0.5705	1.12	0.7373
0.14	0.1113	0.47	0.3616	0.80	0.5763	1.13	0.7415
0.15	0.1192	0.48	0.3688	0.81	0.5821	1.14	0.7457
0.16	0.1271	0.49	0.3759	0.82	0.5878	1.15	0.7499
0.17	0.1350	0.50	0.3829	0.83	0.5935	1.16	0.7540
0.18	0.1428	0.51	0.3899	0.84	0.5991	1.17	0.7580
0.19	0.1507	0.52	0.3969	0.85	0.6047	1.18	0.7620
0.20	0.1585	0.53	0.4039	0.86	0.6102	1.19	0.7660
0.21	0.1663	0.54	0.4108	0.87	0.6157	1.20	0.7699
0.22	0.1741	0.55	0.4177	0.88	0.6211	1.21	0.7737
0.23	0.1819	0.56	0.4245	0.89	0.6265	1.22	0.7775
0.24	0.1897	0.57	0.4313	0.90	0.6319	1.23	0.7813
0.25	0.1974	0.58	0.4381	0.91	0.6372	1.24	0.7850
0.26	0.2051	0.59	0.4448	0.92	0.6424	1.25	0.7887
0.27	0.2128	0.60	0.4515	0.93	0.6476	1.26	0.7923
0.28	0.2205	0.61	0.4581	0.94	0.6528	1.27	0.7959
0.29	0.2282	0.62	0.4647	0.95	0.6579	1.28	0.7995
0.30	0.2358	0.63	0.4713	0.96	0.6629	1.29	0.8030
0.31	0.2434	0.64	0.4778	0.97	0.6680	1.30	0.8064
0.32	0.2510	0.65	0.4843	0.98	0.6729	1.31	0.8098

续表

t	F(t)	t	F(t)	t	F(t)	t	F(t)
1. 32	0. 8132	1. 65	0. 9011	1. 98	0. 9523	2. 62	0. 9912
1. 33	0. 8165	1. 66	0. 9031	1. 99	0. 9534	2. 64	0. 9917
1. 34	0. 8198	1. 67	0. 9051	2. 00	0. 9545	2. 66	0. 9922
1. 35	0. 8230	1. 68	0. 0970	2. 02	0. 9566	2. 68	0. 9926
1. 36	0. 8262	1. 69	0. 9090	2. 04	0. 9587	2. 70	0. 9931
1. 37	0. 8293	1. 70	0. 9109	2. 06	0. 9606	2. 72	0. 9935
1. 38	0. 8324	1. 71	0. 9127	2. 08	0. 9625	2. 74	0. 9939
1. 39	0. 8355	1. 72	0. 9146	2. 10	0. 9643	2. 76	0. 9942
1. 40	0. 8385	1. 73	0. 9164	2. 12	0. 9660	2. 78	0. 9946
1. 41	0. 8415	1. 74	0. 9181	2. 14	0. 9676	2. 80	0. 9949
1. 42	0. 8444	1. 75	0. 9199	2. 16	0. 9692	2. 82	0. 9952
1. 43	0. 8473	1. 76	0. 9216	2. 18	0. 9707	2. 84	0. 9955
1. 44	0. 8501	1. 77	0. 9233	2. 20	0. 9722	2. 86	0. 9958
1. 45	0. 8529	1. 78	0. 9249	2. 22	0. 9736	2. 88	0. 9960
1. 46	0. 8557	1. 79	0. 9265	2. 24	0. 9749	2. 90	0. 9962
1. 47	0. 8584	1. 80	0. 9281	2. 26	0. 9762	2. 92	0. 9965
1. 48	0. 8611	1. 81	0. 9297	2. 28	0. 9774	2. 94	0. 9967
1. 49	0. 8638	1. 82	0. 9312	2. 30	0. 9786	2. 96	0. 9969
1. 50	0. 8664	1. 83	0. 9328	2. 32	0. 9797	2. 98	0. 9971
1. 51	0. 8690	1. 84	0. 9342	2. 34	0. 9807	3. 00	0. 9973
1. 52	0. 8715	1. 85	0. 9357	2. 36	0. 9817	3. 20	0. 9986
1. 53	0. 8740	1. 86	0. 9371	2. 38	0. 9827	3. 40	0. 9993
1. 54	0. 8764	1. 87	0. 9385	2. 40	0. 9836	3. 60	0. 99968
1. 55	0. 8789	1. 88	0. 9399	2. 42	0. 9845	3. 80	0. 99986
1. 56	0. 8812	1. 89	0. 9412	2. 44	0. 9853	4. 00	0. 99994
1. 57	0. 8836	1. 90	0. 9426	2. 46	0. 9861	4. 50	0. 999993
1. 58	0. 8859	1. 91	0. 9439	2. 48	0. 9869	5. 00	0. 999999
1. 59	0. 8882	1. 92	0. 9451	2. 50	0. 9876		
1. 60	0. 8904	1. 93	0. 9464	2. 52	0. 9883		
1. 61	0. 8926	1. 94	0. 9476	2. 54	0. 9889		
1. 62	0. 8948	1. 95	0. 9488	2. 56	0. 9895		
1. 63	0. 8969	1. 96	0. 9500	2. 58	0. 9901		
1. 64	0. 8990	1. 97	0. 9512	2. 60	0. 9907		

附表 2　　　　　　　　　　　随机数字表（部分）

03 47 43 73 86	36 96 47 36 61	46 98 63 71 62	33 26 16 80 45	60 11 14 10 95
97 74 24 67 62	42 81 14 57 20	42 53 32 37 32	27 07 36 07 51	24 51 79 89 73
16 76 62 27 66	56 50 26 71 07	32 90 79 78 53	13 55 38 58 59	88 97 54 14 10
12 56 85 99 26	96 96 68 27 31	05 03 72 93 15	57 12 10 14 21	88 26 49 81 76
55 59 56 35 64	38 54 82 46 22	31 62 53 09 90	06 18 44 32 53	23 83 01 30 30
16 22 77 94 39	49 54 43 54 82	17 37 93 23 78	87 35 20 96 43	84 26 34 91 64
84 42 17 53 31	57 24 55 06 88	77 04 74 47 67	21 76 33 50 25	83 92 12 06 76
63 01 63 78 59	16 95 55 67 19	98 10 50 71 75	12 86 73 58 07	44 39 52 38 79
33 21 12 34 29	78 64 56 07 82	52 42 07 44 38	15 51 00 13 42	99 66 02 79 54
57 60 86 32 44	09 47 27 96 54	49 17 46 09 62	90 52 84 77 27	08 02 73 43 28
18 18 07 92 45	44 17 16 58 09	79 83 86 19 62	06 76 50 03 10	55 23 64 05 05
26 62 38 97 75	84 16 07 44 99	83 11 46 32 24	20 14 85 88 45	10 93 72 88 71
23 42 40 54 74	82 97 77 77 81	07 45 32 14 08	32 98 94 07 72	93 85 79 10 75
52 36 28 19 95	50 92 26 11 97	00 56 76 31 38	80 22 02 53 53	86 60 42 04 53
37 85 94 35 12	83 39 50 08 30	42 34 07 96 88	54 42 06 87 98	35 85 99 48 39
70 29 17 12 13	40 33 20 38 26	13 89 51 03 74	17 76 37 13 04	07 74 21 19 30
56 62 18 38 35	96 83 70 87 75	97 12 25 93 47	70 33 24 03 54	97 77 45 44 80
99 49 57 22 77	88 42 95 45 72	16 64 36 16 00	04 43 18 66 79	94 77 24 21 90
16 08 15 04 72	33 27 14 34 09	45 59 34 68 49	12 72 07 34 45	99 27 72 95 14
31 16 93 32 43	50 27 89 87 19	20 15 37 00 49	52 85 66 60 44	38 68 88 11 80
68 34 30 13 70	55 74 30 77 40	44 22 78 84 26	04 33 46 09 52	68 07 97 06 57
74 57 25 65 76	59 29 97 68 60	71 91 38 67 54	13 58 18 24 76	15 54 55 95 52
27 42 37 86 53	48 55 90 65 72	96 57 69 36 10	96 46 92 45 45	97 60 49 04 91
00 39 68 29 61	66 37 32 20 30	77 84 57 03 29	10 45 65 04 26	11 04 96 67 24
29 94 98 94 24	68 49 69 10 82	53 75 91 93 30	34 55 20 57 27	40 48 73 51 92
16 90 82 66 59	83 62 64 11 12	67 19 00 71 74	60 47 21 29 63	02 02 37 03 31
11 27 94 75 06	06 09 19 74 66	02 94 37 34 02	76 70 90 30 86	38 45 94 30 38
35 24 10 16 20	33 32 51 26 38	79 78 45 04 91	16 92 53 56 16	02 75 50 95 98
33 23 16 86 38	42 38 97 01 50	87 75 66 81 41	40 01 74 91 62	48 51 84 08 32
31 96 25 91 47	96 44 33 49 13	34 86 82 53 91	00 52 43 48 85	27 55 25 89 62

附表3   *t* **分布表**

表中给出了满足 $P\{|t(\mathrm{d}f)|>\lambda\}=\alpha$ 的 λ 的数值，其中 $\mathrm{d}f$ 是自由度

df	$\alpha=0.20$	0.10	0.05	0.02	0.01
1	3.077 7	6.313 8	12.706 2	31.820 7	63.657 4
2	1.885 6	2.920 0	4.302 7	6.964 6	9.924 8
3	1.637 7	2.353 4	3.182 4	4.540 7	5.840 9
4	1.533 2	2.131 8	2.776 4	3.746 9	4.604 1
5	1.475 9	2.015 0	2.570 6	3.364 9	4.032 2
6	1.439 8	1.943 2	2.446 9	3.142 7	3.707 4
7	1.414 9	1.894 6	2.364 6	2.998 0	3.499 5
8	1.396 8	1.859 5	2.306 0	2.896 5	3.355 4
9	1.383 0	1.833 1	2.262 2	2.821 4	3.249 8
10	1.372 2	1.812 5	2.228 1	2.763 8	3.169 3
11	1.363 4	1.795 9	2.201 0	2.718 1	3.105 8
12	1.356 2	1.782 3	2.178 8	2.681 0	3.054 5
13	1.350 2	1.770 9	2.160 4	2.650 3	3.012 3
14	1.345 0	1.761 3	2.144 8	2.624 5	2.976 8
15	1.340 6	1.753 1	2.131 5	2.602 5	2.946 7
16	1.336 8	1.745 9	2.119 9	2.583 5	2.920 8
17	1.333 4	1.739 6	2.109 8	2.566 9	2.898 2
18	1.330 4	1.734 1	2.100 9	2.552 4	2.878 4
19	1.327 7	1.729 1	2.093 0	2.539 5	2.860 9
20	1.325 3	1.724 7	2.086 0	2.528 0	2.845 3
21	1.323 2	1.720 7	2.079 6	2.517 7	2.831 4
22	1.321 2	1.717 1	2.073 9	2.508 3	2.818 8
23	1.319 5	1.713 9	2.068 7	2.499 9	2.807 3

续表

df	$\alpha = 0.20$	0.10	0.05	0.02	0.01
24	1.317 8	1.710 9	2.063 9	2.492 2	2.796 9
25	1.316 3	1.708 1	2.059 5	2.485 1	2.787 4
26	1.315 0	1.705 6	2.055 5	2.478 6	2.778 7
27	1.313 7	1.703 3	2.051 8	2.472 7	2.770 7
28	1.312 5	1.701 1	2.048 4	2.467 1	2.763 3
29	1.311 4	1.699 1	2.045 2	2.462 0	2.756 4
30	1.310 4	1.697 3	2.042 3	2.457 3	2.750 0
31	1.309 5	1.695 5	2.039 5	2.452 8	2.744 0
32	1.308 6	1.693 9	2.036 9	2.448 7	2.738 5
33	1.307 7	1.692 4	2.034 5	2.444 8	2.733 3
34	1.307 0	1.690 9	2.032 2	2.441 1	2.728 4
35	1.306 2	1.689 6	2.030 1	2.437 7	2.723 8
36	1.305 5	1.688 3	2.028 1	2.434 5	2.719 5
37	1.304 9	1.687 1	2.026 2	2.431 4	2.715 4
38	1.304 2	1.686 0	2.024 4	2.428 6	2.711 6
39	1.303 6	1.684 9	2.022 7	2.425 8	2.707 9
40	1.303 1	1.683 9	2.021 1	2.423 3	2.704 5
41	1.302 5	1.682 9	2.019 5	2.420 8	2.701 2
42	1.302 0	1.682 0	2.018 1	2.418 5	2.698 1
43	1.301 6	1.681 1	2.016 7	2.416 3	2.695 1
44	1.301 1	1.680 2	2.015 4	2.414 1	2.692 3
45	1.300 6	1.679 4	2.014 1	0.412 1	2.689 6
∞	1.281	1.645	1.960	2.327	2.576

附表 4 χ^2 分布表

表中给出了满足 $P|x^2(df) > \lambda| = \alpha$ 的 λ 的数值，其中 df 是自由度

df	$\alpha = 0.995$	0.99	0.975	0.95	0.90
1	–	–	0.001	0.004	0.016
2	0.010	0.020	0.051	0.103	0.211
3	0.072	0.115	0.216	0.352	0.584
4	0.207	0.297	0.484	0.711	1.064
5	0.412	0.554	0.831	1.145	1.610
6	0.676	0.872	1.237	1.635	2.204
7	0.989	1.239	1.690	2.167	2.833
8	1.344	1.646	2.180	2.733	3.490
9	1.735	2.088	2.700	3.325	4.168
10	2.156	2.558	3.247	3.940	4.865
11	2.603	3.053	3.816	4.575	5.578
12	3.074	3.571	4.404	5.226	6.304
13	3.565	4.107	5.009	5.892	7.042
14	4.075	4.660	5.629	6.571	7.790
15	4.601	5.229	6.262	7.261	8.457
16	5.142	5.812	6.908	7.962	9.312
17	5.967	6.408	7.564	8.672	10.085
18	6.265	7.015	8.231	9.390	10.865
19	6.844	7.633	8.907	10.117	11.651
20	7.434	8.260	9.591	10.851	12.443
21	8.034	8.897	10.283	11.591	13.240
22	8.643	9.542	10.982	12.338	14.042
23	9.260	10.196	11.689	13.091	14.848
24	9.886	10.856	12.401	13.848	15.659
25	10.520	11.524	13.120	14.611	16.473

续表

df	$\alpha = 0.995$	0.99	0.975	0.95	0.90
26	11.160	12.198	13.844	13.379	17.292
27	11.808	12.879	14.573	16.151	18.114
28	12.461	13.565	15.308	16.928	18.939
29	13.121	14.257	16.047	17.708	19.768
30	13.787	14.954	16.791	18.493	20.599
31	14.458	15.655	17.539	19.281	21.434
32	15.134	16.362	18.291	20.072	22.271
33	15.815	17.074	19.047	20.867	23.110
34	16.501	17.789	19.806	21.664	23.952
35	17.192	18.509	20.569	22.465	24.797
36	17.887	19.233	21.336	23.269	25.643
37	18.586	19.960	22.106	24.075	26.492
38	19.289	20.691	22.878	24.884	27.343
39	19.996	21.426	23.654	25.695	28.196
40	20.707	22.164	24.433	26.509	29.051
41	21.421	22.906	25.215	27.326	29.907
42	22.138	23.650	25.999	28.144	30.765
43	22.859	24.398	26.785	28.965	31.625
44	23.584	25.148	27.575	29.787	32.487
45	24.311	25.901	28.366	30.612	33.350

续表

df	0.10	0.05	0.025	0.01	0.005
1	2.706	3.841	5.024	6.635	7.879
2	4.605	5.991	7.378	9.210	10.597
3	6.251	7.815	9.348	11.345	12.838
4	7.779	9.488	11.143	13.277	14.860
5	9.236	11.071	12.833	15.086	16.750
6	10.645	12.592	14.449	16.812	18.548
7	12.017	14.067	16.013	18.475	20.278
8	13.362	15.507	17.535	20.090	21.955
9	14.684	16.919	19.023	21.666	23.589
10	15.987	18.307	20.483	23.209	25.188
11	17.275	19.675	21.920	24.725	26.575
12	18.549	21.026	23.337	26.217	28.299
13	19.812	22.362	24.736	27.688	29.819
14	21.064	23.685	26.119	29.141	31.319
15	22.307	24.996	27.488	30.578	32.801
16	23.542	26.296	28.845	32.000	34.267
17	24.769	27.587	30.191	33.409	35.718
18	25.989	29.869	31.526	34.805	37.156
19	27.204	30.144	32.852	36.191	38.582
20	28.412	31.410	34.170	37.566	39.997
21	29.615	32.671	35.479	38.932	41.401
22	30.813	33.924	36.781	40.289	42.796
23	32.007	35.172	38.076	41.638	44.181
24	33.196	36.415	39.364	42.980	45.559
25	34.382	37.652	40.646	44.314	46.928

续表

df	0.10	0.05	0.025	0.01	0.005
26	35.563	38.885	41.923	45.642	48.290
27	36.741	40.113	43.194	46.963	49.645
28	37.916	41.337	44.461	48.278	50.993
29	39.087	42.557	45.722	49.588	52.336
30	40.256	43.773	46.979	50.892	53.672
31	41.422	44.985	48.232	52.191	55.003
32	42.585	26.194	49.480	53.486	56.328
33	43.745	47.400	50.725	54.776	57.648
34	44.903	48.602	51.966	56.061	58.964
35	46.059	49.802	53.203	57.342	60.275
36	47.212	50.998	54.437	58.619	61.581
37	48.363	52.192	55.668	59.892	62.883
38	49.513	53.384	56.896	61.162	64.181
39	50.660	54.572	58.120	62.428	65.476
40	51.805	55.758	59.342	63.691	66.766
41	52.949	56.942	60.561	64.950	68.053
42	54.090	58.124	61.777	66.206	69.336
43	55.230	59.304	62.990	67.459	70.616
44	56.369	60.481	64.201	68.710	71.893
45	57.505	61.656	65.410	69.957	73.166

附表 5 **F 分布表** $a = 0.05$

df_1 df_2	1	2	3	4	5	6	8	12	24	∞
1	161.4	199.5	215.7	224.6	230.2	234.0	238.9	243.9	249.0	254.3
2	18.51	19.00	19.16	19.25	19.30	19.33	19.37	19.41	19.45	19.50
3	10.13	9.55	9.28	9.12	9.01	8.94	8.84	8.74	8.64	8.53
4	7.71	6.94	6.59	6.39	6.26	6.16	6.04	5.91	5.77	5.63
5	6.61	5.79	5.41	5.19	5.05	4.95	4.82	4.68	4.53	4.36
6	5.99	5.14	4.76	4.53	4.39	4.28	4.15	4.00	3.84	3.67
7	5.59	4.74	4.35	4.12	3.97	3.87	3.73	3.57	3.41	3.23
8	5.32	4.46	4.07	3.84	3.69	3.58	3.44	3.28	3.12	2.93
9	5.12	4.26	3.86	3.63	3.48	3.37	3.23	3.07	2.90	2.71
10	4.96	4.10	3.71	3.48	3.33	3.22	3.07	2.91	2.74	2.54
11	4.84	3.98	3.59	3.36	3.20	3.09	2.95	2.79	2.61	2.40
12	4.75	3.88	3.49	3.26	3.11	3.00	2.85	2.69	2.50	2.30
13	4.67	3.80	3.41	3.18	3.02	2.92	2.77	2.60	2.42	2.21
14	4.60	3.74	3.34	3.11	2.96	2.85	2.70	2.53	2.35	2.13
15	4.54	3.68	3.29	3.06	2.90	2.79	2.64	2.48	2.29	2.07
16	4.49	3.63	3.24	3.01	2.85	2.74	2.59	2.42	2.24	2.01
17	4.45	3.59	3.20	2.96	2.81	2.70	2.55	2.38	2.19	1.96
18	4.41	3.55	3.16	2.93	2.77	2.66	2.51	2.34	2.15	1.92
19	4.38	3.52	3.13	2.90	2.74	2.63	2.48	2.31	2.11	1.88
20	4.35	3.49	3.10	2.87	2.71	2.60	2.45	2.28	2.08	1.84
21	4.32	3.47	3.07	2.84	2.68	2.57	2.42	2.25	2.05	1.81
22	4.30	3.44	3.05	2.82	2.66	2.55	2.40	2.23	2.03	1.78
23	4.28	3.42	3.03	2.80	2.64	2.53	2.38	2.20	2.00	1.76
24	4.26	3.40	3.01	2.78	2.62	2.51	2.36	2.18	1.98	1.73
25	4.24	3.38	2.99	2.76	2.60	2.49	2.34	2.16	1.96	1.71
26	4.22	3.37	2.98	2.74	2.59	2.47	2.32	2.15	1.95	1.69
27	4.21	3.35	2.96	2.73	2.57	2.46	2.30	2.13	1.93	1.67
28	4.20	3.34	2.95	2.71	2.56	2.44	2.29	2.12	1.91	1.65
29	4.18	3.33	2.93	2.70	2.54	2.43	2.28	2.10	1.90	1.64
30	4.17	3.32	2.92	2.69	2.53	2.42	2.27	2.09	1.89	1.62
40	4.08	3.23	2.84	2.61	2.45	2.34	2.18	2.00	1.79	1.51
60	4.00	3.15	2.76	2.52	2.37	2.25	2.10	1.92	1.70	1.39
120	3.92	3.07	2.68	2.45	2.29	2.17	2.02	1.83	1.61	1.25
∞	3.84	2.99	2.60	2.37	2.21	2.09	1.94	1.75	1.52	1.00

续表 $\alpha = 0.01$

df_2 \ df_1	1	2	3	4	5	6	8	12	24	∞
1	4052	4999	5403	5825	5764	5859	5981	6106	6234	6366
2	93.49	99.01	99.17	99.25	99.30	99.33	99.36	99.42	99.46	99.50
3	34.12	30.81	29.46	28.71	28.24	27.91	27.49	27.05	26.00	26.12
4	21.20	18.00	16.69	15.98	15.52	15.21	14.80	14.37	13.93	13.46
5	16.26	13.27	12.06	11.39	10.97	10.67	10.27	9.89	9.47	9.02
6	13.74	10.92	9.78	9.15	8.75	8.47	8.10	7.72	7.31	6.88
7	12.25	9.55	8.45	7.85	7.46	7.19	6.84	6.47	6.07	5.65
8	11.26	865	7.59	7.01	6.63	6.37	6.03	5.67	5.28	4.86
9	10.56	8.02	6.99	6.42	6.06	5.80	5.47	5.11	4.73	4.31
10	10.04	7.56	6.55	5.99	5.64	5.39	5.06	4.71	4.33	3.91
11	9.65	7.20	6.22	5.67	5.32	5.07	4.74	4.40	4.02	3.60
12	9.33	6.93	5.95	5.41	5.06	4.82	4.50	4.16	3.78	3.36
13	9.07	6.70	5.74	5.20	4.86	4.62	4.30	3.96	3.59	3.16
14	8.86	6.51	5.56	5.03	4.69	4.46	4.14	3.80	3.43	3.00
15	8.68	6.36	5.42	4.89	4.56	4.32	4.00	3.67	3.29	2.87
16	8.53	6.23	5.29	4.77	4.44	4.20	3.89	3.55	3.18	2.75
17	8.40	6.11	5.18	4.67	4.34	4.10	3.79	3.45	3.08	2.65
18	8.28	6.01	5.09	4.58	4.25	4.01	3.71	3.37	3.00	2.57
19	8.18	5.93	5.01	4.50	4.17	3.94	3.63	3.30	2.02	2.49
20	8.10	5.85	4.94	4.43	4.10	3.87	3.56	3.23	2.86	2.42
21	8.02	5.78	4.87	4.37	4.04	3.81	3.51	3.17	2.80	2.36
22	7.94	5.72	4.82	4.31	3.99	3.76	3.45	3.12	2.75	2.31
23	7.88	5.66	4.76	4.26	3.94	3.71	3.41	3.07	2.70	2.26
24	7.82	5.61	4.72	4.22	3.90	3.67	3.36	8.03	2.66	2.21
25	7.77	5.57	4.68	4.18	3.86	3.63	3.32	2.99	2.62	2.17
26	7.72	5.53	4.64	4.14	3.82	3.59	3.29	2.96	2.58	2.13
27	7.68	5.49	4.60	4.11	3.78	3.56	3h26	2.93	2.55	2.10
28	7.64	5.45	4.57	4.07	3.75	3.53	3.23	2.90	2.52	2.06
29	7.60	5.42	4.54	4.04	3.73	3.50	3.20	2.87	2.49	2.03
30	7.56	5.39	4.51	4.02	3.70	3.47	3.17	2.84	2.47	2.01
40	7.31	5.18	4.31	3.83	3.51	3.29	2.99	2.66	2.29	1.80
60	7.08	4.98	4.13	3.65	3.34	3.12	2.82	2.50	2.12	1.60
120	6.85	4.79	3.95	3.48	3.17	2.96	2.66	2.34	1.95	1.38
∞	6.64	4.60	3.78	3.32	3.02	2.80	2.51	2.18	1.79	1.00

续表 $\alpha = 0.001$

df₂ \ df₁	1	2	3	4	5	6	8	12	24	∞
1	405284	500000	540379	562500	576405	585937	598144	610667	623497	636619
2	998.5	999.0	999.2	999.2	999.3	999.3	999.4	999.4	999.5	999.5
3	167.5	148.5	141.1	137.1	134.6	132.8	130.6	123.3	125.9	123.5
4	74.14	61.25	56.18	53.44	51.71	50.53	49.00	47.41	45.77	44.05
5	47.04	36.61	33.20	31.09	29.75	28.84	27.4	26.42	25.14	23.78
6	35.51	27.00	23.70	21.90	20.03	19.03	17.99	16.89	15.75	
7	29.22	21.69	18.77	17.19	16.21	15.52	14.63	13.71	12.73	11.69
8	25.42	18.49	15.83	14.39	13.49	12.86	12.04	11.19	10.30	9.34
9	22.86	16.39	13.90	12.56	11.71	11.13	10.37	9.57	8.72	7.81
10	21.04	14.91	12.55	11.28	10.48	9.92	9.20	8.45	7.64	6.76
11	19.69	13.81	11.56	10.35	9.5	9.05	8.35	7.63	6.85	6.00
12	18.64	12.97	10.80	9.63	8.89	8.38	7.71	7.00	6.25	5.42
13	17.81	12.31	10.21	9.07	8.35	7.86	7.21	6.52	5.78	4.97
14	17.14	11.78	9.73	8.62	7.92	7.43	6.80	6.13	5.41	4.60
15	16.59	11.34	9.34	8.25	7.57	7.09	6.47	5.81	5.10	4.31
16	16.12	10.97	9.00	7.94	7.27	6.81	6.19	5.55	4.85	4.00
17	15.72	10.66	8.73	7.68	7.02	6.56	5.96	5.32	4.63	3.85
18	15.38	10.39	8.49	7.46	6.81	6.35	5.76	5.13	4.45	3.67
19	15.08	10.16	8.28	7.26	6.61	6.18	5.59	4.97	4.29	3.52
20	14.82	9.95	8.10	7.10	6.46	6.02	5.44	4.82	4.15	3.38
21	14.59	9.77	7.94	6.95	6.32	5.88	5.31	4.70	4.03	3.26
22	14.38	9.61	7.80	6.81	6.19	5.76	5.19	4.58	3.02	3.15
23	14.19	9.47	7.67	6.69	6.08	5.65	5.09	4.48	3.82	3.05
24	14.08	9.34	7.55	8.59	5.98	5.55	4.92	4.39	3.74	2.97
25	13.88	9.22	7.45	6.49	5.88	5.40	4.91	4.31	3.66	2.89
26	13.74	9.12	7.36	6.41	5.80	5.38	4.83	4.24	3.59	2.82
27	13.61	9.02	7.27	6.33	5.72	5.31	4.76	4.17	3.52	2.75
28	13.50	8.93	7.19	6.25	5.66	5.24	4.69	4.11	3.46	2.70
29	13.39	8.85	7.12	6.19	5.59	5.13	4.64	4.05	3.41	2.64
30	13.29	8.77	7.05	6.12	5.53	5.12	4.58	4.00	3.36	2.59
40	12.61	8.25	6.60	5.70	5.13	4.73	4.21	3.64	3.01	2.23
60	11.97	7.76	6.17	5.31	4.76	4.37	3.87	3.31	2.69	1.00
120	11.38	7.31	5.79	4.95	4.42	4.04	3.55	3.02	2.40	1.55
∞	10.83	6.91	5.42	4.62	4.10	3.74	3.27	2.74	2.13	1.00

主要参考文献

［1］袁方主编.社会调查原理与方法.北京：高等教育出版社，2000

［2］袁方.社会研究方法教程.北京：北京大学出版社，1997

［3］苏驼主编.社会调查研究方法.天津：天津人民出版社，1993

［4］苏驼主编.社会调查原理与方法.武汉：湖北科学技术出版社，1990

［5］水延凯等著.社会调查教程(第五版).北京：中国人民大学出版社，2010

［6］吴增基等主编.现代社会调查方法.上海：上海人民出版社，1998

［7］宋林飞著.社会调查研究方法.上海：上海人民出版社，1990

［8］侯亚非主编.社会调查研究原理与方法.北京：华文出版社，1998

［9］苏家坡编著.社会调查理论与方法.长沙：湖南师范大学出版社，1990

［10］徐经泽主编.社会调查理论与方法.北京：高等教育出版社，2001

［11］风笑天.社会学研究方法.北京：中国人民大学出版社，2001

［12］郝大海著.社会调查研究方法.北京：中国人民大学出版社，2005

［13］李莉主编.实用社会调查方法.广州：暨南大学出版社，2000

［14］王洪著.现代调查理论与方法.北京：中国社会出版社，1995

［15］钟伦纳著.应用社会科学研究法.香港：商务印书馆，1992

［16］张郧著.社会调查研究方法及其在行政管理中的应用.广州：中山大学出版社，2000

［17］戴建中主编.社会调查研究方法，北京：人民出版社，1989

［18］奚从清、沈赓方主编.社会调查理论与方法.浙江：浙江大学出版社，1990

［19］周德民主编.社会统计学导论.长沙：中南大学出版社，2004

［20］张彦著.社会统计学——原理与方法.江苏：南京大学出版社，2000

［21］水延凯主编.社会调查案例教程.北京：中国人民大学出版社，2008

［22］恩格斯. 自然辩证法. 北京：人民出版社，1971

［23］费孝通. 社会调查自白. 北京：知识出版社，1985

［24］郑杭生. 社会学概论新修. 北京：中国人民大学出版社，1998

［25］郑杭生主编. 当代中国农村社会转型研究. 北京：中国人民大学出版社，1996

［26］秦征著. 预测科学. 贵阳：贵州人民出版社，1985

［27］［美］巴比. 社会研究方法. 成都：四川人民出版社，1987.

［28］［澳］马尔科姆·沃特斯. 现代社会学理论.，北京：华夏出版社，2000

［29］［法］雷蒙·布东. 社会学方法. 殷世才译. 北京：商务印书馆，1995

［30］［美］罗伯特·默顿. 何凡兴等译. 论理论社会学. 北京：华夏出版社，1990

［31］［德］斯托贝格. 马克思列宁主义社会学原理. 哈尔滨：黑龙江人民出版社，1983